中華文化思想叢書・近現代中華文化思想叢刊

晚清民國的學人與學術

桑兵　著

緒論

　　近年所治，一般以為所謂學術史，鄙意則寧可名之曰學人的歷史。二者之間，分別顯然。前者偏重於專門史的畫地為牢，後者則力求破除分科治學的畛域，以及種種後出外來的條理系統的成見，將對象作為整體歷史的一部分，不僅由學人見學術，也見其作為一般社會成員的活動及聯繫；前者以今意己意揣度前人言行及相關事物，後者儘可能約束因緣近代教育和知識轉型而來、從習以為常變成天經地義的先入為主，努力回到時空特定的歷史現場，把握各類乃至各個特定人物的思維行為方式，並以歷時演化的態度方式看待前人前事的位置及其相互關係。

　　研究晚清民國的學人與學術，緣由有三：其一，瞭解前人已知，以及如何知，為何如此這般認知，避免以不知為無有，或拾人唾餘，或重蹈覆轍，或以鑿空搗隙為填補空白，或以橫逸斜出為創新超越，以致無知者無畏。沿著前賢開闢的大道正途，接著往下做，以免日暮時分盲人騎瞎馬行險道。如此取徑，看似迂遠艱難，放眼長量，恰是捷徑坦途。治學的大道，是繼續前賢的未竟之業，聚沙積薪，繼長增高。

　　所謂站在巨人的肩上，自然登高望遠。所以接著做比找漏洞尋破綻鑽空子對著幹難度更大，也更具挑戰性，卻是治學的必由之路。歷史上能夠披沙揀金留下來的人物大都天賦異稟，兼有奇緣，又下苦工，讀完書再做學問，功力深湛，體大思精，見高識遠，接近理解誠非易事，常人難以望其項背，守成亦難，遑論超越。妄者不察，不能為已之後為人，先因而後創，存心以立異為捷徑，一味讀前人未見之書，治前人不治之學。看似開天闢地，實則趨易避難，而美其名曰創新進步，為突過前人，豈非貽笑大方。

社會變動的加劇加速，使得學術取徑由先因後創轉向推陳出新，標新立異成為譁眾取寵以致眾從的有效手段，學術難免偏離正道常軌。一九一九年三月，王國維寫了〈沈乙庵先生七十壽序〉，認為清代三百年間學術凡三變，國初之學大，乾嘉之學精，道咸以降之學新，國初、乾嘉之學的開創者為顧炎武、戴震、錢大昕等三人，而「今者時勢又劇變矣，學術之必變，蓋不待言。世之言學者，輒悵悵無所歸，顧莫不推嘉興沈先生，以為亭林、東原、竹汀者儔也。先生少年，固已盡通國初及乾嘉諸家之說，中年治遼、金、元三史，治四裔地理，又為道咸以降之學，然一秉先正成法，無或逾越。其於人心世道之污隆，政事之利病，必窮其原委，似國初諸老；其視經史為獨立之學，而益探其奧窔，拓其區宇，不讓乾嘉諸先生。至於綜覽百家，旁及二氏，一以治經史之法治之，則又為自來學者所未及。……夫學問之品類不同，而其方法則一。國初諸老，用此以治經世之學，乾嘉諸老，用之以治經史之學，先生復廣之以治一切諸學，趣博而旨約，識高而議平，其憂世之深，有過於龔、魏，而擇術之慎，不後於戴、錢。學者得其片言，具其一體，猶足以名一家立一說。其所以繼承前哲者以此，其所以開創來學者亦以此，使後之學術變而不失其正鵠者，其必由先生之道矣」[1]。

　　王國維對沈曾植的學問別有評議，這番話更多的是夫子自道，藉以闡述自己的治學理念和取徑，希望循此繼往開來。不知有心還是巧合，一個月前，胡適的《中國哲學史大綱》上卷剛剛問世，這本書被後來的學人指為開創了近代中國史學革命甚至學術的典範。無論此說是否成立，至少從接受的範圍而言，胡著所展示的用西洋系統條理中國材料，比沈曾植提示的治學之道影響要廣泛得多。王國維的有感而

---

[1]　《王國維遺書》第二冊，第 582-585 頁。

發，無力挽狂瀾於既倒。後來者很少經由沈曾植所指示的治學之道，儘管王國維斷言這是「學術變而不失其正鵠」的必由之路。

如果說沈曾植的淡出學術舞臺，很大程度上受到五四新文化運動後世風與學風大幅度轉移的影響，不能完全歸因於學術本身的變動，無獨有偶，治學幾乎得到新舊各方一致推重的王國維本人，結局也是大同小異。陳寅恪蓋棺論定，認為王國維以地下實物與紙上遺文互相釋證，取異族故書與吾國舊籍互相補證，取外來觀念與固有材料互相參證，所有論著「學術性質固有異同，所用方法亦不盡符會，要皆足以轉移一時之風氣，而示來者以軌則。吾國他日文史考據之學，範圍縱廣，途徑縱多，恐亦無以遠出三類之外。此先生之書所以為吾國近代學術界最重要之產物也」[1]。

在為其他知己友好撰寫序跋時，陳寅恪也不斷借題發揮，表明其治學理念，指示或力圖傳承古今中外治學的大道正軌。其《陳垣元西域人華化考序》稱：「今日吾國治學之士，競言古史，察其持論，間有類乎清季誇誕經學家之所為者。先生是書之所發明，必可示以準繩，匡其趨向。然則是書之重刊流布，關係吾國學術風氣之轉移者至大，豈僅局於元代西域人華化一事而已哉？」一九三九年為劉文典《莊子補正》作序，仍不忘針砭時弊：「今日治先秦子史之學，與先生所為大異者，乃以明清放浪之才人，而談商周邃古之樸學。其所著書，幾何不為金聖歎胸中獨具之古本，轉欲以之留贈後人，焉得不為古人痛哭耶？然則先生此書之刊布，蓋將一匡當世之學風，示人以準則，豈僅供治莊子者之所必讀而已哉？」[2]

可是，陳寅恪所說的這些軌則準繩，在相當長的時間內，並非後

1　《王靜安先生遺書序》，陳美延編：《陳寅恪集・金明館叢稿二編》，第 247-248 頁。
2　均見陳美延編《陳寅恪集・金明館叢稿二編》，第 270、258 頁。

進普遍遵循取法的辦法途徑。而王國維、陳垣等人的影響，也遠不及胡適等引領時趨之人。或許如錢穆《國史大綱・序》和〈新亞學報發刊詞〉所指摘，為學術而學術的主張，不能領導思想潮流，對社會產生廣泛影響。為此，錢穆有意標舉高的，其著述「將勉奉以為詔示來學者之方向與準繩。自謂差免門戶之見，或有塗轍可遵」[1]。可是，儘管錢穆努力擴大社會影響，其著作還是被認為程度太深，不適合中學生[2]，與胡適等人著作的影響層面範圍不可同日而語。以今日港臺學術界的時趨風尚，來者不能不慨嘆，已經作古的錢穆遭遇到前賢同輩一樣的尷尬。

　　也許學問之事，本來就是二三荒江野老的志業，無論社會全體還是學界內部，多好隨波逐流，升降浮沉，只有少數沉潛者，願意並且能夠與古今中外的智者賢人心靈溝通。風物長宜放眼量，王國維、陳寅恪等人所謂轉移風氣，示來者規則正鵠、準繩途則的斷言，若以「江山代有才人出，各領風騷數百年」的時空標準衡量，未必落空失效。而所謂影響，要看對哪些人在哪些方面起了何種程度的作用。所謂典範，也是相對於何人何事而言。從者多寡，何足道哉？傳媒時代的受眾越廣泛，個性越模糊。所以學術只能自由，不宜民主。若是多數取決，無疑越是等而下之者越是易致眾從。因為學問之事，要求天賦、勤奮和機緣的湊合，途徑方法越高明，理解運用應當越困難。後出的方法，果真能夠超越前賢，必然吸納融合已有的各種良法，學習運用，不僅必須循序漸進，不可躐等，而且能夠進到哪一重境界，還要看各人的造化（包括天賦、勤奮、機緣），不可強求。那些截斷眾流，號稱多數人能夠跨越式輕易掌握的方法途徑，好也有限。一味針對少

1　錢穆：《新亞學報發刊詞》，《新亞學報》第一期，一九五五年，第 8 頁。
2　來新夏：《我看國學》，《中國文化》第二十四期（二〇〇七年春季號），第 169 頁。

年後進，欲將金針度與人，無非自我標榜，挾眾自重，到頭來大都誤人子弟，將來者教到不可再教的地步。

治學須溫故知新，先因後創，守成有餘，繼以創新，歷時久而艱辛甚，當然不為抱負極高的新銳少年所甘願忍耐，於是反其道而行之，不肯守拙，唯好取巧。能以不破不立始，以復歸本位終，已屬幸運。除了一輩子參野狐禪而不自覺者外，近代不少學人經歷過年輕時前衛趨新，後來則沉潛守成的轉折，高明如劉師培、王國維，甚至章太炎等也不能免俗，以致後來新進少年叩問他們早年所治趨新之學，往往亡顧左右，笑而不答。這一變化，若以進步與保守視之，斷為倒行逆施，拉車向後，顯然不得要領。根柢淺則隨風擺，易趨附，大體基本茫然無知，而自詡取法乎上，豈非天方夜譚？一張白紙固然可以畫最新最美的圖畫，但畫者決不能如一張白紙。白手起家的日新月異，不過起始初階。如此，之於本人的新與之於全體的新，截然不同，若將小兒學語學行許為後來居上，青勝於藍，同樣不倫不類。

其二，由人而知學。歷史的中心是人，而人有思維行為兩面。據說在海外攻讀中國史的博士學位，若選不到適當題目，最後便擇一前人未做過的人物下手。實則人物研究看似容易上手，做好卻極難。歷史人物形形色色，多為各自領域的出類拔萃者，亦即所謂人尖子，尤其是著名史冊者，無論帝王將相，聖賢智哲，還是大奸大惡，均有非比尋常之處，要想具有瞭解之同情，實屬難事。加以時空距離遙遠，身分差若天淵，研究者大都沒有相應的生活閱歷經驗，不瞭解習慣做派，不易體察其行為心境。於是人物研究，往往愈治而愈覺得對象高不可攀，遙不可及，以致於不知不覺中以其是非為是非，甚至以其好惡為好惡。所謂高山仰止，非但無法逐漸接近，反而日益疏遠。而一味遠觀仰望，如何能夠看得清楚，聽得明白？所謂盡信書不如無書，不瞭解其人其事，論學論人，難免隔靴搔癢。其實，很少有歷史人物

經得起後人的反覆研究。反差過大的原因，無非兩種情形，其一，所選對象確係不世出的高人，難以接近；其二，研治者取徑有誤，南轅北轍。前者屈指可數，卻無法抗拒，不妨另選適合自己程度的對象，而不必勉為其難。後者則須轉換觀念，改變方法，至少要方向正確，才能逐步靠近。

　　至於學人，尤其是通人異士，天賦、機緣、工夫，均不同凡響，若不能與之心有靈犀一點通，只得依據自己的「遠近高低各不同」而「橫看成嶺側成峰」，鑿空逞臆地瞎猜亂點。近代以來，分科治學，各有專精，直入前賢的文本，無非見仁見智，難以心領神會，恰到好處。刻舟求劍，緣木求魚，不但差之毫釐，失之千里，甚至看朱成碧，指鹿為馬。

　　學問或有不受時空影響的至理，此節於思維可以形而上的文化系統或許無礙，而中國文化少有純粹的抽象，論學講道，多由具體語境而生。人的思維行為互為關聯，研究學人的歷史，不宜將學與行截然分別。以學人的歷史包括其所治學術為事實，有一大難事，即所及問題多為觀念精神層面，看似虛玄，難以捉摸，非將思想還原為事實，以實證虛，不易把握。今人所寫學術思想家評傳，好將生平與學術思想分離，以為便於架構編排敘述，實則不過方便用後來外在系統，條理解釋固有材料，無形中以今人觀念揣度解釋古人思想。即使治學向來不大嚴謹的梁啟超也說：「平心論之，以今語釋古籍，俾人易曉，此法太史公引《尚書》已用之，原不足為病；又人性本不甚相遠，他人所能發明者，安在吾必不能，觸類比量，固亦不失為一良法。雖然，吾儕慎勿忘格林威爾之格言：『畫我須是我。』吾儕如忠於史者，則斷不容以己意絲毫增減古人之妍醜，尤不容以名實不相副之解釋，致讀

者起幻蔽。此在百學皆然。」[1]

　　不僅如此，學人論學所指稱的事實，不過其對於歷史的認識，正如後來者描述其學行，難免附加傳衍的成分而非及身的影像。即使學有根本，能夠執簡御繁，還是難免門戶家派的偏見。也就是說，所指稱的史事、如此這般指稱所指史事以及這樣的指稱加於來者的影響，相關而不相同。或者不察，傳授之間，習以為常，每每不能分別，自覺者也難免撲朔迷離，懵懂者更加糾葛混淆。所以材料相對於史事，決不僅僅直接間接、一手二手、主料輔料那樣簡單。善用者無非恰當而巧妙地把握所指能指的時段、層面和方向。此外，學人撰著之際，心中的言說對象，往往不止一端，這些考慮，必然影響其行文，遣詞用字，或曲或隱，反轉周折，甚至誇大張揚，均別有深意。僅憑文本，又帶主觀，則不易仔細分辨，只能以放之四海而皆準的態度對待具體問題具體分析的歷史人事，誤讀錯解本意，在所難免。史學為比較的學問，所論人事，都存在於錯綜複雜的關係之中，所謂理解，即恰如其分，關鍵在於恰當把握所處的時空位置。此即由俱舍宗解俱舍學之法，亦與當下的語境說近似。具體做法，則須將合本子注擴而大之，不僅比勘文本，而且比較本事，把握頭緒，瞭解同情。

　　研究歷史，若治某人某事即以某人某事的直接材料為範圍，難免導致研究某人即偏愛之，甚至以其好惡為準的，結果勢必眼界狹隘，孤立無援，不得不以主觀己意下判斷。所謂「聖人之言，必有為而發，若不取事實以證之，則成無的之矢矣。聖言簡奧，若不採意旨相同之語以參之，則為不解之謎矣。既廣搜群籍，以參證聖言，其言之矛盾疑滯者，若不考訂解釋，折衷一是，則聖人之言行，終不可明矣」。楊樹達用司馬光長編考異法作《論語疏證》，「彙集古籍中事實語言之於

---

[1] 《先秦政治思想史》，《飲冰室合集・專集》之五十，第13頁。

《論語》有關者,並間下己意,考訂是非,解釋疑滯」,因而能為治經者開闢新途徑。[1] 以事實證言論,以文本相參證,繼以考訂解釋,可以明聖人之言行。若是全局在胸,古今中外,來龍去脈,淵源流別,如數家珍,進而把握具體,品評人事,自然得心應手,得其所哉。

當然,凡人大都經不起反覆研究,高明者察知玄奧,故意不留證據,以免後人琢磨。清季廣東大儒朱次琦一脈傳人,遂多不留文字,令後人難以下手。而近代學人不留學術著述以外的文字,用意也應在此。如果自以為是,有意保留材料,試圖使歷史敘述朝著有利於自己的方向演化,永遠留在歷史的中心位置,或是故佈迷局,文過飾非,淆亂視聽,將後人引入陷阱,也難逃智者的法眼。值得研究的歷史人物大都非同尋常,心思過人,若道行不足,或是稍有不慎,容易誤入歧途。一般而言,瞭解越多,認識越深,則越能接近研究對象,所謂家人眼中無偉人,即以其親近之故。若是愈治而愈高大,顯然與所研究對象之間差距過大,不能平等交流對話,更無法心靈相通,一味高山仰止,絕無真正認知的可能。兩相隔膜,所作論述,如何能夠恰如其分?

其三,以學人的活動及其相互關係為歷史整體的一部分,而非僅為專門的學術史。近代以來,受西學影響,以及新式學堂教育的制約,分科治學,已成體制。新銳學人以分科治學為科學,其實分科究竟如何發生,為何發生,還有待研究。但要因之一,則為人的智力體力有限,而知識無涯,不得已退而求其次,分門別類,縮短戰線,使人力足以負擔。可是如此一來,本來渾然一體的學問被肢解為彼此獨立的系統,久而久之,不僅各個學科之間相互隔絕,每個學科內部也日益細分化。以史學而論,縱向分段,橫向分類,林林總總的所謂專

---

[1] 《楊樹達〈語論疏證〉序》,陳美延編:《陳寅恪集・金明館叢稿二編》,第262頁。

門史,大都不過治史必備的條件,揚之則附庸蔚為大國,抑之則婢作夫人。研究歷史,若用分科眼光,勢必以後來觀念看待前人前事,符合後出外來的學科軌則,卻不理解前人的習慣做派。歷史本為整體,各部分有機聯繫,近代學人重寫歷史,用西洋系統整理國故,還能以斷代、專門、國別各史皆為通史之一體,後來則以專攻為獨門,將歷史割裂肢解,歷史的無限聯繫被人為斬斷,具體時空被抽離。既然歷史人事並非按照後來的分門別類進行發展,以分科分類眼光看待和研究歷史,難免有強古人以就我之嫌。而分科治學之下的所謂跨學科,則往往是坐井觀天,自我放大,或踉蹌跳躍,不守規矩,以局部求通論,以歸納代貫通,勢必以偏概全。

研究學人的歷史,既可由此一點入手,延伸探察整個歷史的各個層面,又能揣摩考察學人對於歷史和時勢的觀察論斷。史家亦為社會一分子,既有一般體驗,又有獨特感受,其思維行為包括學術活動在內,牽連廣泛,與整個社會的脈搏跳動息息相關。況且國人治學,旨在經世,近代受西洋觀念的影響,雖有為學問而學問的主張,只是為了抵禦公私權力的干預,從來沒有錮蔽於象牙塔內。史家見識各異,研治史家或學人的歷史,固然難免是非正誤、高下得失的判斷,更重要的卻是將各家的見仁見智當作歷史的事實,觀念也是事實的一部分。智者千慮一失,愚者千慮一得,得失之間,高下有別,但無論得失,都不過歷史事實。作為事實,認清徵實即為判別。誠然,在梳理脈絡,貫通無間的同時,個人主觀勢必參與其中,只是主觀能動的取向,卻是最大限度地限制主觀隨意性,盡可能客觀地再現歷史事實。

歷史既為有機聯繫的整體,歷史的時空聯繫既然無限延伸,從任何一點切入,都必須探察聯繫無限延續的人與事,因而進入之前須把握整體,進入之後須有整體觀念和眼界,如此才能深入、適當。學問為一整體,分科治學,本來因為人的天賦機緣有限,智力體力不足,

不得已而為之的無奈之舉。而一旦形成專家之學，遂無通人眼光，無從比較衡量，久而久之，專業成為小眾的領地。如果沒有賢能引領，難免等而下之，甚至反其道而行之，越是高明，和者益寡。近代以來，學問由學校傳衍，以媒體傳播，遂益發不可收拾。

與人類歷史的整體性相應，史學無疑應是綜合的學問，通史歷來是學人追求的至高境界。即使晚近流行分科治學，有識之士的最終目的仍在求通，分乃不得已的無可奈何或是走向通的必由之路。或以為近代歐洲學問著重分析，固然，但就史學而論，仍以整體為高明。布羅代爾時代的年鑑學派，整體史的格局凸顯。而後布羅代爾時代五花八門的新史學，一定程度上已經成為整體史被肢解的遁詞。

儘管通史為史家的理想追求，但要達到通的境界，必須跨越博通與專精之間平衡協調的難關。融會貫通，提綱挈領，條貫各個時段層面的史事沒有窒礙，而不以主觀裁剪史實，強史料以就我。時賢批評中國歷史文化研究有歸納無貫通，可以兩點為例，其一，以歐洲中心所見世界通則為據，條理中國史事；其二，以局部研究所得通論，擴及其他部分乃至整體。無論那一種情形，材料的有限性（不完整和真偽的部位程度）都難以體察把握，勾聯貫穿。

以貫通為至高境界，接下來的問題自然是如何貫通。此節本來不易求證，更難求全，至少有三點值得注意：

一、由博返約。今日通行的教育體制，教人先讀教科書，然後進入專題研究，基本沒有學習教科書或講義以外的真正讀書。由這樣的方式培養出來的學人，往往好以自己的成功經驗，傳授弟子，鼓勵其擇一前人未著手的領域，長期鑽研，名曰占領制高點。可是因為沒有整體觀念，不能衡量其高低當否，難免誤以窪地為高坡。退一步講，開墾一座荒山，固然有其價值，但是否就是占領制高點，也大有可議。蕭公權談及胡適的大膽假設，小心求證，就主張在假設之前應有

一放眼讀書的階段，否則容易將天邊的浮雲誤認作樹林。在占山為王的取向下，對人所共知的書都不看，一味找前人不見的新材料。殊不知不熟悉舊材料，則不可能恰當利用新材料。凡此種種，都表明博而後約不能踰越。如果省略，後遺症越久則越重。

中國歷史文化傳承久遠，文獻典籍汗牛充棟，浩如煙海，而且愈近愈繁，晚近各類史料，總量約為歷代之和的百倍，連善於史料功夫的陳垣也歎為觀止。以目錄學為門徑，可以把握規模門類，探究淵源脈絡，分辨主次輕重，收執簡御繁之效，得固本明道之益，以期學有根底，以免望洋興嘆。

二、由專致精，由精求通。博而不精則泛，達不到通的境界。而要精深，專或為必由之路，所以錢穆說非碎無以立通。但要由專而精，不是由專而偏，須有前提條件，其一，以專門為整體的部分，或以專題為通史的一體，能夠將具體的專門研究置於整體中的適當位置，並給予恰當的理解把握。其二，不能侷限於一隅，若始終以專家自命，畛域自囿，絕無由碎立通的可能。須在眾多關鍵的部分深入，然後才有由精求通的機會。其三，注意各個專題之間的事實聯繫，求其時空演化進程與形態。

由於分科要由專題而專門而兼通，緩不濟急，難以應付社會的迫切需求，於是又有集眾的主張，欲以分工合作的辦法，彌補個人能力有限的不足，加速求通的進程。而所謂通，不僅在於求形式上時空縱橫的完整，更重要的是把握能夠貫通所有時段層面治亂興衰大事要人的綱領脈絡，集眾的研究如果沒有立意高遠的取徑，以抄撮為著述之外，同樣不能克服分門別類的侷限，甚至會產生集體偏見或誤解。

此外，還要謹守一些戒律。由局部所得，若僅以為個別則無妨，欲為通論，則相當危險。歷史更多體現個別性，見異大於求同，歷史的規律即普遍聯繫，當於事實聯繫及其時空演化中尋求，而非由近似

性來比較沒有事實聯繫依據的異同，進而以為通則。可惜史家每每好將局部經驗放大為整體準則。即使態度謹嚴的驗證，也難免先入為主的成見，以偏概全。從局部看整體很容易或很難避免將局部放大為整體，或以局部的成見觀照整體。若以專門為整體的部分，則不要占山為王，以免落草為寇。分門別類適宜專題研究，而不能化解兼通的難題，而且分科治學之下，學人的眼界日趨狹隘，沒有成竹在胸，難免盲人摸象，無法庖丁解牛。尤其是晚近史料繁多，超出人力所及，近代史雖然已是斷代，還是不得不進一步細分化，時間上分段，空間上分類，形同斷代中的斷代，專史中的專門。縱橫兩面，逐漸相互隔膜，所謂占領制高點的專家之學，漸成割據分封，而占山為王與落草為寇並無二致。

三、切勿橫通。章學誠《文史通義・橫通》稱：

通人之名，不可概擬也，有專門之精，有兼覽之博。各有其不可易，易則不能為良；各有其不相謀，謀則不能為益。然通之為名，蓋取譬於道路，四沖八達，無不可至，謂之通也。亦取其心之所識，雖有高下、偏全、大小、廣狹之不同，而皆可以達於大道，故曰通也。然亦有不可四沖八達，不可達於大道，而亦不得不謂之通，是謂橫通。橫通之與通人，同而異，近而遠，合而離。……

橫通之人可少乎？不可少也。用其所通之橫，以佐君子之縱也。君子亦不沒其所資之橫也。則如徐生之禮容，制氏之鏗鏘，為補於禮樂，豈少也哉？無如彼不自知其橫也，君子亦不察識其橫也，是禮有玉帛，而織婦琢工，可參高堂之座，樂有鐘鼓，而鎔金製革，可議河間之記也。故君子不可以不知流別，而橫通不可以強附清流，斯無惡矣。……

橫通之人，無不好名。好名者，陋於知意者也。其所依附，必非第一流也。有如師曠之聰，辨別通於鬼神，斯惡之矣。故君子之交於橫通也，不盡其歡，不竭其忠，為有試之譽，留不盡之辭，則亦足以相處矣。

章學誠舉例說明：

老賈善於販書，舊家富於藏書，好事勇於書，皆博雅名流所與把臂入林者也。禮失求野，其聞見亦頗有可以補博雅名流所不及者，固君子之所必訪也。然其人不過琴工碑匠，藝業之得接於文雅者耳。所接名流既多，習聞清言名論，而胸無智珠，則道聽途說，根底之淺陋，亦不難窺。周學士長發，以此輩人謂之橫通，其言奇而確也。故君子取其所長，而略其所短，譬琴工碑匠之足以資用而已矣。無如學者陋於聞見，接橫通之議論，已如疾雷之破山，遂使魚目混珠，清流無別。而其人亦遂囂然自命，不自知其通之出於橫也。江湖揮麈，別開琴工碑匠家風，君子所宜慎流別也。

所謂學無根柢條貫，道聽途說，游談無根，而以為見仁見智，亂刀切瓜，橫七豎八，總及核心關鍵。殊不知漫無頭緒，胸無成竹，一味誤打誤撞，瞎貓捕鼠。而橫通之論，乍聽石破天驚，醍醐灌頂，易致眾從，後學者尤其應當警惕。顧頡剛本來對自己幼年讀書多相當自信，二十歲時看到章學誠的《文史通義・橫通》，覺得自己的學問正是橫通之流，不覺得汗流浹背，從此才想好好讀書。不久在陳漢章的影

響下,又欲由目錄進窺學問,願為根本之學,以執簡御繁。[1]

近代以來,為學不僅須貫通古今,還要溝通中外,於是又有新的「橫通」。周予同認為:「中國史學體裁上所謂『通史』,在現在含有兩種意義:一種是中國固有的『通史』,即與『斷代史』相對的『通貫古今』的『通史』,起源於《史記》;……另一種是中國與西方文化接觸後而輸入的『通史』,即與『專史』相對的『通貫政治、經濟、學術、宗教等等』的『通史』,將中國史分為若干期而再用分章分節的體裁寫作。」[2]其實,中國固有的通史,須「明天人之故,通古今之變,成一家之言」,包羅萬有,本不分科,也涵蓋了後一種的通。通要兼顧縱橫兩面,即錢穆所說「融貫空間諸相,通透時間諸相而綜合一視之」[3],對於學人的見識功力,無疑是極大的考驗。以此為準,章學誠本人恐怕也難免橫通之譏。

金毓黻早年以為凡學問無非縱橫二者交相為用,不同意梁啟超以縱斷廢橫斷的主張,並對章學誠譏橫通不以為然,覺得橫通實不可廢,「唯一志於橫而無縱以貫之,乃不免取譏於君子耳」[4]。

這樣的縱橫觀與章學誠所指摘的情形不大一致。這時金毓黻還著重於反對博而泛,贊成專精路線,與後來的觀念大不同。治學首在明道,即淵源流變的脈絡,能夠橫斷者,每一專門的縱貫也要如指掌,才不至於道聽途說,橫逸斜出。

反觀今日治史,有一相當普遍、且日趨強烈的偏向,即不願受

---

1 顧頡剛:《古史辨》第一冊,第92頁。
2 周予同:《五十年來中國之新史學》,朱維錚編:《周予同經學史論著選集(增訂本)》,上海人民出版社,一九九六年,第535頁。
3 錢穆:《中國今日所需之新史學與新史學家》,《思想與時代》第十八期,一九四三年一月。
4 金毓黻:《靜晤室日記》,第1471頁。

歷史人事具體時空關聯的約束，每每欲圖解脫事實聯繫，為後來的觀念馳騁騰出足夠的空間。此種現狀，積累而成。梁啟超提出中國無史論，甚至史料也難求，傅斯年主張不讀書只找材料，認為材料越生越好，不含前人主觀。兩人所說，別有所指，可是流弊之一，便是導致將無主觀誤認為無意思，理解本意變成以後來觀念解釋材料，加上社會科學的泛化，更進而視為天經地義。積衍成習，這樣的取徑做法，與學人自身的知識來源及結構相當契合，似乎便於駕馭，因而很容易被普遍接受。可是也極易流於望文生義、隔義附會和橫通之論。

　　本書相關問題的研究，得到各位師友資料方面的幫助，文中標明之外，王奇生、李細珠、劉巍、潘光哲、陳以愛、王信凱、孫宏雲諸位貢獻尤多。各篇先後在各學術刊物發表，然後根據研究進展和資料披露，陸續有所增改。吾友蔡軍劍將全文校對一過。近代史料繁多，人事複雜，解讀不免錯漏，還望高明教我，以便日後修訂。

桑兵
二〇〇七年九月二十一日

目錄

緒論 ·· i

第一章　近代中國的新史學及其流變 ·· 001

　一　創新與崇洋 ·· 002

　二　科學與藝術 ·· 010

　三　民史與考古 ·· 022

　四　釋古與歷史科學 ·· 030

　五　新系統的通史 ··· 038

　六　轉折與再興 ·· 048

　七　結語 ··· 057

第二章　中國思想學術史上的道統與派分 ··· 061

　一　道統與派分 ·· 062

　二　宗派的研究法 ··· 068

　三　家派與分科 ·· 076

　四　後設與解析 ·· 085

第三章　從眼光向下回到歷史現場
　　　　——社會學人類學對近代中國史學的影響 097
　　一　創新史學 098
　　二　眼光向下 106
　　三　回到歷史現場 116

第四章　二十世紀前半期的中國史學會 125
　　一　南北中國史學會 126
　　二　北平史學會與群雄並起 140
　　三　南方各大學的史學會 150
　　四　參加國際歷史學會 157
　　五　抗戰期間的中國史學會 168
　　六　中國新史學研究會和新的中國史學會 178

第五章　民國學界的老輩 185
　　一　各花入各眼 185
　　二　老則老耳　何遺之有 192
　　三　隔代相傳 201
　　四　門徑各異 212

第六章　章太炎晚年北遊講學的文化象徵 ················· 231
　　一　太炎師徒 ··· 232
　　二　國學大師 ··· 245
　　三　晚年講學 ··· 254

第七章　橫看成嶺側成峰：學術視差與胡適的學術地位 ········· 265
　　一　乾嘉樸學還是西洋統系 ······································ 266
　　二　從十字真言到四字訣 ··· 283
　　三　再創新典範的努力 ·· 291
　　四　但開風氣不為師？ ·· 301
　　五　遠近高低各不同 ··· 317

第八章　近代中國比較研究史管窺
　　　　　——陳寅恪《與劉叔雅論國文試題書》解析 ········ 325
　　一　對對子 ·· 326
　　二　中國比較研究的淵源 ··· 332
　　三　影響研究與平行比較 ··· 339
　　四　具有統系與不涉傅會 ··· 352

第九章　傅斯年「史學只是史料學」再析 ····················· 363
　　一　近代的歷史學只是史料學 ··································· 363

二　近真與頭緒……………………………………………374

　三　求實與證虛……………………………………………382

　四　曲解與本意……………………………………………388

徵引文獻……………………………………………………401

　一　檔案……………………………………………………401

　二　報刊……………………………………………………401

　三　一般文獻………………………………………………404

索引…………………………………………………………421

第一章
近代中國的新史學及其流變

　　自從二十世紀初梁啟超發出「創新史學」的呼籲以來，新史學就成為中國趨新學人前赴後繼為之努力的方向和期望達到的至高境界，這種情形一直持續到二十一世紀。如果聯繫到新史學發生的歐美，則淵源更深，籠罩力更大。因為近代中國各個階段形形色色的新史學，大都是歐美史學風生水起的折射。在此背景之下，在可以預期的時間內，海峽兩岸的學人還會堅持以建樹新史學為標的。這一中心問題，當然引起史家的極大關注，以新史學為對象的述評、論文甚至專著，不在少數。只是除了討論梁啟超、何炳松的新史學外，大都是用後來新史學的詮釋概念論列近代的史家及其史學，而被指定的新史家中，不少人認為史學無所謂新舊，因而從不談論新史學，更不以新史學家自居。[1]與整理國故毀譽參半的情況不同，除了在一些具體主張上有所分歧外，新史學幾乎得到眾口一詞的贊同肯定。不過，仔細分別，各種以新史學自任的學人，其主張千差萬別，有時甚至截然相對，而後人對於新史學的認定，與所涉及史家的自認也有不小的分別。這種現

---

[1] 一般近代中國史學史的著作，新史學都是其中的重要內容。專門以新史學為題的著作，有許冠三的《新史學九十年》。綜述則以周予同《五十年來中國之新史學》（1941年2月《學林》第4期）為代表。論文數量繁多，不過以後來外在觀念解釋文本或陳陳相因的不在少數。與本題相關、視角各異的重要論文有俞旦初《二十世紀初年中國的新史學》（《愛國主義與中國近代史學》）、黃進興《中國近代史學的雙重危機：試論『新史學』的誕生及其所面臨的困境》（《中國文化研究所學報》新第6期中國文化研究所三十週年紀念號）、王汎森《晚清的政治概念與新史學》（《中國近代思想與學術的系譜》）等。王晴佳的《論二十世紀中國史學的方向性轉折》（《中華文史論叢》第62輯），內容也主要圍繞與新史學相關的人事。

象表明，在普遍認同之下，學人其實是各說各話，新史學已經成為他們表達各自期望和理念的集合概念。梳理近代以來中國新史學發展變化的進程，不僅可以探視各個歷史階段不同觀念的學人高舉新史學大旗所欲達到的具體目標，而且可以瞭解當代被濃縮在新史學概念下的各種要素。由此理解近代中國的新舊史學及其相互關係，展望未來走向，可以更加深入一層。

一　創新與崇洋

　　關於新史學的論著為數甚多，可是，究竟什麼是新史學，哪些人可以算作近代中國的新史家，新史學主張什麼，反對什麼，各說分別甚大。就此而言，近代中國的新史家及其新史學可以大別為三類，其一，自稱；其二，他指；其三，後認。

　　自稱如梁啟超、何炳松以及一些趨新師生的團體刊物，他們公開高舉新史學的大旗，並且旗幟鮮明地以建設新史學為己任。他指如王國維，王本人從未以新史學相標榜，而當時或稍後的學人卻紛紛推許其為新史學的代表。張蔭麟也大體可以算在這一類。後認則是後來學人綜述近代史學發展變化的淵源脈絡或撰寫近代學術史著作時，用自己定義的新史學概念來指認的史家及其史學，範圍相當寬泛。其中一些人或許並不認可新史學這樣的名目，至少從來不以新史學自期。本文所論，著重於自稱，也涉及他指，至於後認的對象，因為漫無邊際，不作為取捨的依據。但是在本文所及時段內一些後認的行為本身，涉及當時學人對新史學的理解和認定，為題中應有之義，自然也在當論之列。這與一般討論近代中國的新史學集中於梁啟超、何炳松等少數人或是用新史學的詮釋概念指認論列近代史家及其史學，有著明顯分別。

雖然一切概念均為後出，層累疊加往往是自然過程而非有意作偽，可是隨意使用不僅容易流於散漫，更為重要的是，在後來的定義之下，很可能將歷史上實有的自稱與他指排斥於範圍之外，而將有意不以此為然甚至明確表示異議和反對者強行拉入，以己意剪裁史料，強事實以就我，造成歷史認知的紊亂。所以，本文旨在依照時間和邏輯順序勾勒自稱與他指的脈絡，也就是歷史意義的「新史學」，至於詮釋意義的「新史學」譜系，亦即後來由不斷的取捨排序逐漸拉長上溯的條理系統，固然有定義清晰，易於今人理解（或許更加隨意）的便利，卻難免主觀任意，隔義附會，導致關公鬥秦瓊式的似是而非。

此外，由自稱、他指理解後認，還有兩重意義，其一，或以為概念創新（包括新設與增加含義）往往由於後認，但如果不瞭解歷史上已有的自稱與他指，難免誤以拾人牙慧為開天闢地，無法真正做到言前人所未曾言。其二，後認包含積澱下來的種種歧義甚多的自稱與他指，一旦約定俗成，使用起來看似不言而喻，實則各說各話，難以溝通，容易誤解。為了避免隨意取捨，儘可能地毯式搜索各種自稱與他指的史料，按時序尋繹其內在聯繫。近代史料繁多，無法竭澤而漁，雖不敢說鉅細靡遺，但大體已備，除非另設後認的主觀為準則，後來者或能有所補充，要想整體顛覆，非妄即柱。對此識者自可體察，其餘可以不論。

儘管不是毫無異議，一般而言，近代中國「新史學」的發端者還是首推梁啟超。他刊登於《新民叢報》第一至二十號（1902 年 2-11 月）的那篇劃時代宏文《新史學》，率先高揭「新史學」旗號。梁啟超的本意，不在學術的建樹，而是以史學為用民族主義提倡愛國心的利器。這也是他放棄世界主義改信國家主義，試圖催生新的少年中國的體現。不過，既然以「創新史學」相號召，梁啟超就必須對新史學正面解說，對舊史學加以清理。

梁啟超對舊史學的批判一般學人耳熟能詳，研究新史學者大都會加以徵引，即四病二蔽三惡果。所謂四病：一曰知有朝廷而不知有國家，二曰知有個人而不知有群體，三曰知有陳跡而不知有今務，四曰知有事實而不知有理想。所謂二蔽：其一能鋪敘而不能別裁，其二能因襲而不能創作。所謂三惡果：一曰難讀，二曰難別擇，三曰無感觸。[1]對舊史學的瞭解算不上深刻的梁啟超之所以能有上述認識，得益於他通過日本接觸到一些通行的近代西方史學著作和史學思想。

《新史學》以「中國之舊史」開篇，頭一句就是「於今日泰西通行諸學科中，為中國所固有者惟史學」。在梁啟超看來，「史學者學問之最博大而最切要者也，國民之明鏡也，愛國心之源泉也。今日歐洲民族主義所以發達，列國所以日進文明，史學之功居其半焉。然則但患其國之無茲學耳，苟其有之，則國民安有不團結，群治安有不進化者」。以此反觀號稱極盛的中國史學，從司馬遷到趙翼，以史家名者不下數百，史學發達二千餘年，卻一無可取。用一年前梁啟超所撰《中國史敘論》的話說，「雖謂中國前者未嘗有史，殆非為過」。不僅找不到現成的著作可以沿襲參照，就是想從中搜求材料，「亦復片鱗殘甲，大不易易」[2]。即使像《資治通鑑》這樣「最稱精善」的史書，「今日以讀西史之眼讀之，覺其有用者，亦不過十之二三耳」[3]。因此必鬚髮起史學革命以創新史學。

1　有學人強調梁啟超《新史學》的政治意義，指出不能將文中對舊史學的批評視為學術總結。不過，梁啟超對傳統史學的看法後來雖有所調整，並沒有根本改變。參見黃敏蘭《梁啟超〈新史學〉的真實意義及歷史學的誤解》（《近代史研究》1994年第2期，第219-235頁）、王也揚《梁啟超對中國傳統史學的認識》（《歷史教學》1994年第9期，第49-51頁）

2　《清議報》第九十冊，一九〇一年九月三日。

3　梁啟超：《新史學》，《飲冰室文集》之九，第1-11頁。以上引文凡未標明者，均見此文。

梁啟超心目中的參照，不但是泰西學術，而且是泰西的近代學術。古今中外的歷史雖然都是記述人間過去之事實，但「自世界學術日進，故近世史家之本分，與前者史家有異，前者史家不過記載事實，近世史家必說明其事實之關係與其原因結果；前者史家不過記述人間一二有權力者興亡隆替之事，雖名為史，實不過一人一家之譜牒，近世史家必探察人間全體之運動進步，即國民全部之經歷及其相互之關係」[1]。按照這樣的標準，梁啟超提出了創新史學的界說，第一是敘述進化之現象，第二是敘述人群進化之現象，第三是敘述人群進化之現象而求得其公理公例。而社會進化觀念、人類群體中心以及用各種社會人文乃至自然科學為參照，則是達到上述目的的主要憑藉。[2] 顯然，在梁啟超的進化論框架裡，中國的史學被安放在近世以前的古代範疇，由傳統而近代的途徑，也就是由中國而泰西。而其所參照的泰西新史學，不過是浮田和民以博克爾（H.T.Buckle）的《英國文明史》等歐洲流行書為底本譯著而成的《史學原論》。這不僅在歐洲並非史學經典，在日本也只是專門學校的一般教科書。

這樣的途徑與理念，當時的梁啟超深信不疑，並且照此進行了一系列努力。二十多年後，對梁啟超推崇備至的張蔭麟和不無微詞的繆鳳林分別蓋棺論定，總結梁的成就。張蔭麟指其此期的貢獻除應時政論與愛國宣傳外，還有介紹西方學問、以新觀點批評中國學術、以新觀點考察中國歷史而提出史學革命方案等三點。關於後一方面，他認為梁啟超「始倡於官報及帝譜而外，別創以民族及文化為對象，借國民之照鑑之歷史。其於《新民叢報》中，《新史學》、《中國史敘論》已發其凡；於《中國歷史上革命之研究》、《歷史上中國民族之觀察》、

1　《中國史敘論》，《清議報》第九十冊，一九〇一年九月三日。
2　參見第三章《從眼光向下回到歷史現場──社會學人類學對近代中國史學的影響》。

《世界史上廣東之位置》，及《趙武靈王傳》、《張博望班定遠合傳》、《王荊公傳》、《鄭和傳》、《中國殖民八大偉人傳》等篇中，復示其例。後有作近代中國史學史者，不能不以先生之名冠其篇矣」[1]。

繆鳳林更詳細論列了梁啟超「其研究以史學為中心」的著作，具體為：「《中國史敘論》、《新史學》，則樹立國史之新觀念；《國文語原解》則從文字上解釋古史；《中國專制政治進化史論》、《論專制政體有百害於君主而無一利》等，則為政治史之論著；《論中國學術思想變遷之大勢》、《中國法理學發達史論》，則為中國學術史之創作；《中國國債史》、《各省濫鑄銅元小史》等，則為財政史之專著；《中國歷史上革命之研究》、《歷史上中國民族之觀察》、《中國史上人口之統計》、《世界史上廣東之位置》等，則為歷史上特殊問題之研究；《王荊公傳》、《李鴻章》等，則為長篇史傳之創著；亞里士多德、培根、笛卡兒、霍布士、斯賓諾莎、孟德斯鳩、盧梭、康德、邊沁、伯倫知理、頡德、達爾文等之學案或學說，則為泰西學術史之濫觴；斯巴達、雅典、越南、朝鮮諸國之小志或亡國史，則為外史之撰述；《義大利建國三傑傳》及噶蘇士、羅蘭夫人、克林威爾等傳，則為西方傳記之譯著；而壬寅論中國、亞洲、歐洲地理大勢及《地理與文明之關係》諸篇，解釋人地相應之故尤詳。雖其文多取材東籍，論列亦多謬誤，然方面既眾，觀點亦異，實開史學界無數法門。」[2]

新史學篳路藍縷之際，先知先覺的梁啟超並非獨行者。梁啟超創新史學，源於他流亡日本後，接觸到日本人士譯著的一些反映歐洲近代史學觀念的新書，有所感悟，打算寫一部中國通史以助愛國思想之

1　素痴：《近代中國學術史上之梁任公先生》，《大公報》一九二九年二月十一日。
2　《悼梁卓如先生》，《史學雜誌》第一卷第一期，一九二九年三月，引自夏曉虹編：《追憶梁啟超》，第117-118頁。

發達。無獨有偶，章太炎也早有修《中國通史》的志向，他從《新民叢報》看到梁啟超多論史學得失，「於歷史一科，固振振欲發抒者」，不禁引為同道，且願一身擔當大任。其時章太炎的觀念，與梁啟超頗為相通，受各種西方社會學書的啟發，並且購求日本人譯著的《史學原論》及亞洲、印度等史，「新舊材料，融合無間，興會勃發」，欲將心理、社會、宗教諸學，熔於一爐，「所貴乎通史者，固有二方面，一方以發明社會政治進化衰微之原理為主，則於典志見之；一方以鼓舞民氣、啟導方來為主，則亦必於紀傳見之」。雖然沒有標名新史學，也旨在寫出「新理新說」[1]。

梁啟超的新史學主張和經由日本轉來的歐洲史學觀念，引起一些留日學生和後來成為國粹學派的知識人的反響。一九〇二年底汪榮寶在《譯書彙編》發表《史學概論》，「改採皆最近史學界之學說，與本邦從來之習慣，大異其趣，聊紹於吾同嗜好，以為他日新史學界之先河焉」[2]。侯士綰翻譯浮田和民的《史學原論》，一九〇三年出版時特改名為《新史學》。同年上海鏡今書局出版新近史學譯著文集，也以《中國新史學》為名。曾鯤化的《中國歷史》，打出「新歷史旗幟」[3]。國粹派的劉師培則寫了《新史篇》。這一派學人建設新史學的努力，以進化論為歷史觀，著重於寫民史，參考借鑑各種社會人文學科乃至自然科學以及分門別類搭建新體系，與梁啟超的主張大體一致。[4]

不過，儘管晚清學人提出了新史學的概念，並且努力建設他們心中的新史學，可是當時的主要目標並不在學術建樹，而是史學的社會

---

1 一九〇二年七月《致梁啟超書》，湯志鈞編：《章太炎政論選集》上冊，第167-168頁。
2 《譯書彙編》第九期，一九〇二年十二月。
3 俞旦初：《二十世紀初年中國的新史學》，《愛國主義與中國近代史學》，第76-77頁。
4 參見鄭師渠《晚清國粹派——文化思想研究》第五章第二節，第170-191頁。

政治功用。[1]除夏曾佑的《最新中學歷史教科書》（後改名《中國古代史》）外，後人進行具體研究時的學術史回顧，這一時期的著述很難進入視野。也就是說，雖然成為學術史考察的對象，卻不構成學術研究的基礎，今日的學人固然不大參考其作品，即使新文化運動時期的學人，也很少以這時的新史學為前提。反倒是清代的考據學、浙東史學和今文經學，成為五四一代學人學術建樹自認的本土資源。所以他們很少追述晚清新史學對自己的影響，提到相關人物時，印象深刻的並非他們的新史學，或者是意氣風發的政論，如梁啟超，或者是淵博而專深的舊學，如章太炎、劉師培，盡管其中已經包含了不少的新成分或有了新外殼。當然，也不能排除五四學人有意迴避清季的學術淵源，因為他們熱衷的話題，不少來自清季，或是清季已經有所議論，只是未必在新史學的框架之內。而超越上一代，又始終是趨新學人的抱負。

　　讓五四學人忽視晚清新史學的另一重要原因，當是後者所依據憑藉的西學知識過於膚淺，而史學的學術建樹要求又逐漸大於政治功用，以致於對外國的瞭解大為擴張的新一代學人很難將一般性的常識當作學術發展的起點。周予同認為晚清的新史學尚未脫離經學的羈絆，其實更為重要的原因反而在於新史學觀念的形成是由於中國學人對西學的附會與依傍，各種通史和專門史基本使用外來的現成框架填充一些常見卻未經驗證的本土材料，甚至乾脆直接編譯外國人（尤其是日本人）的著作，而且越是表淺越容易模仿[2]；一些論文也不過是套

1　王汎森：《晚清的政治概念與新史學》，《中國近代思想與學術的系譜》，第165-196頁。

2　一九〇二年出版的《普通新歷史》和《歷代史略》，即分別由日本中等學科教授法研究會著《東洋史》和那珂通世的《支那通史》改編增輯而成。參見陳力：《二十世紀中國史學學術編年》，羅志田主編：《20世紀的中國：學術與社會——史學卷（下）》，第717頁。

用外來的理論解說中國的歷史現象，很難說是研究的結果。而他們所依據的新奇理論，在歐洲甚至日本已經成為常識乃至過時。

　　二十年後的一九二三年，梁啟超針對國故學復活的原因指出：「蓋由吾儕受外來學術之影響，采彼都治學方法以理吾故物，於是乎昔人絕未注意之資料，映吾眼而忽瑩；昔人認為不可理之系統，經吾手而忽整；乃至昔人不甚瞭解之語句，旋吾腦而忽暢。質言之，則吾儕所恃之利器，實『洋貨』也。坐是之故，吾儕每喜以歐美現代名物訓釋古書；甚或以歐美現代思想衡量古人。」儘管梁啟超認為以今語釋古籍原不足為病，還是強調不應以己意增減古人之妍醜，尤其不容以名實不相副之解釋致讀者起幻蔽。而且梁啟超現身說法，悔其少作，承認此意「吾能言之而不能躬踐之，吾少作犯此屢矣。今雖力自振拔，而結習殊不易盡。」告誡「吾同學勿吾效也」[1]。梁啟超的經驗之談與蔡元培等人推崇胡適以西方系統條理本國材料為開啟整理國故的必由之路適相反對，只是年輕一代學人在西學知識方面雖然可以傲視前人，卻難以摸清中西兩邊池水的深淺，在留學生舶來的「新洋貨」面前，還是不得不俯首稱臣。這時梁啟超的際遇，與二十年前他所批評的「舊史家」頗有幾分相似。

---

[1] 《先秦政治思想史》，《飲冰室合集・專集》之五十，第13頁。

二 科學與藝術

經過民初的短暫沉寂，新文化運動的展開使得中國的思想學術再趨活躍。一九二〇年九月，《新青年》第八卷第一號發表了陶孟和的文章《新歷史》，這是陶在北京高師附中的講演，由學生記錄後修改而成。該文首先指出新歷史與舊歷史相對，新歷史的目的有三：「（一）可以得歷史的新眼光。（二）可以略知研究歷史的方法。（三）可以明研究歷史的用處。」並歷數舊史學的四種缺點：一、偏重文學；二、人名地名太多，於讀者無意味，不能促發其興趣和思想；三、偏重政治而排斥其他事實；四、常注意駭人聽聞的事實，不能判別事實的重要與否，失去正確的歷史眼光。新歷史的發展是由於進化論的發現和人類學、地理學、社會學、比較宗教學、經濟學、心理學等各種學科的發展所推動，研究新歷史應當取批評疑惑的態度，應當權歷史事實之輕重，無論其經見、細微或隱晦，皆須注意，不可以事小而輕忽視之，應排斥神學的、怪異的、種種非科學的解釋，「用客觀的科學的方法考究歷史的真像」。而研究歷史是要給人以瞭解過去、明白現在的看法。

由於對象和專業的限制，儘管陶孟和指出了研究的重要，並提出了科學方法，但所說仍是一般性知識，並沒有引起新史學的復興。周予同認為：「使中國史學完全脫離經學的羈絆而獨立的是胡適。崔適只是以經今文學兼及史學，夏曾佑只是由經今文學轉變到史學，梁啟超也只是逐漸脫離經今文學而計劃建設新史學。只有胡適，他才是瞭解經今文學、經古文學、宋學的本質，接受經今文學、經古文學、宋學的文化遺產，而能脫離經今文學、經古文學與宋學的羈絆，以嶄新的立場，建築新的史學。轉變期的史學，到了他確是前進了一步。」[1] 此

---

[1] 《五十年來中國之新史學》，朱維錚編：《周予同經學史論著選集》增訂本，第542頁。

話當然是後來者目光凝聚於主流的結果，而且胡適的《中國哲學史大綱》是否可以稱為新史學的里程碑之作，尚有可議，至少他本人並未以新史學家自居，但胡適的確與五四時期的新史學關係密切，這可以從對新史學的發展與認定至關重要的兩件事得到證明。

胡適的《中國哲學史大綱》正式出版於一九一九年，儘管蔡元培等人讚譽有加，卻沒有從新史學發展的視角立論。與晚清一樣，民國時期新史學的更上層樓，社會歷史原因之外，憑藉了一股強勁的西風。只不過前一次是過氣的舊作，這一回卻是應時的新品。

一九一二年，美國哥倫比亞大學歷史教授魯濱孫（J.H.Robinson）的《新史學》出版，這本由八篇文章組成的著作在史學史上的地位見仁見智，在美國和歐洲的影響看法也不盡相同，但在中國，卻再次引起人們對於新史學的關注。出版之初，中國正陷入政治動盪，無暇顧及。新文化運動的興起和北京大學的改造，使得學術建設提上日程。一九二○年，朱希祖擔任北大史學系主任，受德國學者關於歷史的動力在全體社會觀念的影響，主張研究歷史應以社會科學為基本科學，對史學系的課程大加更改，本科一二年級先學政治學、經濟學、法律學、社會學、社會心理學等社會科學，再輔以生物學、人類學及人種學、古物學等。與此相配合，原定的歷史研究法一門請何炳松擔任，何即以魯濱孫的《新史學》為課本，據說頗受學生歡迎。於是朱希祖建議將該書譯成中文，「使吾國學界知道新史學的原理」。

朱氏認為：「我國現在的史學界，實在是陳腐極了，沒有一番破壞，斷然不能建設。」而《新史學》一書首先和主要的就是破壞舊的史學思想，因此「很合我國史學界的程度，先把消極的方面多說些，把史學界陳腐不堪的地方摧陷廓清了，然後慢慢的想到積極的建設方面去。所以何先生譯了這部書，是很有功於我國史學界的」。不僅如此，《新史學》有限的建設性的話，強調史學與社會科學的密切關係，史家

既是社會科學的批評者和指導者，又要將社會科學的結果綜合起來，用過去人類的實在生活加以試驗，歷史的觀念和目的，應該跟著社會和社會科學同時變更等等，與朱希祖改革北大史學系課程的目標及方向基本一致。[1]

何炳松用《新史學》做參考，大概從一九一八年為北京大學史學系本科二年開西洋史甚至更早為預科英文班講西洋文明史已經開始。他說：魯濱孫所說，雖然都是屬於歐洲史，但可以做中國史學學人的針砭，「我在北京大學同北京高師裡面，曾用這本書做講授西洋史學原理的教本。同學中習史學的人，統以這本書為『得未曾有』。但是這本書的原本，用意既然深遠，造句又很復雜，所以同學中多『歎為難讀』」。慫恿其翻譯者除朱希祖外，還有北大政治學教授張慰慈。一九二一年二月開始，半年完工。譯成後由朱希祖、張慰慈和胡適校閱。[2]本來決定作為北大叢書的一種，後來延遲到一九二四年五月，由上海商務印書館出版。而延遲的原因，與胡適不無關係。

《新史學》商務版出版時，何炳松專門寫了一段「譯者再志」，講述原委。據稱：一九二一年夏完成後，將譯本送給胡適看，後者發現並改正了幾點錯誤，最後何再拿回來根據原本逐字校正。一九二二年春，胡適在北京大學出版委員會提出將該書列為北大叢書的一種，獲得通過。「後來因為我等候適之先生曾經答應我的那篇序文，所以這本書遲遲沒有出版。」同年夏，何炳松離開北京，到杭州辦第一師範，出版一事擱置。一九二三年夏，胡適到杭州煙霞洞養病，「他很願意代我著手做一篇序文；又剛剛遇到我的譯本正在北大出版部印成講義的時候，無從依據」。後來何炳松將講義取回，寄往上海請朱經農指教，

---

1 朱希祖：《新史學序》，劉寅生、房鑫亮編：《何炳松文集》第三卷，第3-6頁。
2 《譯者導言》，劉寅生、房鑫亮編：《何炳松文集》第三卷，第2-22頁。

後者代向商務接洽妥當。何炳松一面感謝朱經農和商務的幫助，同時表示：「我仍舊希望適之先生的序文能夠遲早之間發現在這本書的前面。」[1]

商務版《新史學》的「譯者導言」中，並沒有胡適表示要寫序言的內容，「再志」所說顯得有些突兀。不過，這篇「譯者導言」曾以《新史學導言》為題，發表於北京高師史地學會編輯出版的《史地叢刊》第二卷第一期（1922年6月），兩相對照，文字頗有些改動，其中最後一段稱：「後來我的同學北京大學哲學教授胡適之博士再代我細細的校閱一番，並將他的史學觀念表示出來，做了一篇文章，冠在這書的前面。」而商務版「並將他的……」以下一句話刪去。

何炳松的《新史學導言》和《譯者再志》所述的相關情節，在胡適的日記書信中找不到對應。不過，何炳松的文字既然公開發表，又沒有遭到胡適的批駁，不應有假。在胡適秘藏書信中，有十二通何炳松來函，其中一封屬期為「二月二十四日」的來函稱：「弟所譯之《新史學》，前蒙惠賜序文並蒙送請商務書館出版，感激無分。唯迄今半年有餘，未蒙照辦，不勝念念。究竟何日可以脫稿，可以付印，務懇撥冗示之，無任盼禱。」[2]是函當寫於一九二三（或一九二四）年，上一年何炳松曾兩度致函胡適，均未得到回覆。後者允諾的介紹給商務出版，看來也食言。胡適素重承諾，此番失信於人，當別有曲隱。

胡適與何炳松的關係，就兩人的相關資料而言，頗有些微妙。從何炳松方面看，似乎相當密切，一九二八年，他在《增補章實齋年譜序》中談到與胡適的「特殊的交情」：「我和適之先生的文字交，始於民國二年的夏季。我記得當時他是《留美學生季報》的編輯，我

1　劉寅生、房鑫亮編：《何炳松文集》第三卷，第23頁。
2　劉寅生、房鑫亮編《何炳松文集》第二卷，第724頁。

是一個投稿的人。民國四五年間我和他才在紐約常常見面談天，成了朋友。民國六年以後我在北京大學教了五足年的書，又和適之先生同事，而且常常同玩。他和我不約而同而且不相為謀的研究章實齋，亦就在那個時候。結果他做成一部很精美的年譜，我做了一篇極其無聊而且非常膚淺的《管窺》。我的翻譯《新史學》亦就是在這個時候受了他的慫恿。民國十一年後我到杭州辦了兩年最無聊的教育，受了兩年最不堪的苦痛。可巧這時候適之先生亦就在西湖煙霞洞養他的病；⋯⋯現在我們兩人又不期而然不約而同的同在上海過活了。我以為就十七年來行止上看，我們兩人的遇合很有點佛家所說的『因緣』二個字的意味。」

可是，何炳松眼中的那點「因緣」，從胡適方面看未免有些一廂情願。何炳松所說與胡適的交往，在胡適現存的文字中找不到蛛絲馬跡。不僅留美期間書信日記中未曾提及何炳松的名字，圍繞《新史學》的因緣，也只有何的一面之詞。此外，儘管何炳松表示不敢以「章氏同志」的名義來互相標榜，關於章學誠研究、尤其是《章實齋年譜》的編撰增訂，還是他與胡適關係的重要一環，也是他自認為對胡適和姚名達研究章實齋史學的經過「還配說幾句話」的重要依據。何炳松說：姚名達的增補本完工後，交給胡適校正，胡表示認可，並說：他近來聽見何炳松對於章實齋的史學已經有了進一步的瞭解，所以要何代他和姚名達再做一篇序，表示何近來的心得。何遲疑了幾分鐘，覺得很有理由接受，於是立刻答應。[1]而姚名達的序言卻只提及胡適要他本人作序的事。[2]胡適文字中提及何炳松的名字，目前可以找到的只有

---

[1] 何炳松：《增補章實齋年譜序》，原載《民鐸雜誌》第九卷第五號，一九二八年十月一日，引自劉寅生、謝巍、房鑫亮編校：《何炳松論文集》，第 133-134 頁。

[2] 歐陽哲生編：《胡適文集》七，第 22 頁。

一九三五年反對《中國本位的文化建設宣言》而寫的《試評所謂「中國本位的文化建設」》，列在十教授的第二位，予以嚴厲的批評。由此看來，兩人雖然同為留美學生，又曾一度共事，但何炳松的態度顯然較胡適主動得多，而且後來觀念不同，關係也不融洽。

不過，胡適不為《新史學》譯本作序，與何炳松關係的好壞應當還在其次，重要的是他究竟如何看待魯濱孫的《新史學》主張以及中國的新史學狀況。胡適後來說，留學哥倫比亞大學期間，魯濱孫教授是他在歷史系認識的幾個人之一，但是他最大的遺憾之一，便是沒有在歷史系選過一門全課，包括當時最馳譽遐邇的魯濱孫教授的「西歐知識階級史」。胡適看過講授大綱和參考書目，覺得極有用，卻依然沒有選修。[1] 胡適在美國所受的學術訓練，至少對史學的瞭解方面，倒是歐洲的正統方法[2]，對正在興起的社會科學相對隔膜。他對《新史學》感到興趣，是在審閱何炳松的翻譯之後，印象比較深刻。他贊同魯濱孫《新史學》中「思想史的回顧」一篇以及《創造思想》一書所表達的思想解放的主張，即「要使現代的思想合於現代的需要；要使人把許多遺傳的舊思想打倒了；要使人用公開的態度來考察現代的問題，來謀現代的解決法」[3]。對於要將歷史研究科學化亦無異議，但是對於魯濱孫所強調的史學與社會科學的關係以及所重視的過去人類的實在生活，則未必完全認可。至於何炳松的相對主義史觀，更加不以為然。

就在與何炳松翻譯《新史學》發生因緣的過程中，一九二三年四月，胡適在北京大學《國學季刊》第一卷第二期發表了《科學的古史

1　《胡適口述自傳》，歐陽哲生編：《胡適文集》一，第 257-258 頁。
2　胡適關於史料審定及整理之法，依據法國朗格諾瓦和瑟諾博思（Langloisand Seignobos）的《史學原論》（*Introductiontothe Study of History*），這是蘭克之後歐洲史學方法的基本教材，也是由蘭克史學轉向年鑑學派的重要一環。
3　曹伯言整理：《胡適日記》三，第 575-576 頁。

家崔述》一文,推許崔述為「新史學的老先鋒」,並且說了以下一段話:「況且我深信中國新史學應該從崔述做起,用他的《考信錄》做我們的出發點;然後逐漸謀更向上的進步。崔述在一百多年前就曾宣告『大抵戰國、秦、漢之書多難徵信,而其所記上古之事尤多荒謬』。我們讀他的書,自然能漸漸相信他所疑的都是該疑;他認為偽書的都是不可深信的史料;這是中國新史學的最低限度的出發點。從這裡進一步,我們就可問:他所信的是否可信?他掃空了一切傳記讖緯之書,只留下了幾部『經』;但他所信的這幾部『經』就完全無可疑了嗎?萬一我們研究的結果竟把他保留下的幾部『經』也全推翻了,或部分的推翻了,那麼,我們的新史學的古史料又應該從哪裡去尋?等到這兩個問題有了科學的解答,那才是中國新史學成立的日子到了。簡單說來,新史學的成立須在超過崔述以後;然而我們要想超過崔述,先需要跟上崔述。」

　　胡適注意崔述,起於顧頡剛擬作《偽書考》跋文。一九二〇年十二月一五日,顧頡剛致函胡適,告以「清代人辨證古史真偽的,我知道有二大種而都沒有看過」,其中之一便是崔述的《東壁遺書》,問胡適是否有,並建議列入《國故叢書》出版。十八日,胡適覆函稱:「崔述的《東壁遺書》,我沒有。……崔氏書有日本人那珂通世的新式圈點校印本,可惜此時不易得了。我已託人尋去。」不久,胡適得到《畿輔叢書》本的《東壁遺書》,批點一過,雖然覺得「甚多使人失望處」,「但古今來沒有第二個能比他的大膽和辣手的了」,推許崔述「是二千年來的一個了不得的疑古大家」。並進而提出自己的古史觀:「現在先把古史縮短二三千年,從《詩三百篇》做起。將來等到金石學、考古學發達,上了科學軌道以後,然後用地底下掘出的史料,慢慢地拉長東周以前的古史。」以後胡適與顧頡剛、錢玄同等人討論疑古辨偽和古史研究,並託青木正兒搜訪從錢玄同那裡瞭解到的日本出版的《東

壁遺書》鉛印本，還多方收集相關資料，準備編撰崔述的年譜。而顧頡剛則通過編輯《辨偽叢刊》，逐漸形成「層累地造成的中國古史」觀，想要「使中國曆史界起一大革命」[1]。

一九二二年八月二十六日，日本人今關壽麿來訪，與胡適長談，主題是中日兩國史學的聯繫及其發展變化。今關說：「二十年前，日本人受崔述的影響最大；近十年來，受汪中的影響最大。崔述的影響是以經治史，汪中的影響是以史治經。」胡適贊成今關所說的「崔述過信『經』」，但認為「其實日本人史學上的大進步都是西洋學術的影響，他未免過推汪中了」。對於中國史學的狀況，胡適的看法是：「中國今日無一個史家」、「南方史學勤苦而太信古，北方史學能疑古而學問太簡陋。將來中國的新史學須有北方的疑古精神和南方的勤學工夫。」、「日本史學的成績最佳。從前中國學生到日本去拿文憑，將來定有中國學生到日本去求學問。」[2]這可以進一步堅定胡適對崔述和新史學的看法。

胡適《科學的古史家崔述》一文，很像是有意為顧頡剛的史學革命張目。他的劃法不無蹊蹺，以崔述為新史學的老先鋒和出發點，又以超越崔述為新史學成立的前提，不僅將晚清以來的新史學一筆抹殺，更重要的是根本改變了此前新史學的方向，由重視社會科學和民史轉向疑古辨偽和科學方法。就在胡適發表《科學的古史家崔述》之時，顧頡剛也剛好形成了他的古史辨理論，而且同樣是以崔述的疑古辨偽為出發點和超越崔述「經書即信史」的成見為目標。[3]胡適提攜弟子，張大本門，自然在情理之中，但是完全忽略此前中國的新史學，還是顯得有些武斷。況且他似乎並不知道顧頡剛想要公開發動史學革命。其中應當別有隱情。

1　顧頡剛編著：《古史辨》一，第 14-36 頁。
2　曹伯言整理：《胡適日記》三，第 771-772 頁。
3　《與錢玄同先生論古史書》，《古史辨》一，第 59-60 頁。

抹殺晚清以來的新史學，首當其衝的受害者無疑是梁啟超。以崔述為新史學的先鋒，而以超越崔述為新史學的成立，梁啟超所倡導的新史學之新，便失去了憑藉，不再能夠占據中國新史學開山的位置。而深受《新民叢報》影響的胡適不可能不知道被譽為「一代新史學鉅子」[1]的梁啟超在這方面的首倡之功，後來他對梁啟超的《中國學術思想變遷之大勢》相當推崇，而絕口不提新史學，應是有意迴避，以免正面否定。

五四新文化時期，梁啟超與胡適等人屢有爭勝，在文學革命與輸入新知兩方面均失去先機，整理國故便再也不甘落後。對於梁啟超的處處有針對性地爭風，胡適相當惱火。他認為梁啟超講中國哲學史是專對「我們」（其實就是胡適本人），「他在清華的講義無處不是尋我的瑕疵的。他用我的書之處，從不說一聲；他有可以駁我的地方，決不放過！」儘管胡適聲稱「於我無害而且總有點進益」，表示歡迎[2]，實際上不免耿耿於懷。胡適的《中國哲學史大綱》上卷出版後，梁啟超不大滿意，寫信告訴胡適「欲批評者甚多」，還擔心下筆不能自休。[3]一九二二年三月四日，梁啟超在北京大學第三院大禮堂講演《評胡適的〈哲學史大綱〉》，連講兩天。胡適認為梁啟超此舉不通人情世故，本來不想理睬，經張競生勸說，第二天也到場講話。由此引發一系列的學術論爭。梁啟超逝世後，胡適在日記中提及相關各事，雖然時過境遷，還是承認當時雙方都有些介意。[4]而在事發之際，胡適顯然沒有

1　《悼梁卓如先生》，夏曉虹編：《追憶梁啟超》，第119頁。
2　《胡適致陳獨秀（稿）》，中國社會科學院近代史研究所中華民國史組編：《胡適來往書信選》上，第119頁。
3　丁文江、趙豐田編：《梁啟超年譜長編》，第922頁。
4　曹伯言整理：《胡適日記》五，第352-353頁。梁啟超的演講，是應哲學社之請，引起北京知識界的廣泛注意，前來聽講者約兩千人。胡適登臺介紹時表示：「昨日因訪愛羅先珂先生於其寓所，談話甚久，未來聽講，殊覺歉然。」其實胡適是故意

這般大度，對於梁啟超追隨新文化派改變對清代漢學的態度等事，涉及話語權的歸屬，實在是相當計較的。

在胡適和顧頡剛探討新史學之路的同時，梁啟超重新回到學術文化的建設方面，其努力之一，就是接續二十年前的新史學口號，而具體化為指示創造新史的方法。他說：中國史書繁雜，但為人類文化之要項，「既不可不讀而又不可讀」，「是故新史之作，可謂我學界今日最迫切之要求也」。這時梁啟超的觀念有所變化，而對舊史的批評和對新史的認定，基本還是延續前說。所謂「近今史學之進步有兩特徵，其一為客觀的資料之整理，……舉從前棄置散佚之跡，鉤稽而比觀之，其夙所因襲者，則重加鑑別以估定其價值。如此則史學立於『真』的基礎之上，而推論之功，乃不至枉施也。其二為主觀的觀念之革新——以史為人類活態之再現，而非其殭跡之展覽，為全社會之業影，而非一人一家之譜錄。如此，然後歷史與吾儕生活相密接，讀之能親切有味；如此，然後能使讀者領會團體生活之意義，以助成其為一國民為一世界人之資格也」。「彼舊史者，一方面因範圍太濫，卷帙浩繁，使一般學子望洋而嘆，一方面又因範圍太狹，事實闕略，不能予吾儕以圓滿的印象。是故今日而欲得一理想的中國史以供現代中國人之資鑑者，非經新史家一番努力焉不可也。」[1]

不過，梁啟超一生雖然鼓吹「新史學」，實際內涵卻前後變化甚大，梳理變化的脈絡及其成因，比起用新史學的概念來人為編織其史

迴避。只是在觀眾和媒體看來，「雙方各以學者的態度，做學理的討論，並無絲毫感情作用，聽眾皆十分滿意。此種討論態度，開吾國學術界從來未有之盛，實可作將來之模範」（《昨日北大之哲學討論會，胡梁二氏以學者態度討論學理，開中國學術界空前未有之奇觀》，《晨報》1922 年 3 月 6 日）。所以胡適在日記中說：「但在大眾的心裡，竟是一出合串好戲了。」（曹伯言整理：《胡適日記》三，第 570 頁）

[1] 《中國歷史研究法》，《飲冰室合集·專集》之七十三，第 1-5 頁。

學觀念和主張，更有助於研究事實，說明問題。今人所謂梁啟超的「新史學」，若脫離具體的時空，即成為論者心中的歷史，或者說是借梁啟超發抒自己的史學。稍後梁啟超讀了新康德主義弗賴堡學派的主要代表李凱爾特（Heinrich Rickert）的著作，懺悔此前主張用歸納法建設新史學的路徑，認為歷史沒有共相，不存在因果，只有互緣，歸納法只能整理史料，不能研究歷史[1]，不再信奉進化論和自然科學化的歷史觀。而新一代的「新史學」代表何炳松也主張史學純屬主觀，不可能像自然科學那樣成為真正的科學。這與胡適的看法差異較大。在這種背景之下，胡適避而不談梁啟超的新史學，肯定不是無心之失，堅持疑古辨偽和科學方法，顯然意在堅持新文化派對於思想界的領袖地位。

　　注意到魯濱孫的顯然不止北京的新文化學人，一九二二年六月，署名「衡如」者在《東方雜誌》發表《新歷史之精神》，依據魯濱孫等人的理論，概述了歐美新史學的歷史、發生原因、主要取向和代表人物，指出舊史學以政治史為主，注重帝王變遷，國勢興衰，戰爭勝負，以政治事實為編纂歷史的唯一理據和決定歷史性質及其發展的原因，與國家生活無關或關係不顯者，均視為無研究價值。其所謂歷史，一為道德倫理，一為激發愛國熱忱，可稱之為「國家之傳記」。舊史學的政治史雖然有蒐集史料翔實和考證方法精確等優長，但在發現真理與解釋人類運動方面，卻有明顯侷限。所反映的是十九世紀民族國家興起與愛國主義勃興的時代精神。

　　隨著產業革命與自然科學的空前創獲，人類文化的根據為之大變，產生了全新的觀念與意趣。自然科學的發展和社會科學的興起，成為推動新史學的重要原因。人們重新審視歷史，認為國家至多不過是「許多人類之重要興趣所以決定政治演進者之交換所，不足以云決

1　《研究文化史的幾個重要問題》，《飲冰室文集》之四十，第1頁。

定一切人類行事之機關」。作為綜合史觀的新史學，要將全體人類各個層面的活動有機考量，其目的在使現代人對於過去的事實有精確之瞭解，俾知現代文明狀態之所由來及其原故；其範圍以一切人類事業與活動之全體胥為所應注意之點，尤其在時間（人類社會起源）、空間（走向世界史）和內涵（政治、經濟、社會、文化、宗教、法律、自然科學各個方面）上明顯擴展；而解釋則有人物、經濟、環境、精神、科學、社會學以及歷史的自由意志等七派，各派均有著名代表。作者認為：「然最晚出而又最重要，且足以表現新歷史之精神者，則綜合史觀也。綜合史觀亦名集合心理的史觀。依此見解，無唯一之原因能釋一切歷史事業，捨一時代之集合心理外，不足決定一時代之事實；發現所以形成一時代之人生觀，決定一時代生存競爭之分子而評量之敘述之，則史家之責也。英之瑪紋、美之布銳斯持、鐵爾壘、魯濱孫，其最著者也。使歷史而果為有益於人之學科也，則固捨此莫屬矣。」[1]

與北京大學新文化派或明或暗地存在競爭的東南大學（南高）學人，在輸入新知方面的影響雖然有所不及，態度卻相當積極。陳訓慈寫了《史學蠡測》的長文，針對新史學之名稱流行，而新史學的精神卻不易把握的狀況，著重介紹了社會心理的綜合史觀與新史學的關係，並且從史之範圍、史之作用與其對人類關係以及史料之審別、史法之應用等五個方面，闡述新史學的精神。[2]尤其是討論了史學是否科學以及史學的藝術性問題，與胡適等人的取向有所不同。

1　《東方雜誌》第十九卷第十一號，第47-56頁，一九二二年六月十日。
2　《史地學報》第三卷第一期，一九二四年六月。關於南高學人與新史學，參見李勇、鄢可然《〈史地學報〉對魯濱遜新史學的傳播》(《淮北煤炭師範學院學報（哲學社會科學版）》第24卷第6期，2003年12月)。

三　民史與考古

　　歷來學人雖然多以疑古來為「古史辨」定位，顧頡剛在形成「層累地造成的中國古史」觀的過程中，志向卻是由學術史轉向社會史。他說：「我從前只想做學術史，現在則想並做社會史，因為學術是社會的一部分，不知當時的社會狀況，亦無從作學術史。況且單做學術史也太乾燥無味。」[1]可是隨著古史論爭的展開，卻越來越朝著胡適希望的疑古辨偽、科學方法的方向走，部分有違顧頡剛做民眾歷史的初衷。直到一九二六年，魏建功撰寫了《新史料與舊心理》一文，批評古史爭論偏離了軌道，他說：

> 中國的歷史，真正的歷史，現在還沒有。所謂「正史」，的確只是些史料。這些史料需要一番徹底澄清的整理，最要緊將歷來的烏煙瘴氣的舊心理消盡，找出新的歷史的系統。新曆史的系統是歷史敘述的主體要由統治階級改到普遍的民眾社會，歷史的長度要依史料真實的年限決定，打破以宗法封建等制度中教皇兼族長的君主的朝代為起訖；歷史材料要把傳說、神話、記載、實物……一切東西審慎考查，再依考查的結果，客觀的敘述出來。如此，我們倒不必斤斤的在這個舊心理磅礴的人群裡為新史料的整理伴他們吵嘴，把重大工作停頓了！[2]

　　要形成「歷史敘述的主體要由統治階級改到普遍的民眾社會」這

1　《自述整理中國歷史意見書》（1921年6月9日），《古史辨》一，第36頁。顧頡剛想治中國社會歷史，至少從一九二〇年已經開始。
2　《北京大學研究所國學門週刊》第十五、十六合期，一九二六年一月二十七日。

樣的「新歷史的系統」，顯然必須改變以崔述為起點和超越崔述為目標的「新史學」，回到梁啟超倡導的民史建樹的軌道上去。魏建功的批評使得顧頡剛逐漸調整了方向，尤其是移席廈門大學和中山大學之後。顧頡剛等人所辦閩學會的宣言稱：「國學的研究，自受了新史學和科學的洗禮，一方面擴大了眼光，從舊有的經史子集中打出一條『到民間去』的血路，一方面綿密其方法，用統計學、社會學、人類學、地質學、生物學、考古學種種科學的方法，來切實考求人文的真相，而予以簇新的解釋。……新史學的眼光漸離了政治舞臺『四庫』式的圖書館，而活動於實事求是之窮荒的探險或鄉土的研求。」[1]

這種到民間去求新史學的想法，在中山大學《民俗》週刊〈發刊辭〉中，表達得更加清楚。顧頡剛批評歷來的政治、教育、文藝，都給聖賢們包辦了，容不得小民露臉，經史百家只有皇帝士大夫、貞女僧道的虛偽故事和禮法，占社會絕大部分的各類民眾無窮廣大的真實生活完全看不見。「我們要站在民眾的立場上來認識民眾！我們自己就是民眾，應該各各體驗自己的生活！我們要把幾千年埋沒著的民眾藝術，民眾信仰，民眾習慣，一層一層地發掘出來！我們要打破以聖賢為中心的歷史，建設全民眾的歷史！」稍後他到嶺南大學演講〈聖賢文化與民眾文化〉，再度強調：「要打破以貴族為中心的歷史，打破以聖賢文化為固定的生活方式的歷史，而要揭發全民眾的歷史。」[2] 與在此前後的其他民俗學刊物相比，顧頡剛以史學為中心的取向顯然是另闢蹊徑。[3] 所以有學人指出：這篇發刊詞很像是一篇新史學運動的宣言，「這個民俗學運動原是一種新史學運動，故較北大時期的新文學運動的

---

[1] 陳錫襄：《閩學會的經過》，《國立第一中山大學語言歷史學研究所周刊》第一集第七期，一九二七年十二月十三日。

[2] 均見顧潮編著：《顧頡剛年譜》，第 145-151 頁。

[3] 參見苑利主編《二十世紀中國民俗學經典・學術史卷》。

民俗學已經不同，已大有進步，這是代表兩個階段亦是代表兩個學派的」[1]。

儘管傅斯年反對「國故」的概念，按照胡適和顧頡剛等人的看法，國學其實就是中國的歷史（或文化史）。因此，整理國故的新國學，在某種意義上也可以說是新史學。何思敬為《中山大學語言歷史學研究所週刊·風俗研究專號》所寫的「卷頭語」說：「現在各國勃興的有許多學問，如新歷史學、人類學、現代社會學、民族學、考古學、民俗學等，都具有同種的傾向和目的，有時互相混淆其界限，而始終是互相連帶的智識努力，熱烈的知識欲都集中於文化現象和社會生活，從本國的事實出發，不辭勞苦到世界的各時各地去找暗示，找比較，找類似，找差異，以致其努力成世界之研究，將為新世界史之綜合。中國的新國學運動也是這世界學術的傾向之影響及暗合。」[2]這已經與年鑑學派發生的學術背景相聯繫。趙簡子翻譯了 H.C.Jhomas 和 W.A.Hamn 合著的《現代文明的基礎》（*The Foundations of Modern Civilization*），並選擇其中部分以《新歷史的範圍與目的》為題，刊登於《中山大學語言歷史學研究所週刊》第九卷第九十七期（1929 年 9 月），指出歷史學因為考古學、人類學、心理學、社會學等學科進展的影響，改變了以往對於自然、社會和人的認識，研究歷史不再僅僅是文學、資鑑和教化，其價值在使人對於他的周圍的複雜世界善於理解。制度與風俗的重要性凸顯，普通的材料與事實比特殊的更為重要。

歐美史學試圖超越與創新的前提，是一般歷史資料經過長期系統的整理並形成一套行之有效的研究方法，而在中國，顧頡剛主張的另

1　楊堃：《我國民俗學運動史略》，《楊堃民族研究文集》，第 218 頁。此文原載《民族學研究集刊》第六期，一九四八年八月。

2　《中山大學語言歷史學研究所週刊》第一卷第十一、十二期合刊，一九二八年一月。

一半,也就是如何在可靠的史料基礎之上建立信史的問題,依然沒有解決。顧頡剛希望在中國建立學術社會,「在這個學術社會中,不但要創建中國向來極缺乏的自然科學,還要把中國向來號稱材料最富研究最深的社會科學(歷史學在內)和語言文字之學重新建設過。這是把中國昔日的學術範圍和治學方法根本打破,根本換過的;這是智識上思想上的一種徹底的改革」。他抱怨人們不理解自己學術追求的目的與聯繫,蒐集舊材料時看作復古,開闢新園地時又斥為矯新;為研究古史而蒐集古書,考辨真偽異同,旁人就指為正統派的學問,故紙堆的工作,開倒車的舉動,走死路的辦法;而為了研究民俗而蒐集歌謠、劇本和風俗物品,旁人又笑其猥鄙、管閒事、降低身分,甚至指為離經叛道的罪人。顧頡剛的建設方案包括兩方面,一是民俗學,要無限制地蒐集材料,開闢新國土,「使許多人從根本上瞭解中華民族的各種生活狀態」;二是歷史學、語言學和考古學,以前人已有的成績為出發點,「逐漸蒐集新事實,創造新系統」[1]。

新史學不能做無米之炊,也不可能在原來史料認識的範圍內僅僅通過觀念變化與重新解釋就能夠形成經得起時間和學術檢驗的新系統。一方面是如何看待原有史料,另一方面則是如何擴張史料,只有這兩方面都得到解決,新史學才能真正從思想解放走上學術軌道。而從新史學的脈絡看,在這個方向上最具代表性的學人是王國維和傅斯年。

早就公開宣稱「學無新舊」的王國維,自然不會以新史學自我標榜,掉入「不學之徒」的陷阱。[2] 可是王國維死後,卻幾乎成了舉國公認的新史學大家。王國維逝世不久,弟子吳其昌總結《王觀堂先生學

---

[1] 顧頡剛:《序》,《國立中山大學語言歷史學研究所年報》第六集第 62-64 期合刊,一九二九年一月十六日。感謝陳以愛博士寄贈此項資料。

[2] 《國學叢刊序》,《觀堂別集》卷四,《王國維遺書》第三冊,第 202 頁。

述》，對於乃師究竟是什麼家的問題詳細辯證，認為王國維並非「漢學家」、「哲學家」或「文學家」，「所得一句結論，則先師殆可謂為『新史學』家，亦可謂為『文化史的考證家』也」[1]。主張史學革命的顧頡剛稱之為舊思想的破壞者和真古史的建設者，「不承認他是舊學，承認他是新創的中國古史學」[2]。一九三六年《王靜安先生遺書》由商務印書館出版，其弟王國華作序稱：「先兄以史治經，不輕疑古，亦不欲以墨守自封，必求其真，故六經皆史之論，雖發於前人，而以之與地下史料相印證，立今後新史學之骨幹者，謂之始於先兄可也。」無獨有偶，同年郭沫若寫了《魯迅與王國維》，也推後者為「新史學的開山」[3]。所以周予同說王國維和夏曾佑是中國轉變期新史學家中的兩位「畸人」。

不以新史學自居的王國維被視為新史學的開山，則此前民史建樹和疑古辨偽的新史學都無立足容身之地。日本京都學人岡崎文夫說：「清朝末年中國學界裡公羊學派盛行一隅，其前途窮窘，局面難以打開是很明顯的，學界的新傾向是以征君（即王國維）一派為指導，我早就有這樣的預想。」並且對民國時期「混亂的中國現狀使學問的大潮流不能朝正常的方向發展」而感到惋惜。[4] 王國華的《王靜安先生遺書·序》這樣總結乃兄的學術：「先兄治學之方雖有類於乾嘉諸老，而實非乾嘉諸老所能範圍。其疑古也，不僅抉其理之所難符，而必尋其偽之

1　《國學論叢》刊行：《王靜安（國維）先生紀念號》，沈雲龍：《近代中國史料叢刊續編》第八十三輯。
2　《悼王靜安先生》，《文學週報》第五卷第一、二期合刊，陳平原、王楓編：《追憶王國維》，第133頁。
3　陳平原、王楓編：《追憶王國維》，第172頁。後來有學人即以此為題，為王國維立傳。參見袁英光《新史學的開山——王國維評傳》。
4　《懷念王征君》，陳平原、王楓編：《追憶王國維》，第370頁。

所自出；其創新也，不僅羅其證之所應有，而必通其類例之所在。此有得於西歐學術精湛綿密之助也。」王國維的新，主要在於能得新材料之便。他在《最近二三十年中國新發現之學問》中，開宗明義道：「古來新學問起，大都由於新發現。」[1] 中國近代為材料大發現時代，主要有殷墟甲骨、流沙墜簡、敦煌遺書、內閣大庫書籍檔案，以及中國境內的古外族遺文，王國維均有機緣接觸研究，並且做出重要成果。這也就是陳寅恪所說：「一時代之學術，必有其新材料與新問題。取用此材料，以研求問題，則為此時代學術之新潮流。治學之士，得預於此潮流者，謂之預流。其未得預者，謂之未入流。此古今學術史之通義，非彼閉門造車之徒，所能同喻者也。」[2] 以此為標準，王國維當然在預流之列。不僅如此，他以地下實物與紙上遺文互相釋證，取異族故書與吾國舊籍互相補證，取外來觀念與固有材料互相參證，所有論著「學術性質固有異同，所用方法亦不盡符會，要皆足以轉移一時之風氣，而示來者以軌則。吾國他日文史考據之學，範圍縱廣，途徑縱多，恐亦無以遠出三類之外。此先生之書所以為吾國近代學術界最重要之產物也」[3]。

　　傅斯年宣稱「史學便是史料學」，引起不少非議。不過他講「近代的歷史學只是史料學」，卻源於對近代歐洲史學新發展的認識。他認為近代史學的發展有兩點，一是觀點變化，由於新大陸的發現等事實，從前上下古今一貫的學說根本動搖，「對於異樣文明，發生新的觀念、新解釋的要求，換言之，即引起通史之觀念、通史之要求」。二是方法改進，歐洲中世紀以來，各種史料增多，「近代歷史學之編輯，則根

1　《學衡》第四十五期，一九二五年九月。
2　《陳垣敦煌劫餘錄序》，《陳寅恪史學論文選集》，第503頁。
3　《王靜安先生遺書序》，陳美延編：《陳寅恪集・金明館叢稿二編》，第247-248頁。

據此等史料,從此等史料之蒐集與整理中,發現近代史學之方法——排比、比較、考訂、編纂史料之方法——所以近代史學亦可說是史料編輯之學。此種史學,實超希臘羅馬以上,其編纂不僅在於記述,而且有特別鑑訂之工夫。……此二種風氣——一重文學,一重編輯史料——到後形成二大派別,一派代表文史學,一派代表近代化之新史學」。「此外史料來源問題,亦使新史學大放異彩。……由於史料之蒐集、校訂、編輯工作,又引起許多新的學問。」尤其是考古學、語言學和東方學,近代均有大的發展。正是基於上述認識,傅斯年斷言:「綜之,近代史學,史料編輯之學也,雖工拙有異,同歸則一,因史料供給之豐富,遂生批評之方式,此種方式非抽象而來,實由事實之經驗。」從這一觀念出發,他認為宋代史學最發達,此前只有文學與史法,宋代則趨向於新史學方面發展,「自此始脫去八代以來專究史法文學之窠臼,而轉注於史料之蒐集、類比、剪裁,皆今日新史學之所有事也」[1]。

由此可見,傅斯年的史料學,其實是基於方法的改進,也就是說,史料學重在整理史料的方法。具體而言,史學便是史料學,而「史料學便是比較方法之應用」。傅斯年認為:「史學的對像是史料,不是文詞,不是倫理,不是神學,並且不是社會學。史學的工作是整理史料,不是作藝術的建設,不是做疏通的事業,不是去扶持或推倒這個運動,或那個主義。」所以,整理史料的方法,「第一是比較不同的史料,第二是比較不同的史料,第三還是比較不同的史料」。至於如何比較,比較什麼,主要有以下兩點:「歷史的事件雖然一件事只有一次,但一個事件既不盡止有一個記載,所以這個事件在或種情形下,可以

---

[1] 《中西史學觀點之變遷》(未刊稿),歐陽哲生主編:《傅斯年全集》第三卷,第154-156頁。

比較而得其近真;好幾件的事情又每每有相關聯的地方,更可以比較而得其頭緒。」[1]細讀傅斯年所著《史學方法導論》等書,此言揭示歷史記錄與歷史事實的關係,以及如何尋求歷史本身的內在聯繫兩大命題,可謂深得史學研究之真味。儘管單一的近真取向還不足以發揮其最大能量,但若達到這一境界,疏通或許反而多餘和無味。傅斯年不僅深知近代史學之所長,對其侷限也有所認識,只是兩相比較,難以兼顧,不能不有所取捨。他說:「過去史學與其謂史學,毋寧謂文學;偏於技術多,偏於事實少;非事實的記載,而為見解的為何。史學界真正有價值之作品,方為近代之事。近代史學,亦有其缺點,討論史料則有餘,編纂技術則不足。雖然不得謂文,但可謂之學,事實之記載則超前賢遠矣。」[2]唯有如此,史的觀念才能由主觀的哲學及倫理價值變作客觀的史料學,著史才能由人文的手段變作生物學、地質學等一般的事業。當然,這樣不得已的取捨,也難免偏向,史料總難全,所以存而不補、證而不疏帶有先天侷限,招致物議,後來錢穆、張蔭麟等人正是在這一點上不滿於傅斯年的新史學,而另樹新史學標準。

　　以新材料研究新問題,戰前蔚為風氣,但也出現一些流弊。賀昌群總結《歷史學的新途徑》,肯定用近四十年來新發現的材料於中國文化史上提出新問題或新解釋為現在應取的新途徑,同時針對學術界為爭取發表新材料而玩物喪志的情形,特意指出入流與不入流,不應以能獲得新材料為目的,學術思考上也有入流不入流之別,要明了學術研究的新趨向,思辨上有深徹的眼光,文字上有嚴密的組織,從習見材料中提出大家不注意的問題。[3]即以陳寅恪而論,他首先強調必須熟

1　《史學方法導論》,岳玉璽、李泉、馬亮寬編選:《傅斯年選集》,第192-193頁。
2　《中西史學觀點之變遷》(未刊稿),歐陽哲生主編:《傅斯年全集》第三卷,第155頁。
3　《中學生》第六十一期,一九三六年一月,引自吳澤主編、金自強、虞明英選編:《賀昌群史學論著選》,第531-532頁。

悉舊史料史實，才能瞭解新史料，安放新史實。而王國維雖然不重註疏，也還講究讀書以發現問題，反對懸問題以覓材料，並不一味以發現新材料為然的。

四　釋古與歷史科學

　　一九三五年五月，馮友蘭在北師大演講「中國近年研究史學之新趨勢」，分為「信古」、「疑古」、「釋古」三派，而以「釋古」為最近之趨勢。他用黑格爾歷史哲學的正、反、合三段式來解釋三派的關係，顯然看成是歷史的遞進。郭湛波《近五十年來中國思想史》引述馮的演講詞後，更斷言新文化運動時代的思想家已成為歷史上的人物，其思想、學說已失掉了社會的信仰和權威，已成了今日時代的障礙，希望馮友蘭這樣的學者和思想家出來做思想的領導者。[1] 不過，就史學界而言，學者與青年學生的傾向存在著明顯差異。在依然保持學術文化中心地位的舊都北平，一方面，學術界充滿著非考據不足以言學術的空氣，另一方面，面對學生的演講如果不涉及社會性質之類的問題，就很可能會被哄下臺。親歷其事的陶希聖說，到一九三〇年代初，「五四以後的文學和史學名家至此已成為主流。但在學生群眾的中間，卻有一種興趣，要辯論一個問題，一個京朝派文學和史學的名家不願出口甚至不願入耳的問題，這就是『中國社會是什麼社會』」[2]。

　　所謂「釋古」的流行，與唯物史觀的興起關係密切。在這方面，郭沫若的《中國古代社會研究》影響甚大。周予同認為：「使釋古派發展而與疑古派、考古派鼎足而三地成為中國轉變期的新史學的是郭沫

1　郭湛波：《近五十年來中國思想史》，第 166-169 頁。
2　陶希聖：《潮流與點滴》，第 129 頁。

若。」¹ 郭湛波也推許郭沫若「不止開中國史學界的新紀元」²。郭沫若後來被譽為新史學五大家的首席，確是淵源有自。按照齊思和的看法，「五四的中心思想是自由主義，是知識分子對於傳統束縛的解放運動。北伐後的中心思想是社會主義，是以唯物史觀的觀點對於中國過去的文化加以清算。……假如《古史辨》運動可以像徵五四的史學，那麼中國社會史論戰便可以像徵北伐後的新史學」³。介紹唯物史觀，李大釗有開創之功，開展社會史研究，則由陶希聖領先，並且引起中國社會史論戰。這場持續數年的大討論，前後出了三本專輯，吸引了無數青年的注意，一時間成為時髦的話題。

凡事有利必有弊，由政治社會動盪激勵起來的思想波瀾，在學界難免滋生流弊。早在一九二九年，已經有人對一味趨新的潮流表示不滿：「在中國今日學術界裡面，史學的確呈露出一種危機。幾千年來做了政治的附庸，好容易跟著新思潮得瞭解放，這時候大家換了一副腦袋，一對眼光再向著冥矇的已往重行追溯，……新思潮帶來的是西洋科學寶貝，又新奇又實用，當然大家都爭著向前去搶，『舊紙堆』更少人注意的了。隨著是政治的變動，昨天鬧『革命』，今天鬧『訓政』，人家說是『天地更新』，……趕跑了不少株守『舊紙堆』旁的人，由讀歷史而造歷史去了。隨著又是社會思想底大變動，一班皮鞋跟上帶回來歐美塵土氣的智識階級，天字一號的廿世紀新人物，有意識地無意識地異口同聲讚美西洋底物質文明，死詛這些祖國笨蟲不會跟他們一齊競走。……這一呼，那一逼，舊書攤上不免多買進好些人家不要的

1　郭湛波：《五十年來中國之新史學》，朱維錚編：《周予同經學史論著選集》增訂本，第 555 頁。
2　郭湛波：《近五十年來中國思想史》，第 178 頁。
3　齊思和：《近百年來中國史學的發展》，汪朝光主編：《20 世紀中華學術經典文庫·歷史學：中國近代史卷》，第 104 頁。

舊史書，史學家者流不免紛紛『改行』了。稍精明的便放棄了那『死的考據』而多講究些史的理論和哲學，不往『雜貨箱』裡做整個考證的工夫，而往大處落墨，侈談其所謂新史學精神，廿四史還數不清，偏也愛談創造新史學。這些現象都是新思潮新時代和先知先覺底賜與，是史學界的危機，也是學術界局部的不幸。」[1]

思想的浮躁使得青年學生和一些激進學人的新史學追求含有一股戾氣，由國立師範大學研究所歷史科學研究會於一九三三年一月二十五日創刊的《歷史科學》雜誌，自封「本刊為唯一主倡新史學的有價值之刊物」[2]。其第一期的〈創刊之辭〉聲言要「站在新興科學底立場，……掀起一個科學的歷史研究的運動」。主編丁迪豪等人認為民國以來的史學發展狀況表面異常勃興，實際上「不景氣」。他們批評「許多人還未認清歷史是什麼，把古書當作是歷史，尋章摘句的埋頭作考證，結果，離開了歷史的本身是十萬八千里」；指責「另有一種人，把歷史當作是他們玄想的註腳，拾來一些江湖賣藝的通行語，也拿來比喻中國歷史的發展的過程，在他未嘗不以他是俏皮巧妙，其實正表示他粗鄙淺薄與理論的貧弱。歷史之有合法則性，這一點自由意志者是根本不懂的。以自由意志來高談歷史，是有產者靈魂的跳舞」；並且諷刺「一些從來未摸著歷史之門的，而偏要趕時髦的作家，把活的歷史填塞在死的公式中，在他們那種機械的腦袋裡，凡是馬克思恩格斯的文獻中有著的歷史發展階段的名詞，中國便就有了。所以各人都努力向這裡找，找著一個時髦的名詞便劃分一下歷史發展的階段。然而，他們這種猜謎似的論戰雖是像煞有介事的，可是，這樣瞎貓拖死老鼠

---

[1] 徐琚清：《談談歷史》，《燕大月刊》第四卷第二期，一九二九年四月。
[2] 歷史科學研究會發行部：《徵求基本定戶啟事》，《歷史科學》第一卷第三期，一九三三年六月。

的亂撞,便由於缺乏高深的研究。」將躍居主流地位的所謂「史料學派」,疑古辨偽的古史辨派和提倡整理國故的胡適,主張自由意志的何炳松,主要以史觀立論的官方史學,乃至「冒牌的唯物史觀」等各派新史學的史家一網打盡,全盤否定已有的學術成就。

該刊進而宣稱:「以上這些我們是沒有半點滿意,我們雖也站在歷史的唯物主義方面,但我們要由歷史發展的本身作深入的探究,從而以為歷史之判斷;我們雖也留心史料的時代價值,但我們要以新的科學來闡明歷史,充實歷史;而我們更要努力於歷史之傳授——歷史教育之研究,以作歷史大眾化之準備。」[1]為了「使本刊能逐漸成為新史學知識底總匯」[2],準備在日、法、美聘請特約通信員,以溝通歐美史學的消息,「一面介紹新史學之理論與研究作品,一面在鼓勵吾人以新方法作成有價值之新著」[3],並計劃出版科學的歷史理論、歷史與各種科學的關係、世界史學界鳥瞰、現代中國各派歷史方法論批判等專號。

《歷史科學》的呼籲,在部分青年中激起了一陣波瀾。有人來函鼓動丁迪豪等人「加倍努力,腐敗的中國史學者,才是你們的建設新史學的障礙物,非根本拆除不可」。在沉寂的學術空氣中,勇敢地揭起科學的歷史運動之旗,是學術界一個火星的發現。「雖然幾個青年人的血與熱,要和腐爛的中國史學者交鋒,外面看來這些昏庸老朽們,都是占據要津,已經樹立了卑污得說不上口的威權,而幾個青年人在喊著新史學的口號,無異是只槍匹馬在和他們在挑戰,但你們不要怕,這些老弱殘兵是敵不過新的科學的武器,最後的勝利是屬之你們的。」、「希望兄等以科學的史的唯物論之方法,積急的作些批判的工作,只怕

---

[1] 《創刊之辭》,《歷史科學》創刊號,一九三三年一月二十五日。
[2] 《編輯雜記》,《歷史科學》創刊號,一九三三年一月二十五日。
[3] 編者(丁迪豪):《編餘》,《歷史科學》第一卷第二期,一九三三年三月三十日。該刊從第二期起編輯單位改為「北平歷史科學研究會」。

沒有鑿空闢地之勇和犀利的刀斧，⋯⋯具有了勇氣和方法，還怕什麼不成。則現今史壇上的牛鬼蛇神，一經批判，哪有不原形畢露。」[1]其矛頭已經不是指向傳統史學，他們眼中「腐爛」或「腐敗」的中國史學者，正是此前主張新史學的各派代表。他們的目標，已經不是改變舊史學，而是掃除以前的新史學家，以便將新史學的桂冠由前人頭上摘下來給自己戴上。

所謂科學的歷史研究，背後有太多的不確定和可爭議，學術上唯我獨尊、一統天下的態度，更難以得到公認。同樣立志為建設新史學而奮鬥的青年同道，看法與做法都不盡相同。一九三四年五月，吳晗等人組織了「史學研究會」，也想「對中國新史學的建設盡一點力量」。一年後，他們主辦了《益世報・史學專刊》，由吳晗主筆、集體討論形成的《發刊詞》，宣稱他們的主張是：但論是非，不論異同，「不輕視過去舊史家的努力，假如不經過他們一番披沙揀金的工作，我們的研究便無所憑藉，雖然他們所揀的容許有很多的石子土塊在。我們也尊重現代一般新史家的理論和方法，他們的著作，在我們看，同樣地都有參考價值。我們不願依戀過去枯朽的骸骨，亦不肯盲目地穿上流行的各種爭奇誇異的新裝。我們的目標是求真」。為此，一方面要注意過去被忽視的領域，「這裡面往往含有令人驚異的新史料」，另一方面，也要審慎地搜剔原有典籍，發掘本來意義。而他們心目中的新史學，即「帝王英雄的傳記時代已經過去了，理想中的新史當是屬於社會的民眾的」，希望大處著眼，小處著手，朝著這一新方向切實地努力推進。[2] 這基本是延續梁啟超「新史學」的精神，要寫出社會民眾史。但

1　《歷史科學》第一卷第五期，一九三三年九月。

2　《益世報》一九三五年四月三十日。

在追求專精的方面,則與梁啟超的大而泛全然不同。[1] 在共同信奉新史學之下,該會的主張與丁迪豪等人的歷史科學研究會也明顯有別,而一度被後來的史家認為尚未跳出舊史學的窠臼。

與此同時,朱謙之在廣州中山大學和一班青年史家如陳嘯江、王興瑞等人發起「現代史學」運動,於一九三三年一月創刊《現代史學》。陳嘯江在廈門大學時就提出過「新興史學運動」的口號,主張建立歷史的社會(非國家的或政府的)、科學和實用的基礎,因而倡導社會經濟史研究,並有將此作為中國史學新舊界限的朦朧意識。[2] 現代史學也就是新史學,具體主張則與主流的新史學有所不同,而與《歷史科學》遙相呼應。朱謙之自動代表「願為轉型期史學的先驅」的「青年史學家」立論,主張對於一切現代史學要廣包並容,對於過去的史學則不惜批判,「努力擺脫過去史學的束縛,不斷地把現代精神來掃蕩黑暗,示人以歷史光明的前路」[3]。其所謂過去的史學,主要不是傳統史學,而是指已經躍居中國史學主流地位的傅斯年一派的主張。朱謙之代理文科研究所主任後,針對從前語言歷史研究所的宗旨改革歷史學部,一、語史所以為史料學即史學,現在只認為是史料整理。二、語史所將語言與歷史連成一氣,為文獻言語學派,現在將二者分開,歷史獨立,以研究整理歷史文化為目的,為文化學派。三、文獻言語

---

[1] 一年後吳晗在《週年致辭》中,針對來稿的情況,再次強調不要做「綱要式的論文」,不要帶偏見,或人云亦云無甚見解(《益世報》1936年4月14日)。

[2] 《編後話》,《現代史學》第一卷第三、四期合刊;陳嘯江:《西漢社會經濟研究·自序》,第16頁。引自楊思機《朱謙之與「現代史學運動」》,中山大學未刊學士學位論文。

[3] 《現代史學》第一期,一九三三年一月。經過補充修改,該文收入朱謙之著《現代史學概論》,為第一章。

學派其弊流於玩物喪志,現在則具有濃厚的講學精神。[1]

　　本著克羅齊(Benedetto Croce)的學說,朱謙之認為「一切歷史原來就是現代的歷史」。他寫的〈現代史學發刊辭〉,強調現代史學的三大使命,其一,「現代性的歷史之把握」,即將一切歷史看成是現在的事實;其二,「現代治史方法之應用」,即社會科學之下的歷史進化法與歷史構成法,稍後朱謙之又稱現代史學的方法是考證考古(正)和史觀派(反)之後的合;其三,注重現代史及文化史之下的社會史、經濟史、科學史。該刊先後編輯出版了中國經濟史和中國現代史兩期專號,文化評論和史學方法論兩期特輯,改變了以前談社會史者牽連到政治文化方面的漫無邊際,「明白提出作為社會核心的經濟史加以研究」,並且注意材料的蒐集和專門精深的探討,改變論戰時謾罵的態度。據說後來《中國經濟》、《食貨》等雜誌的風格有意無意地受其影響。其史學方法提倡史的論理主義與心理主義之綜合,歷史為獨立的法則的科學;文化學提倡南方文化運動,文化人類型說;社會經濟史提倡佃傭社會說,以解釋中國之所以不能走上資本主義道路。在婚姻史、文學史、藝術史等方面,貢獻亦不少。[2] 這與《歷史科學》的丁迪豪等人致力於亞細亞生產方法之探檢、專制主義之諸問題、明鄭和下南洋與商業資本及殖民、鴉片戰爭史、太平天國革命史、義和團運動史、中國資本主義發展史等問題的研究一樣,在方向與側重上,對後來史學的變化與重心轉移不無啟示。

　　此外,何炳松雖然介紹宣傳魯濱孫的新史學甚力,真正將魯濱孫的新史學變成學術研究實踐並加以推廣的反而是蔣廷黻。他是魯濱孫

1　《中山大學日報》一九三五年一月十三日。見《奮鬥廿年》,《朱謙之文集》第一卷,第80頁。

2　樂水:《〈現代史學〉的回顧》,《現代史學》第四卷第三號,一九四一年八月十日。

的再傳弟子，個人的研究固然遵循宗師的路徑，擔任清華大學歷史系主任後，通過一系列大幅度的教學科研改革，更加積極地貫徹魯式「新史學」的宗旨和主張，因而架空了陳寅恪的地位。[1]

面對來自社會科學影響下的新史學的挑戰，已經占據主流和主導地位的學人並未輕易動搖，他們堅持自己的學術見解和信念，偶爾也不免利用手中控制的學術資源和權力。胡適與傅斯年對於郭沫若的古文字研究，認字及解說部分予以承認，但是對他過度用來解釋古代社會形態，則多有保留。[2] 馮友蘭認為釋古派使用材料先入為主，談理論太多，不用事實解釋證明理論，而以事實遷就理論。錢穆將革新派史學分為政治革命、文化革命、經濟革命三期，對於後一派尤其不滿。周予同雖然認為此說過慮，指出釋古派也有進步，而且追求的目的在於把握全史的動態而深究動因，與錢穆所主張的「於客觀中求實證，通覽全史而覓取其動態」沒有根本的衝突，還是批評「國內自命為釋古派的學人，每每熱情過於理智，政治趣味過於學術修養，偏於社會學的一般性而忽略歷史學的特殊性，致結果流於比附、武斷」[3]。

至於朱謙之等人的批評和做法，傅斯年更加不以為然。一九四二年五月，傅斯年審查中華教育文化基金會科學研究補助金歷史類的申請，對陳嘯江的計劃審讀之後，還「親聽其解釋」，結果卻認為他「不知何者為史學研究問題」，因此提了一個「怪題」，而且「空洞無當」，

1　李勇、侯洪穎：《蔣廷黻與魯濱遜的新史學派》，《學術月刊》二〇〇二年第十二期，第 58-61 頁；何炳棣：《讀史閱世六十年》，第 67-68 頁。

2　牟潤孫說：「郭沫若嘗引莫爾甘之說治鐘鼎款識甲骨文，討論古史問題，頗多新奇可喜之說。顧其立論好穿鑿附會，往往陷於武斷。」（《記所見之二十五年來史著作》，杜維運、黃進興編：《中國史學史論文選集》第 2 冊，第 1127 頁）這可以部分反映主流學人的一般看法。

3　周予同：《五十年來中國之新史學》，朱維錚編：《周予同經學史論著選集》增訂本，第 558-559 頁。

報告董事會「似不必考慮」。反差明顯的是，對於「未附任何文件，研究計劃亦言之太簡」的吳晗，卻依據平常的瞭解評為甲等，許為最有研究能力，要求給予特種助人金。[1] 傅斯年對吳晗的好感可以理解，單從結果看而不考慮程序的合法性，選擇也不能說錯誤，而對陳嘯江的態度，除了學術觀念的差異，顯然不能完全排除個人恩怨的影響。當然，吳、陳二人的取徑大方向並無二致，傅斯年厚此薄彼，主要還不在觀念與做法，而是在他看來，兩人的學術水準相去懸殊。

五　新系統的通史

　　抗日戰爭爆發後，中國的學術風氣發生了很大的變化，民族主義史學成為主導，此前各方針鋒相對的爭論，暫趨平靜，壁壘森嚴的分界也有所調和，吸取各自的優點，加以批判的綜合。在戰時環境下，學人一方面顛沛流離，正常的學術研究難以進行，另一方面受到國破家亡的刺激，紛紛總結和反省戰前史學研究的利弊得失，新史學自然成為關注的重點。

　　抗戰期間較早對近代史學進行總結的是金毓黻，他從日本占領下的東北逃脫，輾轉加入中央大學，發憤著述，自一九三八年二月開始撰寫《中國史學史》，到一九三九年九月改定，其分期前後有所變化（先分為六期，後改為五期），但不論如何調整，清季民國以來的「革新期」，都是論述的要點。「本期學者，如章太炎先生，論史之旨，已異於前期，而梁啟超氏，更以新史學相號召，而王國維氏，尤盡瘁

---

[1]　《傅斯年致中華教育文化基金董事會》一九四二年五月十九日，傅斯年檔案，I：266。引自潘光哲：《傅斯年與吳晗》，《「傅斯年與中國文化」國際學術討論會論文集》，二〇〇四年八月。

於文字器物以考證古史,其他以西哲之史學灌輸於吾國者,亦大有人在,其勢若不可遏,有中西合流之勢,物窮則變,理有固然,名以『革新』,未為不當。」[1] 書稿修改過程中,一九三九年二月,金毓黻曾將論述革新期史學的第十章《最近史學之趨勢》寄往《新民族週刊》發表。[2] 新中國成立後修訂出版時,金毓黻將第十章刪去。[3] 二〇〇〇年再版,該篇作為附錄補入。

金毓黻認為,雖然王國維宣稱學無新舊,但因為時代和環境關係,不能無所偏重。距當時四五十年前的學者大抵篤舊,清季忧於外患,知舊學不盡適用,轉而鶩新,民國以還尤甚,多數學者,以新自澤。因此,最近史學之趨勢,分為兩端,一曰史料蒐集與整理,一曰新史學之建設及新史之編纂。前者也就是王國維、陳寅恪等人所說的以新材料發現新問題,有人稱之為中國舊學之進步,金毓黻認為:「與其謂為舊學之進步,無寧謂為國學之別闢新機;與其謂從古未有之進步者為考證學,無寧謂為史學。」因為考證學只是研史過程中的一種方法,方法日新,則學術日闢新機,凡百學術皆然,而史學為尤著。換言之,這也是新史學的一方面或一種新史學。

至於新史學的建設與新史的編纂,「即用近代最新之方法,以改造舊史之謂也」。倡言者「始於梁啟超,而何炳松尤屢言之而不厭」。「以西哲所說之原理,以為中國新史學之建設,梁、何二氏實最努力於此。」而所謂新史,不出通史、專史二類。通史的對象為社會之全部,而非為特殊階級之局部;專史有斷代史、國別史以及各種專門史。金毓黻列舉了章太炎、梁啟超等人關於新史體例的意見,尤其論述了近

1　金毓黻:《中國史學史》,第 442 頁。
2　金毓黻著,《金毓黻文集》編輯整理組校點:《靜晤室日記》第六冊,第 4288 頁。
3　瞿林東:《前言》,金毓黻:《中國史學史》,第 11 頁。

頃頗盛行的主題研究之法,亦即專題研究,認為主題研究為比較近於科學方法之研究,而以王國維、陳垣兩人為代表。同時指出:「部分之研究,其手段也,整個之貫通,其目的也,不能因在手段過程中,得有大量之收穫,而遂忘其最後之目的,即不應以部分之研究,而忘卻整個之貫通。……蓋為人而作傳譜,為事而立標題,皆為治史之手段,而其目的乃在造有系統有組織之通史專史,亦必各個部分咸有精確之斷案,然後造作通史專史乃易於成功,亦即吾理想中比較完善之新史。所謂新史之創造,其方法亦不外此。」關於疑古和考史,則認為不可輕於信古,亦不可輕於疑古,應當考而後信,乃能得其正鵠。而考史之失有二:「讀書不多,舉證不富,輕為論斷,則失之陋;列舉多證,以偽為真,輕為論斷,則失之妄。肯虛心者,或患讀書太少,而讀書太多者,或未必肯虛心。故陋之病尚可補救,而妄之病每至不可醫也。」

梳理論述了近代史學發展的趨勢之後,金毓黻總結道:「綜觀上文所述,可知近頃學者治史之術,咸富於疑古之精神,而範以科學之律令,又以考古、人類諸學,從事地下發掘,以求解決古史上一切問題,因以改造舊史,別創新史,蓋蒙遠西學術輸入之影響,以衝破固有之藩籬,利用考見之史料,而為吾國史界別闢一新紀元者也。」[1] 金毓黻的這段話,實際上是在分析各家是非得失的基礎上,試圖博採眾長,求同存異,跳出門戶偏見,指示一條綜合協調的新史學之道。這一時期的總結評論者,由於大都不在各派的門戶之中,所以基本都取這一態度,只是對於各派的看法不一,利弊得失的把握自然有所不同。

與相對溫和平實的金毓黻相比,錢穆的態度要鮮明得多。錢穆

---

[1] 《最近史學之趨勢》,金毓黻:《中國史學史》,第 382-440 頁。本節以上引文未經注出者,均見該文。

戰前即對中國史學的主流各派給予不同程度的批評，反對各種偏頗之論。遷徙到西南後方，錢穆依據原來北大通史講義資料寫成《國史大綱》，為了說明寫書旨意，別為引論一篇，先期在《中央日報》發表。據說此文一出，學術界和師生議論紛紛，毀譽參半，陳寅恪許為大文章，毛子水憤而欲作文批駁，傅斯年則不以為然，一時間激起不小的波瀾。[1]

這篇兩萬字的長文之所以引發爭議，主要在於錢穆對中國近世（即一般所說的近代）史學做了全面的批判和評論，他將近代史學分成傳統（或記誦）、革新（或宣傳）、科學（或考訂）三派，認為傳統派主於記誦，熟悉典章制度，多識前言行行，亦間為校勘輯補。科學派承以科學方法整理國故之潮流而起，與傳統派同偏於史料，博洽有所不逮，而精密時或過之。兩派均缺乏系統，無意義，純為書本文字之學，與現實無預。記誦派稍近人事，即使無補於世，也還有益於己。考訂派則往往割裂史實，為局部狹窄之追究，以活的人事，換為死的材料，不見前人整段活動，於先民文化精神，漠然無所用其情，惟尚實證，誇創獲，號客觀，既無意於成體之全史，亦不論自己民族國家之文化成績。

至於革新派，錢穆雖然承認「其治史為有意義，能具系統，能努力使史學與當身現實相緒合，能求把握全史，能時時注意及於自己民族國家以往文化成績之評價。故革新派之治史，其言論意見，多能不脛而走，風靡全國。今國人對於國史稍有觀感，皆出數十年中此派史學之賜」。可是他同時批評該派對於歷史「急於求智識，而怠於問材料。其甚者，對於二三千年來積存之歷史材料，亦以革新現實之態度

---

[1] 錢穆：《八十憶雙親・師友雜憶》，第 228-229 頁；李埏：《昔年從游之樂，今日終天之痛》，李振聲編：《錢穆印象》，第 77 頁。

對付之,幾若謂此汗牛充棟者,曾無一顧盼之價值矣。因此其於史,既不能如『記誦派』所知之廣,亦不能如『考訂派』所獲之精。彼於史實,往往一無所知。彼之所謂系統,不啻為空中之樓閣。彼治史之意義,轉成無意義。彼之把握全史,特把握其胸中所臆測之全史。彼對於國家民族已往文化之評價,特激發於其一時之熱情,而非有外在之根據。其綰合歷史於現實也,特借歷史口號為其宣傳改革現實之工具。彼非能真切沉浸於以往之歷史智識中,而透露出改革現實之方案。彼等乃急於事功而偽造智識者,智識既不真,事功亦有限。今我國人乃惟乞靈於此派史學之口吻,以獲得對於國史之認識,故今日國人對於國史,乃最為無識也」。之所以不厭其詳地引述錢穆對革新派史學的意見,是因為其所謂革新派史學,也就是一般而言的新史學。錢穆將革新派史學分為三期,清季為政治革命,將現實一切問題,歸罪於二千年來的專制制度,因而將一切史實,以「專制黑暗」一語抹殺。繼起者為「文化革命」,將中國社會發展停滯的原因,歸於思想文化落後,要掃除二千年思想之痼疾。再繼者為「經濟革命」,認為經濟是基礎,主張先改造社會經濟形態。雖然記誦派和考訂派對其缺乏依據的放言高論表示學理上的不滿,可是一般國人只需瞭解大體。政治革命與文化革命所攻擊的專制黑暗和孔老思想,都很難再引起國人的共鳴,而經濟革命派將現實解釋為封建社會延續的說法,使得有志於革新現實者風靡而從。可是錢穆斷言:「然竟使此派論者有躊躇滿志之一日,則我國史仍將束高閣、覆醬瓿,而我國人仍將為無國史智識之民族也。」這不僅是對梁啟超以來所有的新史學全盤否定,而且將中國無史的原因歸咎於新史學,正是由於近代以來學人不斷提倡各式各樣的新史學,才導致中國出現歷來最沒有國史知識的狀況。

　　將新史學一網打盡之後,錢穆提出了自己的新史學標準。關於這一問題,錢穆戰前已經有所思考。一九三七年一月十七日,他以「未

學齋主」的筆名在《中央日報‧文史》週刊第十期發表《論近代中國新史學之創造》的文章，認為歷代都會從舊史中創寫新史，以供給新時代之需要，中國當有史以來的巨變，尤其需要新史學的創建。而新史學的大體，「要言之，當為一種極艱巨的工作，而求其能有極平易的成績，應扼要而簡單，應有一貫的統系而自能照映現代中國種種複雜難解之問題。尤要者，應自有其客觀的獨立性，而勿徒為政客名流一種隨宜宣傳或辯護之工具，要能發揮中國民族文化已往之真面目與真精神，闡明其文化經歷之真過程，以期解釋現在，指示將來」。「中國新史學家之責任，首在能指出中國歷史已往之動態，歷史之動態，即其民族文化精神之表現也。求識歷史之動態，在能從連續不斷的歷史狀態中劃分時代，從而指出其各時代之特徵。」他特別批評單一從經濟角度看歷史，誤認為中國自秦漢以下即停滯不前的觀念，是未能深究國史內容而輕率立言。

在《國史大綱‧引論》中，錢穆進一步提出：新通史必須具備兩個條件，「一者必能將我國家民族已往文化演進之真相，明白示人，為一般有志認識中國已往政治、社會、文化、思想種種演變者所必要之智識；二者應能於舊史統貫中映照出現中國種種複雜難解之問題，為一般有志革新現實者所必備之參考。前者在積極的求出國家民族永久生命之泉源，為全部歷史所由推動之精神所寄；後者在消極的指出國家民族最近病痛之證候，為改進當前之方案所本。此種新通史，其最主要之任務，尤在將國史真態，傳播於國人之前，使曉然瞭解於我先民對於國家民族所已盡之責任，而油然興其慨想，奮發愛惜保護之摯意也」[1]。一九四二年，錢穆借悼念張蔭麟之機，撰文論述《中國今日

---

[1] 錢穆：《國史大綱》修訂本，第3-8頁。參見劉巍《抗戰期間錢穆所致力的「新史學」——以〈國史大綱〉為中心的探討》，中國社會科學院近代史研究所編《中國社會科學院近代史研究所青年學術論壇2001年卷》。

所需要之新史學與新史學家》，他說：「今之所謂『新史學』，昔人未嘗不悟此意，司馬遷所謂『明天人之故，通古今之變』，此即融貫空間諸相，通透時間諸相而綜合一視之，故曰：『述往事，思來者。』惟昔人雖有此意而未嘗以今世語道達之，今則姑以名號相假借，曰此『新史學』也。史學殊無新舊，真有得於史學者，則未有不能融貫空間相，通徹時間相而綜合一視之者。亦必能如此而後於史學真有得，亦必能如此而後於世事真有補。」據此，他提出今日中國人所需之新史學，必須合乎上述標準，而今日所需之新史學家，必須具有下列條件：「一者其人於世事現實有極懇切之關懷者。繼則其人又能明於察往，勇於迎來，不拘拘於世事現實者。三則其人必於天界物界人界諸凡世間諸事相各科學知識有相當曉了者。四則其人必具哲學頭腦，能融會貫通而抽得時空諸事態相互間之經緯條理者。而後可當於司馬氏所謂『明天人之故，通古今之變』，而後始可以成其『一家之言』。否則記注之官，無當於史學之大任。」

在錢穆心目中，能夠成為新史學家的理想人選，張蔭麟無疑首屈一指。錢穆提出的標準，很像是為張蔭麟度身定造。據說一九三四年錢穆與張蔭麟相識，兩人共有志為通史之學，錢穆「嘗謂張君天才英發，年力方富，又博通中西文哲諸科，學既博洽，而復關懷時事，不甘僅僅為記注考訂而止。然則中國新史學之大業，殆將於張君之身完成之」。並且對張蔭麟的英年早逝痛心疾首，而寄希望於來者。[1]

錢穆以外，戰前已有人將張蔭麟與新史學相聯繫。張的《中國史綱》出版後，湯朝華以外行人的身分發表書評，認為中國歷來史學發達，而近代以來的新史學才開始一個萌芽的時代，希望保持原有的風氣，繼續發達這門重要的學問。並且批評新史學經過二十多年的努

---

[1] 《思想與時代》第十八期，一九四三年一月。

力，仍然不能產生一部新的中國歷史，如果按照專家的意見，要等各個斷代史研究成熟才能寫出好的通史，起碼還要三五十年。這種錯誤的觀念使得大中小學和國民的歷史教育成績不佳。國民最基本的教育是史地教育，史地教育的失敗便是整個教育的失敗。因此對張蔭麟《中國史綱》的出版感到無限的快慰，對該書寫作上的生動活潑和親切感人大力表彰。[1]錢穆的看法比湯朝華複雜得多，尤其是背後的是非恩怨，牽扯廣泛，他也未必完全同意湯的意見。不過兩人至少有一點是一致的，就是對戰前中國的史學狀況相當不滿意。這也是抗戰期間學人回顧戰前的史學研究和史學教育的普遍趨向。

湯朝華等人急於編撰通史的意見，未必能獲得專家的廣泛支持。黃肖蘭所寫《現代史學之新趨勢》，依據魯濱孫等歐美學人的著作，認為十九世紀以來，歷史學走上了新階段，新史學從三方面將歷史的範圍擴大，一是人類利益活動的種類加多，二是人類有史時期延長，三是歷史的空間向世界範圍增大。同時方法遠較舊史學嚴謹，注意材料的性質、鑑別和取捨。因為歷史家的目的，不再是娛樂讀者，維持道德或愛國心，而是以過去時代之廬山真面目介紹於現代，使理解現代文化成立之經過原因，然後能知道我們文化中的重要實質與進步，以及原始時代遺下阻礙進步的殘餘，以便利用過去來謀劃現在。新史學視文化為一大有機混合物，重視人類行為的任何方面，但力求注重於人類生存發展有最大影響的幾類利益和活動，如流行的思想態度、工藝學、自然科學、經濟與社會關係、政治法律宗教制度等。由於範圍的擴大和方法的嚴謹，研究的趨勢是分工合作，「有專題的研究，然後有專史，有專史然後有通史」[2]。

---

1 湯朝華：《張蔭麟：〈中國史綱〉——一個外行人的話》，《書人月刊》第一卷第一號，一九三七年一月。

2 《大公報‧史地週刊》第三十八期，一九三六年五月一日。

一九四一年初，周予同在《學林》第四期發表《五十年來中國之新史學》，將中國史學分為萌芽、產生、發展、轉變四期，前三期為舊史學，第四期為新史學，而新史學分為兩類，一是偏重史觀及史法方面，一是專究史料方面。「換言之，中國現代的新史學可歸納為兩類，即『史觀派』與『史料派』。」雖然李濟等人能由新史料而產生新史觀，一般而言，仍可分屬兩派。其史觀派又分為儒教史觀派（經典派）和超儒教經典派，前者包括古文學和今文學兩支，後者包括疑古、考古、釋古三派，並著重於今文學對新史學出現的影響。這些派分法，尤其是大別為史觀與史料兩派，對於後來近代中國史學史的研究影響相當深遠，由此產生的偏蔽也很嚴重。史料與史觀，本為治史不可或缺，高明的史家或有所側重，卻不會偏於一端。雖然二者關係如何判定，各家說法不一，當在史無定法之列，但沒有史觀如何處理史料，沒有史料史觀從何而來？因此一般只是斷為近代史學發展的兩個方面，未以派分。不可分而強分，難免主觀太甚。近代學術由經入史，周予同從經學史看一般歷史，本來不錯，可惜受晚近成說的影響，過分強調門派之爭，要想概括晚清民國的學術脈絡，也不易得當。戰前他本來打算寫一本《中國的新史學與新史料》，據說已經收集了大量資料，可惜毀於戰火。在缺少參考文獻和安定環境的條件下，只能寫出此文，不能盡量敘述，令人遺憾。[1]

　　周予同批評錢穆苛責前人，認為各派主張的終極目標並無根本衝突，分別只在工具和路徑，而且在相互爭論中不斷有所改進。抗戰以來，「史學界已漸有綜合各派或批評各派而另形成最後新史學派的趨勢」。其實錢穆只是認為前人不當分別太過清晰，導致此疆彼界，畛域

---

[1] 周予同關於新史學的論述，從二十世紀二〇年代開始，幾經變化。此文已是集大成。詳見第二章《中國思想學術史上的道統與派分》。

自囿。他批評各派的目的，便是綜合各派的優長。他提倡新通史，「無疑的將以記誦、考訂派之工夫，而達宣傳革新派之目的。彼必將從積存的歷史材料中出頭，將於極艱苦之準備下，呈露其極平易之面相。將以專家畢生盡氣之精力所萃，而為國人月日瀏覽之所能通貫」[1]。

金毓黻、錢穆、周予同都是從歷史教學的實踐出發，為了便於大學生對中國史學現階段發展的把握，對新史學進行總結和評點的，因而可以全面綜合平衡。可是，各派學人的最終目的雖然大同，其路徑和態度卻迥異，意見分歧並不易調和。況且產生分歧的根本原因，還在於史學既是科學，又是藝術，範圍廣泛，而各人的主客觀條件有限，難得全才，以臻理想境界，不得不權衡取捨，分科分類。歐洲學術分為人本與科學兩大支，進一步加強了彼此分界。由於實際做法與追求目標相距甚遠，針對前者的批評很難令人信服。

主題研究者對於綜合協調的意見仍有不同看法。錢穆懸的甚高，要求各方面兼備，已經很難找到勝任愉快者，包括他本人在內，傅斯年就對其「屢言及西方歐美，其知識盡從讀《東方雜誌》得來」極不以為然。[2] 這也是後來錢穆長期受到歧視的重要原因。一九四一年沈兼士在輔仁大學史學會講「近三十年來中國史學之趨勢」，雖然聲明是外行人，卻凸顯北京大學在史學革新方面的作用，認為「近代史學之新發展，多藉助於考古學及民俗學（前者是靜的，後者是動的），縱橫經緯，合起來便成一種新的史學」。強調以新材料新方法重證民族信史。[3] 顧頡剛等人撰寫《當代中國史學》，將近百年的中國史學分為前後兩期，認為後期的史學頗為新穎，可是放棄使用新史學的籠統概念，更不用派分劃界，而將目光著重放在各個研究領域的實際進展上。

1　錢穆：《國史大綱》修訂本，第8頁。
2　錢穆：《八十憶雙親・師友雜憶》，第228頁。
3　《沈兼士學術論文集》，第373頁。

六　轉折與再興

　　抗戰後，中國再度陷入內戰，正常的學術研究難以展開。對於近代中國新史學的總結，還有一些學人繼續從事。曹伯韓的《國學常識》第六章有兩節介紹新史學的產生及其業績，一節主要介紹梁啟超的《中國歷史研究法》及其補編，一節則從史料、研究工具、通史和專史著述三方面介紹研究進展。齊思和的《近百年來中國史學的發展》，從中西史學發展的對比立論，在肯定梁啟超、何炳松兩人介紹西方史學理論和方法的貢獻的同時，也指出梁啟超頗為膚淺空泛，對西方新史學沒有正確的認識，不知道近代西洋史學建立在依據史料的專題研究之上，不明了通俗著作與研究著作的分別，所依據的教科書和外行人的著作，不代表近代西洋史學研究。其號召天下研究整個的通史，結果他自己並無成績，其他人用這方法來治史也不會有成績的。何炳松雖然介紹西方史學最努力，可惜所譯的都是些通俗的教科書，而沒有介紹當代西洋第一流史家的著作，未曾考察西洋史家如何依據史料寫成專題的研究，深博的著述。「因之，他所提倡的仍是通史的革新，而不是高深的研究。」[1] 這些話很像是回應錢穆在《國史大綱‧引論》中對中國近代史學的批評，至少二者的取向有著很大的分別。這也從一個方面表明，傅斯年等人的做法，在一些學人看來更加貼近西方史學發展的正軌。

　　也許受時局的影響，這時學人對於社會史的關注和肯定有所加強。曹伯韓介紹了郭沫若和呂振羽一派「新史學家」關於古代社會與歷史分期的論點，認為他們的意見雖然還不足為定論，但較僅僅存疑者進了一大步，表現了更深刻的見解。他們用另一種眼光來觀察神話

---

[1]　汪朝光主編：《二十世紀中華學術經典文庫‧歷史學：中國近代史卷》，第104頁。

和傳說，其古書新讀法，「是從來一般國學專家所不曾發現的」[1]。齊思和含蓄地批評參與中國社會史論戰者多為學術界的無名英雄，並引述他人意見，希望未來研究中國社會史者不要只根據一兩本講義或教科書立論，不過還是肯定「中國社會史的研究是當前中國史學界最重要的課題」，並介紹了郭沫若、呂振羽、范文瀾、翦伯贊等人的研究及其進展，指出唯物史觀的中國社會史研究，到了范文瀾的《中國通史簡編》，開始由初期的創造進入成熟時期。[2]

一九四九年四月，王亞南在《新中華半月刊》第十二卷第七期上發表《政治經濟學史與新史學》，其中談到：「新史學原來是無產階級求真理求解放的一種學問。十九世紀中葉前後，這種學問雖然已由馬克思、恩格斯第一次明確而系統地向人類貢獻出來，成為此後人類社會研究歷史科學的鎖鑰，但在階級利害障礙之前，資產階級的學者，愈來愈不敢接近它，愈來愈需要迴避它，所以到結局，這學問，這鎖鑰，便愈來愈成為社會主義學者的專用品。在這種限度內，一切有科學性的學說史，就只能期之於社會主義史學家了。」[3]這樣的認識邏輯，似乎在預示隨著政治上的改天換日，學術風尚也將天翻地覆。

這一天不久果然到來。一九四九年七月，匯聚北平的史學界學人要求組織中國新史學會，在發起人會議上，郭沫若、范文瀾、鄧初民以及向達、陳中凡等「一致表示全國歷史工作者應團結起來，從事新史學的建設工作」[4]。後來通過的《中國新史學研究會暫行簡章》規定，該會的宗旨是：「學習並運用歷史唯物主義的觀點和方法，批判各種舊歷史觀，並養成史學工作者實事求是的作風，以從事新史學的建設工

1　曹伯韓：《國學常識》，第104-108頁。此斷語未必屬實。
2　汪朝光主編：《二十世紀中華學術經典文庫·歷史學：中國近代史卷》，第106-107頁。
3　于沛主編：《二十世紀中華學術經典文庫·歷史學：史學理論卷》，第263-264頁。
4　《中國新史學研究會籌備會昨在平成立》，《人民日報》一九四九年七月二日。

作。」[1] 至於如何建設新史學，可以從一九四九年十月十一日中國新史學研究會與北京六大學（北大、師大、清華、輔仁、燕京、中法）史學聯合會聯席會議看出端倪，主席侯外廬說：新史學的研究為實行共同綱領中文教政策的一項重要任務，尤其對新民主主義的學習，是個打頭陣的工作。會議議題包括：一、新史學研究會出版專門的歷史書刊和通俗刊物，編定優良的中學歷史教材，改革大學通史課程；二、組織全國各地研究歷史的人，通過舉辦講演會、教學與學術研討會等形式，宣傳、學習和運用歷史唯物論的觀點和方法，批判舊的歷史，養成實事求是的工作作風，以便充實新史學的建設工作。[2] 其建立新史學體系的努力，尤其體現於組織北大、清華、師大、輔仁、燕京等校的史學教師編輯大型資料叢書《中國近代史資料叢刊》，以配合大學課程的改革。這部資料等於建立起一套體系框架，對後來中國近代史研究的格局產生了深遠的影響。

　　一些省份的新史學會分會對於創造新史學相當積極，如河南分會主辦了《新史學通訊》，主張把史學研究與大中學的歷史教學聯繫起來，一方面克服教學中的困難，一方面提高新史學的研究水平。[3] 一些個人也就新史學的建設發表意見，趙儷生於一九四九年十月提出當前建設新史學的三項任務：一是掌握和運用馬列主義的歷史唯物主義原則，二是批判與繼承乾嘉以來的歷史考據學，三是更大規模地有計劃地展開田野考古。新歷史建設的具體表現是寫定新的通史、新的斷代史和新的專史，尤其以創作一部新通史為目前的首要任務。為此，他

1　《中國新史學研究會暫行章程》，《人民日報》一九四九年七月二日。
2　《開展新史學研究工作首都兩史學團體昨開會》，《人民日報》一九四九年十月十二日；劉乃和、周少川、王明澤、鄧瑞全著：《陳垣年譜配圖長編》下，第579-585頁。
3　《發刊詞》，《新史學通訊》創刊號，一九五一年一月三十日。

建議在科學院設立專門的史學研究機構來完成上述任務。[1]

　　經過兩年的努力，新史學研究會正式成立，遵照林伯渠的指示，改名為中國史學會。會上郭沫若發表了題為《中國歷史上的新紀元》的講話，對改名一事有所解釋。他闡述了新中國成立以來史學工作者摸索出的新方向，在歷史研究的方法、作風、目的和對象各方面都有了很大的轉變，具體表現為六個方面的轉向：即由唯心史觀轉向唯物史觀，由個人研究轉向集體研究，由名山事業轉向群眾事業，由貴古賤今轉向注重研究近代史，由大漢族主義轉向尊重和研究少數民族歷史，由歐美中心主義轉向注重亞洲及其他地區歷史的研究。「因為大家都已轉向到新的方向，所以在史學的研究上面已經沒有什麼新舊的區別，已經無須在史學會的上面掛上一個『新』字，這就是我們為什麼把原來的名稱『新史學研究會』的『新』字去掉的原因。」范文瀾則通過新史學會的工作成績將「轉向」具體化，其一，在政治理論方面每個同人的確有了很大的提高。其二，將研究和教學聯繫起來，努力想定出比較一致的教學提綱，可望產生初步的定稿。其三，蒐集資料的工作對近代史研究很有貢獻。其四，大規模編輯亞洲史的目錄已獲批准，還計劃編輯少數民族史料和亞洲各國史小叢書。其五，組織採訪編寫辛亥革命以來的歷史回憶錄。其六，舉行了一些專題報告會。

　　按照林伯渠和郭沫若的意思，中國的史學研究已經進入了新的境界，或者說已經都在從事新史學的研究，所以沒有必要繼續強調新史學。不過，儘管郭沫若認為上述變化「是很好的轉變，也可以說是劃時代的轉變」，但同時指出：「這六種轉向應該說是初步地轉向」，還需要鞏固和擴大。范文瀾就「轉向」問題進一步發表意見：「到底我們

---

[1] 趙儷生：《論中國新史學的建設問題》，《新建設》第一卷第六期。引自張劍平：《新中國史學五十年》，第35頁。

轉向了多少呢？是大部分轉過去了呢？還是才轉了一部分呢？這一點是值得注意的。我想，不管轉了多少，我們一定要徹底向那邊轉是毫無問題的。我們可以保證一定能夠全轉過去。」

至於如何才能全部轉向，范文瀾的意見是把郭老指示六條中每條的前半段完全去掉，另外把吳老指示的四條全部實現。「今天就是我們大家轉向告一段落的一天。如果還沒有完全轉過去的，希望以更大的努力來完成這個轉向。」吳玉章在《歷史研究工作的方向》的講話中所說的四條，一是認識人類社會的歷史就是勞動生產者自己發展的歷史，不是什麼帝王將相豪傑英雄活動的歷史；人類社會除原始共產主義沒有階級以外其餘都是階級鬥爭的歷史，要用唯物史觀才能認識人類社會發展的規律。二是注重現實，近百年史要研究，近三十年激烈的階級鬥爭與偉大的民族解放鬥爭相結合的歷史更應當首先很好的研究。三是要把愛國主義與國際主義結合起來，從兩個營壘的高度研究歷史與現實。因為帝國主義階段的階級鬥爭已經衝破了國界。四是反對黨八股，要實事求是地對歷史材料作科學研究，以正確的方法研究現代史和古代史。

新史學會的「新史學」，其實是將此前除唯物史觀以外的所有史學，包括近代以來的各種新史學全部劃入舊史學的範疇，並與之分清界限。從中國史學會的建立開始，史學研究就應當完全在新史學的框架之下進行。按照陳翰笙的說法：「這個成立會，表現著中國真正史學工作已在開始進行。……本會的工作不僅在中國學術史上有劃時代的意義，在整個史學史上也要展開一個新階段。」不過，關於新史學是否已經建立，以什麼為標準，建立的程度如何，具體內容如何，各位大家事先並沒有充分交換意見，其表述在基本方向一致的大同之下，還有不少小異。例如研究的重點時段，多數認為在近代史，也有主張在當代史，陳翰笙則認為應當集中研究封建社會的歷史，中國「要擔負

這研究封建社會史的責任,而有所貢獻於全世界」[1]。

無論差異如何,進入新的時代應有新的史學成為人們的共識,而且這種新史學只能以唯物史觀史學為基礎,不符合這一方向的學人應當轉向這一方向。這等於否定了其他各派的新史學,將原來各派之一的新史學變成新史學的整體。但這未必能讓所有的學人心服口服。因為此前唯物史觀內部意見不一,各派的努力及其所取得的成就,雖然引起越來越廣泛的關注和認可,畢竟還存在不少帶有共同性和普遍性的問題,為學界存疑。一九四六年,童書業在上海《中國國民》雜誌第一卷第四至六期連載《「新史學」批判》的長文,對當時流行的「科學的史學」和「以社會科學方法治史」的新史學進行系統的理論性批判,他說:

> 「科學的史學」和「以社會科學治史」的呼聲,近年來是愈喊愈高了。不但是一般公式主義者是這樣呼喊著,就是過去已負盛名的史家和許多有志的青年,也有在這樣呼喊著的。
> 「科學的史學」,這個名稱是多麼冠冕好聽,「以社會科學治史」,也是多麼時髦有勁。我們並不反對「科學的史學」和「以社會科學治史」的口號,但我覺得一切事總須名符其實,既稱為「科學的史學」,則其實質也必須是「科學的」、「史學的」;既稱為「以社會科學治史」,則其實質也必須是「社會科學的」、「史的」。無奈現在一般公式主義者所稱的「科學的史學」,其實只是「科學」其名而「公式」其實,「史學」其名而「宣傳」其實。他們所謂「以社會科學治史」,其實也只是「社會科學」其名而「主義」其實,

---

[1] 郭沫若、吳玉章、范文瀾、陳翰笙等人的講話,均見中國史學會秘書處編:《中國史學會五十年》,第 6-15 頁。

「治史」其名而「鼓吹主義」其實。這樣名不符實的口號，是我們所堅決反對的！

童書業將民生史觀與唯物史觀進行比較，認為二者的顯著異點在於，一、唯物史觀太看重物質，把活的人類歷史的發動力看作是死的物質，近於一種機械論。民生史觀同樣看重物質，但把人類求生存看作歷史的重心，人類求生存是一種活的動作。二、唯物史觀認為社會上各集團經濟利益相衝突，於是發生鬥爭，有鬥爭社會才有進步。民生史觀不否認鬥爭的必要，但認為是不得已的手段，揭示人類互助的必要，主張為大多數謀利益才是社會進化的動力。三、嚴格的唯物史觀多不承認地理對於歷史的限制力量的偉大，以及種族性對於歷史的限制，民生史觀則相反。四、唯物史觀有一套固定的社會進化公式，被視為放之四海而皆準，民生史觀則沒有公式主義的流弊。

毋庸諱言，童書業寫這篇長文有一些特殊背景，據說當時因生活所迫，經人介紹，「為國民黨寫『新史學批判』反動著作」，還為一些國民黨團刊物寫了不少反動文章[1]，因此文中出現了一般學術論文少見的惡意攻擊唯物史觀的話，以及將學人普遍鄙視的國民黨正統的民生史觀抬得很高。他指責公式主義用宣傳欺騙方式來統制思想，使五四時代的進步精神完全消滅，使中國的學術走上絕路。尤其是史學，統制得最厲害，因為史學能使人智，而他們要使人愚，要以主義的公式統制中國的歷史，使中國成為無史的國家，並把這些「新史學家」稱為「毀滅中國歷史學的惡魔」，要與之抗爭。他稱社會分期為「新『五德始終說』」，亞細亞生產方式的討論是「經學上的問題」，無疑都超出了學術的範圍。

---

[1] 王學典：《顧頡剛和他的弟子們》，第228頁。

不過，除了政治上的攻擊，文中的一些意見在學界也普遍存在。如對唯物史觀的中國社會史研究相當肯定的齊思和評郭沫若的《十批判書》，一方面稱讚郭為當代大文學家，想像力之富與著述之勤，均極可佩。其研究範圍之廣博，尤足驚異，另一方面則批評「郭氏本為天才文人，其治文字學與史學，亦頗表現文學家之色彩，故其所論，創獲固多，偏宕處亦不少。蓋其天才超邁，想像力如天馬行空，絕非真理與邏輯之所能控制也。……吾人閱畢郭氏之書，頗難得新見，而郭氏之所矜為新見者，如以孔子為亂黨，亦多非哲學問題，且多有已經前人駁辨，而郭氏仍據以為事實者。故是書於先秦諸子之考證，遠不及錢穆《先秦諸子繫年》之精，論思想則更不及馮友蘭氏之細。二書之價值，世已有定評，而郭氏對之皆甚輕蔑，亦足見郭氏個性之強與文人氣味之重矣」[1]。

安志敏評翦伯贊《中國史綱》第二卷，對其治史精神不勝欽佩，「而於其內容，則覺錯誤纍纍，觸目皆是，不禁大失所望。……著者用力之勤，固令人佩服，惜依據資料太少，未能充分利用考古資料，兼以個人主見甚深，致歪曲事實頗多，對中外學者研究之結果既未充分利用，而個人之見解又多無所根據，遂致虛耗精力，徒費篇幅，此古人所以深戒『不知而作』歟」？[2] 須知齊、安二人並非帶有偏見，專門針對郭、翦所著苛言相責，這兩期《燕京學報》刊登的評論陳寅恪、陳安仁、徐炳昶、陳恭祿、童書業、勞榦、金毓黻等人的著作，也是態度鮮明，標準一致。此外，朱自清看過翦伯贊的《中國史論集》，認為「具有新的立場，但深度不夠」。而對翦氏的《杜甫研究》則指出：

1　《燕京學報》第三十期，一九四六年六月。
2　《燕京學報》第三十二期，一九四七年六月。翦伯贊的《中國史綱》後來頗受好評，尤其是取材得當，當得到他人的幫助，並已吸收相關意見。

「彼強調杜甫之社會因素，但作為一位學術研究者，其學術性不足。」[1]在他們所指出的缺陷未得到適當解決的前提下，用理論的先進性來勉強統一，很容易導致掩蓋存在的種種問題，而難以令人信服。況且，新史學五大家的水平參差，同一人在所涉及的領域和方面程度各異，得到的肯定自然有所分別。

在目標一致的要求下，「新史學」內部的一些不同意見不免變成犧牲品。郭沫若宣佈中國建成新史學之後的二十餘年間，史學發展的狀況顯然不盡如人意，所以才會有後來的「史學危機」之說。改革開放後，歐美的新史學重新湧入中國大陸，尤其是二十世紀七十年代末第三代年鑑學派學人重新倡導的新史學（或新新史學），對中國學人產生了相當廣泛的影響。二十世紀九十年代起，特別是進入新世紀以來，人們總希望新的世紀有新的史學，或者說希望自己與二十世紀的史家所從事的工作有所不同。[2]中國的新史學百年之際，召開了專門的學術研討會，近來更有標名《新史學》的刊物問世，至少從隊伍的組成看，已經相當新穎。在新史學的大旗之下，各自的主張千差萬別，大都希望獨領風騷，而最多只能百家爭鳴，那種爭相趨新、唯新是求的景象，使得後學者目不暇接，而令原來的「新史學」家不免有落伍之感。

海峽對岸稍得風氣之先，二十世紀九十年代已經創刊了《新史學》，雖然發起人對「新史學」名號的傾向性有所顧慮，明確表示不要創造某一新學派，而要嘗試各種方法，拓展各種眼界，不特別標榜社會、經濟、思想或政治的任何一種歷史，而要培養一種不斷追求歷史

1　朱喬森編：《朱自清全集》第十卷，第360頁。
2　關於西方新史學的歷史和近年來中國大陸的新史學，可參考孫江《閱讀沉默：後現代主義、新史學與中國語境（代序）》，孫江主編：《事件・記憶・敘述》，第9-26頁。

真實和意義的新風氣,創造二十一世紀中國的新史學。[1] 不過,因為有意無意地要與國際溝通對話,無論研究的領域、方法還是路徑,多少給人以別人的今天就是我們的明天的感覺,而且「別人」的標準究竟如何確立,不無可議,未能真正解決是否用外國的間架條理中國的材料或事實就可以稱之為新的問題,更無法面對中國人治中國史與外國人治中國史應否一律的尷尬。

七　結語

　　縱觀近代中國新史學發展的歷程,以及各種主張起伏變化的脈絡,不難發現,除梁啟超外,後來各種新史學的抨擊對象基本不是所謂傳統的舊史學,而是以我劃線的前面的新史學。而且標榜新史學,大都是學人少壯時的反叛與自期,待到他們步入成熟,一般都不再一味趨新,而是試圖將藉助新史學所開拓的疆域鞏固轉化為各自的領地。其實際目的,主要還在動搖前人,抬高自我。也就是打倒舊權威,樹立新權威。各家的所謂新史學,背後都有外來新史學或其他社會人文學科的影響,往往是將史學的一個部分或分支擴張為史學發展的整體,造成一個時期的史學在研究領域、研究方法和視野上的偏蔽。更有一些學人,憑著對中外學術的一知半解,尚不掌握史學的基本知識和方法,就急於在教科書的層面批判前人的「舊史學」,以無知為超越的前提,真的以為一張白紙可以畫最新最美的圖畫,其面向淺學後進所倡導的「新史學」,往往是舶來的陳貨或前人的唾餘,甚至是早已被糾正的謬論。

---

[1] 參見羅志田:《前瞻與開放的嘗試:〈新史學〉七年(1990-1996)》,《二十世紀的中國思想與學術掠影》,第 386-410 頁。

史無定法，即使在新史學的大旗下，也不可能一統江山。但治史要志向高遠，避免盲人摸象，防止以偏為新。創新的前提是溫故，不必以眼空無物顛覆前人，不能以鑿空蹈隙填補空白。一味趨新往往淺薄，所以趨時者容易過時。雖然偶有盲人摸像似的附庸蔚為大國，更多的卻是短暫喧鬧過後即銷聲匿跡。要想創新史學，首先要掌握史學的基本與大體，史學不好，創新的努力必然南轅北轍，充其量只能是欲闢蹊徑而蹈覆轍。

提倡新史學甚力的何炳松一九三九年撰文指出：清季以來中國史學先後受日本東洋史和歐美史學的影響，逐漸發生變異，形成與以往史學不同的體系。新體系的史學或簡稱新史學，雖然還沒有形成和以往史學（簡稱舊史學）顯然分期的典型，但在歷史哲學、研究方法、著述體制，即章學誠所謂「史意」、「史識」、「史學」、「史法」上，已與舊史學迥然不同。新舊史學的異同，消極方面是脫離舊有經典的羈絆，附庸蔚為大國，積極方面則由側重個人、英雄轉向民族、社會，由偏重政治、戰爭轉向全部文化。不過，「新史學的最後目的自然在要求產生一部『盡善盡美的』全國國民都應該也都能夠閱讀的通史。但是這巨大的文化工作，在今日從事史學研究的人，都知道不是一個人的力量與短促的時期內所能產生。所以近二十餘年來，中國史學家或努力於史料的蒐集與整理，或埋頭於專史的計劃與撰寫，而且也都已有不少的成績繼續地向社會呈獻。這些基礎性的打樁工作顯示了中國史學的進步和民族精神的向上」[1]。

認識到整理中國史的工程浩大與艱巨，需要學人分頭努力，不可能短期內實現，應該是學術進步的體現。現代西洋史學界「從來沒有大膽的人敢負起研究英國史或美國史全部分的責任，因為他們知道一

---

[1] 何炳松：《〈中國歷代天災人禍表〉序》，《何炳松文集》第二卷，第 703-704 頁。

個人的能力和時間都是很有限的。他們現在所以能夠有各國通史甚至有世界史綱,並不是一個人的力量,實在因為已經有許多專篇著作可備參考,可備取用的緣故。所以我們要想整理中國史,要想做一部理想的中國通史,應該從研究小規模的問題著手,先產出許多專篇著作來做基礎才行。如果大家都抱著一手包辦的野心,那末這部中國通史永遠沒有成功的希望」[1]。

　　史學的社會功能始終存在,近代社會變動日新月異,迫切需要適合時勢的通史,在動盪的局勢下因陋就簡也是迫不得已,情有可原。由此形成的風氣,難免影響到後來,以分擾亂相的心態,為承平安定的學術,所得自然有限。時間又過去了大半個世紀,中國史學的變化不可謂不大,各種各樣的成果也不可謂不多,可是,新史學的總體成就,不要說取鑒於外國,即使參照新史學所批判並大力改造的舊史學,也未可樂觀。以新史學的最後目標通史而論,各種標名為通史的著作林林總總,但要想與《通鑑》媲美,至少目前還不易取得共識。而斷代史方面,《史記》、《漢書》固然望塵莫及,就是要超越備受爭議的《清史稿》,也並非輕而易舉。其間的問題,究竟出在個人包辦還是瑣碎無系統方面,抑或新史學的立意本身就存在偏差誤導,值得所有學人(無論主張新史學與否)認真反省。

　　近代學人努力求新,大多源於對史學的不同理解,而那些對史學認識較深的學人,則似乎並不受中西新舊的困擾束縛。這昭示後人應該超越中西新舊的分界,集中精力向著史學的高深境界探尋。治史必須先因而後創,就此而論,能夠「新」史學的前提是掌握前人的已有知識,其後仍有餘力餘興,才能從事新史學的創造。也就是說,無論整體還是個別,治史都應是先舊而後新。近代中國學人的新史學之路

---

[1] 何炳松:《歷史研究法》,《何炳松文集》第二卷,第263頁。

卻大體反是,少壯時附會趨新,待到讀書漸多,深入堂奧,反而傾向守成,悔其少作。換言之,「舊」史學越高明,「新」史學才能越有實效。所有的實際貢獻,都將是新史學的有機構成,而那些針對前人淺見、一味求新的喧鬧,雖然可能一段時期內吸引眾多淺學者的注意,最終留下的不過是一堆容易過時的口號。就此而論,年鑑學派在布羅代爾之後的新史學,也面臨同樣問題。天賦予功力不足,難以整體達到布羅代爾的高度,於是各承一藝,不斷擴張,後布羅代爾時代五花八門的新史學在一定程度上成為整體史被肢解的遁詞以及力有不逮的掩飾。將局部放大為整體的「新」史學,雖然極欲成為史學發展的總趨向,格局卻至多只能補偏救弊。至於在以西為新的過程中,究竟是固有學術的確不好,還是用西式濾色鏡難以欣賞品味,如果是後者,那麼受此支配又如何能夠寫出好的中國史書,更應該仔細檢討。

第二章

中國思想學術史上的道統與派分

　　晚近研治中國學術史者，好以派分。除以各個學術流派為對象的專題研究之外[1]，在一般綜合或分科的學術史著述中，學派也往往是條貫的脈絡而成為論述的中心。而在學術發展史上，名目繁多的流派是否實有，如何形成，如何判斷其主體與邊際或內涵與外延，按照學術流派來研究學術史，其高下良否、利弊得失究竟如何，這一系列問題，前賢與時人議論紛紛，莫衷一是。專文討論清代學術流派的有異域學人艾爾曼（B.A.Elman），香港饒宗頤教授所作《中國史學上之正統論》，不僅論及史統、治統與道統的關係，還輯錄了歷代重要的相關史料。按照學術流派來探尋學術發展變化的淵源脈絡，固然有簡便易行的好處，但也的確存在看朱成碧、倒述歷史、以偏概全、簡約而不能準確展現複雜事實及其聯繫糾葛的種種弊端。治學須破除門戶之見，而破除的前提是能夠分別門戶。如果分不清而不分，就並非超越而是識淺。鑒於學派問題至少是近代和當下學人看待中國學術史的重要觀念，與其先驗地將學派作為研究的前提對象，毋寧探討這些對象的由來以及研究的路徑和方法。也就是說，立意不在編織學派的譜系或論證其內涵外延，而是依照時序探究學派的譜系及其內涵外延如何被不斷豐富完善的歷史進程。

---

[1] 如文學史有鐘林斌、李文祿主編的「中國古代文學流派研究叢書」，已列出的書目包括性靈派、桐城派、公安派、山水田園詩、婉約詞、新樂府、豪放詞、邊塞詩、唐宋派和前後七子。

一　道統與派分

一九〇三年十月五至六日，上海的《國民日日報》連載了一篇題為《道統辨》的文章，其結語斷言：

中國自上古以來，有學派，無道統。學派貴分，道統貴合；學派尚競爭，道統尚統一；學派主日新，道統主保守；學派則求勝前人，道統則尊尚古人；宗教家有道統，學術家無道統也。吾非謂宋儒之無足取，吾非謂理學之不足言，不過發明宋儒之學為學派，而不欲尊宋儒之學為道統耳。[1]

清季激進知識人議論學術，多如王國維所批評的，主要是借學術話題表達政治理念，《道統辨》的作者也不例外。他說：「中國學術所以日衰者，由於宗師之一統也。宗師之統一，即學術之專制也。統一故無競爭，無競爭故無進步。溯其原始，孰非異學消亡之故乎？故道統之名立，始也排斥周末之子書，繼也排斥漢儒之考證，又繼也排斥魏晉之詞章，是則道統未立之先，僅為孔教統一，道統既立之後，更為宋學之專制矣。至宋學之專制成，而凡立說之稍異宋學者，悉斥為事雜言龐，於是更緣飾經傳一二語曰：『攻乎異端，斯害也已』，曰：『道不同不相為謀。』」清代思想學術，雖然方鎮大員力持樸學考據，理學始終是朝廷確定的官方正統意識。而道統論本來與正統論密不可分。「聖賢在上，政即道也；聖賢在下，言即道也。」[2]、「君師本於一

1　一九〇三年十月六日《國民日日報》。
2　梁廷楠：《正統道統論》，引自饒宗頤《中國史學上之正統論》，第235頁。

人,故為統。」孔子以後,君師分為二人,道統與治統分離[1]。反道統其實就是反對清朝統治的正統性依據,為各種反清的思想學說公開登臺鳴鑼開道。

不過,道統說不止可以發明宋儒之學為學派,中國學術史上有所謂學派,與道統論關係甚大。陳寅恪《論韓愈》表彰其在唐代文化史上之特殊地位,第一條就是「建立道統,證明傳授之淵源」。原因在於「華夏學術最重傳授淵源,蓋非此不足以徵信於人,觀兩漢經學傳授之記載,即可知也。南北朝之舊禪學已採用阿育王經傳等書,偽作付法藏因緣傳,已證明其學說之傳授。至唐代之新禪宗,特標教外別傳之旨,以自矜異,故尤不得不建立一新道統,證明其淵源之所從來,以壓倒同時之舊學派」。

陳寅恪稱許韓愈,主旨是想說明「退之自述其道統傳授淵源固由孟子卒章所啟發,亦從新禪宗所自稱者摹襲得來也」。韓愈掃除章句繁瑣之學,直指人倫,目的是調適佛教與儒學的關係。「蓋天竺佛教傳入中國時,而吾國文化史已達甚高之程度,故必須改造,以蘄適合吾民族、政治、社會傳統之特性,六朝僧徒『格義』之學,即是此種努力之表現,儒家書中具有系統易被利用者,則為小戴記之中庸,梁武帝已作嘗試矣。然中庸一篇雖可利用,以溝通儒釋心性抽象之差異,而於政治社會具體上華夏、天竺兩種學說之衝突,尚不能求得一調和貫徹,自成體系之論點。退之首先發見小戴記中大學一篇,闡明其說,抽象之心性與具體之政治社會組織可以融會無礙,即盡量談心說性,兼能濟世安民,雖相反而實相成,天竺為體,華夏為用,退之於此以奠定後來宋代新儒學之基礎」[2]。

---

1 費密:《統典論》,引自饒宗頤《中國史學上之正統論》,第356頁。
2 陳美延編:《陳寅恪集‧金明館叢稿初編》,第319-322頁。饒宗頤教授對此說存疑。

陳寅恪推崇新儒學，是因為「新儒家之舊途徑」、「一方面吸收輸入外來之學說，一方面不忘本來民族之地位」，在中國「真能於思想上自成系統，有所創獲」[1]。宋儒「皆深通佛教者。既喜其義理之高明詳盡，足以救中國之缺失，而又憂其用夷變夏也。乃求得兩全之法，避其名而居其實，取其珠而還其櫝。採佛理之精粹，以之註解四書五經，名為闡明古學，實則吸收異教，聲言尊孔闢佛，實則佛之義理，已浸漬濡染，與儒教之宗傳，合而為一。此先儒愛國濟世之苦心，至可尊敬而曲諒之者也」[2]。這與清季革新人士抨擊道統論的立意截然不同。後者尤其當時的感觸立論，並不說明道統論的實際歷史地位與作用，但是同樣看到，道統論的出現，其實是為宋儒之學的新學派張本。建立新道統的目的，就是為了壓倒同時的舊學派。

不僅如此，道統論的出現，甚至是中國學術史上產生學派意識的重要因緣。如近代學人所指出：「漢學講家法，有今文家法，有古文家法，有講訓詁聲韻者，有講典禮制度者，有講經籍義例者，若不通家法，便非漢學。宋學講宗派，有程朱學派，有陸王學派，有種種學派，若不守宗派，便非宋學。」[3] 道統論的出現，反映出宋學的門派意識日漸明確，不僅與此前的章句繁瑣之學立異，其內部門派分立的傾向也漸趨強烈。歷史順序表明，道統論之後，中國出現了學派的概念。「隋、唐之前，無道統之說也。唐、宋諸儒，以為天不變道亦不變也，於是有傳道之人；又以吾儒之道異於異端也，於是有道統之說。」[4] 而道統論有孔孟前之道統與孔孟後之道統的分別，前者即韓愈〈原道〉

---

1 《馮友蘭中國哲學史下冊審查報告》，《陳寅恪史學論文選集》，第 512 頁。
2 吳宓著，吳學昭整理：《吳宓日記》第二冊，第 102 頁。
3 柳詒徵：《漢學與宋學》，東南大學南京高師國學研究會編輯：《國學研究會演講錄》第一集，第 84-90 頁。
4 《道統辨》，《國民日日報》一九〇三年十月五、六日。

所說:「斯吾所謂道也,非向所謂老與佛之道也。堯以是傳之舜,舜以是傳之禹,禹以是傳之湯,湯以是傳之文武周公,文武周公傳之孔子,孔子傳之孟軻,軻之死,不得其傳焉。」其後中斷甚久,到了韓愈,才重新接續。

韓愈「原道」,實際上建立了傳授的淵源脈絡,卻並未正式提出「道統」,照清代學人的看法,也就是有道而無統。「夫愈之〈原道〉,舉其實而辟其浮,守其中而貶其雜,未嘗及統。」[1] 將韓愈作為道統論的發端,更多的是宋儒的追溯。據錢大昕考,道統二字始見於宋李元綱《聖門事業圖》[2],此後正統觀念進入學術史。「統者,即正宗之謂,亦猶所為真諦之說也,要之不過天理二字而已矣。」[3] 講道統就有綱紀法度,是非正邪,所以「論道統之所自來,必曰宗於某,言文脈之所從出,必曰派於某」[4]。費密論述宋儒講道統的由來:「獨言孟軻之傳,開於唐儒韓愈。至宋蔡京遂以王安石上下孟軻,程頤又以程顥為孟軻後一人,而尚無道統接傳之論也。南渡後朱熹與陸九淵爭勝門戶,熹傳洛學,乃倡立道統,自以為曾氏獨得其宗,而子思,而孟軻,而程顥、程頤接之。」[5]

梁啟超等人將學派的歷史上溯到先秦,嚴格說來是後人的附會。李審言《論桐城派》稱:「《說文》有『𠂢』無『派』。『從反水』,謂『水之衺流別也』,即今派之正字。夫衺流別赴,異於正源,本非雅詞。古有師法,無所謂派者。有之,自宋呂居仁《江西宗派圖》始。然一祖三宗之說,山谷、後山、簡齋,尚在人口,其下則蔑如也。可見一時

1　費密:《統典論》,引自饒宗頤《中國史學上之正統論》,第360頁。
2　《十駕齋養新錄》卷十八。
3　熊錫履:《學統序例》,引自饒宗頤《中國史學上之正統論》,第363頁。
4　饒宗頤:《中國史學上之正統論》,第363頁。
5　饒宗頤:《中國史學上之正統論》,第359-360頁。

之好尚，未為定論。」[1]文學史研究者以為：「派」、「流派」兩個詞在中國典籍中很早就出現了，而用「派」來概括文學創作的派別，大約在北南宋之交才開始，並以呂本中《江西詩社宗派圖》、楊萬里《江西宗派詩序》和劉克莊《江西詩派總序》為文學流派自覺認識的標誌。這樣江西詩派成為古代文學史上第一個自覺結成的詩歌流派，後續各派，均「昉於宋朝之江西詩派」[2]。至於學派一詞，以宋黃仲元《四如講稿》卷一提及的江西學派，用法與今義較近。[3]

不過，研究者還發現，古代文學流派，包括所謂自覺型的流派，其名稱都不是當事人自己標榜的，其命名以及人們對它的認識往往晚於流派本身的形成。也就是說，流派實體先已形成，然後人們才為它命名並對其有所認識。換個角度看，這樣的邏輯恰好說明流派是由後來人的認識逐漸定型的，而人們的能動性並不僅僅是發現流派的實體，還會參與流派形成的主觀進程，亦即編織流派的譜系。

宋代的學術流派就是在這樣的雙重進程中發展和完善起來的。雖然宋儒門戶之見甚深，宋代已經出現了學派的概念，並且至少在後來人的眼中，還有了為數不少的學派，但仔細檢討相關史料，宋代學派的分界與脈絡在清人的著作中才變得明晰起來。這種清晰化同樣與道統論有著密切關係。所謂「孔孟後之道統，則孫夏峰《理學宗傳》所列周子元公、程子純公、程子正公、張子明公、邵子康節、朱子文公、陸子文安、薛子文清、王子文成、羅子文恭、顧子端文是也」[4]。而強調道統，必然分別宗派。

---

[1] 李稚甫編校：《李審言文集》下冊，第887頁。

[2] 鐘林斌、李文祿：《編者前言》、錢仲聯：《《桐城派研究》序》，均見周中明《桐城派研究》。

[3] 感謝李廣健教授和謝小強博士生指示相關資料。

[4] 《道統辨》，《國民日日報》一九〇三年十月五、六日。

清代各種宗傳、學案,為數甚多,形成梁啟超所謂專史中「惟學術史一部門,至清代始發展」的局面。[1]康熙時熊賜履著《學統》五十三卷,其《序例》云:「夫道也者,理也;理具於心,存而復之,學也。學有偏全,有得失,而道之顯晦屈伸,遂從而出於其間。有志者,是烏可不為之致辨乎?辨其學,所以晰其理,而道以明,而統以尊。嗚呼!此固吾儒事功之決不容已者也。三代以前尚矣。魯、鄒而降,歷乎洛、閩,以逮近今二千餘年,其間道術正邪,與學脈絕續之故,眾議紛拏,訖無定論。以致標揭門戶,滅裂宗傳,波靡沉淪,莫知所底。予不揣猥,起而任之。占畢鑽研,罔間宵晝,務期要歸於一是。爰斷自洙、泗,暨於有明,為之究其淵源,分其支派,審是非之介,別同異之端。位置論列,寧嚴毋濫。」

熊自謙為「鄙儒」,「粗通章句,輒搦管為此,則夫讕陋之誚,僭逾之辜,極知在所不免。然而生平衛道之苦衷,自謂可以對越往哲,昭示來茲而無愧」[2]。作者是否鄙儒,自有公論,其衛道心切,則顯而易見,因此所分宗派主觀意識極強。而黃宗羲、全祖望等人撰寫《宋元學案》,「有宋各派學術——例如洛派、蜀派、關派、閩派、永嘉派,乃至王荊公、李屏山派——面目皆見焉」,被梁啟超許為「洵初期學史之模範矣」[3]。

清儒講宋學史,雖然各種宗傳、學案事實上已在編織學派的譜系,可是直接標名學派的並不多見。萬斯同的《儒林宗派》和李清馥的《閩中理學淵源考》與眾不同,前者敘述整個儒學史,南北朝以前以人分,此後則以宗師姓氏加學派,冠名為某氏學派,如劉獻之為劉

---

[1] 梁啟超:《中國近三百年學術史》,第359頁。
[2] 饒宗頤:《中國史學上之正統論》,第363-364頁。
[3] 梁啟超:《中國近三百年學術史》,第360頁。

氏學派，其下系以門生傳人。照此辦法，宋代分為程子（二程）、胡氏（瑗）、張氏（載）、邵氏（雍）、朱子（熹）、林氏（光朝）、呂氏（祖謙）、張氏（栻）、陸氏（九淵）、葉氏（適）、陳氏（傅良）、陳氏（亮）等學派，元代分為金氏（履祥）、吳氏（澄）、許氏（衡）、劉氏（因）等學派，明代則分為宋氏（濂）、薛氏（瑄）、吳氏（與弼）、章氏（懋）、蔡氏（清）、王氏（守仁）、劉氏（宗周）等學派。個別在人派之下再以地域分，如朱子學派下又有朱氏建安學派和朱氏建陽學派。不能納入派分者則每代設「諸儒博考」。也有記門人而不稱學派者，如陳白沙。李清馥的《閩中理學淵源考》則專講一地的理學流別，除按人分派外，因為地域限制，家傳即為譜系，故多用家世學派。這兩種分法均出現因宗師同姓而學派同名的現象，容易混淆，而且過於瑣碎，不易得到公認，後來學人很少沿用。

二　宗派的研究法

儘管梁啟超認為「有清一代學術，初期為程朱陸王之爭，次期為漢宋之爭，末期為新舊之爭」[1]（後者亦有今古文之爭之說），而且清儒在將宋學譜系化方面的確是濃墨重彩，可是並不等於說清儒的門戶之見特深。相反，「其實清儒最惡立門戶，不喜以師弟相標榜。凡諸大師皆交相師友，更無派別可言也」[2]。所以梁啟超說，清中期以前，雖然有新學派、舊學派和新舊學派之過渡者，但「皆彼此忻合，未嘗間然。其始標門戶以相排詆者，自陸隴其、熊賜履輩始」[3]。仍然是理學

1　梁啟超：《中國近三百年學術史》，第 130 頁。
2　梁啟超：《清代學術概論》，第 5 頁。
3　梁啟超：《論中國學術思想變遷之大勢》，《飲冰室合集・文集》之七，第 78 頁。

大系統內部的紛爭。

至於樸學，雖有家法，卻不立門戶。[1]直到江藩作《國朝漢學師承記》和《國朝宋學淵源記》，不僅將漢學、宋學門戶顯然區別，在漢學內部，也劃分吳、皖兩派。漢宋之爭的展開，使得清代學人的門派意識明顯加強，一些前此已經有人描述議論的派分更加凸顯，與此相關的桐城派、揚州學派、常州學派、陽湖派、浙東學派，等等，成為認識清代學術脈絡越來越重要的概念。張之洞《書目答問》附《國朝著述諸家姓名略》，也是因為「讀書欲知門徑，必須有師，師不易得，莫如即以國朝著述諸名家為師」。清代整理歷代學術，故「知國朝人學術之流別，便知歷代學術之流別，胸有繩尺，自不為野言謬說所誤，其為良師，不已多乎！」[2]這番話換一角度，也可以理解為歷代學術都經過清人依據清代意識的條理和譜系化。

江藩被指為門戶之見過甚，其實只是取捨方面主觀成見較多，而且完全按照派分歸納學人，很難安置得當（尤其是顧炎武和黃宗羲）。他批評「經術一壞於東西晉之清談，再壞於南北宋之道學。元、明以來，此道益晦。至本朝，三惠之學，盛於吳中；江永、戴震諸君，繼起於歙。從此漢學昌明，千載沉霾，一朝復旦」[3]。並且以惠、戴兩支組織全書，卻並未具體標出吳派、皖派等等名目。所以梁啟超說：「吳皖派別之說，出自江氏《漢學師承記》，而章氏辨之尤嚴。」[4]章太炎是這樣說的：清前期經術雖時有碩儒，「然草創未精博，時糅雜宋明讜言。其成學箸系統者，自乾隆朝始。一自吳，一自皖南。吳始惠棟，

---

1 所謂「講實證的學術，分科繁而派別少，尚玄思的學術則相反」。曹伯韓：《國學常識》，第6頁。
2 范希曾編：《書目答問補正》，第302頁。
3 江藩等著：《漢學師承記（外二種）》，第8頁。
4 梁啟超：《論中國學術思想變遷之大勢》，《飲冰室合集・文集》之七，第94頁。

其學好博而尊聞。皖南始戴震，綜形名，任裁斷，此其所異也」[1]。雖仍未標名吳派皖派，吳皖派分的確由此而得到強化。

江藩的述學引起方東樹的極大不滿，專門寫了《漢學商兌》，其動機和目的，學人另有解釋[2]，讀者自可判斷。有意思的是，方東樹陳述江藩所羅織的宋學罪名以及他對受江藩的影響而鼓吹漢學之士的批評，都有門戶問題，前者是三條罪名之首，所謂「講學標榜，門戶分爭，為害於家國」，後者則是「標宗旨，峻門戶，上援通賢，下懾流俗，眾口一舌，不出於訓詁、小學、名物、制度。棄本貴末，……名為治經，實足亂經；名為衛道，實則畔道」。萬斯同的《儒林宗派》認為，自朱熹《伊洛淵源錄》出，《宋史》遂分道學、儒林為二傳，講學者遞相標榜，兀自尊大。「明以來，談道統者，揚己凌人，互相排軋，卒釀門戶之禍。」方東樹不以為然，認為朱書「本以考實前輩師友學行，不沒其真，以為來者矜式。逮其後聲氣攀援依附，分立道學門戶，此末流之敝，古今類然。只可因時救正，而不得惡莠亂苗，並追咎於教稼者也」[3]。因此，這次漢宋之爭的結果，反而是溝通漢宋或漢宋不分的調和論漸成風尚。

由好講學派而論，傅斯年所說清代「所謂漢學，大體直是自紫陽至深寧一脈相衍之宋學」[4]，確有道理。而章太炎的例子表明，晚清講學術史的學派意識進一步強化。只是最喜歡用學派來講述學術史的還不是章太炎，而是梁啟超本人。如果沒有這位新史學的發端者撰寫的一系列著作，中國的學術史很可能不會以目前這種派系紛呈的景象展現。

1　章炳麟：《訄書》重訂本清儒第十二，《章太炎全集》（三），第156頁。
2　參見朱維錚《漢學師承記（外二種）》導言。
3　方東樹：《漢學商兌》，《漢學師承記（外二種）》，第235、249頁。
4　傅斯年：《性命古訓辨證》，岳玉璽、李泉、馬亮寬編選：《傅斯年選集》，第71頁。

張蔭麟悼念梁啟超時，對其在近代中國學術史上的貢獻做了歸納，其中之一是以新觀點批評中國學術，為我國學術之第一次重新估價，尤其在論周秦諸子、王安石、孔教佛教方面，「皆一掃傳統觀念，而為今日吾人大多數對於此諸家之觀念所基」。而作為其「批評中國學術之結晶」的《論中國學術思想變遷之大勢》長文，「實第一部有系統之中國學術史」。[1] 該文計劃寫十六章，一九〇二年發表了前六章，只到六朝隋唐的佛教，一九〇四年續寫第八、九兩章，改題《近世之學術》，時間為明亡至清季。而重要的宋明時期未能寫成。作文的目的在於求學術的進步和思想的統一，但是「統一者為全國民之精神，非擯斥異端之謂也」。梁啟超的宗旨立意，在「儒學統一時代」的開篇表達得最為明確：

> 泰西之政治，常隨學術思想為轉移，中國之學術思想，常隨政治為轉移，此不可謂非學界之一缺點也。是故政界各國並立，則學界亦各派並立，政界共主一統，則學界亦宗師一統。當戰國之末，雖有標新領異如錦如荼之學派，不數十年，摧滅以盡，巍然獨存者，唯一儒術。而學術思想進步之跡，亦自茲凝滯矣。夫進化之與競爭，相緣者也，競爭絕則進化亦將與之俱絕。中國政治之所以不進化，曰惟共主一統故。中國學術所以不進化，曰惟宗師一統故。而其運皆起於秦漢之交。秦漢之交，實中國數千年一大關鍵也。抑泰西學術，亦何嘗不由分而合，由合而分，遞衍遞嬗，然其凝滯不若中國之甚者，彼其統一之也以自力，此其統一之也以他力。所謂自力者何？學者各出其所見，互相辯詰，互

---

[1] 素癡：《近代中國學術史上之梁任公先生》，《大公報》一九二九年二月十一日，引自夏曉虹編：《追憶梁啟超》，第106頁。

相折衷，競爭淘汰，優勝劣敗，其最合於真理，最適於民用者，則相率而從之，衷於至當，異論自息。泰西近日學界所謂定義公例者，皆自此來也。所謂他力者何？有居上位握權力者，從其所好，而提倡之，而左右之，有所獎勵於此，則有所窒抑於彼，其出入者謂之邪說異端，謂之非聖無法，風行草偃，民遂移風，泰西中古時代之景教，及吾中國數千年之孔學，皆自此來也。由前之道，則學必日進，由後之道，則學必日退，徵諸前事，有明驗矣。故儒學統一者，非中國學界之幸，而實中國學界之大不幸也。

以此為主旨，梁啟超將中國數千年學術思想史分為胚胎、全盛、儒學統一、老學、佛學、儒佛混合和衰落七個時代，並以其所處的當時為復興時代，也就是第八時代。從後來梁啟超將第七時代改題為近世學術看，他似乎已經不以這一時期的中國學術為衰落。只是認為「有清一代之學術，大抵述而無作，學而不思，故可謂之為思想最衰時代」。

梁啟超討論中國學術史，和他提倡新史學一樣，有著明確的現實政治關懷，即反對專制，鼓吹自由，因此其評判學術的眼光，自然傾向於反對一統，主張派分。他以春秋末及戰國為全盛時代，列舉了七條原因，即蘊蓄宏富、社會變遷、思想言論自由、交通頻繁、人才見重、文字趨簡和講學風盛，尤其重視思想言論自由，認為政權之聚散影響學術思想特甚，由於周末權力四散，學者各稱其道，不能容於一國，則去之而他，所以能夠橫行天下。因此，他十分重視先秦派別千條萬緒與學術極盛的關係。他以《漢書》〈藝文志〉所本劉歆《七略》〈諸子略〉、《史記》〈太史公自序〉、《荀子》〈非十二子篇〉、《莊子》〈天下篇〉為「專論學派」或「實為學派論之中心點」，將各篇提及的「家」、「流」、「說」均視為學派，並據以編制「先秦學派大勢表」，將

整個先秦學術分為南北兩派，南派下又分正宗與支流，北派下則分為鄒魯（正宗）、齊（北東）、秦晉（北西）、宋鄭（北南）四派，各派之下再分為若干派系。此外，又以孔、老、墨三大宗為系統，孔學下分為小康、大同、天人相與、心性、考證、記事六派，老學下分哲理、厭世、權謀、縱樂、神祕五派，墨學下分兼愛、遊俠、名理三派。前者以地域分，後者以宗旨分。復按時間順序列一時期變遷表，第一期南北兩派，第二期孔、老、墨三宗，第三期儒、墨、名、法、陰陽、道六家，第四期為分裂混合。並以後一時期為「全盛中之全盛」，將其時學界大勢的內分、外布、出入、旁羅四種現象統統視為「進步之證驗」。他批評後世曲儒以本派分裂為道術衰微，是「不知學派之為物，與國家不同，國家分爭而遂亡，學術紛爭而益盛。其同出一師而各明一義者，正如醫學之解剖，乃能盡其體而無遺也」。各派後學從其所好任意去就，為思想自由達於極點，並不株守一先生之言；各派大師也往往兼他派之言以光大本宗。

梁啟超不僅著眼於古代中國，還試圖放眼古今中外，他將全球學術分為中國、希臘、印度三大派，「以地理論，則中國、印度同為東洋學派，而希臘為西洋學派；以人種論，則印度、希臘同為阿利揚族學派，而中國為黃族學派；以性質論，則中國、希臘同為世間學派，而印度為出世間學派」。進而比較先秦學派與希臘、印度學派的長短。即使在儒學統一、老學、佛學等時代，梁啟超也好用派分的觀念來看學術史，他認為漢儒流派繁多，可大別為說經之儒與著書之儒兩種，並將各經傳授本師列表，再分為口說、經世、災異、訓詁四家；老子之教遍天下之時，其中亦有派別，為玄理、丹鼎、符籙、占驗四派；佛學則有十三宗，且各宗派多由中國自創。尤其是對清代早中晚三期學術的派分及其流變的概括，雖然一些派別的名稱並非尤其首創，但是整體的敘述格局卻由此而基本成形，對後世學人影響甚大。關於中國、印

度、希臘三大學派的分類與描述，以及列表比較南北學派的差異，宣稱北派崇實際，貴人事，明政法，重階級，喜保守，主勉強，畏天，言排外，貴自強，而南派崇虛想，主無為，貴出世，明哲理，重平等，重創造，喜破壞，明自然，任天，言無我，貴謙弱等等兩極化的比較對應，在五四新文化時期的東西文化論戰中也可以找到影子。[1]

梁啟超流亡日本後，所提倡的許多新思想新概念都受明治日本的影響，好講學派則不然，相當程度上是他本人少年時的興趣，後來又得到乃師康有為教育強化的結果。梁啟超早年為學海堂專課生，漢宋之爭與漢宋調和，均與這裡的人脈關係密切。流風餘韻，令其耳濡目染。梁啟超曾撰寫過一篇萬餘言的《漢學商兌跋》，可惜文已不存[2]。改投康有為門下，後者尤其好講古今學術源流，且多用派分眼光，其門人張伯楨據一八九六至一八九七年間於萬木草堂聽講筆記整理而成的《南海師承記》，可見康有為講述漢魏六朝、宋元、明儒及清代學術，均標明學派，實際按學派尋求淵源脈絡。[3]其具體派分及源流與梁啟超間有出入，而以學派為條理的做法則相當近似。

梁啟超一生，無論在政治還是學術上，都是流質嬗變，而好講學派卻始終一貫，從未動搖。他後來寫《清代學術概論》、《中國近三百年學術史》、《近代學風之地理的分佈》、《老孔墨以後學派概觀》、《中國歷史研究法（補編）》、《儒家哲學》等著作，均強調派分之於學術史研究的重要，並進一步歸納為系統化的方法。他在《歷史研究法（補編）》講述文化專史及其做法，關於學術思想史分為道術史（即哲學史）、史學史、自然科學史和社會科學史四部，著重講了第一部。他

---

1 梁啟超：《飲冰室文集》之七，第1-104頁。
2 丁文江、趙豐田：《梁啟超年譜長編》，第20頁。
3 姜義華、吳根樑編校：《康有為全集》第二集，第530-552頁。

提出將幾千年來的各種道術分為主系、潤系、旁系三類,所謂主系,是中國民族自己發明組織出來,有價值有權威的學派,對於世界文化有貢獻的;潤系是繼承曾做主系的學派做整理解釋的工作,如漢唐和清代;旁系則是外國思想輸入融合,然後演化成第二主系,如佛學。面對浩如煙海的典籍和紛紜錯亂的表象,只要集中於主系,又抓住派分,便可以提綱挈領。例如「做道術史做到先秦,最要緊的是分派」。派分的主張各人不同,在梁啟超看來,只分儒道墨三家就夠了,最多加上陰陽家和法家。而敘述潤系,「第一要緊的事,就要把各家的脈絡提清,看他如何各自承受以前的學風,如何各自解釋本派的學說,如何本派又分裂為幾派,如何此派又和彼派混合」。研究外來旁系的佛教,也要用研究先秦各家的方法去研究各宗派。至於第二主系,雖然因許多家數所討論的不過小問題,不可多分派別,還是要分成程朱、陸王二派,其餘各小派則可擇要敘述。[1]

《儒家哲學》一書,更以專章討論儒家哲學研究法,梁啟超主要分三種,除問題的和時代的研究法外,就是宗派的研究法。每種方法各有長短,宗派法的長處「在於把各派的起原變遷流別,上下千古,一線相承,說得極其清楚;這派與那派,有何不同之處,兩派交互間又有什麼影響,也說得很明白。我們研究一種學說,要整個的完全的瞭解,當然走這條路最好」。而其短處「在於不能得時代的背景和問題的真相。……一個時代的這一派,我們雖然知道,但這派以外的學說,我們就很茫然。一個問題的這種主張,我們雖然清楚,但這種主張以外的議論,我們也許就模糊了」。從講演的便捷出發,梁啟超以時代法為主,以問題和宗派法為輔,但在每一時代,還是努力說明問題和宗派。事實上,梁啟超在用兩章講述二千五百年儒學變遷概略時,通篇

---

[1] 梁啟超:《中國歷史研究法(補編)》,《飲冰室專集》之九十九,第 143-150 頁。

還是以派分為條貫。[1]即使清學部分，在江藩、章太炎等人論述的基礎上，梁啟超也更加明確地分割漢宋，並使用吳派、皖派的概念。後來支偉成編撰《清代樸學大師列傳》，進一步條理和譜系化，關於清代學派的劃分遂告定型。

三　家派與分科

民國以後，梁啟超仍然堅持以派分看學術，但是早年借學派反專制倡自由的目標，已然失去效用。而五四新文化運動中，中國傳統思想文化整體成為批判的對象，不僅道統，所有的學派均不能幸免，按照外來的科學觀念分科治學成為學人新的取向。

一九一八年四月，傅斯年在《新青年》第四卷第四號發表了《中國學術思想界之基本誤謬》一文，針對英國雜誌有文章指東方學術病在根本，不可能產生近世文明的說法，剖析中國學術思想的根本誤謬，以求進而掃除，以便探尋「西洋學術思想界之真域」。所謂根本誤謬，總共開列了七條，其中第一條就是：「中國學術，以學為單位者至少，以人為單位者轉多，前者謂之科學，後者謂之家學；家學者，所以學人，非所以學學也。歷來號稱學派者，無慮數百，其名其實，皆以人為基本，絕少以學科之分別，而分宗派者。縱有以學科不同而立宗派，猶是以人為本，以學隸之。未嘗以學為本，以人隸之。弟子之於師，私淑者之於前修，必盡其師或前修之所學，求其具體。師所不學，弟子亦不學；師學數科，弟子亦學數科；師學文學，則但就師所習之文學而學之，師外之文學不學也；師學玄學，則但就師所習之玄學而學之，師外之玄學不學也。無論何種學派，數傳之後，必至黯然

---

[1] 梁啟超：《飲冰室專集》之一百三，第 11-70 頁。

寡色，枯槁以死；誠以人為單位之學術，人存學舉，人亡學息，萬不能孳衍發展，求其進步。學術所以能致其深微者，端在分疆之清；分疆嚴明，然後造詣有獨至。西洋近代學術，全以科學為單位，苟中國人本其『學人』之成心以習之，必若枘鑿之不相容也。」

傅斯年對中國歷代學派的批評，與清季革新人士提倡學派以打破道統的取向大相逕庭。清季民初學派觀念的變化，似乎印證了錢穆對革新派史學的分析：即清季為政治革命，將現實一切問題，歸罪於二千年來的專制制度，因而將一切史實，以「專制黑暗」一語抹殺。繼起者為「文化革命」，目光由政治轉向學術思想，將中國社會發展停滯的原因，歸於思想文化落後，要掃除二千年思想之痼疾。[1]

傅斯年的看法，至少代表了北京大學那批對於中國文史學有共同愛好而又迫切希望革新的同學的觀念，顧頡剛也有著相似的意見。一九一六年，顧頡剛為計劃編輯的《學覽》一書作序，「其義在博學明辨，故不以家派限」，而要「是非兼收，爭論並列」。他進而批評道：

> 古來諸學，大都崇經而黜子，崇儒學而黜八家，以至今古文有爭，漢、宋學有爭，此亦一是非，彼異一是非。欲為調人，終於朋黨。蓋不明統系之爭，則爭之者無有底，解之者無可藉。使之明之，則經者古史耳，儒者九流之一家耳，今古文者立學官異耳，漢、宋學者立觀點異耳，各有其心思，各有其面目，不必己學而外無他學也，不必尊則如天帝而黜則如罪囚也。……舊時士夫之學，動稱經史詞章。此其所謂統系乃經籍之統系，非科學之統系也。惟其不明於科學之統系。故鄙視比較會合之事，以為淺人之見，各守其家學之壁壘而不肯察事物之會通。夫學術者與天

---

[1] 錢穆：《國史大綱・序》，第 5-6 頁。

下共之，不可以一國一家自私。凡以國與家標識其學者，止可謂之學史，不可謂之學。執學史而以為學，則其心志囿拘於古書，古書不變，學亦不進矣。為家學者未嘗不曰家學所以求一貫，為學而不一貫，是滋其紛亂也。然一貫者當於事實求之，不當於一家之言求之。今以家學相高，有化而無觀，徒令後生擇學莫知所從，以為師之所言即理之所在，至於寧違理而不敢背師。是故，學術之不明，經籍之不理，皆家學為之也。今既有科學之成法矣，則此後之學術應直接取材於事物，豈猶有家學為之障乎！敢告為家學者，學所以辨於然否也；既知其非理而仍堅守其家說，則狂妄之流耳；若家說為當理，則雖舍其家派而仍必為不可奪之公言，又何必自縛而不肯觀其通也。[1]

後來顧頡剛還反駁時人為學不能不由家派入門，將來深入之後再棄去的主張，認為從前各種學問都不發達，研究學問又苦於沒有好方法，不得不投入家派以求得到一點引路的微光。現在則應當憑借各種分科的學問直接接觸事實。

傅斯年和顧頡剛都以分科治學為科學，並且基於那一代人對科學的崇拜相信分科治學為天下的公理。後者宣稱：「是書（即《學覽》）之輯，意在止無謂之爭，舍主奴之見，屏家學之習，使前人之所謂學皆成為學史，自今以後不復以學史之問題為及身之問題，而一歸於科學。」[2]其實，分科治學在歐洲的歷史也並不長，其起因究竟如何，迄今為止有限的說法也不統一，而且深受不同民族、不同文化系統甚至不同學派的影響，在許多部分糾纏不清，不瞭解背後的淵源流別，看

1　顧頡剛：《古史辨》第一冊《自序》，第 30-32 頁。
2　顧頡剛：《古史辨》第一冊《自序》，第 32 頁。

起來清晰的分界與邊際具體把握起來卻往往似是而非，出入矛盾。而中國固有的統系，也絕非只是經籍的統系，其中蘊含著已有的知識分類。一旦按照名為天下公理實則西洋傳統的系統對中國的知識重新分科，不僅不能恰當把握西學的分科，更重要的是以後來外在的分科眼光來看待中國的固有學問，難免格義附會，曲解抹殺，愈有條理，去古人真相愈遠。而諸如此類的問題，要等這些新進少年有機會遠渡重洋並且因緣巧合，才能有所察覺和認識。清季好以分科眼光比附以成新的系統者，如劉師培等人，後來均不免悔其少作。

此外，分科治學將原有的聯繫割裂，破壞了歷史的整體性，在日後專業化不斷加強的趨勢下導致學人的侷限性日益明顯，其責任雖然不應由倡導分科治學的前賢承擔，畢竟反映了當時崇拜分科，以為可以根絕誤謬弊端的盲目性。分科治學的不斷細化以及加冠某某「學」或某某「史」之名目的日益增多，表面是強調方法、取向或領域層面的不同，實際上試圖高揚派分的旗幟，分門別類成為劃派的界線，而以客觀科學的名義出現，所謂派分以人、分科以學，不過是近代新潮學人的一廂情願而已。

在「學史」的層面，顧頡剛並不抹殺學派，他表示對於古往今來固然有許多可以佩服的人，但都沒有偶像，而用活潑的理性作公平的裁斷，因此在學問上不肯加入或是偏向任何家派，要盡量用客觀的態度和平等的眼光去觀察種種不同的派別。「至於我們要瞭解各家派在歷史上的地位，不免要對於家派有所尋繹，但這是研究，不是服從。」[1] 顧頡剛在北京大學讀書期間，鑒於「古來學事偏於註疏考據，而目錄平議之學所以振綱挈領者乃至寥極短，坐使學術散亂，大旨難明」，有意編輯《周秦篇籍考》、《清代著述考》和《書目答問解題》，並提出：

---

[1] 顧頡剛：《古史辨》第一冊《自序》，第82頁。

「目錄條最之事當備四要：一尋其學派，二述其作意，三評其優劣，四考其版本。」[1]他首先從清代做起，以《書目答問》的《國朝著述諸家姓名略》為底，進行增補，「依學術的派別分作者，在作者的名下列著述，按著述的版本見存佚」[2]。顧畢業後到北大圖書館就職，欲改編中文書目，提出的辦法當中就有編輯「學派書目」一條。[3]直到一九三〇年代《古史辨》第四冊出版，顧頡剛所作序言表示自己想編四個考，其中之一還是「道統考」，以「辨帝王的心傳及聖賢的學派」[4]。

為了避免產生自己欲立門戶的誤解，顧頡剛反覆強調研究學派的目的正是要打破定於一尊和門戶之見。經他修改的《禹貢》發刊詞稱：「以前研究學問，總要承認幾個權威者做他的信仰的對象，……在這種觀念之下，自然會得分門別戶，成就了許多宗派。我們現在要徹底破除這種英雄思想，既不承認別人有絕對之是，也不承認自己有絕對之是。……我們絕對不需要『是丹是素』的成見，更無所謂『獨樹一幟』的虛聲。」[5]《古史辨》第五冊自序針對有人指其為「新今文家」的說法反駁道：

> 抱這種態度的是只會因襲傳統的見解而不肯自動天君的人，或是但會耳食而不能用目視的人，現在我們應該起來打破他們的成見。無論如何，今古文問題總是一件懸案，懸案是必須解決的。這個問題所以鬧了好久而不得解決，固然有一部分是因從前參加討論的人以為家派門戶應當存在，他們感到離開了家派就沒法解

1　一九一五年五月與葉聖陶函，顧潮編著：《顧頡剛年譜》，第38-39頁。
2　顧頡剛：《古史辨》第一冊《自序》，第29頁。
3　一九二〇年九月一五日與履安信，顧潮編著：《顧頡剛年譜》，第55頁。
4　《顧頡剛古史論文集》第一冊，第223頁。
5　《禹貢》第一期，一九三四年三月。

經,所以自己只得偏袒一方面做立足點,而另一部分則因這問題麻煩,恐怕把是非落到自己頭上,相率袖起手來,彷彿沒有這件官司似的,以致只有讓家派色彩濃重的人去幹。現在我們所處的時代和他們截然不同了,我們已不把經書當作萬世的常道,我們解起經來已知道用考古學和社會學上的材料作比較,我們已無須依靠舊日的家派作讀書治學的指導。家派既已範圍不住我們,那麼今文古文的門戶之見和我們再有什麼關係!我們所以在現在提出今古文問題,原不是要把這些已枯的骸骨敷上血肉,使它們重新活躍在今日的社會,只因它是一件不能不決的懸案,如果不決則古代政治史、曆法史、思想史、學術史、文字史全不能做好,所以要做這種基礎的工作而已。[1]

僅僅從破除門戶的角度看,錢穆與傅斯年、顧頡剛也是同道,而且實際做法更加徹底,他以《劉向歆父子年譜》打破經學今古文的界限,又以《中國近三百年學術史》打破漢宋的門戶。錢穆並非無視歷史上的學派,只是認為不可截然分割,全用派分眼光看學術。他批評近代學者每分漢宋疆域,而主張「不知宋學,則亦不能知漢學,更無以平漢宋之是非」[2]。不過,錢穆在力圖回歸學術本原與歷史本相之時,確有矯枉過正之嫌,為了破除門戶而有意淡化甚至抹殺派分的存在及其影響,未能梳理派分意識成形並不斷得到強化,從而影響後來學人的觀念行為的歷史過程。

錢穆對於同時代的各種學派亦有全面的批評,其《國史大綱‧引論》對清季以來史學領域的傳統、革新、科學各派大張撻伐,而《〈新

1　《顧頡剛古史論文集》第一冊,第245頁。
2　錢穆:《中國近三百年學術史‧自序》,第1頁。

亞學報〉發刊詞》更將近代學術史上的主流各派統統痛加批評。錢穆的本意,並非全盤抹殺各派的貢獻,而是指摘揭示各派的偏蔽,主張綜合、全面與溝通,回到學術及其研究對象的本來意義上。可是,與其論清代學術基本不以漢宋分界眼光有別,主張考據義理並重,中學西學兼容的錢穆在論述清季民國學術時不能不正視:「此數十年來,中國學術界,不斷有一爭議,若追溯淵源,亦可謂仍是漢宋之爭之變相。一方面高抬考據,輕視義理。其最先口號,厥為以科學方法整理國故,繼之有窄而深的研究之提倡。此派重視專門,並主張為學術而學術。反之者,提倡通學,遂有通才與專家之爭。又主明體達用,謂學術將以濟世。因此菲薄考據,謂學術最高標幟,乃當屬於義理之探究。此兩派,雖不見有堅明之壁壘與分野,而顯然有此爭議,則事實不可掩。」[1]

儘管如此,反對學派的傅斯年和顧頡剛,都不免被指為某一派系的旗手或主將,只有錢穆的不立門戶,似乎得到學術界的認可,雖然主流派的一些人常常對其白眼相向,卻很少有人將他歸於特定的派系。近代學術史上,成名的學人能夠保持特立獨行而不被誤解或強分派系的,的確並不多見。

五四新文化時期的思想學術界日新月異,但仍不免受到清學流風餘韻的影響甚至制約,經今古文和漢宋問題,一直是學人議論的中心。而學界的派分,除了清季的延續(如桐城派)之外,與時政的關係越來越密切,如北大的新文化派,梁啟超的研究系,以及稍後的「現代評論派」等等。至於學術本身,最多只能以新舊籠統分別。這並不等於說以派分看學術真的已經被反對派分的主張所壓倒,很大程度上不過因為新學術的內在分別在一定時期還比較模糊。到了一九三〇年

---

[1] 錢穆:《〈新亞學報〉發刊詞》,《新亞學報》第一卷第一期,一九五五年。

代以後，對於民國學術的派分意見逐漸增多，梁啟超的方法得到進一步發揮。周予同即好以派分談學術的學人之一，他關於經學史和史學史的一系列文章，在清季以前的部分進一步強化了前人的派分壁壘，在民國部分則開啟了後來的學派劃分格局，影響相當深遠。

在中國原有的學術觀念中，經學與史學沒有明顯的界限，所以周予同將經學分成漢學、宋學、新史學三派。[1] 近代史學成為各學科之總匯以及各種科學方法的彙集[2]，其地位與古代經學頗為近似。周予同關於古代經學學派的論述，與前人間有異同，大抵是在原有框架內進一步明確和清晰化，而他關於新史學的派系劃分，卻基本奠定了後來的框架。

最能體現周予同關於新史學派系劃分的著作，當屬一九四一年撰寫的《五十年來中國之新史學》，其中的一些基本觀點和認識架構，至少在一九三六年的《治經與治史》一文中已經呈現。他說：「放眼中國現代的史學界，大致可分為二大派：一可稱為『史料派』，注意於史料的蒐集與整理；一可稱為『史觀派』，根據舊的或新的史料，對於中國史的全部或某一部門加以考證、編纂與解釋。」在他看來，「史料派學

---

1 周予同：《中國經學史講義》，朱維錚編：《周予同經學史論著選集》（增訂本），第861頁。周予同的分法，因為角度不同，前後有所調整，開始他主張分成經古文學派、經今文學派、駢文學派和新古史學派（《殭屍得出祟——異哉所謂學校讀經問題》，1926年），後來去掉駢文學派，歸為西漢今文學、東漢古文學和宋學三大派（《經學史與經學之派別》，1928年）；一九三二至一九三三年間撰寫《群經概論》，再加入「新史學派」，共分四派；其間在漢學部分又分出「通學派」，宋學部分則分成「歸納派」、「演繹派」和「批評派」（《「漢學」與「宋學」》，1933年）。但有時也依據一般說法，只分為漢宋兩派，然後漢學分今古文，宋學分程朱、陸王或更多（《怎樣研究經學》1936年、《關於中國經學史中的學派問題》1961年）。各文均見朱維錚編《周予同經學史論著選集》（增訂本）。
2 參見桑兵《教學需求與學風轉變——近代大學史學教育的社會科學化》，《中國社會科學》二〇〇一年第四期。

者工作的本身是煩瑣的、畸零的,而他的成績是可感謝的,因為新的歷史的著作需要新的史料作它的柱石呢!不過史料究竟只是史料而不是史,中國現代社會所企求於史學界的是新的史學的建立與新的史籍的產生,而決不僅僅滿足於史料的零碎的獲得」。他進而將史觀派分為新舊兩派,舊派又叫做「儒教史觀派」,新派又叫作「超儒教史觀派」,下分左中右三翼,依次為「史的一元論派」、「遺物考證派」和「記載考證派」,並且特別指出左翼史學不以蒐集、考證、編排史料為盡了史學的職責,進而要嘗試解釋史實。

《五十年來中國之新史學》基本延續了上述分析,只是將儒教和超儒教史觀派分別再加以經典派和超經典派的名頭,而將超經典派的左中右冠以釋古、考古、疑古的派名。周予同說:「所謂轉變期的新史學,可分為兩類:一是偏重『史觀』及『史法』方面的,一是專究『史料』方面的。史法每原於史觀,或與史觀有密切的關係;為行文簡便起見,前者可稱為『史觀派』,後者可稱為『史料派』。換言之,中國現代的新史學家可歸納為兩類,即『史觀派』與『史料派』。」這種本來為圖行文簡便的派分,卻深深影響了後來學人的思維與眼界。儘管人們提出過種種批評或修正,也有不少學人根本反對用這樣的觀念來看待近代史學和史家,但還是有相當多的學人接受或基本認可這樣的劃分。[1]尤其在史學史論著中,堅持用史料派與史觀派的消長沉浮構成整個二十世紀中國史學變動的觀點作為基本敘事線索[2],或明或暗地普遍存在。有的論著雖然有所調整補充,大體仍不出其範圍。

---

1 余英時:《中國史學的現階段:反省與展望》,杜維運、陳景忠編:《中國史學史論文選集》(三),第 517-524 頁。
2 王學典:《近五十年的中國歷史學》,《歷史研究》二〇〇四年第一期。

四　後設與解析

　　周予同的二分法對後來學人的影響甚大，許冠三即鑒於其文因篇幅所限，「未能盡量敘述」，而續寫《新史學九十年》，宣稱主旨在於：「以歷史門徑敘各派新學術的發生、流變與興衰；以比較手段顯各家意旨的異同、深淺；以世界設準評各類義例的得失、長短；以客觀態度考察新史學的大同，並測其未來走勢。核心關注則在：透過各學派所持理論、所用方法與改採原料的比勘對照，以明辨其所立軌範的大小精粗，俾便後之來者領會學術進化之曲折艱難，並得從而通其同，會其異；取其精，用其宏，但擇其最普遍意義者加以繼承、發揚。」[1] 該書全按學派組織學人，展示學史，考證學派系以王國維、陳垣，方法學派系以胡適、顧頡剛，史料學派系以傅斯年、陳寅恪，史觀學派系以李大釗、朱謙之、常乃悳、雷海宗、郭沫若、翦伯贊、范文瀾，所分理據雖間引自說，主要還是他人或後人意見，與前賢自許相去甚遠，與事實亦不盡吻合。尤其在史建派下凸現殷海光和作者本人，自期固然不低，要得到學界的認可卻並非易事。前賢所謂專講史法者史學往往不甚高明，可惜近代以來學人常常重蹈覆轍。

　　仔細揣摩，周予同的重心顯然在史觀派方面，關於史料派的論述多少有些閃爍其詞。他在《治經與治史》中舉例說明史料派，「如因仰韶遺物的發掘而探求中國新石器時代的文化，因小屯遺物的發掘而探求中國青銅器時代的文化，因西郵簡牘和敦煌石室遺物的發見而探求中國漢唐時代的文化，因西漢文字、遼碑、南明史料以及內閣檔案的發見而探求中國近世宋、元、明、清諸朝的史實」，應該都是遺物考證派乃至其他史觀派研究歷史的依據，很難說是史料派的獨占，更不能

---

[1] 許冠三：《新史學九十年》，第 1-2 頁。

把物的史料指為人的史料派。《五十年來中國之新史學》同樣以物代人:「至於『史料派』,自清末以來,因國內外學者陸續發現、蒐集、整理、研究,現在上自數十萬年前的周口店文化,下至近百年來的外交史料,其材料的豐富,以及對於史學影響的重要,頗有『附庸蔚為大國』之觀,致蔡元培有『史學本是史料學』的論調。」眾所周知,史學即史料學的名言出自傅斯年之口,周予同偏偏抬出蔡元培,可能的解釋,一是有意避開傅斯年,二是暗中將傅斯年作為史料派的代表。

與其他學人的劃分相比,周予同的分法也有些怪異,他所說的考古派與史料派,錢穆即統稱為考訂派。周予同也承認考古派與史料派關係密切,「但比史料派前進了或深入了一步。史料派只注意史料的發現、蒐集與整理,至於整理後的史料應如何與中國已有的史學配合或如何修正中國史學,他們可存而不論。至於考古派,他不僅注意新的史料與舊的史學的關聯,而且因而建立他們的歷史方法論,因而建立他們的史觀」。他把李濟作為由新史料產生新史觀的學人,並且和王國維一起,分別作為考古派前後期的代表。照他看來,史語所的殷墟發掘田野考古報告,歸於史料派,而李濟根據這些報告的材料進行解釋,才是史觀派中的考古派。儘管傅斯年有意聳動人心的口號引起許多誤解,也的確偏頗,但稱之為考訂派、考證派或實證派的學人,並不完全抹殺傅斯年正是主張科學方法,而且所謂史學就是史料學,正是由歐洲近代史學的方法改進而來,本意還在「史料學便是比較方法之應用」[1]。他不是根本反對解釋,只是不滿於脫離材料的任意解釋,而用比較方法處理材料,本身就包含揭示真相與聯繫兩方面。一般評判傅斯年,多據其故意偏激的《歷史語言研究所工作之旨趣》,很少細

---

[1] 傅斯年:《史學方法導論》,岳玉璽、李泉、馬亮寬編選:《傅斯年選集》,第 192-193 頁。

讀其詳細闡釋的《史學方法導論》，更不及其生前未曾發表的《中西史學觀點之變遷》，誤解甚至曲解之處不少。

這一事例表明，用條理太過分明的派分法看待學術史，只不過是後人的心術而非歷史的實情，過度的簡約化在提供清晰得近乎虛假的脈絡和涇渭分明的界線的同時，犧牲了大量錯綜複雜的事實，對於知之不多的淺學者或不明真相的後來人，這樣的簡約明快或許因為容易把握而變得易於流行，但對於研究者而言，如果循此途徑認識歷史，結果不免南轅北轍，誤入歧途。

雖然近代學人好以派分論學術，可是關於如何分派以及如何研究學派，卻很少嚴格的闡述，更多的是沿用成說。梁啟超明確提出過宗派研究法，而他關於方法的說明只有「在時代之中稍微劃分清楚一點」[1]一句模糊的話，其餘便是經驗性的描述。周予同一直以派分看經學和史學，但直到二十世紀六十年代，才對學派作出明確界定：「中國經學史中的學派問題，實質上是思想體系的階級性和繼承性的問題。」所謂階級性，即「經學史中的學派，基本上是中國封建地主階級在不同歷史時期中通過某些經學問題反映出來的具有一定共同點的思想體系，基本上是歷代封建地主階級中不同階層和集團的不同意識形態在『經學』範圍內的反映和鬥爭」。所謂繼承性，即學派是指具有特點大體相同的一些經學家而言，其「對經書闡釋重點的基本一致性及其前後的師承關係」[2]。這種帶有明顯時代烙印的解說，雖有其合理性，偏宕處也顯而易見。

美國的艾爾曼教授專文討論過《清代的學派》，後來又專書研究常

1　梁啟超：《儒家哲學》，《飲冰室專集》之一百三，第 13 頁。
2　周予同：《關於中國經學史中的學派問題》，朱維錚編：《周予同經學史論著選集》（增訂本），第 665-667 頁。

州學派，他意識到界定清代學派的困難，「傳統意義上的『派』、『家』、『家學』的內涵及界線要比傳統學者及現代中國學者力圖界定的範圍模糊得多。有些時候，一個學派可能是擁有共同的文獻學傳統、地域上的接近、個別黨社思想主張的一致、風格的相似，或這些因素的綜合。在許多場合，一個『學派』僅僅是指為某種組織所作的辯護，這種序列化為某一地區特有的學術活動的中心內容準備譜系或使之系統化」。當然，學術宗旨不同和師承關係也是界定的重要依據。艾爾曼還引述了席文（N.Sivin）教授的定義：學派「為某一大師特有的學說或技術的傳授過程，這些技術或學說通過私人傳授尤其信徒代代相傳」。因此，「學術的譜系不是固定的歷史實體，然而，黨派在字面意義上反映出某些個體或群體要與他們的先輩建立聯繫的要求」[1]。應當說，這些至少是所謂「學派」形成的條件和後人指認的依據。學派多為後認而非憑空杜撰，道理在此。

梁啟超不對學派作明確定義，當是因為他知道派分與事實的差距始終存在。談到先秦的九流十家，他說：「嚴格論之，諸家學說，交光互影，必以某氏限隸某家，欲其名實相適應，蓋戛戛乎難。雖然，學派既分，不為各賦一名以命之，則無所指目以為論評之畛畔。」[2]「夫對於複雜現象而求其類別，實學術界自然之要求，馬、劉之以流派論諸子，不可謂非研究進步之征也。雖然，分類之業，本已至難，而以施諸學派則尤甚。蓋前此一大師之興，全思想界皆受其影響，不必其直傳弟子而始然也。後此一大師之興，雖淵源有所自承，而其學說內容，決不盡同於其師，苟盡同焉，則不能自成一家矣。故謂後此學派

---

1 艾爾曼著，趙剛譯：《經學、政治與宗族——中華帝國晚期常州今文學派研究》，第 2-3 頁。
2 梁啟超：《漢書藝文志諸子略考釋》，《清代學術概論》，第 183 頁。

與三聖有淵源則可,謂其為三聖所包含則不可;謂某派與某聖因緣較深則可,謂某派為某聖之支與流裔而截然與他聖無關則不可。」[1]即使關於清代學派,梁啟超雖然賦名甚多,但也知道:「所舉派別,不過從個人學風上,以地域略事區分。其實各派共同之點甚多,許多著名學者,也不能說他們專屬哪一派。」[2]

由於具有上述自覺,所以梁啟超還算注意分派的相對與流動,他借黃宗羲《明儒學案》講「著學術史有四個必要的條件:第一,敘一個時代的學術,須把那時代重要各學派全數網羅,不可以愛憎為去取。第二,敘某家學說,須將其特點提挈出來,令讀者有很明晰的觀念。第三,要忠實傳寫各家真相,勿以主觀上下其手。第四,要把個人的時代和他一生經歷大概敘述,看出那人的全人格。」他還一再指出:「好持主觀之人,實不宜於作學史。」[3]

梁啟超的《清代學術概論》借用佛說四期講學術思潮的流轉,很可以看作其心目中的中國學派興衰律。啟蒙期著力於破壞,建設精神雖已孕育,但條理未確立,研究方法正在間錯試驗中,棄取未定,著作駁而不純。全盛期思想內容日以充實,研究方法日以精密,門戶堂奧次第建樹,「一世才智之士,以此為好尚,相與淬礪精進;冗者猶希聲附和,以不獲廁於其林為恥。」蛻分期因境界國土已為前人開闢殆盡,學者多取局部問題作窄而深的研究,或取其研究方法應用於別方面,「於是派中小派出焉」,往往附庸蔚為大國,新衍之別派與舊傳之正統派形成對峙,甚至越而上之,遂轉入衰落期。「凡一學派當全盛之後,社會中希附末光者日眾,陳陳相因,固已可厭。其時此派中精要

1　梁啟超:《老孔墨以後學派概觀》,《飲冰室專集》之四十,第1-2頁。
2　梁啟超:《中國近三百年學術史》,第27-28頁。
3　梁啟超:《中國近三百年學術史》,第58、361頁。

之義,則先輩已浚發無餘,承其流者,不過捃摭末節以弄詭辯。且支派分裂,排軋隨之,益自暴露其缺點。環境既已變易,社會需要,別轉一方向,而猶欲以全盛期之權威臨之,則稍有志者必不樂受,而豪傑之士,欲創新必先推舊,遂以彼為破壞之目標。於是入於第二思潮之啟蒙期」[1]。這樣的描述,對於學術未必恰當,對於派分現象則頗為貼切,至少梁啟超以後學派紛呈的現象大體不出此範圍。

關於學派的形成,梁啟超後來在《儒家哲學》中還有進一步討論。他認為凡一種大學派成立後,必有幾種現象:一註解、二分裂、三修正。註解將豐富的內容變為固定,而解釋不同導致派分,面對他派的反抗,則又發掘固有學說以補充或修正。「地不論中外,時不論古今,所有各種學派,都由這幾種現象發動出來。」[2]

與梁啟超相比,後來的學人似乎更加自信。研究者將古代文學流派分為自覺型和非自覺型兩類,前者指在某一歷史時期有某一傑出作家,不但以自己的創作實踐影響著同時代的追隨者,而且發表創作綱領和文學口號,加以引導;領袖人物與追隨者之間往往同聲相應,同氣相求,書札往來,唱和切磋,衣缽相承,不但產生了一批風格近似的作品,而且結成了文學見解相接近的創作群體。後者則是由於歷史的、時代的以及創作主體的諸多原因,有一批作家同前輩(或同輩)某一天才作家之間,在精神上產生共鳴,心靈上達到契合,從創作題材選擇到審美趣味、表現技法等方面有所效仿和師承,從而形成在審美取向和藝術風格上同中有異、異中見同的作品系列,這樣的系列往往有相當長的時間跨度,但從中仍可以發現作為流派的脈絡和特徵。他們注意到學人關於流派界說的爭議,也知道即使自覺型流派亦非當

---

1 梁啟超:《清代學術概論》,第2-3頁。
2 梁啟超:《飲冰室專集》之一百三,第22-23頁。

事人的自我標榜，其命名及人們對它的認識往往晚於流派本身的形成，仍然認為這些流派實際存在，不能先看它們在形成的當時是否掛起「招牌」，而是要更加注重它們的「貨色」，即是否夠得上一個流派。[1]

問題是，判定這些實際存在的流派的標準，包括宗師、學說、方法、師承與傳人的譜系化、流變以及地緣關係等等，大抵都是他人或後人的指認，而且見仁見智、五花八門。其宗師往往並無絕對分界，弟子信徒取其偏，誇大分歧，誤解前賢，誤導後學。包含此類指認的著述可以當作後人的心路看，但不一定能當作所談論的歷史看，亦即可以反映作者自己的理念，而不能說明取為對象的實事。宋人的道統論不完全反映唐人的意識，卻可以表明宋人的心思。同樣，清人的宗傳更多的不是反映宋代學術的現實，而是清人的關懷。晚清乃至民國學人的學史派分主要也是表明他們的傾向。在尋找流派實體的過程中，或者說在將以前的流派譜系化的過程中，難免加入後人的意識甚至附會。如果將後來的認識當作流派的實情，必然倒述歷史。若懸此為的，很容易先入為主，看朱成碧，則古今中外，無所不能成為證據。如果以這樣的觀念治學術史，所謂尋找實體，就成了譜系化或再譜系化的代名詞，實在是創造歷史而非研究歷史。也就是說，探究歷史實情變成憑藉歷史的紛亂影像加上主觀取捨，在觀念中形成研究對象，而主觀取捨的標準，大都是反覆經過上述過程而定型的觀念。

截然分派以及全用派分看學術，流弊匪淺，其一，將彼此聯繫的人事人為割裂並使之對立，如史料史觀，本來是史家所應兼備，雖有側重，並無偏廢。派分不僅誤解各自的真實主張，甚者還將同一人肢解，戴震被「腰斬」即其顯例。其二，無視多數不能納入派分的學人，

---

[1] 鐘林斌、李文祿：《「中國古代文學流派研究叢書」編者導言》，《桐城派研究》，第1-3頁。

關注的目光過分集中於橫逸斜出的極端偏宕,而忽略卑之無甚高論的大道正途與中間部分。其三,忽略對學術本身的理解和把握,陷入門戶之見和分科的狹隘而不自覺,甚至於如日暮時分盲人騎瞎馬行險道而自以為條條大路通羅馬。其四,以主觀的認識乃至杜撰造成歷史的幻象或假象,又宣稱為歷史真相,迷惑並誤導後人。

上述流弊,只要用派分看學術史,即使有所自覺的學人也在所難免。如梁啟超明知戴震的《孟子字義疏證》「蓋軼出考證學範圍以外,欲建設一『戴氏哲學』矣」,而且戴震本人極以此書自負,許為生平著述之大的第一,卻因為戴門諸子看法不一,宗戴之人亦不加注意,長期不得反響,所以「論清學正統派之運動,遂不得不將此書除外」。他還斷言:「清代學派之運動,乃『研究法的運動』,非『主義的運動』也。」[1]戴震作為清學正統派的宗師,被人為劈成兩半,影響至今,幾乎已經扭曲為歷史事實。許冠三也承認「各派的宗主雖各有所偏,或重方法,或貴材料,或尊理論,但彼此對立之情況,實與其歷史形象相去甚遠」。如經濟史觀派與史料學派都標榜「科學的史學」;實驗主義的方法學派與唯物史觀派都認定理論與方法不可分割,並互相影響,都肯定歷史進化觀;一九二八年胡適發表《方法與材料》一文後,方法與史料學派的差別開始逐漸模糊。[2]其實,深究起來,被許氏劃分到各派的學人,有誰主觀上要強分義理、考據、詞章?又有誰治史只講材料不講方法?研究歷史的方法首先在於解讀材料,而解讀史料的目的是要弄清史實,揭示表象背後的複雜聯繫。其取徑程序的輕重緩急各有不同,見識亦有高下,這正是研治學術和學人的歷史應當著力梳理澄清的要項。強分使之簡化,無助於事實的解析,反而愈治愈棼。

1 　梁啟超:《清代學術概論》,第35-39頁。
2 　許冠三:《新史學九十年》,第3頁。

因此，研究學派的歷史，或是從學派來看學術發展史，更應當看學派如何在當時及後來人們的觀念世界中形成的過程及其變化，並充分注意不同時期以及同一時期不同人士觀念差異的複雜糾葛，不以後來形成的條理系統吸收史料，判別史事。循著這樣的變化上溯其主張與所依據的學說之間的異同，以為入手門徑，然後順時序以合本子注法排列比較所有相關史料，使得觀念的進程也成為史實的組成部分，可以避免全用後人眼光看古人言行的格義附會與「橫通」之論，收到由俱舍宗把握俱舍學之功效；而整體眼界之下再看各派錯綜複雜的關係，則可防止陷入門戶之見而任意譜系化。

　　一九二三年九月，郭紹虞致函顧頡剛，「論孔門學風只有務外主內兩派」。後者答覆道：「分別兩派只是我們居於後世的評論之詞，而不必是當時的實在情狀。……為學之道，不是求之於本心，便是求之於事物，勢固不能出此兩端，……不徒孔門學風而已。至於學派的分歧，或因於地域，或因於事實，固不必盡關於宗旨。」[1]從經驗和事實看，學術史上林林總總的學派得名有如下依據：一、地緣，學派因地緣關係而得名的相當多，範圍較大的如南學、北學，其次如洛、蜀、關、閩、江西、浙東、嶺南，再次如吳、皖、桐城、揚州、常州、陽湖、泰州；二、時代，如漢宋、乾嘉；三、典籍，如今古文經學，公羊學派；四、宗師，如太谷、顏李、陽明學派。

　　晚清以來，傳媒發展，導致學派的指認出現兩種新現象，其一，即時他認。近代各種傳媒如雨後春筍，成為學人表達意見、貢獻成果的重要園地。由於傳媒的時效性高，能夠同時吸引社會的普遍關注，因此雖然自稱的學派仍然罕見，但當時即被公開指認者卻明顯增多。

---

[1] 顧頡剛：《答郭紹虞先生〈論孔門學風只有務外主內兩派〉書》，《古史辨》二，第255頁。

其二，由於上一原因，主張的不同成為派分的重要淵源，而同人性質的書刊往往成為定名的憑藉，如國粹派、學衡派、古史辨派、現代評論派、食貨派、戰國策派等等。隨著大學科研的學院化程度提高，聚集同好，也容易形成派分，如北大新文化派、南高學派等。此外，近代中國的思想學術，受外來影響甚大，來源背景不同，觀念取徑各異，各種以「主義」相標榜的派分，層出不窮。受此刺激，重新檢討固有學術資源，意見也不一致，往往導致派分，大者如新舊，具體如疑古、釋古、泥古、考古、史料、史觀、革新、科學、方法、考訂，等等。加上派分被視為科學發達的條件，一些學人也有意樹立學派的旗幟以相號召。[1]

套用一句時髦話，以派分看學術猶如一柄雙刃劍，雖有簡便易行之效，但使用不當，則淆亂視聽；可是又無法忽略，溝通漢宋的前提是能夠分清漢宋。若處理得當，則可從各派關係的比較中獲得理解各自學術的鑰匙並把握其利弊得失。鑒於上述，研究學術流派的歷史，並非簡單地將各派分章集合，為了避免以往學術史研究以某人某派為對象，即偏好某人某派，甚至以其是非為是非的偏蔽，尤其應注意於以下方面：

其一，所謂學術流派，往往不是這些學人的自稱，而是他人後來不斷模式化的指認。因此，不僅不能以後來的觀念削足適履地強分派系，也不宜直接沿襲前人的指認為範圍，以被指認者的著述和活動來

---

[1] 據說陶希聖當年就有建立宗派的想法，只是沒有公開。直到二十世紀八〇年代，還有學人認為學派是人才的精華，是代表一個民族理論思維的重要標誌，對於促進科學技術發展，推動人類社會進步起著很大的作用，因而主張採取有效措施，振興學派，建設學派文化，使之成為實現科技現代化的強大力量（鄧偉志、林明崖著：《學派初探》）。這樣的認識，使得一些學人再度認為沒有學派是中國學術不能日新月異的重要原因，而熱衷於鼓吹建立學派以推動學術繁榮。

先入為主地條理編織學派歷史。首先須按時間順序考察該學派如何被以不同觀念指認出來的歷史過程，以及這些內涵外延各異的指認如何逐漸被後來人用於描述該派學人的學行和編織譜系。

其二，即使當時就被指認的學派，考慮到並非團體，沒有任何組織形式或手續，應當考察其人員和主張的構成，尤其是圍繞核心逐層外擴的鬆散梯次結構，進而把握該學派的內涵與外延。

其三，由於各學派的非自認與非團體性，應當在與其他各派學人的聯繫和區別等相互關係中考察把握其特性。對於派分及其邊際靈活處置，不宜全用派分眼光看待學人的所有學行，強分界線，只重極端的對立，忽略普遍的聯繫，人為構築觀念的壁壘森嚴。尤其要注意派內差異和派外聯繫，派分的相對性導致派內的差有時甚至大於派外的同。

其四，以整體的眼光考察個別，在近代學術發展變化的來龍去脈中理解和把握每一學派的歷史位置，不以一時一地一人的判斷為基準，不要以固定的眼光模式為古人貼標籤。對於學派這樣的集合概念，在不同時期以及同一時期的不同學人心目中，淵源流別、內涵外延差距甚大。這些差異作為派分成形過程的要素，成為歷史意義的學派史的重要探究對象，並不斷沉積為學派觀念的有機組成部分。通過逐層解析，可以還原歷史進程的複雜面相。

其五，不要因為關注學派而忽略多數不在派分系統的學人。由於派分往往是占據主流主導地位者後來敘述的架構，所關注集中於兩極，其平常與異常的判斷，或與事實正相反對。不以派分標準思維觀察行事，或不受派分界線的左右，應是當日一般學人的常態。其六，派分的眼光雖然不一定能說明其指示時段的事實，卻實在地影響著派分意識產生之際人們的觀念及其行為，也就是說，清季或民初學人所論歷代學術派分，與各時代學人的觀念行為不一定吻合，但清季民初

的部分學人用這樣的眼光審視歷代學人,則毫無疑義是歷史事實。此即經書多偽可以澄清三代以上,無法說明兩漢以下之意。因為尊經主要是兩漢以後的事,對兩漢以後的社會影響重大。近代學人的派分意識明顯增強,所指事實與能指事實之間的時差縮短,界線模糊,有時甚至互相重疊,如漢宋學、今古文等。仔細分辨,可以借尤其論學術派分的著述言論,探察其派分的觀念以及對待現實學術派分的態度。

最後,由學派看學術史,深入門戶的目的在於打破門戶之見,因此要進得去,出得來,站在高處,把握學術發展的大勢。通過研究近代學術流派,達到超越學派看學術變動以及超越學術看學人與思想界及全社會的關係,以便更好地理解古往今來的較高境界。

第三章

從眼光向下回到歷史現場
——社會學人類學對近代中國史學的影響

晚清以來，中國的知識系統大體已經按照西學模式重新組裝，而條理的形式各異，或是完全新增，如政治學、經濟學、社會學、人類學等等，或是保留形式而改變內容，如史學，或是基本替換，如經學。其中史學是為數不多的中西均有的學科分類。儘管中國有著悠久的歷史和發達的史學，在進化論觀念的籠罩下，國家的強弱與學術文化的優劣似成正比，各種學科都被視為造成列強強勢的基因，因此西方的整體優勢還是令趨新的學人將目光轉向外部，尋求藉助先進的外力來改變落後的固有。在經歷了翻天覆地的變化之後，如何能夠擺脫文化與學科差異所導致的扭曲或偏向，真正借鑑外來別科的方法深入認識中國的歷史文化，對於中國學人而言無疑是相當嚴峻的考驗。從眼光向下到走向歷史現場，社會學人類學影響中國史學的歷程[1]，提供了一個相當有意思的案例，可以借此了解過往的利弊得失並進而探測發展的潛力和趨向。

---

[1] 十九世紀後半期至二十世紀前半期，歐洲大陸和英美的社會學、人類學、民族學、民俗學等等學科，由於淵源流派的關係，彼此存在著複雜的聯繫與糾葛，或名同而實異，或名異而實同，或看似相同而爭議分別甚大。詳情參見《楊堃民族研究文集》和《社會學與民俗學》所收錄的有關各文。而考古學的歸屬，同樣因地而異。

一　創新史學

　　講到近代中國史學的變化，大都會以梁啟超的《新史學》為開端。雖然不能說西方的各種學術分科至此才開始影響中國的史學，但梁啟超的確用進化論框架樹立起一個與傳統史學完全不同的「新史學」的概念模式。除了學界前賢已經討論過的各種問題外，「新史學」明顯是用學術分科的眼光來看待中西史學的差別以及史學與其他學科的關係。梁啟超開篇就指出：「於今日泰西通行諸學科中，為中國所固有者惟史學。」在批評從前史家之蔽時，又強調其中之一，是「徒知有史學而不知史學與他學之關係也。夫地理學也，地質學也，人種學也，人類學也，言語學也，群學也，政治學也，宗教學也，法律學也，平準學也（即日本所謂經濟學），皆與史學有直接之關係，其他如哲學範圍所屬之倫理學、心理學、論理學、文章學及天然科學範圍所屬之天文學、物質學、化學、生理學，其理論亦常與史學有間接之關係」。因為歷史是要通過「敘述人群進化之現象而求得其公理公例者也」，各種相關學科均為主觀所當憑藉，「取諸學之公理公例而參伍鉤距之，雖未盡適用，而所得又必多矣」[1]。

　　《新史學》發表於一九〇二年，而梁啟超關注泰西的分科治學早在前一世紀末。戊戌政變流亡日本後，梁啟超集中閱讀了大批日文書籍，尤其是日本翻譯的各種西書，「疇昔所未見之籍，紛觸於目，疇昔所未窮之理，騰躍於腦，……日本自維新三十年來，廣求智識於寰宇，其所譯所著有用之書，不下數千種，而尤詳於政治學、資生學（即理財學，日本謂之經濟學）、智學（日本謂之哲學）、群學（日本謂之社會學）等」。所得「於最新最精之學，雖不無欠缺，然其大端固已粗

1　梁啟超：《新史學》，《飲冰室合集・文集》之九，第 1-11 頁。

具矣。中國人而得此,則其智慧固可以驟增,而人才固可以驟出」[1],所以大聲疾呼有志新學者學習日本文。

梁啟超的上述表述,很可能是為了強調學習日文的好處,卻容易造成其到日本之後才知道西學分科的錯覺。實際上,他在國內時已經接觸到西學的分類。一八九七年康有為編輯《日本書目志》,付梓前梁啟超曾閱讀一過,並撰文為之鼓吹。他認為:「泰西於各學以數百年考之,以數十國學士講之,以功牌科第激厲之,其室戶堂門,條秩精詳,而冥冥入微矣。吾中國今乃始捨而自講之,非數百年不能至其域也。」為了追趕泰西,梁啟超主張以日本為媒介,因為「泰西諸學之書,其精者日人已略譯之矣,吾因其成功而用之,是吾以泰西為牛,日本為農夫,而吾坐而食之,費不千萬金,而要書畢集矣」[2]。與後來的《論學習日本文之益》相比,只有通過翻譯與直接學習語言的差別,而借道日本,則如出一轍。

梁啟超雖然提出要「創新史學」,關注的重心其實並不在學術本身,而是史學的社會政治功能。其時梁啟超改信國家主義,認為「史學者,學問之最博大而最切要者也,國民之明鏡也,愛國心之源泉也。今日歐洲民族主義所以發達,列國所以日進文明,史學之功居其半焉。然則但患其國無茲學耳,苟其有之,則國民安有不團結,群治安有不進化者」[3]。他重視泰西的各種學科,目的首先也在於改造社會。所以他批評此前治西學者偏重於兵學藝學,而忽略更具本原性的政學,並希望農夫學農學書,工人讀製造美術書,商賈讀商業學,士

---

[1] 梁啟超:《論學日本文之益》,《飲冰室合集‧文集》之四,第 80-81 頁。

[2] 梁啟超:《讀日本書目志書後》,《飲冰室合集‧文集》之二,第 52-54 頁。

[3] 梁啟超:《新史學》,《飲冰室合集‧文集》之九,第 1 頁。關於《新史學》與晚清政治思想界的關係,參見王汎森《晚清的政治概念與「新史學」》,《中國近代思想與學術的系譜》,第 165-196 頁。

人讀生理、心理、倫理、物理、哲學、社會、神教諸書，公卿讀政治、憲法、行政學之書，君後讀明治維新書，以強國保種。

不過，梁啟超重視史學，仍有其學術上的考慮。在他看來，「歷史者，普通學中之最要者也。無論欲治何學，茍不通歷史，則觸處窒礙，悢悢然不解其云何。故有志學問者，當發篋之始，必須擇一佳本歷史而熟讀之，務通徹數千年來列國重要之事實，文明之進步，知其原因及其結果，然後討論諸學，乃有所憑藉。不然者，是猶無基址而欲起樓臺，雖勞而無功矣」[1]。而歷史雖然與各種社會人文乃至自然科學關係密切，還是有輕重之別和緩急之分。梁啟超主張創新史學，原因是他對舊史學極為不滿，批評舊史學有四大病源，即知有朝廷而不知有國家，知有個人而不知有群體，知有陳跡而不知有今務，知有事實而不知有理想，而最為關鍵的，還在歷史究竟以少數人為中心，還是以多數人為關照。「蓋從來作史者，皆為朝廷上之君若臣而作，曾無有一書為國民而作者也。」歷史固然是英雄的舞臺，但「善為史者，以人物為歷史之材料，不聞以歷史為人物之畫像；以人物為時代之代表，不聞以時代為人物之附屬。」而中國歷代史書，不過是合無數之墓誌銘而成。「夫所貴乎史者，貴其能敘一群人相交涉相競爭相團結之道，能述一群人所以休養生息同體進化之狀，使後之讀者，愛其群善其群之心，油然生焉。」

梁啟超重視群體，是從進化論的觀念出發，「欲求進化之跡，必於人群，使人人析而獨立，則進化終不可期，而歷史終不可起。蓋人類進化云者，一群之進也，非一人之進也，⋯⋯然則歷史所最當注意者，惟人群之事，苟其事不關係人群者，雖奇言異行，而必不足以入

---

[1] 梁啟超：《東籍月旦》，《飲冰室合集・文集》之四，第90頁。

歷史之範圍也」。中國作史者,「不知史之界說限於群」[1],人物傳記於人群大勢毫無關聯。在一九〇一年發表的《中國史敘論》中,梁啟超詳細論述了「史之界說」。他說:「史也者,記述人間過去之事實者也。雖然,自世界學術日進,故近世史家之本分,與前者史家有異。前者史家,不過記載事實,近世史家,必說明其事實之關係,與其原因結果。前者史家,不過記述人間一二有權力者興亡隆替之事,雖名為史實,不過一人一家之譜牒。近世史家,必探察人間全體之運動進步,即國民全部之經歷及其相互之關係。」以此為據,梁啟超甚至斷言「中國前者未嘗有史」,從而引發了一場中國有史無史的爭論。按照梁啟超的標準,中國不僅沒有史學,甚至連史料也相當缺乏。「今者欲著中國史,非惟無成書之可沿襲,即搜求材料於古籍之中,亦復片鱗殘甲,大不易易。」[2]如何改變上述狀況?梁啟超已經有所注意,在《東籍月旦》評介市村瓚次郎等人的《支那史》時,他特意指出該書「稍注意於民間文明之進步,亦中國舊著中所無也」[3]。不過,梁啟超更主要的還是尋求其他學科的援助。從新史學後來的發展看,其中值得注意的一是考古學,二是社會學。

《中國史敘論》第七節「有史以前之時代」論及黃帝以前的遠古歷史,因為沒有文獻記載,必須依靠其他學科的發展所提供的人類共例。梁啟超瞭解到,一八四七年以來,歐洲考古學會專派人發掘地下遺物,於是史前古物學遂成為一學派,訂定而公認史前分為三期,即石刀期、銅刀期和鐵刀期。而石刀期又分為新舊二期。「此進化之一定階級也,雖其各期之長短久暫,諸地不同,然其次第則一定也。……

---

[1] 梁啟超:《新史學》,《飲冰室合集‧文集》之九,第 3-10 頁。
[2] 梁啟超:《中國史敘論》,《飲冰室合集‧文集》之六,第 1-2 頁。
[3] 梁啟超:《東籍月旦》,《飲冰室合集‧文集》之四,第 99 頁。

中國雖學術未盛，在下之層石，未經發見，然物質上之公例，無論何地，皆不可逃者也。故以此學說為比例，以考中國有史前之史，決不為過。」

除了藉助於考古學，梁啟超還從社會學所總結出來的人群公例，推斷中國遠古社會的發展狀況。當時社會學的一般原理認為，「凡各人群，必須經過三種之一定時期，然後能成一龐大固結之團體。第一為各人獨立，有事則舉酋長之時期；第二為豪族執政，上則選置君主，下則指揮人民之時期；第三為中央集權，漸漸鞏固，君主一人專裁庶政之時期」[1]。一群之中，自然劃分三類，一為最多數之附屬團體，將來變成人民之胚胎；二為少數之領袖團體，將來變成豪族之胚胎；三則最少數之執行事務委員，將來變成君主之胚胎。三類人逐漸分離，權力也由民主而封建，最後進到中央集權的君主制度。

梁啟超著重介紹考古學和社會學，只是針對史前社會，而且主要是藉助浮田和民翻譯的《史學通論》、《西洋上古史》等書[2]，也許他並沒有預見到這些學科後來對於中國史學的發展變化所產生的巨大衝擊。不過，這些學科在歐洲的發展也是日新月異，許多方面還在形成的過程之中，學科之間的分界受歷史淵源的制約，相互糾葛，錯綜複雜，對於研究人類歷史的影響力正在逐漸釋放的過程之中。梁啟超顯然和當時新進的中國知識人共同感覺到這些學科的不同凡響。此外，梁啟超還以進化論的觀念，將這些學科依據其他人群的研究所揭示的若干規則視為人類社會的通則，斷言「此歷代萬國之公例」必然適合於中國，而研究缺乏甚至完全沒有文獻記錄的上古社會，與研究同樣

1　梁啟超：《中國史敘論》，《飲冰室合集‧文集》之六，第9-10頁。
2　石川禎浩：《辛亥革命時期的種族主義與中國人類學的興起》，中國史學會編：《辛亥革命與二十世紀的中國》中冊，第1006頁。

缺乏文獻記錄的下層群體歷史有著某種共性，這種共性預示著可以將研究遠古社會的方法移植到對社會民眾歷史的研究方面。

　　梁啟超創新史學的呼籲激起了不同的反響。儘管對於其「中國無史」的過激之論頗有爭議，但是關於重視歷史的中國歷來缺少群體性民史的看法，卻引起普遍的共鳴。《新世界學報》、《政藝通報》以至後來的《國粹學報》、《東方雜誌》，陸續刊發了不少文章，討論中國有史還是無史的問題，無論是主張無史還是堅持有史，都「同意『歷史』應該是國史，是民史，是一大群人的歷史，是社會的歷史，同時歷史敘述應該從宮廷政治史解放出來，而以宗教史、藝術史、民俗史、學術史作為它的主體」[1]。

　　清季知識人的當務之急是社會政治變革，至於學術方面，因應時勢的需要，這時編撰的歷史教科書大都翻譯模仿日本各書而來，其中自然也吸取了新的成分。儘管新進學人普遍同意應當以民史為主，但如何才能修出民史，認識並不一致。有人主張「修史必自方志始，方志者，純乎其為民史者耳」[2]。劉師培則認為原來的方志不足以供國史之採擇，因而要另行編輯鄉土志。[3]總體而言，清季知識人在創新史學方面各自作過不同程度的努力，新編各史較舊史確有很大改觀。不過，仔細分別，他們的努力更多的體現在利用歷史教育民眾方面，即開民智鼓民氣，也就是章太炎所說「貴乎通史」的兩個方面，「一方以發明社會政治進化衰微之原理為主」，「一方以鼓舞民氣、啟導方來為主」[4]。至於如何表現民的歷史，既無成果，又缺史料，不知如何下

1　王汎森：《晚清的政治概念與「新史學」》，《中國近代思想與學術的系譜》，第193頁。
2　《方志》，《新世界學報》第七期，一九〇二年十一月三十日。
3　《編輯鄉土志序例》，《國粹學報》第二年第九期，一九〇六年十月六日。
4　《致梁啟超書》，湯志鈞編：《章太炎政論選集》上冊，第167頁。

手。因此主要還是借鑒泰西和日本史學的體例，改變舊史以政治史為中心，以王朝世系為線索的格局，從典章制度等方面觀察社會面相和進化因果，而未能真正深入各個歷史時期民眾生活的層面，做到以民為歷史的中心加以展現。後來進京師大學堂任史學教習的陳黻宸，對於民史的缺乏和撰寫的困難感受深刻而具體。他雖然感嘆「今之談史學者輒謂中國無史之言之過當」，所編《京師大學堂中國史講義‧讀史總論》還是開宗明義：「史者天下之公史，而非一人一家之私史也。史學者，凡事凡理之所從出也。……是故史學者，乃合一切科學而自為一科者也。」他認為分門別類的歷史，只是史家之分法，「讀史而首重政治學、社會學者，史家之總法也。」關於政治與社會的關係，陳黻宸有如下表述：

  非社會不足以成政治，非政治不足以獎社會。政治之衰敗者，斷不容於社會文明之世。社會之萎落者，即無望有政治振起之期。社會興於下，政治達於上。有無限社會之權力，而生無限政治之舉動。有無限政治之舉動，而益以表明無限社會之精神。轉輾相因，其果乃見。政治決定於社會，「故言史學者，必以能辨社會學為要」。

  據此反觀中國的現實，學者「往往識足以動天地無盡之奧，而不足以知民俗之原，辨足以鑿渾沌七竅之靈，而不足以證閭里之事」。而歐美各強國，「於民間一切利病，有調查之冊，有統計之史，知之必詳，言之必悉，如星之羅，如棋之布，如數家人米鹽，犁然不遺銖黍。彼其所以行於政治者，無一不於社會中求之。而我國之社會，究不知其何如矣。總之，社會學之不明，則我中國學者之深詬大恥也。以是言史，夫何敢！」雖然陳黻宸稱許「力學有識之士，發憤著書，

往往有得於父老之傳述，裨乘之記聞，大率支離繁瑣，為薦紳先生所不言。采其遺文，加之編輯，反足激發性情，入人肝肺，東西南北，類聚群分，歌泣有靈，按圖可索，言史學者不能無意於社會學矣」，卻不得不承認：「且我中國之史之有關於社會者甚少矣。今試發名山之舊藏，抽金匱之秘籍，與學者童而習之，屈指伸而論其大概，亦若條流畢具，秩然可觀，然不過粗識故事，無與綱要。即擇之稍精，而有見於古今治亂盛衰之故矣，然於其國之治之盛，不過曰其君也明，其臣也賢，於其國之亂之衰，不過曰其君也昏，其臣也庸。於此而求實事於民間，援軒之故典，亦徒苦其考據無資，雖華顛鉅儒，不足以識其一二。故無論人之不知有社會學也，即令知之，而亦心不能言，言之而亦必不能盡，盡之而亦必不能無憾於浩渺杳冥，泛然如乘不繫之舟，莫窮其所自之，而社會學乃真不可言矣。」[1]他本人所編撰的《京師大學堂中國史講義》，在民史方面也很難有所建樹。

　　清季是中西學乾坤顛倒的時期，趨新學人寧可附會西學，很少敢於提出異議。與梁啟超一樣，在文獻記載不到之處，同時期的學人也將目光轉向泰西新起的學科，考古學便是社會學之外他們公認可以補遠古歷史不足的重要領域。劉師培認為，欲考古政，厥有三端，即書籍、文字、器物，儘管他心目中的考古學主要還是金石器物，畢竟對地下發掘寄予希望，惋惜「中國不知掘地之學，使仿西人之法行之，必能得古初之遺物。況近代以來，社會之學大明，察來彰往，皆有定例之可循，則考跡皇古，豈迂誕之辭所能擬哉」[2]。章太炎也表示：「今

---

[1] 陳德溥編：《陳黻宸集》下冊，第675-681頁。

[2] 《古政原始論》，《劉申叔遺書》上冊，第664頁。劉師培曾撰文《論考古學莫備於金石》，掘地的目的也是獲得遺物。近代中國人對於考古學的理解，長期受固有學問的制約，與歐美不盡相同，主要關注在於考訂古器、考訂解讀文字和以器物文字考訂古史（尤其是文獻可徵的古史）方面。詳情另文論述。

日治史,不專賴域中典籍,凡皇古異聞,種界實跡,見於洪積石層,足以補舊史所不逮者;外人言支那事,時一二稱道之,雖謂之古史,無過也。亦有草昧初起,東西同狀,文化既進,黃白殊形,必將比較同異,然後優劣自明,原委始見,是雖希臘、羅馬、印度、西膜諸史,不得謂無與域中矣。若夫心理、社會、宗教各論,發明天則,烝人所同,於作史尤為要領。」[1]

清季學人的無奈,顯示出他們嚮往的民史並非簡單地可以藉助西學條理系統而成形。如果沒有後來學人的努力,民史大都只能停留在理想的層面。正如今人所指出的,這時的重心是重新釐定「什麼是歷史」,至於「如何研究歷史」,則是民國以後學人的任務。至少從主流派的眼界看去,民史的建立是如此展開的。

二　眼光向下

重在民史和寄望掘地,都可以說是「眼光向下」的表現。民國學人創新史學的努力,仍然沿襲前賢指示的路徑。這與其說是清季學人的眼光敏銳,毋寧說是時代的潮流和必然趨勢。不過,民國時期史學的建樹,開始是包含在門類甚多、取徑不一的整理國故之中,而整理國故最初由胡適的用西方系統條理中國材料和提倡科學方法搶了風頭。胡適對於民史的開發似乎不夠熱心,加上不滿於經濟決定論有過於武斷之嫌,使其對於唯物史觀相當懷疑,也是明確表示過不能苟同唯物史觀的少數學人之一。稍後顧頡剛提出「層累地造成的中國古史」,引起一場關於中國舊籍與上古歷史的討論,主要取向還是繼續胡適的理念,要用科學方法整理中國史料。因此一度民史的建立似有被

1　《訄書》重訂本《哀清史》附《中國通史略例》,《章太炎全集》三,第331頁。

忽視甚至被遺忘之嫌。一九二六年初,魏建功撰寫了《新史料與舊心理》一文,對顧頡剛、錢玄同、柳詒徵等人關於古史的爭論發表意見,雖然他站在顧、錢一邊,對柳詒徵的觀點和態度不以為然,但他的結論卻超越了爭論的主題,重提民史建樹的方向。他說:

> 我的結論:中國的歷史,真正的歷史,現在還沒有。所謂「正史」,的確只是些史料。這些史料需要一番徹底澄清的整理,最要緊將歷來的烏煙瘴氣的舊心理消盡,找出新的歷史的系統。新歷史的系統是歷史敘述的主體要由統治階級改到普遍的民眾社會,歷史的長度要依史料真實的年限決定,打破以宗法封建等制度中教皇兼族長的君主的朝代為起訖;歷史材料要把傳說、神話、記載、實物,……一切東西審慎考查,再依考查的結果,客觀的敘述出來。如此,我們倒不必斤斤的在這個舊心理磅礴的人群裡為新史料的整理伴他們吵嘴,把重大工作停頓了![1]

魏建功批評「國故」能叫人鑽不出頭,與顧頡剛的看法不盡相同。他的意見,顯然是希望後者跳出「國故」的糾葛,回到社會學和考古學所指示的眼光向下的軌道上去。其實,在這方面,顧頡剛與胡適的看法也有所分別。師生二人都重視國學與中國歷史的關係,具體而言,則側重不同。胡適認為(或者至少同意):「國學的使命是要使大家懂得中國的過去的文化史;國學的方法是要用歷史的眼光來整理一切過去文化的歷史。國學的目的是要做成中國文化史。國學的系統的研究,要以此為歸宿。」因此他所設定的總系統是一部包括民族、語言文字、經濟、政治、國際交通、思想學術、宗教、文藝、風俗、制

---

[1] 《北京大學研究所國學門週刊》第十五、十六合期,一九二六年一月二十七日。

度等十項專史的中國文化史。[1]這雖然可以說幾乎等於一部新的橫向通史，卻並不著重於民史。

顧頡剛的看法在所撰《北京大學國學門週刊》的《一九二六年始刊辭》中有明確表述：「國學是什麼？是中國的歷史，是歷史科學的中國的一部分，研究國學，就是研究歷史科學中的中國的一部分，也就是用了科學方法去研究中國歷史的材料。」乍看上去，這與胡適的意思並無太大區別，不過顧頡剛是在回答近來常有人說「我們應當研究科學，不應當研究國學，因為國學是腐敗的，它是葬送青年生命的陷阱」的批評時做這番表述的，他強調「在故紙堆中找材料和在自然界中找材料是沒有什麼高下的分別的」。可是就在這一年，胡適面對陳源等人的批評，卻部分改變了原來對整理國故的看法。一九一九年，胡適在回答毛子水關於整理國故益處不大，世界上許多學術比國故更有用的議論時說：「學問是平等的。發明一個字的古義，與發現一顆恆星，都是一大功績。」[2]而這時胡適卻「深深懺悔關於研究國故的話」，呼籲青年離開國學這條死路，去走科學的生路。[3]這也是一九二八至一九二九年後師徒二人漸行漸遠的潛因之一。此事後來兩人都主要從疑古和信古的分別來理解，其實深究起來，應該還有另外一面。

顧頡剛的《一九二六年始刊辭》，首先是針對社會上對於不同類型的材料所表示出來的偏見。一九二五年十二月，北京大學舉行二十七週年校慶紀念會，國學門開放供人參觀，參觀者先到考古陳列室，很感到鼎彝的名貴，再到明清史料陳列室，也感到詔諭的尊嚴，最後到風俗和歌謠陳列室，很多人則表示輕蔑的態度。顧頡剛認為：「我們對

1　《國學季刊發刊宣言》，《國學季刊》第一卷第一號，一九二三年一月。
2　《論國故學》，《新潮》第二卷第一號，一九一九年十月三十日。
3　《研究所國學門第四次懇親會紀事》，《北京大學國學門月刊》第一卷第一號，一九二六年七月。

於考古方面,史料方面,風俗歌謠方面,我們的眼光是一律平等的,我們決不因為古物是值錢的骨董而特別寶貴它,也決不因為史料是帝王家的遺物而特別尊敬它,也決不因為風俗物品和歌謠是小玩藝兒而輕蔑它。在我們的眼光裡,只見到各個的古物、史料、風俗物品和歌謠都是一件東西,這些東西都有它的來源,都有它的經歷,都有它的生存的壽命,這些來源、經歷和生存的壽命,都是我們可以著手研究的。」[1]

顧頡剛雖然強調材料的平等,畢竟受個人訓練的約束,對於考古心有餘而力不足。他的研究古史計劃,只是準備研究古器物學,而未及真正的考古發掘。胡適、傅斯年等人在這方面比他要徹底。胡適在贊同顧頡剛疑古之初,即主張先把古史縮短二三千年,「將來等到金石學、考古學發達上了科學軌道以後,然後用地底下掘出的史料,慢慢地拉長東周以前的古史」[2]。對此顧頡剛沒有正面回應。他無疑「知道要建設真實的古史,只有從實物上著手的一條路是大路」,但他立志首先要「破壞偽古史的系統」[3]。所以當李宗侗提出研究古史載記不足徵信,「要想解決古史,唯一的方法就是考古學。……要努力向發掘方面走」[4]時,顧頡剛同意這是極正當的方法,應當極端注重發掘,卻還是認為其論斷「頗有過尊遺作而輕視載記的趨向」。他的理由是,「無史時代的歷史,我們要知道它,固然載記沒有一點用處;但在有史時代,它原足以聯絡種種散亂的遺作品,並彌補它們單調的缺憾。我們

---

[1] 顧頡剛:《一九二六年始刊辭》,《北京大學研究所國學門週刊》第二卷第十三期,一九二六年一月六日。
[2] 顧頡剛:《自述古史觀書》,《古史辨》一,第22頁。
[3] 顧頡剛:《古史辨》第一冊《自序》,《古史辨》一,第50頁。
[4] 《古史問題的唯一解決方法》,《現代評論》第一卷第三期,一九二四年十二月二十七日。

只要鄭重用它，它的價值決不遠在遺作品之下」[1]。

顧頡剛的意見涉及考古學與中國史料之於上古歷史的關係，相當複雜。值得注意的是，此前他已認為「經籍器物上的整理，只是形式上的整理；至於要研究古史的內部，要解釋古代的各種史話的意義，便須應用民俗學了」。他並且坦承：「老實說，我所以敢大膽懷疑古史，實因從前看了二年戲，聚了一年歌謠，得到一點民俗學的意味的緣故。」[2]由於當時所討論的古史，大都在商周以降的有史時代，顧頡剛實際上更加注重載記。只是他力圖擺脫經學正統對於古史的解釋，決心致力於「（一）用故事的眼光解釋古史的構成的原因；（二）把古今的神話與傳說為系統的敘述」[3]。

顧頡剛的學術理念與志向，雖然不是直接地創建民史，而是借助民俗學的某些經驗和感悟來理解上古的材料，以破壞偽史，為重建古史開闢通道，可是卻使其學術上自然地眼光向下，以對當時社會的領悟為理解上古歷史的憑藉。其實，顧頡剛研究中國社會歷史的志向在同學和朋友中已經是眾所周知，一九二〇年初傅斯年出國留學時，將一部《元曲選》送給顧，上面題道：「頡剛要研究中國社會歷史，這本書是研究中國社會歷史的最好資料。」[4]一九二二年顧頡剛作《中學校國史教科書編纂法的商榷》，批評從前的教科書只蒐集政治社會的材料，對其他方面極端忽視。要弄清各時代的大勢，應從向來沉埋於史書下層的記載與器物中尋出各種社會事實與心理。舊教科書只有名人造時勢，且名人的產生是天縱的，而不談其社會背景，「我們總先得把大多數人的意志說明，把時勢的由來看定，然後名人的事實始有一個

---

[1]　《答李玄伯先生》，《現代評論》第一卷第十期，一九二四年二月十四日。
[2]　《我的研究古史的計劃》，《古史辨》一，第214頁。
[3]　《答李玄伯先生》，《古史辨》一，第274頁。
[4]　顧潮編著：《顧頡剛年譜》，第83頁。

著落」。至於揭破上古偽史和黃金時代的舊觀念，只是第三項任務。[1]

《古史辨》一定程度上掩蓋了顧頡剛研究中國社會歷史的傾向，儘管他在此期間也致力於民間傳說、歌謠、神道和上古神話的研究，並取得了令人矚目的成果，但主要還停留在藉助民俗學的材料去印證古史的層面上，是作為歷史研究的輔助，而沒有直接著力於民史的重建，也就是魏建功所主張的，「歷史敘述的主體要由統治階級改到普遍的民眾社會」這樣的「新歷史的系統」。

魏建功的批評顯然起了作用，此後顧頡剛對於民史的主張逐漸加強。本來北京大學研究所國學門就有以考古與民俗輔助史學的傳統[2]，一九二六年，北大國學門一批同人移席廈門大學國學院，繼續組織風俗調查會，「調查各處民情生活習慣，與考古學同時並進」[3]。十二月底，顧頡剛為《國學研究院週刊》作〈緣起〉，提出只有瞭解現代社會才能認識古代社會，「所以我們要掘地看古人的生活，要旅行看現代一般人的生活」[4]。一九二七年一月，顧頡剛、容肇祖等人到福州，以廈大國學院名義與協和大學國學系共同恢復閩學會，其宣言稱：「國學的研究，自受了新史學和科學的洗禮，一方面擴大了眼光，從舊有的經史子集中打出一條『到民間去』的血路，一方面綿密其方法，用統計學、社會學、人類學、地質學、生物學、考古學種種科學的方法，來切實考求人文的真相，而予以簇新的解釋。……新史學的眼光漸離了

1　顧潮編著：《顧頡剛年譜》，第71頁。
2　魏建功說：「本學門開辦以來，一面注重『考古』，以便求得較為確的文化史實，一面也留心『考今』，好在活材料裡找出我們民族的生命的厄運和幸運的事蹟，我們的歌謠研究會、方言學會以致於風俗學會，無一不是為這現代的橫方面材料整理的組織。」(《通信》，《北京大學國學門月刊》第1卷第2號，1926年8月)
3　《國學研究院成立大會紀盛》，《廈大週刊》第159期，一九二六年十月十六日。
4　《廈門大學國學研究院週刊》第一卷第一期，一九二七年一月五日。感謝陳以愛博士寄贈此項資料。

政治舞臺『四庫』式的圖書館，而活動於實事求是之窮荒的探險或鄉土的研求」[1]。這可以說是顧頡剛到民間去求新史學的重要表述。

厦大國學院解體，原北大同人再轉到中山大學，顧頡剛建立新學問的意向日趨明顯。他為《中山大學語言歷史研究所週刊》所寫的《發刊詞》宣稱：「我們要實地蒐羅材料，到民眾中尋方言，到古文化的遺址去發掘，到各種的人間社會去采風問俗，建設許多的新學問。」這表明顧頡剛對民俗學的關注已經不僅僅是要印證古史。不久，顧頡剛就在所編《孟姜女故事研究集》第一冊《自序》中提出：「我們立志打倒這種學者的假史實，表彰民眾的真傳說；我們深信在這個目的之下一定可以開出一個新局面，把古人解決不了的歷史事實和社會制度解決了，把各地民眾的生活方式和意欲要求都認清了。」

顧頡剛所說的建設新學問和開出新局面，已經不限於古史範圍，這在《民俗》週刊《發刊辭》中，表達得更加清楚。他說：歷來的政治、教育、文藝，都給聖賢們包辦了，容不得小民露臉，經史百家只有皇帝士大夫、貞女僧道的故事和禮法，而且大半是虛偽的，占人間社會絕大部分的農工商各類民眾無窮廣大的真實生活完全看不見。時代既然已經改變，「我們要站在民眾的立場上來認識民眾！我們自己就是民眾，應該各各體驗自己的生活！我們要把幾千年埋沒著的民眾藝術，民眾信仰，民眾習慣，一層一層地發掘出來！我們要打破以聖賢為中心的歷史，建設全民眾的歷史」！稍後到嶺南大學演講《聖賢文化與民眾文化》，再度強調：「我們研究歷史的人，受著時勢的激盪，建立明白的意志：要打破以貴族為中心的歷史，打破以聖賢文化為固

---

[1] 陳錫襄：《閩學會的經過》，《國立第一中山大學語言歷史學研究所周刊》第一集第七期，一九二七年十二月十三日。

定的生活方式的歷史,而要揭發全民眾的歷史。」[1]與在此前後其他民俗學的刊物相比,顧頡剛以史學為中心而不是以文學或文藝為中心的取向顯得相當特別。[2]所以有學人指出:這篇發刊詞很像是一篇新史學運動的宣言,「這個民俗學運動原是一種新史學運動,故較北大時期的新文學運動的民俗學已經不同,已大有進步,這是代表兩個階段亦是代表兩個學派的」[3]。

對於顧頡剛的民俗學研究興趣,傅斯年、蔣夢麟等人都曾表示不以為然,胡適則態度曖昧。傅斯年並非完全排斥民俗學,後來他組建歷史語言研究所,計劃要成立的各組,也包括人類及民物。[4]

傅斯年主要是反對顧頡剛等人編輯出版民俗學叢書太過隨意,不少淺薄無聊,缺乏學術水準。但他將此類工作視為下等材料,還是不免有所偏見。傅斯年雖然同意史學成了一切科學的總匯,他認可的主要還是自然科學和語言文獻學,至於社會科學,則認為主觀太甚,尤其是馬克思主義影響下的社會科學,與歷史的客觀性要求不相吻合。[5]他的《中西史學觀點之變遷》,更對唯物史觀有直截了當的批評。[6]民俗學研究對於新文學的積極作用,主張平民立場的胡適肯定較多,至於歷史學方面,胡適卻很少表示意見。在這背後,他和傅斯年都對建

---

1 均見顧潮編著:《顧頡剛年譜》,第 145-151 頁。
2 參見苑利主編《二十世紀中國民俗學經典・學術史卷》。
3 楊堃:《我國民俗學運動史略》,《楊堃民族研究文集》,第 218 頁。此文原載《民族學研究集刊》第六期,一九四八年八月。
4 《歷史語言研究所工作之旨趣》,岳玉璽、李泉、馬亮寬編選:《傅斯年選集》,第 182 頁。
5 傅斯年很少對社會科學表示意見,可以參考的一篇文章是《國立臺灣大學法學院〈社會科學論叢〉發刊詞》(歐陽哲生編:《傅斯年全集》第 3 卷,第 367-369 頁)。因為對象的關係,傅斯年說得比較客氣,意思還是相當明確的。
6 歐陽哲生編:《傅斯年全集》第三卷,第 157-158 頁。

設民史缺乏熱情,至少反映出部分聯繫。其中之一,就是兩人都不以唯物史觀為然。胡適主張科學方法,傅斯年宣稱史學就是史料學,都強調拿證據來,儘管他們呼籲盡量擴充材料,並且不受書本的侷限,用歷史主義的眼光來看,能夠支撐民史的材料畢竟有限。

　　胡適等人的學術取向引起唯物史觀的影響日益廣泛的中國學術界的批評,陳鐘凡強調治學要工具齊備且先進,「有少數人他也知道應用科學方法,他唱著以科學整理國故的口號,他的方法:一、蒐集材料;二、排比;三、評判,這種方法清人早已做過了。……胡適所著《哲學史大綱》,用杜威的論理學五段法,在中國書中已算很精到的了,……這種方法治古書很可得到新見解,可是於社會學上的貢獻尚少。我們所謂科學方法,乃是用科學研究事物得到確證,評判出那時社會狀態和思想,而得到公理公例。如只以甲乙相較得丙,丙丁相較得戊,求同求異,同異交得辨證,終不切於事實的。但在思想史上自有他不可忽視的價值。」而郭沫若的《古代社會之研究》,將上古史劃分出階段,為社會學上莫大的成功。[1]

　　陳鐘凡對郭沫若的推許,未必能夠得到普遍贊同。儘管唯物史觀強調民眾在社會歷史發展中的作用,但首先還是堅持生產力決定生產關係和經濟基礎決定上層建築,因此側重於討論中國社會的性質以及由此決定的歷史分期。至於民眾對於歷史發展的作用,主要是通過生產活動和生產方式來表現。此外,歷代農民的反抗鬥爭開始進入研究視野,尤其是近代史上的太平天國和義和團運動,成為後來盛極一時的農民戰爭研究的先聲。唯物史觀影響下的學人,比較流行的做法是從社會經濟史的路徑來建設民史,而這一取向並不限於信奉馬克思主義的學者。特別值得提出的是吳晗等人組織的史學研究會,在所主編

---

[1] 陳鐘凡:《求學與讀書》,《讀書月刊》第二卷第一期,一九三一年四月一日。

的天津《益世報·史學專刊》的《發刊詞》中宣稱:「帝王英雄的傳記時代已經過去了,理想中的新史當時屬於社會的、民眾的。」該專刊在後來一年裡所發表的論文,大都是研究農民戰爭和下層群眾方面的。[1] 吳晗撰寫的《明代之農民》一文,重點在於起義暴動等非常狀態之前的常態之下,農民的生存狀況,這無疑是史學界努力接近民史的體現。

民眾要真正成為歷史的主體,就不能僅僅通過物質生產來間接體現,或是只關注農民戰爭之類的非常狀態。前者不能深入瞭解民眾的思維和行為,後者則往往更多地看到民眾受聖賢影響的一面。

歷史學在不斷呼喚民史的同時,似乎感到有些力不從心。這時人類學者獨闢蹊徑,樹立了可資借鑑的典範。費孝通的《江村經濟》,以常態的中國農民生活為研究對象,鄉土社會的普通農民,真正成了研究的主體。頗能發人深省的是,顧頡剛呼籲「打破以聖賢為中心的歷史,建設全民眾的歷史」的中山大學,正是中國的民俗學轉向人類學和社會學的基地。這似乎顯示民史的建立,歷史學需要從人類學和社會學取得新的動力。

而在一九二〇至一九三〇年代,人類學也面臨著重大的轉機。按照親自參與其事並且處於中心位置的費孝通教授的看法,「當時的社會人類學事實上是一門研究殖民地上土人文化的學科,明確提出可用人類學的方法研究所謂『文明』社會,應當說是第二次世界大戰前夕,大約是二十世紀三十年代的事」。「從人類學本身來說,當時正在醞釀一個趨勢,要擴大它的範圍,從簡單和落後的部落突入所謂『文明社區』,就是要用深入和親密的觀察方法來研究農村、市鎮,甚至都市的生活。在地區上講,過去人類學家研究的範圍大都是在非洲、大洋洲

---

[1] 蘇雙碧、王宏志:《吳晗學術活動編年簡譜》,夏鼐、蘇雙碧等:《吳晗的學術生涯》,第154頁。

和北美，新的趨勢是想擴大到亞洲和拉丁美洲，而這些地區主要是文化較高的農民。」[1]中國學人的努力，不僅地域適逢其會，方向上也合乎潮流。有趣的是，抗戰後費孝通和吳晗聯手研究中國的社會結構，結集出版的《皇權與紳權》，可以視為社會學、人類學與史學的合流。

　　人類學對史學產生重大影響，主要還在第二次世界大戰之後。而在這一時期的中國，人類學這門學科的「出身」不好，又過於新穎，與中國的文化習慣有些不相鑿枘，影響的範圍和幅度有限。由唯物史觀所帶動起來的社會經濟史以及農民戰爭研究，在階級鬥爭推動歷史發展的觀念主導下，則越來越受到重視。

三　回到歷史現場

　　考古學和人類學對近代中國史學的影響，體現於以眼光向下推動了建立民史的取向。不過，由於學科背景的不同，也產生了一些令史家困惑的傾向。有的在人類學範圍內已經有所討論，有的則是超越人類學範圍才顯示出來。就史學而言，其中重要的一點，便是史學以史料為依據，以往的史料大都為文獻記錄，在西方近代社會科學的影響下，不僅文本的史料類型大幅度增多，各種實物、圖像和口述資料也進入史料的範圍，而考古學和人類學卻先天的有著離開文獻的趨向。考古學和人類學的研究對象，本來都是所謂初民社會，基本沒有自己的文獻記錄，因而兩個學科共同強調實地作業。考古學，尤其是史前考古，基本是脫離文獻的研究。人類學在開始階段雖然依靠文獻，但那是各種外來人的記錄。正如費孝通所描述的英國新舊兩代人類學者的差別，弗雷澤（James Frazer）很像中國舊式的冬烘先生，高坐在書

---

[1]　費孝通：《師承・補課・治學》，第170、25頁。

齋的太師椅裡,伏案終日博覽群書,閱讀一疊疊從英國當年旅居在廣大殖民地上的官吏、商人和傳教士寄回的書札雜記,用進化論構築海外各地土人生活的理論。馬林諾斯基(B.Malinowski)則反對用異樣的眼光將土人的行為和思想看得乖僻離奇,主張實地和土人們一起生活,從內部真實體驗和瞭解他們的文化。所以他呼籲人們從關閉的書齋走出來,到人類學的田野裡去吸一下清新的空氣。[1]中國早已脫離初民社會,數千年的文化歷史一以貫之,有著極為豐富的文獻資料,考古學的文明史部分,不僅不能擺脫文獻和器物,而且在很大程度上就是要印證文獻的古史記載。傅斯年針對李宗侗所說古史的定奪要待後來之掘地的看法告訴顧頡剛:「誠然掘地是最要事,但不是和你的古史論一個問題。掘地自然可以掘出些史前的物事,商周的物事,但這只是中國初期文化史。若關於文籍的發覺,恐怕不能很多。(殷墟是商社,故有如許文書的發現,這等事例豈是可以常希望的。)而你這一個題目,乃是一切經傳子家的總鎖鑰,一部中國古代方術思想史的真線索,一個周漢思想的攝鏡,一個古史學的新大成。這是不能為後來的掘地所掩的,正因為不在一個題目之下。豈特這樣,你這古史論無待於後來的掘地,而後來的掘地卻有待於你這古史論。現存的文書如不清白,後來的工作如何把他取用。偶然的發現不可期,系統的發覺須待文籍整理後方可使人知其地望。所以你還是在寶座上安穩的坐下去罷,不要怕掘地的人把你陷了下去。」[2]

關於不同國度史料與史學的關係,章太炎有過整體性的評論。他指責「今人以為史蹟渺茫,求之於史,不如求之於器」是「拾歐洲考古學者之唾余也。凡荒僻小國,素無史乘,歐洲人欲求之,不得不乞

1　費孝通:《師承・補課・治學》,第132-133頁。
2　《與顧頡剛論古史書》,岳玉璽、李泉、馬亮寬編選:《傅斯年選集》,第147頁。

靈於古器。如史乘明白者，何必尋此迂道哉？」中國即是「明明有史，且記述詳備」，可以器物補史乘之未備，而不宜以器物疑史乘，或作為訂史的主要憑據。[1]李宗侗誤以為歐西古史資料多，其實不然。葛蘭言（Marcel Granet）當年試圖研究歐州的古代民史，因為缺乏資料，不得不轉而研究中國。中國古史文獻繁多的特點，一直制約著中國考古學的發展。王國維的二重證據法，雖有地上與地下之分，仍然是以文獻證文獻，而不是以古器訂古史，更不是以發掘重建古史。一九三〇年代成立於北平的考古學社，對於掘地和金石學同樣看重，其所謂考古，主要還是考證文獻記錄的古史系統。所以社會人類學者抱怨道：歐州的考古學包括古地理學、古動物學、古植物學、先史人類學、先史考古學、古文字學與古語言學，而我國現代學者往往僅知在文字學一方面努力。[2]直到二十世紀九〇年代，一批新銳考古學人對於中國考古學與文獻的密切關係依然感到困惑。對夏文化的期待成為中國學人的重要情結，背後也受此制約。

考古學與人類學有一共同概念，即田野，考古學講究田野發掘，人類學則強調田野調查。竊以為考古學和人類學的所謂田野，譯自field，其本來意思應該是「實地」，強調離開單純的書齋，進入研究對象活動的實地，共同感受實際的生活。相對於封閉的書齋，這些實地固然大都是野外，但田野容易使人誤解為鄉村的田園，而實地則不僅僅指鄉村，也包括市鎮乃至都市。因為考古學和人類學都未將本學科的研究對象和範圍侷限於鄉村。人類學雖然漸漸將研究領域由初民社會下移到農業社會，鄉村也只是關注的重點而非全部。

---

[1] 徐一士：《一士類稿・太炎弟子論述師說》，榮孟源、章伯鋒主編：《近代稗海》第二輯，第 105-108 頁。

[2] 楊堃：《葛蘭言研究導論》，楊堃：《社會學與民族學》，第 124 頁。該文原載《社會科學季刊》第一卷第三、四期和第二卷第一期，一九四三年出版單行本。

將 field 譯為田野，容易導致誤解其本意，而改變其應有的指向。就史學而論，迄今為止考古學和人類學的田野發掘或田野調查，雖然引起眼光向下的重建民史努力，仍然沒有充分發揮其潛力。尤其是「文明社會」已經改變了初民社會的渾一，多數史料並不直接反映民眾的思維行為。一味眼光向下，反而會忽略歷史的整體性或以初民社會的觀念來理解中國。所以不贊成農民戰爭史的人往往說要將歷史研究的重點從國王和戰爭轉移到普通人民身上，只有竄改歷史證據才可能辦到。[1]

人類學者在處理歷史問題時，常常會將調查材料直接作為史料來運用，或是以調查的體驗作為理解史料的鑰匙，其假設前提，無疑是認為下層社會的變動比較緩慢，可以長時間為衡量單位，或者所關注的多屬文化習俗，本來就沒有什麼變化。顧頡剛由對現代民俗學的意味而解釋古代的各種史話，主要也是循著這一路徑。這樣的相似極易導致看朱成碧的先入為主，去古代社會的真實依然相當遙遠。而費孝通與吳晗合作時，態度更像是社會學家。反之，人類學者進入異文化系統之中共同生活的設身處地，以及調查時更加重視如何回答而不是回答什麼的臨場體驗，對於理解和認識歷史人物（無論個別還是群體）的思維行為乃至社會的制度習俗，具有極其重要的借鑑意義。如果在空間的「實地」之上，再加入時間的成分，通過對各種史料的瞭解把握達到親臨現場的效果，則有助於回到當時當地的「歷史現場」，其應用範圍可以大為擴展，而不僅限於民史的建立。

所謂回到歷史現場，不僅要回到一定的空間位置，回到事情發生的那個時代或那段時間，而且要設法回到當時當地，回到事情正在發生的過程之中。考古學後來的發展，更加重視觀察地層形成時發生的情形，以達到親臨現場，身歷其境的效果。回到歷史現場，就是要

1　傑弗里・巴勒克拉夫著，楊豫譯：《當代史學主要趨勢》，第 221 頁。

和歷史人物一起經歷其事，而且不是作為旁觀者，也不僅僅是參與者之一，而是和所有親歷者一起經歷他們各自所經歷的全部過程。人類學的實地調查，嚴格地說並不是外來者的調查，而是通過參與實地生活，成為文化內的一分子，用由此獲得的體驗和感悟來理解當地人的思維和行為，而不是藉助於外來者的獵奇記錄品頭論足。猶如上演一齣戲劇，研究者如場記，知道每一位角色做什麼和為什麼會這樣做。不過他只是客觀地再現實情，而不必導演劇情。

何以要回到歷史現場？史學的首要在於求真，主張歷史無所謂真相者，大都不是討論歷史問題。而史實有多面，史料有多種，記述不一，均反映歷史真相的一面。即使有心作偽，其有心亦為歷史真相。學人往往強調史料的一手二手主料輔料直接間接之分，實則任何史料，哪怕是當事人的記錄，也只能反映其相關的一面，而且還會受到相關人事利害關係的制約。四面看山均為真，不宜以某一面否定其他各面。這還只是對客觀景物的描述，雖有主觀，並無利害。而歷史事件、人物言行等等，則存在複雜的社會關係和具體的相關聯繫，只有親臨現場，儘可能全面地瞭解所有當事人全部有關言行，並將各種不同的記錄相互印證，從而揭示言行的所以然，才有可能整體把握錯綜複雜的歷史事實，通過人物心路歷程之真逐漸接近歷史真相。換言之，歷史真相就在於對所有相互糾葛甚至相互矛盾的相關人事瞭解之同情的基礎之上。而要達到這樣的深度，只有回到歷史現場，和所有的相關者共同經歷他們各自所經歷的一切，知道其思維行為的一般規則或習慣，並且瞭解每一位當事人一言一行的具體原因、對象和目的。

如何才能回到歷史現場？考慮到這一概念的時空雙重意義，不能指望僅僅通過實地作業來獲得穿越時空隧道所必須的全部信息，從而達到臨場的效果。如葛蘭言、顧頡剛等人研究現代民俗旨在理解古代社會，就只能起到參照比較的作用。治史的主要依據還在於史料，人

類學提倡田野調查而反對依賴文獻,恰恰是由於他們所使用的外來者的記述無法令他們親臨現場,始終只能站在一個旁觀者的立場。而中國雖有大小傳統之分,並存互滲已久,所有文獻仍為內部的記錄,小傳統的記錄反而更難驗證。傅斯年強調史料之於史學的極端重要性,提倡上窮碧落下黃泉,動手動腳找材料,突出擴張新材料的意義,並且區分了直接史料與間接史料,官家記載與民間記載,本國記載與外國記載,近人記載與遠人記載,不經意記載與經意記載,本事與旁涉,直說與隱喻,口說史料與著文史料等八對範疇,但史學的資料形態,除實物和口說外,主要還是文獻,包括圖像和文本。不論何種形態,「必於舊史史料有工夫,然後可以運用新史料;必於新史料能瞭解,然後可以糾正舊史料。新史料之發見與應用,實是史學進步的最要條件;然而但持新材料,而與遺傳者接不上氣,亦每每是枉然。從此可知抱殘守缺,深固閉拒,不知擴充史料者,固是不可救藥之妄人;而一味平地造起,不知積薪之勢相因然後可以居上者,亦難免於狂狷者之徒勞也」[1]。

治史既然不能脫離史料,史料的詳略多寡及其真偽優劣,必然制約著史學的發展。歷史已經過去,不可能像人類學那樣,通過實地調查,即可獲得正在發生的所有事情的各種信息。能否回到歷史現場,以及能夠在何種程度上重返,不能不受制於史料的遺存狀況及其開發潛力,不可能在任何時段任何領域任何層面同等程度地回到歷史現場。對此,上古、中古和晚近的史料遺存詳略有別,憑借史料能夠回到歷史現場的方面和程度大不相同。上古史料留存有限,所以陳寅恪在《馮友蘭中國哲學史上冊審查報告》中說:

---

[1] 《史學方法導論》,岳玉璽、李泉、馬亮寬編選:《傅斯年選集》,第216-217頁。

凡著中國古代哲學史者，其對於古人之學說，應具瞭解之同情，方可下筆。蓋古人著書立說，皆有所為而發。故其所處之環境，所受之背景，非完全明了，則其學說不易評論，而古代哲學家去今數千年，其時代之真相，極難推知。吾人今日可依據之材料，僅為當時所遺存最小之一部，欲藉此殘餘斷片，以窺測其全部結構，必須備藝術家欣賞古代繪畫雕刻之眼光及精神，然後古人立說之用意與對象，始可以真瞭解。所謂真了解者，必神遊冥想，與立說之古人，處於同一境界，而對於其持論所以不得不如是之苦心孤詣，表一種之同情，始能批評其學說之是非得失，而無隔閡膚廓之論。否則數千年前之陳言舊說，與今日之情勢迥殊，何一不可以可笑可怪目之乎？但此種同情之態度，最易流於穿鑿傅會之惡習。因今日所得見之古代材料，或散佚而僅存，或晦澀而難解，非經過解釋及排筆之程序，絕無哲學史之可言。然若加以聯貫綜合之蒐集及統繫條理之整理，則著者有意無意之間，往往依其自身所遭際之時代，所居處之環境，所薰染之學說，以推測解釋古人之意志。……

其言論愈有條理統系，則去古人學說之真相愈遠。[1]

陳寅恪熟悉經書而自稱「不敢治經」，即是鑒於上述危險。

至於近代，常人往往誤以為晚近文獻解讀較為容易，其實不然。尤其是經歷過戊戌到新政時期的知識與制度體系轉型，國人的精神世界與行為規範發生了重大變化，一系列新的事物和概念與固有事物及其概念相互纏繞，使得今人對於近人的言行相當隔膜，要想通過變動後的概念進入當時人們的世界，相當困難。而時代相距不遠，近人的

---

[1] 陳美延編：《陳寅恪集・金明館叢稿二編》，第 279-280 頁。

言行又似曾相識，反倒使今人缺乏應有的警覺，以所受變化後的教育為知識背景，去理解揣度前人的言行，誤讀錯解，不在少數。只有設法「去熟悉化」[1]，回到歷史現場，才能體察接近其言行的本意。

所謂回到歷史現場，既然不宜神遊冥想以表同情，則史學還需另闢蹊徑。即使如上古史，如果辦法得當，在某些方面，也可以一定程度地重返，去理解古人的微言大義。治上古經史，「非通經無以釋金文，非治史無以證石刻。群經諸史，乃古史資料多數之所彙集，金文石刻則其少數脫離之片段，未有不瞭解多數彙集之資料，而能考釋少數脫離之片段不誤者」[2]。楊樹達用司馬光長編考異法作《論語疏證》，「彙集古籍中事實語言之於《論語》有關者，並間下己意，考訂是非，解釋疑滯」，為治經者開闢新途徑，因為「聖人之言，必有為而發，若不取事實以證之，則成無的之矢矣。聖言簡奧，若不採意旨相同之語以參之，則為不解之謎矣。既廣搜群籍，以參證聖言，其言之矛盾疑滯者，若不考訂解釋，折衷一是，則聖人之言行，終不可明矣」[3]。以事實證言論，以文本相參證，繼以考訂解釋，可以明聖人之言行。當然，上古史料遺存不足，使得這一途徑並不易行，因而回到歷史現場的程度也有限。

晚近史料繁多，記述不一，雖然立論不難，反證也容易，但可通過對羅生門式的歷史記錄的大量細節進行實證，以此為鋪墊，還原相關人物的相互關係和眾多事實的相互聯繫，使得研究者憑藉對錯綜複雜的事實的把握，讓歷史人物的關係和性格隨著細節的豐富而逐漸顯

1　王汎森：《中國近代思想文化史研究的若干思考》，《新史學》（臺北）第十四卷四期，二〇〇三年。

2　《楊樹達積微居小學金史論叢續稿序》，陳美延編：《陳寅恪集・金明館叢稿二編》，第 260 頁。

3　《楊樹達論語疏證序》，陳美延編：《陳寅恪集・金明館叢稿二編》，第 262 頁。

現,全方位地重現歷史場景,研究者因而由局外人變成參與者,實現與歷史人物的共同生活,真正獲得對研究對象的瞭解之同情。這時重新觀察歷史人物的言行和事件的進程,就能夠不僅是對史料的主觀解釋,而是成為各個當事人的同行者,親歷事件的全過程和各方面,達到知其然亦知其所以然的境界。在這方面,對社會科學似乎興趣不大的陳寅恪[1],反而異曲同工,其晚年著述《柳如是別傳》,可以視為通過解讀史料努力回到歷史現場的有益嘗試。而領悟此書要旨,能夠追尋前賢探索穿越時空隧道的方法和路徑,達到臨場的妙境。

　　回到歷史現場,應該成為考古學和人類學影響史學發展的重要取向。

1　陳寅恪早年留學巴黎,是否系統學習過社會科學,資料記載不一,難以確證。

第四章
二十世紀前半期的中國史學會

中國的史學會組織，清季已經出現。[1]民國時期的學術，延續晚清以來的趨向，受到外來學說的影響，由經入史，名家輩出。在昌明史學的同時，由於人數眾多以及對外交流的增加，日益感到自我組織的必要，曾經多次嘗試建立全國性的專門學會。不過，與國學會及其他學科的學術團體相比，無論就組織的穩固或影響的大小而論，史學會都不免相形見絀。這反映了當時史學界的學術派分難以協調，以及各人對於學術團體的功能作用看法的分歧。等到全國性的史學會終告成立之日，又不可避免地陷入了政治的漩渦，開始成為黨派鬥爭的工具。更為有趣的是，近代史家治史，首在求真，可是對於自家的歷史，似乎不夠重視，有關史事，鮮有論及，即使有所論列，也是人言言殊。當事人的回憶於時間人物難免有誤，後來者所寫的傳記，於相關史事也常有混淆，甚至近人所編各種年表，錯漏也不在少數。清理這一時期學人建立中國史學會的歷次努力，對於深入認識史學的流變趨向，學人的派分取徑，無疑具有重要的補充作用，同時也有助於瞭解後來學術變化的種種因緣。

---

1 參見俞旦初《中國近代最早的史學會——湖北史學會初考》，《近代史研究》一九八六年第六期。另外，貴州也組織過歷史研究會。參見拙著《晚清學堂與社會變遷》，第337頁。不過，這些以學會為名的組織，與後來專門從事學術研究或學人聯誼的團體，分別不小。

一　南北中國史學會

民國時期，有過多少次組建中國史學會的嘗試？親歷其事者說法各異。傅振倫稱：「中國史學會的組織凡三次。一九二九年春，北大教授朱希祖，北師大王桐齡，輔仁大學陳垣諸先生等發起於北京。一九四二年徐炳昶、金毓黻、郭沫若、馬衡等又組織於抗日戰爭的陪都重慶，編印了《中國史學》年刊四期。解放後，重新組織。」[1]一九四三年顧頡剛在中國史學會成立大會上致開幕詞則稱：「中國史學會曾於民國七年及民國廿三年兩度在北平發起組織，均告中止。此次係第三次組成。」[2]仔細檢討，兩說均有所誤。

顧頡剛所說民國七年即一九一八年在北京發起過中國史學會，很可能是記者誤聽，所指當為一九二九年朱希祖等人組建中國史學會一事。傅振倫《朱希祖先生傳》記：「一九二八年，先生仍回北大為史學系主任，兼清華大學等教授。先生以史學範圍廣博，乃於是年秋發起中國史學會於北平。參加者有北大、師大、清華、燕大、輔仁等校歷史系師生。」[3]關於此次中國史學會成立的時間，傅氏兩說不一，均欠準確。

齊家瑩編《清華人文學科年譜》將此事繫於一九二九年一月十三日，記為：「中國史學會在北平大學第一師範學院召開成立大會，到會者百餘人，清華大學史學會會員均出席。由歷史系教授朱希祖報告籌備經過，並印發了尤其起草的《發起中國史學會的動機和希望》一文。通過了羅志希、朱希祖、張星烺共同起草的簡章，選舉了羅志希等委

1　傅振倫編著：《七十年所見所聞・中國史學會》，第120頁。
2　《中國史學會昨開成立大會》，《新華日報》一九四三年三月二十五日。
3　傅振倫：《傅振倫文錄類選》，第606頁。

員九人。」[1]此說於與會人數仍有小歧。據《朱遏先先生年譜》：「到會者有北京大學、清華大學、師範大學、燕京大學、輔仁大學、女子師範大學六校教授學生共九十四人。」[2]

中國史學會的正式成立，雖然在一九二九年一月，籌備卻是從一九二八年底開始。十二月三日，朱希祖即擬發起中國史學會，從事籌備。十二月三十日，召開了首次籌備會，由朱希祖擔任主席。一九二九年一月七日，朱希祖草擬了《發起中國史學會的動機和希望》一文。十日，又與張星烺、羅家倫共同擬定中國史學會簡章。[3]

據朱希祖稱，發起中國史學會，出於三種動機，寄託七種希望。所謂三種動機，一是要打破孤獨講學的舊習。「現代的學術，非閉戶讀書可以做成功的，更非專靠書本可以做成功的。就史學而論，閉戶讀書，一切史料，個人不能齊聚；一切歷史的輔助科學，一人不能盡知，人類的歷史，世界各國多有關聯，多有記載，一人不能盡識。所以孤獨講學，雖有所著作，必不能完備。專靠書本，不但有史以前無書可據，就是有史以後，一切遺跡遺物，也有非書本所能說明的。至於現代史料，更非實地調查不可。所以歷史這一種學問，決非一手一足所能做成功的。」

動機之二，是要打破專靠學校來講史學的舊習。以前各大學史學系大都有史學會，並且辦一個史學雜誌，以為學校顯揚聲譽。「然而這種史學會，至多不過請名人講演幾回，所辦的史學雜誌，或史地雜誌，大都辦了兩三回，就完了事。因為史學這一件事，決非一校的教員學生所能發達進步的；而且學校的變遷太多，往往使學術受其影

---

1 齊家瑩編撰，孫敦恆審校：《清華人文學科年譜》，第78頁。
2 《朱希祖先生文集》（六），總4229頁。
3 《朱遏先先生年譜》，《朱希祖先生文集》（六），第4228-4229頁。

響，不能繼續進行。」靠一校發達史學，與個人孤獨講學相似，力量不夠。「歷史是人類全體的總過程，要合全世界人來公共合作研究，方能真實發達，國界且不可有，何況乎學校等等界。」

動機之三，是要打破史學為政治的附屬品，而為社會的獨立事業。「政治有黨派，學術無黨派，講史學的，尤應超出於政黨以上，乃能為客觀的公平觀察，不為主觀的偏私論著，方合於科學的史學精神。近來學校方面，大都有政黨的牽制，因此同時研究史學的，而有彼此不能合作之心，而不能超然為真正之學者。」

至於七種希望，也就是應辦的七項事業：

一、辦一史學雜誌（月刊或季刊），發表研究論著，「使國內國外的同志，相互考校批評，以求進步；一方面介紹世界各國現代的史學家學說，及其著作，或其他史學消息，以求瞭解現代世界史學的趨勢」。

二、發展會員，擴大組織，先從北平發起，將來吸收各大學史學系畢業生、教員和在校學生、以及社會上研究史學的專家，分別調查全國的史料以及古蹟古物，互相諮詢報告。

三、分組進行不同層次的工作，如編輯人名地名詞典、歷史索引、史料採集和編目；繼續清代學者的事業，蒐集已引各史；翻譯外國記載的中國史事和各國歷史名著等。

四、改良史學教育，對中小學史地教科書進行比較批評。

五、推動高深的史學研究，會員各認定一種史學，如本國斷代史、各國史、分科史、歷史輔助科學、中外通史、歷史哲學等，專門研究數年，然後著述。

六、北平的史學家尤其應當重視重修清史、倡修民國十七年史、以及整理利用故宮博物院所藏清代和民國檔案，供給史材。

七、改良地方史志。利用畢業生散處各省，從事教育和服務公

家的便利，彙集全國地方誌，編集詳明目錄和提要，羅列各種體例，批評其利病，以最新最良之方法，定一最適宜體例，以改革各處地方誌，使之不專屬於地理，而屬於歷史，以為一切社會科學和史學最豐富的材料。[1]

從朱希祖所談的動機，可以進一步瞭解其背景。治史不能單打獨鬥，已經成為當時一般學人的共識，從北京大學研究所國學門到中央研究院歷史語言研究所的組建，表明這種意識的日益增強。一九二八年十月出版的中研院《歷史語言研究所集刊》第一本第一分所刊傅斯年的《歷史語言研究所工作之旨趣》，即強調「歷史學和語言學發展到現在，已經不容易由個人作孤立的研究了，他既靠圖書館或學會供給他材料，靠團體為他尋材料，並且須得在一個研究的環境中，才能大家互相補其所不能，互相引會，互相訂正，於是乎孤立的製作漸漸的難，漸漸的無意謂，集眾的工作漸漸的成一切工作的樣式了」。有了這樣的共識，除固定的研究機構外，學會組織也日漸增多。

朱希祖稱各大學史學系幾乎都有史學會的組織，並不誇張。北京大學史學會成立較早。一九二二年朱希祖曾說：「我們在兩年前已經發起組織史學會，辦史學雜誌。因為學校常有罷課的事情，欲成立而停止的已數次。」[2]同時葉瀚提及此事的背景：蔡元培長校時，國史編纂處附屬北大，提倡共同收集材料，「以後國史館遷移了，就想組織一個史學會的辦法來繼續他，可是沒有成功」[3]。國史編纂處脫離北大，在一

1　朱希祖：《發起中國史學會的動機和希望》，《清華週刊》第三十卷第十一、十二合期，一九二九年。
2　《朱遏先教授在北大史學會成立會的演說》，《北京大學日刊》第1116號，一九二二年十一月二十四日。
3　《葉浩吾教授在本校史學會成立會的演說》，《北京大學日刊》第1119號，一九二二年十一月二十八日。

九一九年九月[1]，則一九二〇年以前北大已經有過籌建史學會的嘗試。

一九二二年四月，該校史學系學生鑒於「史學範圍廣大，圖籍繁多，縱貫古今，橫極中外，非群策群力廣為稽考，而以一人馳騁其間，若涉大海，茫無津涯，欲其周遍綜貫，蓋亦難矣」。發起組織史學讀書會，其目的有二，一、「當今史學以溥遍史為歸，融合人類全史，觀其會通，固為要事，然不有分國之史，亦〔無〕以憑借」，集合同學之中學習英法德俄日本諸國語文者，各出所學，廣為蒐羅翻譯，則對外儼如開闢疆土，對內勢同輸給糧餉。二、文明各國史家，類能應用最新史法整理其國史。中國史料宏多，散無綱紀，非分代整理，匯為通史，或分科精研，各成專史，實不足以有濟。同學對社會科學習之有素，於本國通史亦略聞綱要，「正宜分代分科，各精探討，散之則各啟疆宇，合之則互輸材料。」該會由史學系學生張國威、張愛松、李正奮、魏江楓、王光瑋、張庚乾、秦志壬、安世徽、傅汝霖、陳友撲、楊豐沛、盧政鑑等人發起，依據簡章草案，哲學、文學、政治、經濟、法律各系學生有願研究各項專史者，亦可入會；公舉幹事若干人，負責總務、調查、文牘、會計等事；會員分為本國史、外國史、科學史三組，有必要時可以添設；每人劃定範圍，專精一史，剋日讀書，如有心得，則報告演講或發表論文；隨時請北大教員或校外名人指導講演，並與國內外史學家通信研究，調查史料[2]。

在此基礎上，經過數次集議，一九二二年十一月十五日，北京大學史學會正式成立，是日午後四時，在北大第三院大禮堂召開成立大會，蔡元培、朱希祖、蔣夢麟、胡適、馬衡、葉瀚、楊棟林等以及

1　《呈教育部呈報國史編纂處移交清楚》，北京大學檔・全宗號（七）・目錄號1・案卷號60，王學珍、郭建榮主編：《北京大學史料》第二卷，中冊，第1516-1517頁。
2　《發起史學讀書會意見書》，《北京大學日刊》第1004號，一九二二年四月十九日。

史學系在校和畢業學生四十餘人出席，由姚揖讓報告籌備經過，韓樹模為臨時主席，蔡元培、朱希祖、葉瀚、楊棟林和學生王光瑋、滕統昔發表演說。因時間緊迫，議定簡章三條，選出委員十六人，即行散會。選舉結果，魏江楓、韓樹模任庶務，姚揖讓、王光瑋任文牘，馮文啟、李振邦任會計，陳友揆、傅汝霖任交際，楊汝璋、滕統昔、趙仲濱、劉濂任調查，張步武、張國威、秦志壬、趙維楨任出版[1]。十一月二十九日，該會舉行第二次大會，逐條通過簡章的餘下部分。研究科目分為本國史、外國史、科學史、歷史學、考古學數種，較史學讀書會有所擴大。

依據簡章，北大史學會「以聯絡同志研究史學為宗旨」[2]。幾位教職員的演說，各有側重，蔡元培仍然強調與國史館的繼承性，認為歷史無止境，要提倡自動地研究學問，集合多數的力量，整理數千年來的歷史，分時代收集史料，編輯歷史大辭典，「做些實實在在的事情」。其時朱希祖正在按照「歷史科學是以社會科學為基礎的」理念改造北大史學系的課程系統，由德國歷史哲學家美利斯的「普遍史」和美國史學家魯濱孫的「新史學」的主張，希望將歷史的時間與空間貫通，因此在課程的安排上，種種社會科學佔了一半，史的部分，中外皆有，令人質疑太不專門。朱希祖認為：「現在我們研究史學，把普遍的連續的和社會科學的重要共同方法，托付在講堂上講。至於分工的研究，如專門研究本國史或外國史，本國史中專門研究那一時代的，或那一朝的，外國史中專門研究那一洲的，或那一國的，關乎社會科學史中，如專門研究政治史或經濟史或法制史或宗教史……等等，或

1　《北京大學史學會成立報告》，《北京大學日刊》第 1115 號，一九二二年十一月二十三日。

2　《北京大學史學會啟事》，《北京大學日刊》第 1131 號，一九二二年十二月十二日。

就一時代一國的小範圍內，再分出一部分如政治、經濟……等，特別研究，這種自動的研究，那就要靠諸君所組織的史學會了。」也就是說，教學只是普通，至於專門精深的研究，在學校方面，有大學院或研究院，在學生方面，則靠史學會。有了史學會和數十名會員，可以將歷史分開進行專精的研究，然後綜合起來，用最新的史學方法，組織一部很有條理系統的新歷史。這樣，「一方面研究整個的史學，一方面實驗分析的史學，並行不悖」[1]。楊棟林、葉瀚則各自強調「史學研究法」和「集材料」[2]的重要性。按照系主任朱希祖的設想，史學會的主要功能是補充課堂教學的不足，因此其重要的活動內容是不定期舉行學術報告演講，參觀考察，發刊雜誌或各種單冊著作及叢書，以養成會員自動研究的習慣。但是，除了學術演講時有舉行外，其他項目的進展並不順利。如出版史學雜誌一事，一九二四年初經該史學會委員會議決，每年刊行《史學季刊》四期，分三、六、九、十二等月出版，定名為《北京大學史學季刊》，「以中外史學及與史學相關之各種科學如人類學、人種學、考古學、社會學、言語學、歷史的地理等為範圍」，並著手徵集第一期的稿件。[3]可是直到一九二五年十一月，仍然未能出版。朱希祖總結道：「自本學年起，本系的學生實行作史學上的一種自動的自由研究，這種研究是治歷史學的最重要的方法，並且是一種最好的練習。我們史學雜誌籌備了好幾年，終於沒有出版，就是因為沒有研究的緣故。」

本來設置史學會的主要目的，就是為了養成同學們自動研究的興趣和習慣，現在舊話重提，等於承認史學會的作用並不理想。其中

1　《北京大學日刊》第1116號，一九二二年十一月二十四日。

2　《北京大學日刊》第1119號，一九二二年十一月二十八日。

3　《北京大學史學會啟事》，《北京大學日刊》第1382號，一九二四年一月十日。

的問題，從朱希祖的計劃可見一斑。他認為自動的研究需要按年級分配，基本的概念卻是時間的長短，一年級時間最長，研究的範圍可以大，治外國史可以分任一國，治中國史既可斷代，亦可分上古中古的大時代。二年級年限從容，範圍亦可較大，中國史如南北朝的某一代，或五代十國的某一國，或明末諸王的某一王；外國史如希臘、羅馬。三年級範圍縮小，如戰國時的一國。四年級則範圍越小越好。其實，對於學生選題而言，時間的長短固然重要，更為關鍵的當是能力的高低。

　　北大雖然占盡天時地利之便，這一時期的史學系及史學會在培養人才方面卻顯得不盡如人意。一九二五年十一月二十六日，朱希祖以系主任名義召集史學系全體學生開會討論定期講演和分級研究等事，學生代表譚慕愚便提出，要想在研究方面取得好結果，在歷史領域發現新大陸，學校方面要供給材料，指示方法，對學校缺少歐戰後的新書以及本系各教授的教法提出批評，希望能給歷史以系統的原因和結果的說明，加強外文訓練；請導師和講演者，不應含有黨派的色彩，並特意提出梁啟超。請名人演講，本來也在史學會的計劃之內，只是執行得不理想。史學系教授會議決定，從一九二五年十二月一日起，每兩週舉行一次學術演講，分為中國史、外國史和史學的基本科學三組，講演者均為本系教授。[1]也許是接受了學生的意見，後來開始邀請校外學人演講。

　　在此前後，北京其他大專院校相繼組織史學會或史地學會。北京高等師範學校的史地學會一九二〇年即告成立，並創辦了《史地叢刊》。一九二七年五月十二日，清華大學史學會由清華國學研究院學生姚名達等人發起。先是，姚名達「感於中國史之範圍過大而材料特豐

1　《史學研究會開會記事》，《北京大學日刊》第1818號，一九二五年十一月三十日。

也，非通力合作，則人自為戰，永無成功之希望。若在外國，則國雖小而學會林立，所以裨益學問者無所不至，而史學會之為用尤顯。吾國則他學容有學會，史學會獨無聞焉，抑可怪也。間嘗語之我師友，以謂吾院治史者眾，又得梁、王、陳、李諸先生為之師，益以大學部史學系師生，不下四五十人，苟能聯絡組織，分工合作，其為功效，宜有可期。……今年夏，更言之於劉壽民先生（崇鋐，史學系主任），適史學系同學亦有斯意，雙方接洽，史學會遂以成立」[1]。當日梁啟超、王國維、陳寅恪等人出席，各致己見於眾。

　　其時正值國民革命，各種政治勢力重新組合，清華研究院亦受波及，參與各種黨派活動者不在少數。同學中的周傳儒、方壯猷等人還想「自組織一精神最緊密之團體，一面講學，一面作政治運動」[2]。不願參與民國政治的王國維因而對成立史學會一事「頗用懷疑，以為斯會別有用意」，主張「宜多開讀書會，先有根柢，而後可言發展」[3]。黨派滲入學術，由來已久，一九二五年北大史學系學生向系方所提意見，重要的一條便是「大學的史學研究，關於導師或講演者，似乎不應該含有黨派的色彩。國內的著名史學家，如梁任公輩，不管他對於歷史的見解怎麼樣，但他於史學上實在用過功的。學校常常請這類人來校講演，把他們所研究的方法與心得，拿出來給我們作個榜樣與參考，那是於我們有利益的」[4]。王國維只是懷疑有人利用學會的組織形式從事政治活動，他本人並不排斥以學會組織學術活動的做法。清末

1　姚名達：《哀余斷憶》，《國學月報》第二卷第八、九、十合刊，一九二七年十月。其時北京一些大學雖有史學會，同為研究機構，並設立多個學會的北大研究所國學門，卻沒有史學會。
2　丁文江、趙豐田編：《梁啟超年譜長編》，第1118頁。
3　姚名達：《哀余斷憶》，《國學月報》第二卷第八、九、十合刊，一九二七年十月。
4　《史學研究會開會記事》，《北京大學日刊》第1818號，一九二五年十一月三十日。

民初，來華的外國人士聚居北京，各有所好，成立了不少學會，如中國古物保存會、政治學會、文友會等，其中就有歷史學會，長期住在中國，好金石古物的福開森（Ferguson，John Calvin），曾擔任該會會長。這類團體開始往往只是外僑的聚合，民國以後，中國學術漸漸展開，也吸收中國學人參與。一九二四年，梁啟超曾在「歐美人所設」北京萬國史學會演講，並譯成英文刊登於外報。[1]一九二六年十一月二十七日，王國維到北京歷史學會演講《宋代之金石學》，並與福開森晤面。[2]因為該會並非中國學人組織，所以姚名達不以其存在為中國已有史學會。

上述組織，很可能與一個中外人士聯合組成的「中國史學研究會（The China Historical Research Society）」有淵源。該會一九一三年成立於北京，由陸徵祥任會長，北京大學華人外籍教授周慕西（Dr. Moses Chiu）任名譽幹事。其目的是：中西學者合作，進行古老國家民族歷史的比較研究；培養對古老中國的熱愛和尊敬，在年輕一代心中植根深厚的愛國主義。一九一六年三月，中國社會與政治學會（The Chinese Socialand Political Science Association）成立，仍由陸徵祥任會長。他認為在現有條件下難以達到史學研究會的目的，建議和中國社會與政治學會合併。經過兩會幹事的協商，中國史學研究會決議併入中國社會與政治學會，並為後者所接受，史學會會員全部成為社會與政治學會的會員。[3]

---

[1] 丁文江、趙豐田：《梁啟超年譜長編》，第1010頁。
[2] 袁英光、劉寅生：《王國維年譜長編》，第494頁。一九二六年十二月一日王國維函告馬衡：「弟上星期六曾至歷史學會演講一次，晤福開森」（吳澤主編：劉寅生、袁英光編：《王國維全集・書信》，第448頁）。
[3] Editorial Notes, The Chinese Socialand Poliyical Science Review, Vol.1, no.2, July, 1916. 感謝孫宏雲副教授提供此項資料。

各校史學會的組建，長遠目標也是聯合全國同行。姚名達倡組清華史學會，便預期「若更擴之於北京，充之於全國，以大規模之團體，作有計畫之事業，則不出十年，中國史學，必當一變昔日之偏蔽而為昂進之發展」[1]。國際史學界發展變化的趨勢，對中國學人產生了很大的衝擊和影響。朱希祖在《發起中國史學會的動機和希望》一文的結尾處大聲疾呼：「我們中國的歷史，在全世界中發達較早，我們中國的史學會成立已覺太遲，東西洋各國這種會年紀已經老了，史學雜誌，已經出到幾十幾百期了！我們到了現在，方始開端集會，開端預備出雜誌，真是可愧到極點！我們再不進行，實在要給外人笑我們太沒出息了！深願大家共同努力，積極工作，以發達我們中國史學會的事業！」

　　朱希祖這番話並非泛指，其具體刺激顯然是一九二八年八月十四日至二十七日在挪威首都奧斯陸舉行的國際歷史學會（International Congress of Historical Science）第六次大會。該會一九〇〇年首創於巴黎，一九〇三年在羅馬召開了第二次大會，決定以後每五年開會一次。一九〇八和一九一三年，分別在柏林、倫敦開會。第一次世界大戰爆發後中斷了會期，直到一九二二年四月，才在布魯塞爾舉行了第五屆大會，並決定組織一個永久性的國際歷史學委員會，負責聯絡和安排兩次大會之間的日常事務，以適應國際學術界分工合作日趨增長的需求。[2]一九二八年的第六屆大會，有四十餘國的千餘人出席，其中正式代表五百餘人，除歐洲各國外，美國、智利、南非、日本均有代表。國際史學委員會的代表國家也達到三十個。大會還決定一九三三年在華沙召開第七次大會。[3]

1　姚名達：《哀余斷憶》，《國學月報》第二卷第八、九、十合刊，一九二七年十月。
2　《國際歷史學會第六次大會》，《史學雜誌》第一卷第一期，一九二九年三月。
3　陳訓慈：《國際歷史學會第六屆大會記》，《史學雜誌》第一卷第二期，一九二九年五月。

對於國際史學界的動向，以南京為中心的學人似乎更為關注。五四新文化運動以來，北大新文化派與南高學派就一直明爭暗鬥。後人往往從中西新舊的角度看待雙方的分歧，其實，僅僅從對西學關注的程度看，南高學派甚至在北派之上。一九二〇年五月，南高文史地部學生成立了史地研究會，發刊《史地學報》，會員中王庸、范希曾、張其昀、陳訓慈、景昌極、束世澂、向達、鄭鶴聲、劉掞藜等，各有建樹。他們十分注意國際史學界的動向，陳訓慈等人翻譯發表了不少有關消息，如一九二二年的國際美術史公會大會，維也納的東方古物展覽會，在布魯塞爾召開的國際學術聯合會（Intern. Research Council）和國際地學聯合會（Intern. Geographical Union），一九二三年四月的國際歷史學會第五次大會，國際人種學大會等。其主要目的，就是推動中國成立學會組織，參與國際性的學術活動，而組建中國史學會，更是首屈一指的努力目標。

一九二二年，陳訓慈在《史地學報》第一卷第二號發表文章《組織中國史學會問題》，公開呼籲組建中國史學會。他依據百科全書列舉了歐美各國的史學會數目及其成立的最早時間[1]，認為學會發達是學術發達的表現，並能推動學術。組織史學會，可以促進實學研究，將新文化以來的浮泛學風引向篤實，使中國文化得以正確表白於世界，增加和保存史料；並列舉了史學會的主要任務，即整理舊史，編訂新書，探險考察，保存古物，組織圖書館博覽室，參與近史等，希望各大學史學教授及專門史家聯合發起，聚集同志，募集經費，建築會所。

組建史學會，旨在「務使吾國學術研究之精神，並駕西國，攜手

---

[1] 具體為：英：28/1572；法：26/1701；德（含奧地利）：38/1820；美：19/1792；俄：9；意：8；西班牙：4；英屬殖民地：7；比利時：7/1839；荷蘭：3/1846；瑞士：7；瑞典：2；挪威：2；丹麥：4；土耳其：1；希臘：1。另外日本也有史學會。

共進，作遠大之企圖」。當務之急，則是推舉代表參與相關的國際學術團體活動。其時中國政府對於學術活動態度冷漠，國際美術史公會開會時，法國方面主動邀請中國赴會，政府開始漠然不理，經法國公使再三催促，才由教育部和外交部合派觀象臺長出席。而維也納的東方古物展覽會，大部分陳列中國古物，竟沒有中國史學家演講中國文化。[1]一九二三年，教育部曾將本年度的國際學術會議列表，通告各省「得自由出洋與會」，敷衍了事。「學術荒墮，甘自屏棄，替前哲之令業，貽並世之大譏；坐使公共之學術，只聞列邦之討論研究，而吾國並分內之務，無人整理；世界學術上之集會，往往闃焉無吾族之跡，而中國遂以無學聞於世。斯則邦家之奇恥巨辱，庸非國人對於學術所負之大罪歟！」[2]為此，中國學者必須組建學會，才能參與國際學術會議，與各國學者聯絡。一九二二年八月的國際地質學會，中國因為早有地學會，派代表出席，並被舉為副會長。其時中國的自然與社會人文學科出現了不少全國性組織，如中國科學社、自然科學研究會、中國化學會、中華全國電氣學會、中華工程師學會、中國工業會、中華礦學研究會、教育研究會、農學會、林學會、中華森林會、中華農學求新會、中央商學會、中國速記學會、中華民國醫藥學會、中華民國法政研究會、中華博物學會、中國天文學會、中國地學會、中國哲學社、中國社會學研究會、中華心理學會、文學研究會等，唯獨缺少史學會。

一九二六年，移席北京女子大學的柳詒徵與向達、張其昀等成立中國史地學會，發刊《史學與地學》。一九二八年，張其昀創辦《地理

1　《國際學術團體與吾國》，《史地學報》第一卷第四號，一九二二年八月。
2　叔諒：《中國之史學運動與地學運動》，《史地學報》第二卷第三號，一九二三年三月。

雜志》，本來如孿生兄弟的史地之學，終於分離，「蓋孿生之子自毀齒而像勻，雖同几席而各專其簡策之通軌也」。一九二九年一月，與北京的中國史學會幾乎同時，中央大學的繆鳳林、范希曾、陳訓慈、鄭鶴聲等人又與張其昀一起發起成立中國史學會，並於一九二九年三月創刊《史學雜誌》，標明南京中國史學會編輯。這樣，中國同時出現了南北並立的兩個史學會。其背景顯然與國民政府統一後，政治中心南移所引起的文化中心變動有關。柳詒徵為《史學雜誌》撰寫《發刊詞》，還不忘將雙方的異旨揭出：「世運日新，淺化者或張皇震驚而莫測其始因及歸趣，⋯⋯近世號稱史學魁宿者，目涑水通鑑為帝王教科書，無裨於今之新制。嗟乎！斯特皮相之論耳。⋯⋯根據前事，因應方今，其為術可以尤富。閣束不觀，徒以自窒神智耳。」[1]抗戰期間，中央大學歷史學會重新組織，金毓黻還特意指出中國古今學術的南北派分，認為史學方面，廿載以來，南北兩派枹鼓相聞，比於諍友，極一時之盛。雖然後來共濟一堂，風雨商量，但學術以互競而猛進，「夫學問之道，以求是為歸，何必盡同。本系諸君應勿忘往日史學南派之歷史，以共樹卓然自立確乎不拔之學風，因而相激相蕩，與以有成」[2]。

南京中國史學會的人脈與做法，基本延續史地研究會，《史學雜誌》創刊號就報導了國際歷史學會第六次大會以及美國史學團體開會的消息，第二期陳訓慈還專門譯載了《國際歷史學會第六屆大會記》，作深入報導，並在譯文前後加入自己的意見：「此次盛會，中國雖未有代表參與，然史學研究之國際合作近況，與各國研究之趨勢，當為國內研治史學者所注意。⋯⋯吾人以中國人之地位而言，尤望國內學術界得循政治之漸趨安定，而有健實之進步，屆時國內史學界再不致

---

[1] 該發刊詞寫於一九二九年一月，文中提及當年史學會成立一事。
[2] 金毓黻：《靜晤室日記》第六冊，第 4629-4630 頁。

如此次之漠視此會,而能由學術團體與政府之合作,推定代表前往參與也。」

國民政府遷都南京後,政治中心南移,南北兩京的學人為爭奪文化中心地位,不斷有所摩擦。發起中國史學會,朱希祖等人似有努力維持北平作為學術文化中心,與南京新都抗衡的願望。在一月十三日的成立會上,朱希祖被推為主席,並以最高票七十四票當選為首席委員,其餘八位委員依次為陳垣六十票,羅家倫四十九票,錢玄同四十三票,王桐齡四十一票,張星烺三十九票,沈兼士三十三票,陳衡哲三十一票,馬衡三十票,候補者還有陶孟和、袁同禮、蕭一山、劉崇鋐、翁文灝等五人。一月二十日,中國史學會召開第一次委員會,朱希祖當選為主席和徵審部主任。[1]該會計劃整理舊史,編輯人名、地名、年代、歷史等辭典,印行刊物,舉行學術演講。[2]不過,從後來的實際情形看,南北新舊兩京的中國史學會均無大的作為,很快便不了了之。

二 北平史學會與群雄並起

南北兩家中國史學會的成立,雖然不能達成聯合全國史學界的目的,畢竟反映了各校史學系師生對於專業學術團體的嚮往和需求。本來成立中國史學會,是想打破各校分別組建史學會的侷限,可是中國史學會曇花一現,一些大學的史學會卻將活動開展得有聲有色,甚至能夠長期堅持,成效卓著。

國民革命期間,政局動盪,北京大學史學會實際上停止了活動。中國史學會成立後,一九二九年三月二十九日,北京大學史學系同學

---

1 《朱遏先先生年譜》,《朱希祖先生文集》(六),第 4229-4230 頁。
2 傅振倫:《傅振倫文錄類選》,第 606 頁。

召開大會，成立新的「北大史學會」，所通過簡章的基本精神與此前大體相同，但也有若干變動。如會名由「北京大學史學會」改為「北大史學會」，宗旨由「聯絡同志研究史學」改為「研究學術，促進文化及聯絡感情」，會員資格的取得也由原來北大史學系畢業及肄業者、本校他系同學及教職員有志研究史學者，以及由本會兩名會員介紹的國內外有志研究史學者，變為「凡本校史學系同學及教員皆為當然會員」，他系同學則須兩位會員介紹，主體增加了教員，範圍卻有所縮小。五月一日，史學會召開職員會，決定若干重要議案，如每三週舉辦一次月講；推舉傅振倫、余遜、師茂材、高業茂組成委員會，議決分組研究，每月舉行一次學術討論會；擬辦刊物等。[1]

不過，在接下來的幾年中，北大史學系師生一直備受各種派系紛爭的困擾，人事變動頻繁，學術活動難以正常開展。在此期間，能夠持之以恆，並且成效卓著的反倒是燕京大學的歷史學會。該會成立於一九二七年，當時人數不多，精神渙散，成立不到一年，無形消滅。翌年秋，因校中各種學會紛紛出現，歷史系同學「為聯絡師友感情計，為研討學術計，為輔助史系發展計，僉以為史學會有重新組織再張旗鼓之必要，於是積極進行，賴師友之熱忱，不一週即告成立，師友會員計二十餘人」，推舉主席一人，文書一人，財務兼庶務一人，後來又增加演講、參觀、研究三股，每股各一人，合稱職員會；聘請顧問二人，另設出版委員會。[2] 同年發刊《史學年報》，得到系主任王克私（Philipe.de.Vargas）、教授王桐齡、張星烺等人的熱心指導。此外，還

---

[1] 《北大史學會通告》、《北大史學會簡章》，《北大日刊》第 2161 號，一九二九年五月七日。

[2] 《歷史學會之過去與將來》，《史學年報》第一期，一九二九年。齊思和《史學年報十年來之回顧》（《史學年報》第 2 卷第 5 期，1938 年 12 月）稱該刊創刊於一九二八年七月，疑誤。

舉行系統演講，請校內外學者主講。[1]以後，陸續來校任教的顧頡剛、洪業、張爾田、鄧之誠、容庚等人亦積極予以多方面支持，使得該會及其《史學年報》持之以恆，在當時的史學界堪稱異數。[2]該會按例每年秋季改選，因而人員流動甚大，但能夠堅持不懈，湧現了不少著名學者，僅以擔任過職員者論，就有翁獨健、齊思和、趙豐田、馮家昇、朱士嘉、鄧嗣禹、王育伊、周一良、張維華、蒙思明、王鐘翰、侯仁之、王伊同、譚其驤等。[3]

　　燕京大學歷史學會的突出成就，使之在北京（平）史學界的一系列組織努力中扮演重要角色。該會的工作重心之一，就是致力於聯合他校史學會創辦中國史學會於北平。[4]中國史學會的籌組過程中，王桐齡、張星烺等積極參與。該會無形解散後，一九三二年十月十六日，由北平各大學史學系的教授和學生發起，經過兩個月的籌備，在中山公園水榭召開大會，成立北平史學會，史學名家和各校學生百餘人到會，「頗極一時之盛」。十月二十六日下午二時，該會假座北海公園五龍亭召開第一次執行委員會，由譚其驤主席，朱士嘉記錄，會議議決執行委員會組織法，文書股由謝興堯（北大）、譚其驤（燕京）、丁迪豪（北師大）擔任，事務股由柴德賡（北師大）、陳均、張德昌（清華）、戴邦偉擔任，出版股由吳晗（清華）、朱士嘉（燕京）、鄧嗣禹（燕京）、李樹新擔任。決定出版會刊，擬聘請陳寅恪、陳受頤、陳垣、顧頡剛、鄧之誠、陶希聖、陸懋德、洪業、胡適等十八人擔任編輯委員會委員，由執委會派鄧嗣禹、吳晗二人為代表，出席編委會，

1　《燕大歷史學會一年來工作概況》，《史學年報》第二期，一九三〇年。
2　齊思和：《史學年報十年來之回顧》，《史學年報》第二卷第五期，一九三八年十二月。
3　《歷史學會十年來職員名錄》，《史學年報》第二卷第五期。
4　《歷史學會之過去與將來》，《史學年報》第一期，一九二九年。

計劃於一九三三年元旦出版會刊的創刊號。[1]從職員的情形看，燕京大學歷史學會的成員在其中起了重要作用。綱領性的《北平史學會緣起》，事先曾經顧頡剛修改。[2]

和此前的中國史學會不同，北平史學會的主體是各校的學生（包括研究生）而非教師，但同樣未能將故都的史學界同學聚攏起來，有計劃有組織地展開學術活動。關於該會的記載相當罕見，對於各位參與者似乎沒有留下深刻印象，以致於在他們的學術發展歷程上很少痕跡可尋，有關的傳記年譜幾乎未提及此事，各種學術編年甚至專門的史學編年，也沒有提到該會。這一現象，反映了一九三〇年代中國史學界的日趨多元化[3]，學人在推動史學研究的共同目標之下，更加重視治學途徑或領域方面的志同道合，以期創造出自己認可的新史學，因而對於這種聯誼性的大團體反而不大看重。北平史學會成立後的數年內，一些主要成員紛紛組建各自的學術小團體。

丁迪豪參與的國立師範大學研究所歷史科學研究會的組建與北平史學會幾乎同步進行。一九三三年一月二十五日，該會創刊了《歷史科學》雜誌。從該會及其刊物的標名，即可窺見其宗旨主張。《歷史科學》第一期的《創刊之辭》聲言：「本刊純係公開的研究歷史的刊物，站在新興科學底立場，以客觀的切實的精神，作深入的研究。我們無所企求，但願始終擁護真理，追求真理，掀起一個科學的歷史研究的運動。」

---

1 《北平史學會成立》，《北平晨報》一九三二年十月二十七日。引自《讀書月刊》第二卷第一號，一九三二年十月十日。這一期的實際出版日期較晚。
2 顧潮：《顧頡剛年譜》，第204頁。
3 周予同認為：一九二七年以後，中國學術思想界，尤其是史學界，漸趨複雜（《五十年來中國之新史學》，朱維錚編：《周予同經學史論著選集》增訂本，第547頁）。

自清末梁啟超揭出「新史學」的旗號以來,將歷史研究科學化,一直是眾多中國學人努力的目標之一。五四新文化運動以後,隨著科學主義的漸趨流行,無論尊奉還是盲從,各派學人都主張或不敢違背科學化,尤其是一代代以建設「新史學」為職志的學人,儘管其中也有人認識到歷史的人文與藝術的一面,不能完全以科學化來涵蓋。[1]不過,對於史學發展的狀況,主編《歷史科學》的丁迪豪等人顯然很不滿意。他們認為,民國以來的歷史研究表面看來異常勃興,仔細分析,實在是「不景氣」。他們針對有關現象,分別批評了三類人:

其一,「許多人還未認清歷史是什麼,把古書當作是歷史,尋章摘句的埋頭作考證,結果,離開了歷史的本身是十萬八千里。照這樣,充其量而言之,也只能比三家村上的老學究高明一點,除了熟讀幾句老古書外,還能加上一些標點符號,其餘還有什麼?」這顯然是指當時已經躍居主流地位的所謂「史料學派」,甚至包括疑古辨偽的古史辨派和提倡整理國故的胡適。京派學者與青年學生之間的精神差異,親歷其事的陶希聖有過典型的概括:到一九三〇年代初,「五四以後的文學和史學名家至此已成為主流。但在學生群眾的中間,卻有一種興趣,要辯論一個問題,一個京朝派文學和史學的名家不願出口甚至不願入耳的問題,這就是『中國社會是什麼社會』」[2]。分歧的嚴重,甚至到了面對學生的學術演講中不談及此類話題就很可能被轟下臺的地步。這一派人,後來大抵被歸入實證主義史學思潮的範圍。

其二,「另有一種人,把歷史當作是他們玄想的註腳,拾來一些江湖賣藝的通行語,也拿來比喻中國歷史的發展的過程,在他未嘗不

---

[1] 關於近代中國新史學與科學化的歷史聯繫,前人已經有所論及(參見王晴佳《論二十世紀中國史學的方向性轉折》,《中華文史論叢》第 62 輯)。但新舊各派學人就史學的科學與藝術性質而展開錯綜複雜的關係,尚可再作探討,另文詳論。

[2] 陶希聖:《潮流與點滴》,第 129 頁。

以他是俏皮巧妙，其實正表示他粗鄙淺薄與理論的貧弱。歷史之有合法則性，這一點自由意志者是根本不懂的。以自由意志來高談歷史，是有產者靈魂的跳舞」。這一種人成分相當複雜，就主張自由意志而論，晚年的梁啟超首當其衝。本來梁啟超信奉進化論，主張治史要求因果關係，但在讀了新康德主義弗賴堡學派的主要代表人物李凱爾特（Heinrich Rickert）的著作之後，其認識根本改變，認為過去主張建設新史學，要循著由歸納法產生出來的現代科學之路，其實完全錯誤，歸納法只能整理史料，不能研究歷史。因為「史蹟是人類自由意志的反影，而各人自由意志之內容，絕對不會從同。所以史家的工作，和自然科學家正相反，專務求『不共相』」。「歷史現象最多只能說是『互緣』，不能說是因果。」[1]梁啟超之後，成為新一代「新史學」代表的何炳松也主張史學純屬主觀，不可能像自然科學那樣成為真正的科學。被劃入相對主義史學思潮的人物，大抵在此範圍之內。[2]當時主要就史觀立論的官方史學，也被囊括。

其三，「便是一些從來未摸著歷史之門的，而偏要趕時髦的作家，把活的歷史填塞在死的公式中，在他們那種機械的腦袋裡，凡是馬克思、恩格斯的文獻中有著的歷史發展階段的名詞，中國便就有了。所以各人都努力向這裡找，找著一個時髦的名詞便劃分一下歷史發展的階段。然而，他們這種猜謎似的論戰雖是像煞有介事的，可是，這樣瞎貓拖死老鼠的亂撞，便由於缺乏高深的研究」。社會性質與社會史論戰，使得唯物史觀風雲一時，但弊病卻也顯而易見。參與論戰者當中相當多的人既非治史出身，也無相應研究，這種不學而能的事，雖然是清末尤其是五四新文化以來，學人聳動大眾的慣常，但在學院化的

1　《研究文化史的幾個重要問題》，《飲冰室合集・文集》之四十，第 1-4 頁。
2　張書學：《相對主義史學思潮》，《中國現代史學思潮研究》第五章。

一九三〇年代，學術界有太多的理由予以質疑。

《歷史科學》的批評將此前各派史家一網打盡，以證明其「不景氣」的總體評價，等於將已有的學術成就全盤否定，其目的是為了標樹新的。該刊向青年大聲疾呼：「以上這些我們是沒有半點滿意，我們雖也站在歷史的唯物主義方面，但我們要由歷史發展的本身作深入的探究，從而以為歷史之判斷；我們雖也留心史料的時代價值，但我們要以新的科學來闡明歷史，充實歷史；而我們更要努力於歷史之傳授——歷史教育之研究，以作歷史大眾化之準備。總之，我們決〔心〕不斷的努力，從工作中得來自己真正的樂趣。來喲！青年的史學同志們，這裡才真正是我們研究學問的園地。共同努力吧，終會有著勝利的果實。」[1]

在創刊號的《編輯雜記》中，該刊還宣佈準備在日、法、美各聘特約通信員一人，以溝通歐美史學的消息，「使本刊能逐漸成為新史學知識底總匯」。為了達此目的，該刊決定「一面介紹新史學之理論與研究作品，一面在鼓勵吾人以新方法作成有價值之新著」[2]，具體做法是：在一年裡打定科學的歷史理論的基礎，出版下列專號：一、科學的歷史理論；二、歷史與各種科學的關係；三、世界史學界鳥瞰；四、現代中國各派歷史方法論批判；五、滿蒙史研究；六、西北歷史研究。為此，編者再次呼籲：「我們必定要打破學術上的關門主義，每個讀者也就是歷史科學的培植，也就應該站在歷史之科學的運動的尖端叫著前進。」[3]

《歷史科學》的呼籲，在部分青年中的確激起了一陣波瀾。留學

---

1 《創刊之辭》，《歷史科學》創刊號，一九三三年一月二十五日。
2 編者（丁迪豪）：《編餘》，《歷史科學》第一卷第二期，一九三三年三月三十日。該刊從第二期起編輯單位改為「北平歷史科學研究會」。
3 《告讀者諸君》，《歷史科學》第一卷第二期。

東京文理大學的臧光恩來函讚道：中國輸入科學已經二十餘年，一切仍是老古董，「貴會唱出歷史科學化口號，將來對於中國史學前途，必會有切實功獻」[1]。署名「次晨」者由鄭州來函稱：「在這沉寂的學術空氣中，你們忍不住來衝破這萬籟無聲的幽靜，鼓動著奔騰的年青火一般的熱血，勇敢揭起了科學的歷史運動之旗，這是學術界一個火星的發現。雖然幾個青年人的血與熱，要和腐爛的中國史學者交鋒，外面看來這些昏庸老朽們，都是占據要津，已經樹立了卑污得說不上口的威權，而幾個青年人在喊著新史學的口號，無異是只槍匹馬在和他們在挑戰，但你們不要怕，這些老弱殘兵是敵不過新的科學的武器，最後的勝利是屬之你們的。迪豪兒，盼你和諸同志加倍努力，腐敗的中國史學者，才是你們的建設新史學的障礙物，非根本拆除不可。希望兄等以科學的史的唯物論之方法，積急的作些批判的工作，只怕沒有鑿空闢地之勇和犀利的刀斧，⋯⋯具有了勇氣和方法，還怕什麼不成。則現今史壇上的牛鬼蛇神，一經批判，哪有不原形畢露。」[2]

《歷史科學》在海外也博得響應。東京帝大文學部學生武田泰淳來函稱：「我認為一向中國沒有進步的物觀史，很是一個遺憾。郭沫若先生的《古代社會史研究》與張霄鳴先生的《太平天國革命史》等固然是很漂亮的著作，但還不是真正唯物辯證法的研究。」武田提出兩項建議，其一，加強近代史研究。中國史家治近代史者少，日本亦寥若晨星。只有近代史，才是中日史家當前緊要的研究對象。他本人即準備研究外國資本的侵入與革命勢力的勃興，以及由此而引起的打倒清朝封建專制政府的過程。其二，加強中日兩國史家的溝通聯繫。「雖然中日現在正在戰爭，但進步的科學者是要在國際上握起手來。」並告以日

1　《通訊三則》，《歷史科學》第一卷第二期。
2　《歷史科學》第一卷第五期，一九三三年九月。

本的《歷史科學》為馬克思主義激進雜誌,《歷史公論》則為大眾自由主義雜誌,允諾今後報告日本進步的歷史科學研究給該會會員。[1]丁迪豪等人接受了武田的意見,決定致力於下列問題的研究:一、亞細亞生產方法之探檢;二、專制主義之諸問題;三、明鄭和下南洋與商業資本及殖民;四、鴉片戰爭史;五、太平天國革命史;六、義和團運動史;七、中國資本主義發展史。

《歷史科學》把現狀當作傳統一概推翻的偏激做法,與晚清以來的激進傾向如出一轍。所要打倒的史壇上的牛鬼蛇神,「次晨」毫不掩飾地指名謾罵:「不管陳垣老狗怎樣在那兒托庇於上帝之靈,肚皮吃得肥肥的,僱用了幾個血肉之軀的書記為他抄寫趕製有利於基督教宣傳的史料,欺騙中國民眾而取媚於他的恩人——帝國主義搾取殖民地勞動大眾的先鋒隊:神父、牧師。然而,只要我們堅決的站在為護擁無神論鬥爭的基點,仔細批評他的著作,這老狗一定會給你們打得抱頭鼠竄,也可以說是打落水狗。不管美帝國主義驕養慣的小寶貝胡適怎樣在那兒揚眉吐氣,目瞪口呆看著紐約、芝加哥的洋樓出神,喊著奉天承運,大美帝國詔曰,接受西方文明,可是這帝國主義的說教者的放屁胡說——文存一集二集三集這樣出下去,但也是不堪一擊的。即便那些無恥的嘍囉走卒怎樣的喊破嗓子的說:『胡適聖人也』(章衣萍著《枕上隨筆》,滿篇是胡聖人曰),然而你們要用科學的照妖鏡,也究竟是能分別出人妖。嗚呼!聖人吾不得而見之,斯乃小毛狗也。還有整天抬著王國維死骸念經的遺少們也在高談歷史,其實是歷史被他們侮辱不堪;以及那些一竅不通而只知用鋤掘地的考古學大博士和多如牛毛般的小卒,也都在一心一意的塗改歷史。」

這些乍看以為「文革」遺風的語言,剛好表明「文革」風氣淵源

---

[1] 《讀者通信》,《歷史科學》第一卷第三、四期合刊,一九三三年六月。

有自。除了被點名的陳垣和胡適，陳寅恪、李濟等人顯然也在被攻擊之列。而上述各人正是一代新史學的代表。次晨對於《創刊之辭》的橫掃一切依然感到不夠痛快，進而呼籲道：「朋友！你們果真是要努力於中國史學之改造嗎？那麼我說的這些碎銅爛鐵，要根本把他一掃。迪豪兄，夙昔我佩服你的勇敢，現在你倒謹慎了，奮鬥吧，不要怕。我願意竭我個人的微力，貢獻給這神聖的清算運動！」[1]

不過，儘管《歷史科學》自封「本刊為唯一主倡新史學的有價值之刊物」[2]，似乎並未得到學界的公認。那些成名的權威學者對於此類狂言司空見慣，不會太過在意；同樣立志為建設新史學而奮鬥的青年同道也不以為然。一九三四年五月，參與北平史學會的吳晗和其他九位青年學人（湯象龍、夏鼐、羅爾綱、梁方仲、谷霽光、朱慶永、孫毓棠、劉儁、羅玉東）一起組織了「史學研究會」，其目的是經常聚會，交換心得，「以便能對中國新史學的建設盡一點力量」。他們不像《歷史科學》那般偏激，既「不輕視過去舊史家的努力」，又「尊重現代一般新史家的理論和方法」。而對於新史學的理解，正如後來主辦《益世報》史學專刊時由集體討論形成的《發刊詞》所稱：「帝王英雄的傳記時代已經過去了，理想中的新史當是屬於社會的民眾的。」希望通過十年二十年的努力，做出一點成績。[3]這基本是延續梁啟超「新史學」的精神，要寫出社會民眾史。至於具體做法，湯象龍回憶為編撰一部社會經濟史。[4]這多少受到其專業和後來局勢變動的影響，民眾史與社會經濟史之間顯然存在差異。在共同信奉新史學之下，該會的宗

---

1 《歷史科學》第一卷第五期，一九三三年九月。
2 歷史科學研究會發行部：《徵求基本定戶啟事》，《歷史科學》第一卷第三期，一九三三年六月。
3 蘇雙碧、王宏志：《吳晗傳》，第36-37、65-67頁。
4 馮紫梅著，曾越麟等譯校：《時代之子吳晗》，第210頁。

旨,與丁迪豪等人一味主張科學化的歷史科學研究會明顯有別,而被後來史家認為尚未跳出舊史學的窠臼。

與丁迪豪、吳晗等人泛舉新史學的大旗有所不同,譚其驤等人在細分化的基礎上走了更加專門化的路線,與顧頡剛一起組織禹貢學會,致力於歷史地理學的研究。由譚其驤撰寫、顧頡剛修改的《禹貢・發刊詞》,宣示了他們的學術思想和研究計劃。治史須通輿地,本來是一般準則,研究地理沿革,清代盛行一時,但後來衰落,無人講求,以致於學人很容易開口便錯。「在這種現象之下,我們還配講什麼文化史、宗教史,又配講什麼經濟史、社會史,更配講什麼唯心史觀、唯物史觀!」研究地理沿革,就是要「使我們的史學逐漸建築在穩固的基礎之上。……不能但憑一二冷僻怪書,便在發議論。我們一方面要恢復清代學者治《禹貢》、《漢志》、《水經》等書的刻苦耐勞而謹嚴的精神,一方面要利用今日更進步的方法——科學的方法,以求博得更廣大的效果」。該會計劃編寫中國地理沿革史、地理沿革圖、歷史地名大辭典,整理歷代地理志和輯錄各種史料,「絕對不需要『是丹是素』的成見,更無所謂『獨樹一幟』的虛聲」。以平等的精神打破門戶宗派,共同合作,開闢新境界。[1]這種治學態度與吳晗等人的史學研究會頗為近似,只是取徑和領域有所不同。

三 南方各大學的史學會

與此同時,南方各大學的史學會持續活動,如中央大學的史學

---

1 《禹貢》第一卷第一期,一九三四年三月一日。關於譚其驤與禹貢學會,參見葛劍雄:《悠悠長水・譚其驤前傳》,第 67-75 頁;顧潮:《歷劫終教志不灰・我的父親顧頡剛》,第 158-172 頁。

會，基本繼承了東南大學的學風，與北平隱然對峙。廣州的中山大學也組織了史學研究會，發起所謂「現代史學」運動。此事原委，朱謙之後來回憶道：「我來中大第一樁事就是組織史學研究會和提倡現代史學運動。這時文學院院長吳康（敬軒），是我北大舊友，約我為史學系主任。那時史學系學生人數不多，教授有蕭鳴籟、陳定璠、陳安仁幾位，我為著聯絡感情與研究學術起見，在史學系的行政機構之外，更與本系同學譚國謨、黃松、戴裔煊等提議設立史學研究會。史學系各年級生均為當然會員，而我和各教授則隱然居於領導的地位。這史學研究會在過去十二年中，貢獻不少。……史學系自有了這個學術團體，系務乃大見發展。尤其惹國人注意的。就是我和一班青年史家所合力倡導的『現代史學運動』。我那時的經濟情況，允許我把《歷史哲學大綱》所得的稿費，移作提倡現代史學之用，我很熱心地在這一年（1932年）十二月，以自費創刊《現代史學》，但仍用史學研究會的名義，創刊號由陳嘯江主編。」[1]

　　朱謙之的回憶與事實略有出入，尤其是隱去了至關重要的人物朱希祖。後者因為北大史學系學生再三反對，被迫辭去系主任職位，並最終離開北大，經黎東方介紹，被中山大學聘為史學系主任。但朱希祖遲遲未能到任，學校開課已久，一切課程等規劃，需人主持，於是再聘請朱謙之擔任系主任。而校方擔心朱希祖因此不肯來校任教，秘而不宣。朱希祖於一九三二年十月十五日到校後，只好改任教授，後來又受聘為文學院文史研究所主任。[2]該所由傅斯年、顧頡剛等人創建的語言歷史研究所演變而來，受北京大學研究所國學門的影響，所內除事務委員會及其下設辦事機構外，學術活動主要以學會為單位展

1　《奮鬥廿年》，《朱謙之文集》第一卷，第75頁。
2　《朱逖先先生年譜》，《朱希祖先生文集》（六），總3829-3897頁。

開,先後成立了民俗、考古、歷史、語言等學會。歷史學會的成立較晚,到一九二九年十一月二日,才由事務委員會決定,請沈剛伯負責籌備。一九三二年夏,因人事變動,文史研究所的所務中斷。朱希祖接任後,重新恢復[1],並於一九三三年三月二十三日聘請朱謙之為文史研究所史學會主席,擬增辦《史學季刊》,得到後者的允諾。[2]

至於史學研究會,與朱謙之的回憶更是相去甚遠。該會一九三〇年五、六月間即由史學系學生唐粲明、葛毅清、黃松等人發起組織,以互助精神、科學方法和研究中外歷史為宗旨。凡史學系同學為當然會員;如離校後仍願繼續加入研究者,得為特別會員;別系同學如贊同宗旨,得為普通會員,但須經入會手續。設全體會員大會,轄執行委員會,下分文書部、事務部、研究部委員會。文書、事務兩部設正副主任各一人,研究部委員會下分史料蒐集、專史研究、歷史教學三組,每組設委員三人,由執行委員互選任之。[3]

該會擬定的一九三一年度研究計劃規定:會員每學期初須報名參加研究部委員會下轄三組,擇題研究,每人每學期至少交論文一篇;每月開學術討論會一次;每學期商請史學系或其他科系教授及校外史學專家,至少舉行一次以上的學術演講;每學期至少舉行一次以上的修學旅行,隨時調查風俗習慣方言和蒐集史料;每學期出期刊一次,以史學系各教授和會員論文為基本稿件。史料蒐集組旨在設法蒐集、保存和整理各項史料,具體分為確定和預定計劃兩種,前者包括整理近代兩廣外交史料、兩廣祕密結社之調查、編輯近代叢書目錄、翻譯

1　參見黃義祥:《中山大學史稿(1924-1949)》,第182-189頁。
2　《朱逖先生年譜》,《朱希祖先生文集》(六),第4037頁。
3　《史學研究會業準備案》,《國立中山大學日報》,一九三〇年四月二十八日。本段關於中山大學史學研究會,參見楊思機《朱謙之與「現代史學運動」》,中山大學未刊學士學位論文。

各國有關中國近代史資料等,後者包括編印史料叢書、登報徵求各項史料實物、設立史學書庫保存各項材料、派專人調查兩廣內地非漢族語言(最好同時注意風俗、習慣、宗教、信仰)、購買必要書籍等。專史研究組規定研究員從經濟、思想、政府組織、人類本身等方面著手,依材料選定題目,請史學系或校內外學者指導。歷史教學組以研究歷史教學法為目的,介紹國內外史學家的主張及方法於本國學術界,尤其注重原文譯讀。[1]由於中山大學語言歷史研究所下設歷史學會有計劃而無活動,學生組織的史學研究會,實際上很想承繼其事業。一九三四年,史學研究會將執行委員會下屬組織改組為出版部(下設編輯部和校對股、發行股)、總務部(下設文書、事務、考察三股),各設部長一人;校對股股員三人,其餘各股二人。[2]

《現代史學》發刊於一九三三年一月,雖然朱謙之用了史學研究會的名義,其實不僅開始經濟上由他本人承擔,編輯事務也未能發揮學會的組織功能。史學研究會成立十週年紀念時署名「樂水」所寫的《〈現代史學〉的回顧》稱:「時中國社會史研究的風氣,瀰漫全國,中大致力歷史的同人,自亦不甘落後。朱先生乃聯絡校內青年學者多人提議創辦本雜誌,第一第二期的印刷費,並由朱先生獨力擔承,經詳細的磋商後,便開始集稿,編輯方面,公推陳嘯江先生負責(王興瑞先生亦幫忙不少)。憑著青年人做事的熱誠和敏捷,在三星期的短短時間中,創刊號便呱呱墜地了。」[3]沒有提及史學研究會與《現代史學》的關係。當時任教於中大史學系的朱希祖,與朱謙之、譚國謨、戴裔煊等人聯繫不少,又曾為《現代史學》供稿,後來還為《現代史學》

---

1 《史學研究會本學年研究計劃》,《國立中山大學日報》一九三一年一月二十一至二十四日。
2 《史學研究會定期召開會員大會》,《國立中山大學日報》一九三三年十月七日。
3 《現代史學》第四卷第三號,一九四一年八月十日。

第三、四期合刊捐款五十元，卻始終未提到史學研究會的活動。在他看來，《現代史學》不過是朱謙之自己的刊物。[1]而陳嘯江被推為主編，是因為他在廈門大學時曾經組織過史學會，並出版過史學會專刊（附於《廈大週刊》）。

文史研究所史學會的《史學季刊》後來未能出版，而《現代史學》與史學研究會的名字卻聯繫在一起，據說「史學研究會主編之《現代史學》月刊，自創刊號出版後，即引起學術界重大之注目」[2]。抗戰期間，《現代史學》又先後收歸學校，作為中大學術刊物，以及作為文科研究所歷史學部和史學系合辦的刊物[3]，以至於人們容易混淆史學會和史學研究會的關係，以為史學研究會是系辦的團體。其實前者並非單純的學會組織，而在一定程度上發揮正式的學術機構的作用。

與中山大學文史研究所史學會相似者有北平研究院的史學研究會。該院成立於一九二九年，分甲乙兩組，甲組為行政，下設總務、出版、海外三部，乙組為學術部，分為天算、理化、生物、人地、群治、文藝、國學七部，每部設研究所或研究會，還設有由國外專家組成的學會。史學研究會成立於一九二九年十一月，共有會員二十人，除正副院長李石曾、李書華外，還有張繼、朱希祖、馬衡、馬廉、陳垣、徐炳昶、沈尹默、沈兼士、白眉初、陸鼎恆、吳敬恆、李宗侗、肖瑜、汪申、翁文灝、劉慎諤、齊宗康、樂均士。到一九三一年，舉行第一次全體會議，計劃編輯《北平志》、《北方革命史》、《清代通鑑長編》[4]。該會會員時有變動，一九三五年三月，北平研究院史學研

1　《朱遏先先生年譜》，《朱希祖先生文集》（六），總 3926 頁。
2　《〈現代史學〉月刊出版後之影響訊》，《國立中山大學日報》一九三三年一月二十日。黃義祥《中山大學史稿》已引及此則史料。
3　《奮鬥廿年》，《朱謙之文集》第一卷，第 79 頁。
4　《故宮博物院創始人李石曾》，《傅振倫文錄類選》，第 586-588 頁。

究會聘請顧頡剛為歷史組主任，後又聘洪業、許地山、張星烺、陶希聖、聞宥、孟森、吳燕紹、錢穆、呂思勉、聶崇岐為會員，並出版《史學集刊》[1]。據說因為出版豐富，一度聲勢超過中央研究院史語所，負責其事的顧頡剛，在北平學術界能夠與有權有錢的胡適、傅斯年鼎足而三。[2]到一九三七年，才改會為所。

現代史學無疑就是新史學，具體主張卻與故都北平的新史學有所不同。本著克羅齊（Benedetto Croce）的學說，朱謙之認為「一切歷史原來就是現代的歷史」。他在為《現代史學》所作的發刊辭中，特別強調現代史學的三大使命，其一，「現代性的歷史之把握」，即將一切歷史看成是現在的事實；其二，「現代治史方法之應用」，即社會科學之下的歷史進化法與歷史構成法，稍後朱謙之又稱現代史學的方法是考證考古（正）和史觀派（反）之後的合；其三，注重現代史及文化史之下的社會史、經濟史、科學史。自動代表「願為轉型期史學的先驅」的「青年史學家」立論的朱謙之，主張對於一切現代史學要廣包並容，對於過去的史學則不惜批判，「努力擺脫過去史學的束縛，不斷地把現代精神來掃蕩黑暗，示人以歷史光明的前路」[3]。

不過，其所謂過去的史學，主要不是傳統史學，而是指由中山大學發端，已經躍居中國學術主流地位的傅斯年一派的主張。一九三五年朱謙之代理文科研究所主任時，提出歷史學部與從前的語言歷史研究所有三點不同，一、語史所以為史料學即史學，現在只認為是史料整理。二、語史所將語言與歷史連成一氣，為文獻言語學派，現在將二者分開，歷史獨立，以研究整理歷史文化為目的，為文化學派。

1　顧潮：《顧頡剛年譜》，第232-234、245頁。
2　顧潮：《歷劫終教志不灰：我的父親顧頡剛》，第178-179頁。
3　《現代史學》第一期，一九三三年一月。經過補充修改，該文收入朱謙之著《現代史學概論》，為第一章。

三、文獻言語學派其弊流於玩物喪志，現在則具有濃厚的講學精神。[1] 抗戰期間，朱謙之為《現代史學》第五卷第一期（1942年6月）《中國現代史專號》撰寫的卷首語，再度對抗戰前純粹考古的史風提出尖銳批評，認為現代史學更應注重「考今」。

《現代史學》宣言式的發刊詞，是否如史學研究會同人所自認的那樣，「尤足使關住象牙塔內的太史公嚇一大跳！」當然難免見仁見智。該刊先後編輯出版了中國經濟史和中國現代史兩期專號，文化評論和史學方法論兩期特輯，至少在編輯同仁看來，成效不錯。其表現於三方面：

一、專號、特輯影響廣泛，如經濟史專號刊出後，改變了以前談社會史者牽連到政治文化方面的漫無邊際，「明白提出作為社會核心的經濟史加以研究」，並且注意材料的蒐集和專門精深的探討，改變論戰時謾罵的態度。後來《中國經濟》、《食貨》等雜誌的風格有意無意地受其影響。

二、專題論文在各自領域多有創見，如史學方法提倡史的論理主義與心理主義之綜合，歷史為獨立法則的科學；文化學提倡南方文化運動，文化人類型說；社會經濟史提倡佃傭社會說，解釋中國不能走上資本主義道路。在婚姻史、文學史、藝術史等方面，貢獻亦不少。

三、作者發表的論文多已擴展為專書，如朱謙之的《文化哲學》、《現代史學概論》、《中國思想對於歐洲文化之影響》、《中國音樂文學史》，陳安仁的《中國文化演進史觀》，陳嘯江的《兩漢社會經濟研究》、《三國經濟史》、《中國歷史何以不能發生產業革命》，全漢升的《中國行會制度史》，王興瑞的《中國農業技術發展史》，朱傑勤的《龔

---

1 《中山大學日報》一九三五年一月十三日。見《奮鬥廿年》，《朱謙之文集》第一卷，第80頁。

定庵研究》、《中西文化交通史料譯粹》，梁甌第的《書院制度研究》，岑家梧的《史前史概論》，董家遵的《中國婚姻史論叢》，關燕祥的《中國奴隸制度史》[1]。

此外，該刊作者還有楊成志、羅香林、容肇祖、鄭師許、周謙沖、黎東方、徐家驥、吳宗慈、蕭鳴籟、姚賣猷、陳定璠、戴裔煊、謝富禮、陳翊湛、容傑英、江應梁、丘陶常、黃福鑾、梁釗韜、區宗華、羅時憲、彭澤益、黃慶華、李肇新。[2] 既有成名學者，也培養了一些新人。

四 參加國際歷史學會

一九三〇年代的中國史學界，進入了新的多元化時代，群雄並起導致諸侯割據，各自放大，卻又難以吞併其他。儘管能夠稍微堅持的學會組織和刊物，多少都起到養育人才，推出作品的作用，但整個史學界在盲人摸象似的互相攻訐的熱鬧之下，不免亂了章法。在力圖創造新史學的過程中，各派學人紛紛將有用誇大為唯一，在努力發展專門化的同時，往往陷入由專而偏的陷阱而難以自拔，統一與協調組織全國史學界的意識和要求變得模糊起來。

對外學術交流再度強化了成立全國性史學會的迫切性。一九三三年在華沙召開的國際史學大會，中國依然沒有代表參加。一九三六年底，國際歷史學會會長、劍橋大學教授田波烈（H.Temperley）教授應滬江大學教授會常務委員康選宜的邀請來華，「康氏以中國至今無歷史學會之成立，對於史學之研究亦不甚注意，故特約田氏來華講學，

1　樂水：《〈現代史學〉的回顧》，《現代史學》第四卷第三號，一九四一年八月十日。
2　《奮鬥廿年》，《朱謙之文集》第一卷，第79頁。

以提高國人對史學之注意，並促進中國歷史學會之成立」[1]。十一月中旬，康選宜陪同田波烈由日本抵達北平，「田氏這次來中國的目的，除了遊歷和講學外，還負有聯絡中國史學團體參加國際歷史學會的重大任務」[2]。

在平期間，田波烈曾到北平歐美同學會發表題為「國際歷史學會之經過及組織」的演講，據其介紹，組織國際歷史學會的目的，在於「促進世界各國歷史學家之國際合作的計畫，及創設共同工作之學者的任務也」。國際歷史學會除大會外，還設有事務會，為推行會務起見，經常召集會議。先後於一九二六年在哥廷根（Gottingon），一九二七年在巴黎，一九三〇年在倫敦牛津和劍橋，一九三二年在 Hague，一九三四年在巴黎，一九三六年在 Bueharest 等地舉行過會議。國際歷史學會設會長一人，秘書長一人，執行委員八人，由各國代表選出。其最高權力機構為委員會，凡是國際歷史學會會員國，各有兩位代表出席，委員會在每次事務會和五年一屆的大會中召集。事務會開會，會員到會人數約八十至九十人，大會到會人數則為一千至一千二百人。

各國要加入國際歷史學會，必須由委員會決定許可。成為會員國須交納會費，仿國際聯盟辦法，多少視國家大小輕重而異，歐美各大國每年各出三百瑞士法郎，約合二十餘英鎊。田波烈表示：「曾有人提議增加會費，但余意以為如中國入會，其每年會費亦不至多於此數。中國必被視為與法德及其他大國同等，固無可疑。凡在五年大會及事務會開會之期，其開會地點所在之國家，對於本會，無不表示優禮待遇，及供給費用。但此項開會地點，皆出於各關係國家之約請而定。

1　《康選宜發起組織中國歷史學會》，《圖書展望》第二卷第六期。
2　蕭遠健：《中國史學團體應加入國際歷史學會》，《歷史教育》第一期，一九三七年，第18頁。

然即如本會會員各國家，亦無自己必須約請在其本國開會之義務。若以個人意見言之，如有一日使本會開一次會議於中國，則所甚望也。」希望中國加入該會的意圖相當明顯。

根據國際歷史學會的規定，要成為會員國，應在國內組織全國性的史學會，其責任即推舉最適宜的史學家代表本國，出席國際歷史學會的事務會及大會，預備演講及討論，籌劃組織本國代表團，推舉國際各委員會的代表。各國史學會的組織，依據各國的情況，而與各國政府保持不同程度的關係。

該會的最初目的，是使各國選出史學家在五年大會上向全世界史學家演講其本國史學的狀況及目的，此事仍為歷次大會最重要的內容。「而對於本會遠東之演講討論，中國史學家向不能到會參加，余必以此為可注意而抱遺憾之事。其實除此之外，對於歐戰以後之國際的共同事業，至今中國未嘗參加任何部分也。」該會下屬各委員會，負責預備各國工作的聯合報告，各國代表分別負責本國部分，內容涉及各國的歷史出版品、年代研究、歷史教法、探險旅行、專家發明、地理沿革、圖像藝術等類，皆甚重要，「在此類報告中，關於中國者竟無一種，而中國的重大貢獻，最為歡迎，實甚顯明也」。該會正在編輯關於各國憲法之著作及其註解、關於各國外交人才之記錄、以及關於各國每年史學著作之編目，「以上各種工作，如有中國代表參加，則吾等之歡慰如何，自不待言。其實中國及其史學與國際的科學組織合作之利益，此不過表示其一端而已。自余遊覽中國以來，此為本會事務會各代表最注意之事也」[1]。田波烈的演講合談話，表明國際歷史學會對於爭取中國加入該會的態度相當積極，這對中國史家重視全國性史學會

1　Harold W. V. Temperley 著、左秀芝譯：《國際歷史學會之經過及組織》，《歷史教育》第一期，一九三七年，第 20-22 頁。

的組織，無疑具有激勵推動作用。

中國方面，學人的反應同樣積極，但因為此前未經協調，彼此還有些競爭。「康氏抵平後，與平方歷史學者研討結果，認為確有從速組織中國歷史學會之必要，並決定由北京大學歷史系主任姚士鰲先生及清華大學歷史系劉主任負責在平聯絡發起，中央大學羅校長負責在京聯絡發起，上海方面則由康氏南返後進行，務期趕速成立，並希望派代表出席一九三八年在瑞士舉行的國際歷史學大會。」[1]

十二月一日，燕京大學歷史系主任顧頡剛、北京大學政治系主任陶希聖以及連士升等人到田波烈下榻的北京飯店拜會，商議組織中國歷史學會以便加入國際歷史學會的事宜。會談顯得頗為正式，顧、陶分別以系主任名義出席，連士升擔任臨時文書，會談結果還寫成紀要，公開發表。雙方討論了中國入會問題，入會後中國政府之援助與中國的財政負擔，中國歷史學者即時開始史學工作之條項等問題。關於入會，中方可先與國際歷史學會秘書長通信聯繫，初步接洽，進行方式有三種：一、由中國政府申請；二、由一代表全國的研究院申請；三、由一代表全國的歷史學者委員會申請。入會問題將在一九三八正式年八月於蘇黎士舉行的四二國大會正式決定。田波烈返歐後，該學會行政部將於一九三七年五月在巴黎開會，其間極願得知中國的意向。田波烈負責寫成函件致顧頡剛，促請中國歷史學者對此事之注意，並表示願意為此到南京謁見國民政府的外交部部長、教育部部長以及中英庚款委員會主席。

關於經費，田波烈表示，中國唯一的正式負擔，為由國家交納會費每年最少二十鎊，最多四十鎊，希望由中國政府撥付；其他包括派一位代表每五年參加大會，每兩年參加小會，相關費用也希望中國政

---

[1] 《康選宜發起組織中國歷史學會》，《圖書展望》第二卷第六期。

府負擔；組織中國史學會的費用，照常規均由本國政府津貼或補助。至於應當立即著手的工作，主要是與國際歷史學會秘書長聯繫，表明中國立場，並向國際歷史學會的各委員會提供下列材料：一、一九三六年度的史學書目；二、中國憲法發展概述及書目；三、中國爭取加入國際歷史學會的新聞簡報；四、中國大學歷史教學的臨時報告；五、一八七三年以來的中國外交人物及外交事務。

會談最後田波烈稱：「顧、陶二教授已將中國觀點完全闡明。他深信中國的歷史學術業已達到能和其他國家相為媲美的階段，目前極需要與他們作有計劃或有系統的交往。似乎各方面都同意，除世界歷史學會以外，更無較善的途徑可循。該會頓然成為諸種歷史觀念的澄清所在，也即是在廣大的國際範圍內合作的歷史事業中唯一的組織。」另外允諾凡中國學者或圖書館訂購《世界歷史學會公報》，優惠三分之一。

次日，按照事先約定，田波烈致函顧頡剛，表示：「你知道我已經和許多中國歷史學者討論中國加入世界歷史學會的事。直到現在並沒遇到一個人不贊成此舉的。所以我想中國加入這個組織的時機已經成熟。敝會現已有四十二國為會員（日本在內）。為達此目的，第一步，先要組成一個中國歷史學協會。中國入會可取三種方式：（一）由中國政府請求；（二）由一個公認的國家團體請求，如中央研究員之類；（三）由一個代表全國歷史學者的委員會請求。無論如何，第三點總得成立。我願意並且希望你能領袖著把它組織起來。我誠摯地相信，中國本國歷史和教育的發展，若不發生更多國際的關係，不會完善。並且在中國以外的學術界中也總不會被人認識——除非立即採取目前的步驟。貴國的加入，對貴國本身和敝會都具有最崇高的歷史意義。我相信中國的史學業已達到一個可以與舉世並立的階段。我也相信沒有

人比你更有資格來輔助這件偉大的工作。」[1]顧頡剛本來有心於學術組織工作，一生發起組建了不少學術團體，從此對組織中國史學會一事不能忘懷。他與鄭振鐸、羅家倫等人計劃籌組中華史學會作為中國史學的最高學術團體，決定設總會於北平，在上海、南京、廣州等地設立分會。[2]並準備向教育部接洽進行辦法。

顧頡剛以中國史學界代表人的姿態與田波烈接觸，似未得到普遍認可，而且此事原來與之關係不大，所以在康選宜階段，參與者有北京大學的姚從吾、清華大學的劉崇鋐、中央大學的羅家倫，而沒有燕京大學和顧頡剛，陶希聖雖然好社會經濟史，畢竟不是史學正宗。從會談情形看，此時康選宜可能已經離開北平，南下落實聯絡組織史學會之事。據燕京大學歷史系《史學消息》的報導：「經二氏（即田波烈和康選宜）與平方史學界研討結果，認為中國歷史學會有從速組織之必要。並決定由燕京大學歷史系、北京大學歷史系、及清華大學歷史系，負責在北平聯絡發起。中央大學校長羅家倫負責在南京聯絡發起。康選宜氏則負責返滬聯絡發起。務期從速成立，並希望出席一九三八年在瑞士舉行之國際歷史學大會。」[3]

與前引《圖書展望》的《康選宜發起組織中國歷史學會》相比，燕京大學和顧頡剛的主導性角色作用不僅是後來附加，而且取代了康選宜的位置。《圖書展望》的消息係根據康選宜本人的談話，據北平《世界日報》一九三六年十一月二十日報導：「據康選宜先生的談話，中國方面正預備組織史學團體，從速加入，並希望出席一九三八年在

1　《中國歷史學會積極組織》，燕京大學歷史學系史學消息編輯委員會編：《史學消息》第一卷第三期，第 27-29 頁；顧潮：《顧頡剛年譜》，第 264 頁。

2　《中華史學會將成立》，《圖書展望》第二卷第六期。吳忠良《南高史地學派與中國史學會》（《福建論壇》2005 年第 2 期）已引及上述三則史料。

3　《中國歷史學會積極組織》，燕京大學歷史學系史學消息編輯委員會編：《史學消息》第一卷第三期，第 27 頁。

瑞士舉行之國際歷史學會大會。同時決定由北京大學歷史系及清華大學歷史系負責，在北平聯絡發起，中央大學校長羅家倫在南京和康氏本人在上海，分頭負責聯絡發起，務期趕速成立。」[1]則田波烈與中國學者的洽談，在十一月二十日以前已經確定基本方向，而這時顧頡剛尚未介入，後來田波烈給顧頡剛的正式函件，無異於按照預先商定的口徑，給了後者一柄尚方寶劍。儘管有些小的枝節，加入國際歷史學會仍然引起中國學人極大的關注，並且抱有極大的熱情，有評論道：

> 我們很希望他們趕快把史學團體成立起來，去加入國際歷史學會，因為這個意義是非常重大的。我國史學，發達很早，而且可稱相當的完備，這是中外學者一致承認的。但是，西洋的史學，自近百年來，經各學人的努力，突飛猛進，使史學已由附屬的地位而進步到獨立的科學。反顧我國，最近一二十年來，雖說慢慢地脫離舊史學的死圈而走向新史學的途徑，然距我們的理想還遠得很哩！中國的史學為甚麼不能有長足的進展？原因固然很多，而沒有和國際學術機關取得聯絡，卻是一個重要的因素。這是一點。
> 其次，凡是一國的文化，都應有民族的與國際的兩方面，每個民族必有所貢獻於世界，並有所獲於此世界。……集世界普遍科學之大成，每個民族都與國際社會發生極其密切的關係。中國在學術上，貢獻於世界的，誠然很多，但這還不夠。我們應該很精審的勇敢地採取西方更進步的方法，來改造、充實我們固有的文化，使之發揚光大，成為世界學術的主力軍。第三，國際歷史學會，每年出版《世界歷史學名著書名匯編》一冊，其中關於中國書名部分，均由會中選定，大會因無中國會員，選擇很不方便。

---

[1] 轉引自蕭遠健：《中國史學團體應加入國際歷史學會》，《歷史教育》第一期，一九三七年，第18頁。

同時該會的學報，發表多數國家之報告，類多關於新聞出版史、憲法史、與學校及大學之歷史教學，中國也因無會員，絲毫沒有表現。無疑的，現在中國的史學，已有相當進步，而且也有不少的發明。只因沒有參加國際歷史學會，使我們艱苦締造的一點成績，不能公表於世界。誠如田氏所說，這是中國史家的失敗，而非無遠識之西方史家的失敗。我們為了補償過去的損失，和發展將來學術大業，實在有從速組織史學團體參加國際歷史學會的必要。我們熱烈的盼望各個學術機關和著名史家，注意此事！[1]

抗日戰爭的爆發，打斷了中國學術的常規進程，組織中國史學會一時間變得無從談起。但國內外形勢的變化，反而使中國學術界暫時擱置以往的紛爭。盧溝橋的炮聲，令中國學人同仇敵愾，學術風氣也為之一變，重視史學的民族主義教育等社會功用，前此的學派分歧變得較為次要，容易形成共識。遷徙到大後方的各校紛紛組織了歷史學會、文史學會或史地學會。而一九三八年召開的國際歷史學會第八屆大會，多數論文報告反映出「現代史學研究的趨勢，在努力使研究工作與現代問題及興趣發生密切之聯繫，即在較遠古之時代研究上亦然」[2]。據說國際歷史學會方面稱，第八屆大會中國曾推舉胡適、傅斯年、陳寅恪等三人為代表，[3]而實際到會者應當只有胡適一人。[4]

1　蕭遠健：《中國史學團體應加入國際歷史學會》，《歷史教育》第一期，一九三七年，第18-19頁。
2　《國外史學消息》，《史學季刊》第一卷第一期，引自《考今》，《現代史學》第五卷第一期，一九四二年六月。
3　據中國史學會前會長金沖及教授告知此信息。
4　胡頌平編著《胡適之先生年譜長編初稿》稱：據張貴永先生見告，胡適是以普魯士科學院的通訊研究員的身分被邀請參加的，這是中國唯一的代表，也是中國出席國際歷史學會的唯一的一次（校訂版第5冊，第1645頁）。

關於此事的來龍去脈，傅斯年先後有兩函談及：其一為一九三八年六月十四日致陳立夫、張道藩等人：

> 關於史學會議事，去年本院曾與大部接洽多次。其原委大略如下。先是，國聯中組織一史學委員會，此史學委員會主持每四年一開之國際史學會議。前年末，其會長 Professor Harold Temperley 來華，並在北平小住，鼓動中國史學界加入。弟本早有加入之意，但中國史學界分門別類，欲組織一個 National Committee 或引糾紛，唯如以敝所加入，則又恐人以為包攬，故未決（照章，加入資格非一個 National Academy，即一個 National Committee【不可】）。及此公來國，一鼓吹，所有惟物史觀者、抱殘守缺者，大動興奮，遂有不可不辦之勢。當時以求避免由惟物史觀者作為中國史學正統起見，與教育部商洽，仍用本所名義（或本院名義，記不清矣）去請，該委員會已決定同情考慮，其最後決定權在本年八月底大會（四年一次）。此事本由該會會長來約，故無問題，本年大會，必可決定中國加入也。
>
> 惟請求加入時曾附一條件，即中國在此會中，必得最優待遇，即英、法、義、德諸國之待遇是也。中國歷史最長，不可在此會中仍為二等國，故必求其有此權利，該會會長業已口頭允許矣。[1] 凡此經過，貴部均有案可稽，乞一檢（敝所者在箱子中）。於是而有去年代表問題。此會乃初次加入，且須爭權力，故其人選不能不慎重，必須在中國史學界有地位，在國際有聲望，而英國話（或法國話）說得好，然後可以勝任也。想來要備此資格，無過於胡適之先生，敢請大部惠予同意，派胡先生為代表，於本年八月前

---

[1] 本行行首空白處有附語：「該會會長非常熱心，近日來信不斷，催我國派代表。」

往出席,並爭待遇,諸希奪復為幸。

又,胡先生前往,又有一便利,即旅費甚省也。胡先於七月十三日赴英,自英赴 Zurich,往返百鎊足用,此款由大部與敝院分擔,何如?若用不到此數,則更便矣。

此會係國聯所主持,是一鄭重的國際學術會議,未可輕視。且其中包括近代外交史、遠東史、此皆日本人指鹿為馬、淆惑視聽之處,吾國不可略過也。

此會辦事人當請中國他人(弟亦其一,由 Temperley 及 Otto Francks〔Frankes〕約請),然以此時國家困難,無此多錢,胡先生一人足矣。又,入會後,如享頭等待遇,當有一批年費,其確數一時記不清,大約須五、六千元。前與大部亦有此約(原卷此地查不出),屆時本院總擔任一部分也。……

以後此事可組織一個 National Committee 辦理,本年則只能如此,以組織來不及也。

其二,一九三八年六月二十日致胡適:

國際史學會 VIII. Congress International des Sciences Historiques 於八月二十八至九月四日在 Zurich 開會。此會是由國聯會文化合作部之 Commité International des Sciences Historiques 所主持。本年之大會則由瑞士總統作主人。此會因其會長 Prof. Horald Temperley, Peterhouse, Cambridge 來華,運動我們加入。以雪艇諸人之熱心,去年由本院以代表中國名義請求加入了,但形式的決定,應在本年大會。此次承先生允許去,感激之至,實在再好也沒有了。我敬代表本院致極感謝之意。下列各點,分別奉陳:

一、此會一切,請與其會長接洽 Temperley,我已電告他了。

二、到會費用，即由英至瑞士來回，及會期中各費，乞示知，由本院及教部分任，當即匯上（此數想來不多，因由英算起也，雖然研究院窮，亦無請先生枵腹從公之理，請開示，至感）。

三、在會中，我們要求其最優待遇，此事請先與 Temperley 接洽。如此則我們也許要出最多會費，也只得擔任。在歷史上我們總是頭等國也。

四、公事即由此徑電該會。一切俟先生到英與 Temperley 面談耳。

五、先生能在會中談談論文，或報告國內史學情形最好，不然也就算了，無大關係。

所謂為了防止組織中國史學會造成由唯物史觀者作為中國史學正統的情形，以及避免引起糾紛，根據前述情形，可能還是針對顧頡剛，最後則由中央研究院出面申請。會議代表的確還有包括傅斯年在內的其他人選，限於戰時經費緊張，只有胡適一人前往赴會。其餘則大抵遵循與田波烈商定的程序內容。尤其是組織全國性的史學會一事，雖然申請加入國際歷史學會暫時由中央研究院出面，但正因為入會，根據國際歷史學會的通則，中國史學會的組建反而更加必要。

最晚到七月十七日，胡適已經決定出席八月底在蘇黎世舉行的第八屆國際歷史學會大會。七月三十日，胡適函告傅斯年：「Zurich 我必須一去，已允讀一論文，題為『Newly Discovered Materialfor Chinese History』，注重中國史家如何運用此材料。」[1] 八月二十四日，胡適離開英國，前往瑞士，二十五日抵達蘇黎世。二十七日，胡適出席了國際歷史學會的遠東委員會。次日大會開幕，在當天下午舉行的國際歷史

---

1 耿雲志、歐陽哲生編：《胡適書信集》中冊，第 751-753 頁。

學會理事會上,增補中國、梵蒂岡、愛爾蘭為新會員。三十日上午,胡適排在最後一位即第四的位置宣讀論文。開會期間,胡適幾乎每天出席,聽取各國代表宣讀論文。九月三日,國際歷史學會第八屆大會閉幕,選舉 Walds G. Leand 為新會長,並於次日召開了新一屆理事會。[1]中國史學家與國際歷史學會的聯繫,就此正式開幕。

五 抗戰期間的中國史學會

經歷了戰亂的顛沛流離,待形勢稍微穩定下來,中國學人再度對國際學術界的動向和發展趨勢表示關注。而戰爭使得民族主義情緒高漲,史學教育的作用受到普遍重視。一九四〇年四月,國民政府教育部成立史地教育委員會,吳俊升、張西堂、黎東方為專任委員,陳東原任秘書,吳俊升、顏樹森、陳禮江、張廷休等七人為當然委員,吳稚暉、張其昀、蔣廷黻、顧頡剛、錢穆、陳寅恪、黎東方、傅斯年、胡煥庸、徐炳昶、金毓黻、雷海宗等十九人為聘任委員[2],擬從編撰斷代史入手,次及分類史,為大學教科書。[3]並設整理處,由顧頡剛任主任。

在此情形下,顧頡剛與蒙文通、蕭一山、呂思勉、黃文弼、金毓黻等七十四位史學界同人發起創辦《史學季刊》。一九四〇年六月二十五日,顧頡剛為該刊作《發刊詞》,為戰前分歧爭議甚大的史料與史觀作一辯證協調,認為兩者在史學研究中相輔相成,「無史觀之考據,極其弊不過虛耗個人精力;而無考據之史觀,則直陷於痴人說

1　曹伯言整理:《胡適日記全編》第七冊,第 160-166 頁。
2　陳力:《二十世紀中國史學學術編年》,羅志田主編:《二十世紀的中國:學術與社會——史學卷》下冊,第 780 頁。
3　金毓黻著:《靜晤室日記》第六冊,第 4527 頁。

夢，其效惟有嘩惑眾愚，以造成不幸之局而已」。「史學領域既隨新觀念而擴大，其方術又隨新方法而精密，……迄今尚不見有中國史學會之產生，豈惟深憾，實為大恥。抗戰以來，大學多遷西南諸境，加以舊有，其設置史學系者且十數，同人等夙具此懷，爰創斯刊以為中國史學會之先聲。」[1]九月，顧頡剛與蕭一山商議成立中國史學會事。一九四一年一月，國民黨中央黨部擬在重慶創辦一份文史半月刊，「以左右一時風氣」。時任中央組織部長的朱家驊商得葉楚傖同意，擬聘顧頡剛到重慶主持其事。[2]開始顧頡剛藉故推脫[3]，後因朱家驊一再堅持，顧頡剛又與蕭一山商議，「中國各種學術俱有學會，惟史學會尚付闕如，擬即著手組織，俾作文史半月刊之後援」。請朱家驊協助。[4]朱家驊對於組織史學會以作文史半月刊後援一事深表贊同，力助其成；作為代價，則要求顧頡剛「常川駐渝，襄助一切」[5]。一九四一年七月四日至六日，教育部史地委員會召開第二次會議，會上顧頡剛與繆鳳林、金毓黻、黎東方等人提出《由本會輔助設立中國史學會案》，正式提出發起中國史學會。[6]

　　時間過去了一年多，組建中國史學會之事杳無音信。到一九四三年春，國民政府教育部決定趁史地委員會第三次會議召開之機，邀集散處大後方各地的高校史學界學人，在重慶開會，成立中國史學會。二月二十八日，傅斯年、鄭鶴聲、衛聚賢、金毓黻等人曾在重慶上清寺卡爾登飯店開會，金毓黻稱為「參加史學會之集議」，「頗極一時之

1　顧潮：《歷劫終教志不灰：我的父親顧頡剛》，第199-200頁。
2　一九四一年一月七日朱家驊致顧頡剛函。
3　一九四一年一月十一日顧頡剛致朱家驊函。
4　一九四一年二月二十五日顧頡剛致朱家驊函。
5　一九四一年三月一日朱家驊致顧頡剛函。
6　顧潮：《顧頡剛年譜》，第301、306頁。

盛」[1]。此會應是為中國史學會的成立而召開的籌備會議。據當日「中國史學會在渝發起人談話會攝影」，參加者為黎東方、李濟、繆鳳林、金毓黻、傅斯年、方覺慧、張聖奘、侯堮、羅香林、衛聚賢、徐文珊、陳訓慈、蔣復璁、張金鑑、徐家驥。

稍後，教育部史地委員會向各大學史學系發出通電，告以開會計劃以及時間地點，請各校派代表出席會議。各校對此相當重視，開會議定代表名單和相關提案，儘可能做好準備。如中山大學史學系決定由陳安仁、楊成志、朱謙之、鄭師許、雷榮珂、陳嘯江、王興瑞等赴會，並通過提案十四條，以備在大會上提出。[2]西南聯大則由第二百五十三次常委會議決，由鄭天挺、雷海宗、姚從吾、王信忠赴重慶參加中國史學會成立大會。[3]對於一些重要學人，教育部還分別函請，以保證參加者的權威性和代表性。如對發起中國史學會出力甚多的顧頡剛，教育部累函見召，顧開始「欲不出席，商諸朱（家驊）先生，渠力勸我參加，乃決往」[4]。

三月二十三日，參加中國史學會的主要代表大都抵達重慶。中午，國民政府教育部部長陳立夫宴請與會代表劉國鈞、方豪等數十人。下午五時許，在中央圖書館召開了中國史學會籌備會，由黎東方主席，出席者有徐炳昶、傅斯年、顧頡剛、陳叔諒、張金鑑、姚從

---

1 金毓黻著：《靜晤室日記》第七冊，第5157頁。
2 陳安仁：《赴渝出席史學會觀感記》，《現代史學》第五卷第三期，一九四四年六月一日。
3 齊家瑩：《清華人文學科年譜》，第273頁。該年譜記西南聯大第二五三次常委會於三月二十八日舉行，而四位代表與三月二十三日已經出席史學會，則或者時間有誤，或係追認。另外據報導，陳雪屏也作為西南聯大代表出席了會議（《中國史學會昨開成立大會》，《新華日報》1943年3月25日）。
4 王煦華：《抗日戰爭期間的中國史學會》，上海圖書館歷史文獻研究所編：《歷史文獻》第四輯，第218頁。

吾、雷海宗、王迅中、鄭天挺、陳安仁、金毓黻、鄭鶴聲、侯堮、蔣復璁。次日下午一時半，在中央圖書館再次召開籌備會。三時，中國史學會舉行成立大會，各大學代表及會員到會者一百二十餘人，政府主管機構教育部部長陳立夫和社會部代表馬仁松也到會。[1]大會先由黎東方為臨時主席，推舉顧頡剛、徐炳昶、金毓黻、蔣復璁、陳衡哲、傅斯年、黎東方、黎錦熙、雷海宗等九人為主席團，由顧頡剛任總主席，並致開幕詞。顧頡剛稱：「組織史學會之議，過去曾一再發動，卒於今日在教育部及各大學協力之下成立，實感欣幸。……我國史料之多，單論明清檔案，北京大學所保管者，據估計，如編制目錄提要，即需六十年。其他若甲骨文抄本之類，更多至不可數計。蓋今日研究歷史範圍，已放寬於二十四史之外，若地方志書、家譜、碑帖之類，均在研究之列。只以困於經費，致若干能做的事不能做。今者史學會既告成立，希望永遠不停地做。」他希望「獲得教育部永遠的幫助，俾能在國家出錢大家出力之下，做出成績來」。

繼由黎東方報告該會籌備經過，「謂本會自前年『七七』發起，邀得各方贊助，經過兩年籌備，得於今日成立。現名列發起人者，已達二百餘人。」社會部代表馬仁松致詞後，大會通過向國民政府主席林森、委員長蔣介石以及前方將士的致敬電。接著逐條討論通過《中國

---

[1] 關於與會者人數，各種記載不一，此據《中央日報》一九四三年三月二五日的報道《中國史學會昨日成立選定職員》。據顧頡剛日記，出席者有陳立夫、黎東方、姚從吾、傅斯年、徐炳昶、吳敬恆、胡煥庸、繆鳳林、金毓黻、陳衡哲、雷海宗、王迅中、鄭天挺、陳安仁、方豪、譚其驤、張西堂、侯堮、朱文宣、曾世英、徐文珊、鄒樹椿、羅根澤、鄭鶴聲、蔣廷黻、陳訓慈、顧實、黎錦熙、何茲全、張貴永、沈剛伯、丁山、賀昌群、張聖奘、曾祥和、黃秉鈞、劉廷芳（女）、劉衡如、方覺慧、蔣復璁、朱延豐、王芸生、張金鑑、劉熊祥、馬仁松、衛聚賢、羅香林、陳東原、荊三林、李樹桐。另外，西南聯大陳雪屏，武漢大學吳其昌，藍田師範學院廖世承，成都金陵大學劉國鈞等人也出席了會議。

史學會會章》，選舉理監事，[1]並決定於二十六日召開第一次理監事會議，討論今後會務進行；各會員的論文因時間倉促不及宣讀，將作公開講演或付發表。[2]本來還打算請蔣介石到會訓示，剛好蔣飛去貴陽，大會結束後才返回重慶。[3]

由大會選出的中國史學會職員，有理事二十一人：顧頡剛、傅斯年、黎東方、雷海宗、徐炳昶、陳寅恪、金毓黻、錢穆、朱希祖、吳其昌、胡適、繆鳳林、柳詒徵、姚從吾、沈剛伯、黎錦熙、衛聚賢、蕭一山、張其昀、陳安仁、陳訓慈。候補理事九人：羅香林、陳衡哲、王芸生、方豪、賀昌群、陸懋德、丁山、張西堂、向達。監事七人：吳敬恆、方覺慧、張繼、蔣廷黻、吳俊升、蔣復璁、鄒魯。候補監事三人：陳東原、王迅中、蒙文通。三月二十六日下午二時，如期召開中國史學會第一次理監事聯席會議，選舉常務理監事，共選出常務理事九人（照章只應五人）：顧頡剛、傅斯年、黎東方、朱希祖、繆鳳林、陳訓慈、衛聚賢、金毓黻、沈剛伯；常務監事三人：吳敬恆、方覺慧、蔣復璁[4]，並推定黎東方兼任中國史學會秘書。會上還討論了各地代表的提案，除已辦者外，通過移交下次理事會商討辦理。[5]

中國史學會成立大會上，曾決定從三月二十七日開始，舉行學術

1　《中國史學會昨日成立選定職員》，《中央日報》一九四三年三月二十五日。此則消息為中央社三月二四日電訊，《雲南日報》三月二十五日的《史學會在渝成立》，文字稍有不同。
2　《中國史學會昨開成立大會》，《新華日報》一九四三年三月二五日。
3　陳安仁：《赴渝出席史學會觀感記》，《現代史學》第五卷第三期，一九四四年六月一日。
4　王煦華：《抗日戰爭期間的中國史學會》，上海圖書館歷史文獻研究所編：《歷史文獻》第四輯，第219-221頁。朱希祖因病未出席會議。
5　陳安仁：《赴渝出席史學會觀感記》，《現代史學》第五卷第三期，一九四四年六月一日。

演講週，讓與會學者宣讀論文。三月二十六日的監理事聯席會議對此作出修訂，決定改在北碚大禮堂舉行，採取公開演講的形式，從三月二十八日起，每日一講，依次為：衛聚賢：敦煌石室；陳安仁：印度文化輸入後中國社會經濟形態之變革；雷海宗：先秦國際政治；鄭天挺：清初禮俗；王迅中：甲午以前之中日外交；吳其昌：歷史上大學生之衛國與建國；羅香林：國父家世源流考；傅斯年：明太祖之建國與立制（在重慶中央文化會堂舉行）。此外還議定發行月刊一種，由各大學會員輪流主編；並共同校點廿四史和《資治通鑑》，希望短期內有新本饗世。[1]考慮到一些遠道而來的代表奔波不易，又增加了幾場演講，如雷榮珂的「百年來中國之外交」，鄭師許的「明清兩代之軍器與政治」，陳國治、王興瑞的「清末之革命黨與保皇黨」，據說「聽眾甚為踴躍」。三月二十七日，部分與會代表還游覽了北碚溫泉。

　　根據大會通過的《中國史學會章程草案》，該會「以聯絡全國歷史學者共同促進史學之研究及史學知識之傳佈為宗旨」，「會所設國民政府所在地」，可以在各省市和各大學設立分會，會員分甲乙兩種，研究院所助理員以上的研究人員、專上學校講師以上的教員、其他學術機關相當於上述資格的人員以及有歷史專著的人士可為甲種會員，研究生、助教、史學及史地系畢業生、以及大學畢業後連續擔任中學歷史教員五年以上者，可為乙種會員。章程規定會員大會每年舉行一次，理監事會每三個月開會一次，常務理監事會每月開會一次，將進行溝通國內外史學研究、整理史料、出版史學書刊、協助會員從事專門研

1　《中國史學會講演周昨日起在北碚舉行》，《中央日報》一九四三年三月二十七日。標點廿四史為顧頡剛在三月二十六日的監理事會上提出，其初衷是「將齊大標點之廿四史由中國史學會審查」，獲得通過（王煦華：《抗日戰爭期間的中國史學會》，上海圖書館歷史文獻研究所編：《歷史文獻》第4輯，第220頁）。

究等事項。[1]表面看來，這是以政府名義促成中國學人長期以來的共同心願，標誌著中國史學界同人的團結一致，實則此事背後隱伏著不少玄機。

組建中國史學會以統一學界，推動學術，原是顧頡剛的宿願，然而，當這一天終於來臨時，他卻感到極其不快，在日記中寫道：「此次中國史學會之召集出於教育部，電滇黔粵各校教授前來，花費殆十餘萬，說教部提倡學術，殆無此事。有謂延安正鼓吹史學，故辦此以作抵制，不知可信否？予與今教長惡感已深，本不想參加，又恐其作強烈之打擊而勉強出席，然開會結果，予得票最多，頻作主席，揭諸報紙，外人不詳其實，遂以為我所倡辦矣。使教部肯出錢，許做事，則我擔負其責固無不可，若只為掛牌子計，並不想做事，更不許我做事，則我代人受過亦何必。觀黎東方此次為搶做秘書，致演笑柄，真使我寒心也。以我猜測，此事恐係蔣委長發條子與教部辦者，條子上舉我之名，故彼輩不能不推我出來，俾好向委長報銷。觀於史地教育會部發新聞，不列我名，可知部中仍排斥我。」[2]

顧頡剛的不滿，有與陳立夫不和的背景，固然是一面之辭，但也反映出當時學術團體存在著成為黨派政治工具和個人爭權奪利的砝碼的危險，為後來學界的演變開啟惡端。國民政府重視歷史教育，據說起於蔣介石的一項訓示：「革命愛國教育，應以史地為中心。」因此特組織史地教育委員會。媒體報導稱：「三年以來，關於充實各級學校史地教育設備，改進史地教育內容，中央黨部考核委員會曾加考核，認

1　王煦華：《抗日戰爭期間的中國史學會》，上海圖書館歷史文獻研究所編：《歷史文獻》第四輯，第 221-225 頁。

2　王煦華：《抗日戰爭期間的中國史學會》，上海圖書館歷史文獻研究所編：《歷史文獻》第四輯，第 221 頁。

為尚著成效。」[1]不過，參與其事的顧頡剛感受完全不同，一九四三年三月二十四日至二十五日，他出席史地教育委員會第三次全體大會，謂此會「四年中開了三次，決而不行，大家無精打采。故此次議案極少，議一天即畢，且雜以嬉笑」[2]。

所謂與延安方面重視史學相抗衡之說，不無依據。中共在延安建立起穩固的根據地後，為總結經驗教訓，統一思想，即重視現代史的功用，尤其是中共黨史和革命史。一些著作的出版，不署個人姓名，而以學術團體的名義。如一九三七年冬延安解放社印行的張聞天所著《中國現代革命運動史》，出版時署為「延安現代史研究會」[3]。一九四一年，為加強對中國現狀和歷史的研究，將原來的馬列學院（馬列研究院）改名為中央研究院，下設九個研究室，其中包括由副院長范文瀾為主任的中國歷史研究室。該室分為近代史、農民土地和民族三個組，計劃撰寫中國通史和多種專門史。是年九月延安新華書店出版范文瀾主編的《中國通史簡編》上冊，署為「中國歷史研究會編」[4]。這兩個專業學術團體，應該是虛構，實際上並未真正組建過。此外，在大後方活動的郭沫若等人，不僅創作了許多歷史劇，宣傳抗日，反對投降和分裂，而且利用文化工作委員會的舞臺，邀請左翼學者在城鄉大倡講學之風，受邀請的歷史學者有翦伯贊、侯外廬、周谷城、呂振羽、杜國庠等，演講題目包括：中國人種之起源、前氏族社會、氏族社會、中國通史、中國思想史等，造成廣泛的影響。周恩來充分肯定其做法和所取得的成績。[5]這兩方面對國民政府和國民黨造成相當大的

1　《教部史地教育委員會昨亦開會》，《雲南日報》一九四三年三月二十八日。
2　顧潮：《顧頡剛年譜》，第 314 頁。
3　馬金科、洪京陵：《中國近代史學發展敘論（1940-1949）》，第 381 頁。
4　陳力：《二十世紀中國史學學術編年》，羅志田主編：《二十世紀的中國：學術與社會——史學卷（下）》，第 783 頁。
5　龔繼民、方仁念：《郭沫若年譜》中冊，第 495-527 頁。

壓力。

對於在極其艱苦的環境下堅持教學和研究的中國學人而言，政府肯花費資金來推動學術團體的組織，無疑是一件好事，因而懷著高度熱情予以積極響應。散處西南、西北各地的各校學人，克服重重困難，從四面八方聚集重慶。如昆明西南聯大的雷海宗、姚從吾、陳雪屏、王迅中，嘉定武漢大學的吳其昌，城固西北大學的黎錦熙，藍田師範學院的廖世承，成都金陵大學的劉國鈞，三臺東北大學的金毓黻，遵義浙江大學的張其昀等。[1] 其中路途最為遙遠的當數粵北中山大學的代表。該校於三月十二日接到教育部史地教育委員會常務委員黎東方的電告，次日下午專門開會討論與會代表和提案等項事宜。決定赴會的五名代表即整裝出發，先後於十六日到達桂林。由於飛往重慶的機位只能訂到一張票，協商結果，系主任陳安仁於二十二日乘機飛往重慶。其餘四位教授雷榮珂、陳嘯江、鄭師許、王興瑞，則乘火車轉往金城江，再乘汽車赴重慶。這一路線的艱辛，大體同時的鄭振鐸的《西行日記》有生動的描述。直到二十六日下午，中國史學會第一次監理事會會議業已結束，雷榮珂等四人才風塵僕僕地趕到重慶，路上整整走了十天。[2] 在重慶的活動結束後，他們乘郵車返回，四月十一日出發，二十一日才抵達坪石，同樣走了十天。其艱難遠非今日學術研討會的逍遙可以同日而語。

抗日戰爭的同仇敵愾雖然使得國人暫時拋開內部糾紛，但派系之見和名利之爭依然存在，學術界亦不例外。黎東方搶做中國史學會秘書一事的內幕，不得其詳。此公在教育部史地教育委員會時即好攬

1　《中國史學會今日成立》，《中央日報》一九四三年三月二十四日。
2　陳安仁：《赴渝出席史學會觀感記》，《現代史學》第五卷第三期，一九四四年六月一日。

事,與同樣好做事的顧頡剛不相鑿枘,也在情理之中。一個全國性專業學術團體的組建,一方面使得按照什麼路徑研究學術這類本來相當個性化或屬於各派自己的事,背後有了占據要津、分配掌握學術資源份額的利害考慮,另一方面,也為那些企圖通過非學術手段提升和擴張學術名聲乃至謀取實惠的人提供了活動舞臺。此類事情,局外人固然不易察覺,一般參與者也難知就裡。而身在其中又相當敏感的顧頡剛,卻深有體會。他是中國史學會的主要發起人和推動者,其他列名者雖多,有的不過響應而已。如幾次參與聯名發起的金毓黻,在日記中對於相關事宜幾乎沒有記錄,很可能並無興趣,或不過被徵求簽名。中國史學會成立的下個月,顧頡剛被推為中國史地圖表編纂社社長,這是一家純粹商人的事業,而顧氏感慨道:「予被推為社長,辭之不獲,從此又多一事。然予自省,在學界中二十餘年,在政界二年,學界爭名,政界爭權,大有麋之麋所騁之概。今與商人合作,彼不與我爭名,我亦不與彼爭利,或可作正常之發展乎?」[1]在那個一般而言對於商人並無好感的時代,由學人口中說出這番話,也算是痛心疾首了。

依照章程規定,一九四六年五月中國史學會發刊了《中國史學》年刊,也有一些日常事務。一九四五年二月,該會曾為校訂《清史稿》之事召開全體理監事會議,認為該書得失互見,瑕瑜不掩,各大學、研究機構均以近代史為必修科或研究要目,《清史稿》為第一位的參考書,而該書曾被國民政府列為禁書。因此,特呈文教育部,要求由中國史學會負責校訂和出版,請政府解禁,並給與適當幫助。[2]抗戰結束後,還曾計劃在上海設立分會。[3]但總的來說,該會沒有太大的作為,

---

[1] 顧頡剛日記(1943年4月27日),顧潮:《歷劫終教志不灰:我的父親顧頡剛》,第211頁。

[2] 金毓黻著:《靜晤室日記》第八冊,第5803-5810頁。

[3] 一九四五年十一月十三日顧廷龍致顧頡剛函,《顧廷龍文集》,第783頁。

甚至談不上相稱二字。戰後復員，學人星散，中國很快又陷入新一輪戰亂。隨著政治動盪和經濟崩潰，學人不得不為生存與生計奔波，無暇顧及學術研究和學術團體的活動。等到紛亂過去，已經換了人間，學人又面臨著新的考驗。

六　中國新史學研究會和新的中國史學會

　　北平和平解放後，全國形勢發生了根本變化，新中國的籌建正在緊鑼密鼓地進行當中。為了更好地發揮統一戰線的作用，迅速打開新的局面，為新中國的成立奠定基礎，中共中央在軍事政治形勢仍然十分緊張的情況下，對學術文化領域的組織工作相當重視，並得到學術文化界人士的積極響應。各界別的代表大會紛紛召開，新的學術團體不斷湧現。一九四九年七月一日，在中華全國文學藝術工作者代表大會開幕的當天，由王冶秋、王重民、王伯祥、尹達、白壽彝、向達、呂振羽、吳玉章、吳晗、吳澤、宋雲彬、杜守素、余嘉錫、余兆祥、李則剛、周谷城、周予同、尚鉞、金粲然、邵循正、范文瀾、侯外廬、馬衡、翁獨健、梁思成、容肇祖、唐蘭、陳垣、陳家康、陳述、郭沫若、嵇文甫、張雲波、華岡、葉丁易、葉蠖生、楊紹萱、楊東蓴、楚圖南、裴文中、翦伯贊、鄧初民、鄧以蟄、黎錦熙、鄭振鐸、鄭天挺、齊燕銘、錢杏邨、韓壽萱、羅常培等人發起，要求成立中國新史學會，並於當日在北平正式成立籌備會。

　　下午三時半，發起人會議在北京飯店舉行，到會者有郭沫若、范文瀾、鄧初民等三十餘人，郭、范、鄧以及向達、陳中凡等先後發言，「一致表示全國歷史工作者應團結起來，從事新史學的建設工作」。會議全體通過了籌備會的組織規程和中國新史學研究會暫行簡章，並決定迅速籌備召開全國歷史工作者代表會議，選舉了籌備會的

常務委員會，選出郭沫若、吳玉章、范文瀾、鄧初民、陳垣、侯外廬、翦伯贊、向達、吳晗、楊紹萱、呂振羽等十一人為籌備常務委員會委員，籌備會常委會推選郭沫若任主席，吳玉章、范文瀾任副主席，侯外廬、楊紹萱任秘書，負責召開全國歷史工作者代表會議的籌備事宜。[1]

《中國新史學研究會暫行簡章》規定了該會的宗旨、會員和組織等一系列重要原則，其宗旨是：「學習並運用歷史唯物主義的觀點和方法，批判各種舊歷史觀，並養成史學工作者實事求是的作風，以從事新史學的建設工作。」會員須擁護新民主主義革命，贊成本會宗旨，並願遵守本會會章。該會的最高領導機關為全國代表大會，每年召開一次。由大會選舉理事若干人組成理事會，為大會閉幕後的執行機關。理事會設主席一人，副主席二人，由全體理事互選之。理事會下設秘書處，處理日常事務。理事會認為必要時，可設立各種委員會，以從事調查、發掘、研究、編輯等工作；可組織各種學習小組，並舉辦講習會。省或中心城市成立分會，須經理事會批准。[2]

逯耀東教授分析《歷史研究》創刊時編輯委員會的組成，認為由三種不同類型的史學工作者結合而成：一種是受過封建階級或資產階級歷史教育，從舊社會過渡來的成名史學家或著名的歷史工作者，一種是在白區工作的馬克思主義工作者或前進的史學家，一種是從延安（解放區）來的馬克思主義史學隊伍。[3] 這種格局在新史學研究會籌備會的階段大體已經呈現。雖然參加籌備會發起人會議的學人當中舊史

1　《中國新史學研究會籌備會昨在平成立》，《人民日報》一九四九年七月二日。
2　《中國新史學研究會暫行章程》，《人民日報》一九四九年七月二日。
3　《〈歷史研究〉的滄桑》，逯耀東：《史學危機的呼聲》，第100頁。其中一部分在白區工作的學人解放前夕陸續進入各個解放區。而另一部分舊史學出身的學人則傾向進步。

學出身者相對較多，但在常委會成員中，來自解放區和白區地下工作者則占多數。正副主席人選，完全沒有舊社會過渡者。這在當時不僅順理成章，而且天經地義，因為既然要學習並運用歷史唯物主義的觀點和方法，批判各種舊歷史觀，才能實事求是，從事新史學的建設工作，顯然不能由舊史學工作者來帶領。即使是那些積極要求進步的學人，也必須經過一個學習和改造的階段，否則難以適應新的形勢。

自社會史與社會性質兩次大論戰之後，唯物史觀在學術界引起廣泛注意，尤其是在青年學生和學人當中，反響更加強烈。不過，除了馬克思主義者外，其他派系的學人也相當注重社會經濟史的研究，主張運用唯物史觀的理念方法。而在學術素養較深的學人看來，以唯物史觀為旗號的學人的著述，還存在生搬硬套，強史料以就我的種種弊端，並不十分信服。在長期的爭執之中，馬克思主義史學的陣營雖然不斷擴大，總體上依然處於弱勢。突然之間，形勢發生了天翻地覆的變化，不免引起一些人的疑慮和憂鬱。新史學會的人脈關係，讓原中國史學會的要角顧頡剛頓生猜測。他看到有關報導後，在日記中記道：「報載北平成立新史學研究會，在南方之伯祥、壽彝皆在，而無予名。予甚為新貴所排擯矣。予為自己想，從此脫離社會活動，埋頭讀書，庶幾有晚成之望。畏三兒皆幼，培植需錢，而大中國見予失去社會地位，復將以芻狗土龍視之，生計乃大可慮耳。數月前，君匋亟勸予赴港轉平，予以靜秋之阻未能應，若予先解放而往，當不至如此也。前數年，予所以不能不接近政府，實以既辦大中國，便不得不與政治發生關係，不慮即以此使人歧視。」[1]

顧頡剛的揣測，不無多疑之嫌。原來中國史學會的職員中，參與發起新史學會者只有向達和黎錦熙兩人，尚在南方或已經出走的學人

---

[1] 顧潮：《歷劫終教志不灰：我的父親顧頡剛》，第239頁。

大都並未參與。而個別南方學人參與其事,當是北上參加全國文代會或新政協順便附和,或通過一些關係與有關人員發生聯繫,未必真的事先有所選擇取捨。不過,對於原來與國民黨稍近的學人有所疑忌,在當時的政治環境之下亦屬正常。

依照章程規定,新史學研究會開展了一系列工作。一九四九年十二月,中國新史學研究會上海分會召開籌備會,周谷城、李亞農、金兆梓、周予同、李平心、顧頡剛等人參與。次年三月,設置了機構和職員。[1]按照總會規定,南京、杭州歸入上海分會活動。[2]此後兩年間,中國新史學會總會會員達二百八十九人,河南、廣東等十五個省市設立了分會和分會籌備會,全國各地會員達六百〇六人。[3]

在北京,新史學研究會和其他史學團體一起,召開了多次會議,傳達和宣傳新史學研究會的精神。一九四九年十月十一日下午三時,中國新史學研究會與北京六大學(北大、師大、清華、輔仁、燕京、中法)史學聯合會在師大文學院歷史學會舉行聯席會議,師大歷史系主任侯外廬、機器改進協會編審處長楊紹萱、留校史學會代表出席,師大歷史系同學四十餘人列席,主席侯外廬報告召開聯席會議的意義與中國新史學研究會籌備成立的經過,著重指出:新史學的研究為實行共同綱領中文教政策的一項重要任務,尤其對新民主主義的學習,是個打頭陣的工作。會議就今後如何有計劃、有步驟地召開新史學座談會和講演會,與中學歷史教員取得密切聯繫等問題,充分交換了意

---

1 顧潮:《顧頡剛年譜》,第339-341頁。
2 一九五〇年三月七日董每戡致函陳中凡:「新史學研究會成立,上海分會籌委會已開過兩次,南京、杭州歸入上海分會(總會如此決定),擬請先生加入。」(姚柯夫編著:《陳中凡年譜》,第67頁)其實陳中凡已經參與了新史學研究會的籌備會,並且發言。
3 郭沫若:《中國歷史學上的新紀元》,《進步日報》一九五一年九月二九日,第五版。

見。留校代表一致建議新史學研究會出版專門的歷史書刊和通俗刊物，編定優良的中學歷史教材，對古代史蹟作進一步的考證，把全國各地研究歷史的人組織起來，運用歷史唯物論的觀點和方法，批判舊的歷史，養成實事求是的工作作風，以便充實新史學的建設工作。[1]

在統一部署下，新史學會舉辦了一系列講演會，主要目的即在宣傳歷史唯物論。如一九五〇年九月曾邀請徐特立主講《歷史在社會科學的地位》[2]。此外，新史學研究會還就歷史研究機構的設置、大學歷史系通史課程的教學，以及一些斷代史的研究召開會議，進行討論。[3]

在學術研究方面，新史學研究會的主要工作是組織北京的北大、清華、師大、輔仁、燕京等校的史學教師，編輯大型資料叢書《中國近代史資料叢刊》，以提供中國近代史研究的資料，配合大學課程的改革。據一九五一年二月十一日《人民日報》關於近期出版動態的報導，其編輯方針為：一、編到舊民主主義革命完結為止；二、只提供資料，不作分析和論斷；三、所錄資料必須能反映近代史上的某一運動的主要內容或某一側面；四、所錄資料，一律保存原型。其中由翦伯贊主編的《義和團》已經排竣，當年三月可以出版。[4]在當時的環境下，這套數千萬字的資料叢刊的編輯，能在較短時期內完成，彙集了大量珍貴資料，實屬不易，為近代史的研究提供了很大的便利。同時，儘管編輯方針確定不加分析判斷，但依照時間順序分為十二個專題，等於建立起一套體系框架，對後來的近代史研究產生了深遠的影響。

1　《開展新史學研究工作首都兩史學團體昨開會》，《人民日報》一九四九年十月十二日。
2　金毓黻著：《靜晤室日記》第九冊，第6940頁。
3　劉乃和、周少川、王明澤、鄧瑞全著：《陳垣年譜配圖長編》下冊，第579-585頁。
4　引自劉乃和、周少川、王明澤、鄧瑞全著：《陳垣年譜配圖長編》下冊，第580-581頁。

依照規則，新史學研究會應在全國歷史工作者代表會議召開之時正式成立。可是由於種種原因，代表會議一直未能召開，所以新史學研究會一直還在籌備之中。一九五一年七月二十八日上午，籌備了兩年之久的新史學研究會終於修成正果，中國史學會成立大會在北京召開。郭沫若主持了大會並且致詞，他闡述了新中國成立以來史學工作者摸索出的新方向，即：由唯心史觀轉向唯物史觀，由個人研究轉向集體研究，由名山事業轉向群眾事業，由貴古賤今轉向研究近代史，由大漢族主義轉向尊重和研究少數民族歷史，由歐美中心主義轉向注重亞洲及其他地區歷史的研究。這正是兩年來新史學研究會努力的結果。出席大會的有吳玉章、范文瀾、翦伯贊、鄭振鐸等人。[1]由於學會理事由各地推舉，而選票尚未集中，因此沒有宣布理事會名單。直到一九五四年，中國史學會才公佈了第一屆理事會名單，共有理事四十三人，候補理事九人，主席郭沫若，副主席吳玉章、范文瀾。[2]這基本維持了新史學研究會的格局。

近代中國學術界，在不斷地通過不破不立的史學革命實現代際興替之後，藉助政治革命再度移形換位。從此，中國史學界形式上實現了統一，進而通過各種組織調整和思想運動，希望努力達到精神上的一致。從當時的立場看，這樣的統一和一致，無疑最有利於學術研究

---

1 龔繼民、方仁念：《郭沫若年譜》中冊，第 826 頁。
2 劉乃和、周少川、王明澤、鄧瑞全著：《陳垣年譜配圖長編》下冊，第 592、656 頁。得票最多者：郭沫若、吳玉章、范文瀾各 169 票，徐特立 168 票，鄭振鐸 167 票，陳垣 163 票，向達 161 票，陳寅恪 161 票，翦伯贊 157 票，侯外廬、湯用彤、裴文中各 156 票，陳翰笙 151 票，陶孟和 149 票，潘梓年 147 票，鄧初民、嵇文甫、翁獨健各 145 票，葉蠖生 144 票，徐炳昶 142 票，邵循正 141 票，白壽彝 140 票，馬衡、金毓黻各 139 票（傅振倫：《七十年所見所聞》，第 120 頁）。張傳璽《翦伯贊傳》（第 246 頁）稱：一九四九年九月，中國史學會成立於北平，郭沫若為會長，吳玉章、范文瀾為副會長，翦伯贊為常務理事兼秘書長，疑誤。

的正確發展及其社會功能的實現。組建全國性學術團體的初衷，從一開始就是為了改變老師宿儒與新進學者各不相謀，以及各地學者因地域睽隔不能互通聲氣的局面，廣集全國同行，以共謀學術之促進[1]。然而，中國史學界是否能夠通過這樣的形式達成統一，或者說這樣的統一是否有利於學術研究的開展，歷史的發展進程似乎不能提供肯定的答覆。

　　二十世紀前半期中國學人組建全國性史學會的努力，只是搭建舞臺，讓有興致上臺的學人輪番進行表演。斗轉星移之際，也不能完全擺脫週期率。新舊交替，一些從舊陣營中過來的學人，憑藉其學術經驗和生活閱歷，對於一些做法已經不大理解。顧頡剛在被推為中國新史學研究會上海分會籌備會幹事後說：「此會以討論學術為任務，即是要建設唯物史觀的中國史，意思甚好，但大家或為政治而忙，或為生活而忙，而學問之事不是可以隨便應付，然則將何以得收穫乎？」他甚至預期：「我輩在今日固不合時宜，然百年之後，時代驕兒都盡，學術界中所紀念者匪異人任矣。」[2] 參以當下時勢，大抵可以驗證。

　　中國史學會正式成立時，原中國史學會的理事有四位進入了新的理事會，而非常熱衷於聯絡組織的顧頡剛仍然未獲邀請，這意味著，原來占據史學界主流或主導地位的那些學人，已經變成旁支化的統戰對象，需要接受不斷的改造了。然而，導致這一變化的某些非學術性因素，如果不能受到抑制，最終不可避免地造成對整個學術界的破壞性影響，連好風憑藉力的學人自己，也難免深受其害。

1　叔諒：《中國之史學運動與地學運動》，《史地學報》第二卷第三號，一九二三年三月。

2　顧頡剛日記（1950年3月19日）；顧頡剛致劉節信（1950年8月5日），均引自顧潮：《歷劫終教志不灰：我的父親顧頡剛》，第241頁。

第五章
民國學界的老輩

　　民國學界，唯新是求，老舊幾乎成了腐朽的同義詞，所謂老師宿儒，大都被打入頑固保守之列，甚至等同於前清遺老。與之關係稍近的學界後進，也被視為遺少。近代學人所寫的學術史，很少將老輩放入視野之內。受其影響，當代學人的目光，似也不及這一社會文化群體或類型。其實，民國時期的老輩在政治和社會生活方面，因為人脈、交遊、學術淵源、以及身世習慣等等因素，常常自外於一般社會人群，猶如兩個世界，但在學術文化活動方面，則反有較多閒暇來從事玩賞、研究和創作，或是從保守固有文化的立場希望抱殘守缺而更加執著，成就不一定高，對內對外的交往聯繫卻依然緊密頻繁，有時甚至擔當主角。認識民國學界的老輩，可見學術發展，必有傳承，雖然後人往往奢望截斷眾流，橫空出世，畢竟不能鑿空逞臆。而五四以後的學院化學術建設，不僅淵源於西學和清末的新學，仍然受固有學術文化的制約。同時，新文化派與其他派系群體的關係，也不像他們自己描述的那樣非敵即友，至少在整理國故方面，情況相當複雜。從思想史的角度看，新文化派或許已成主流，從學術研究的角度看，新文化派的主流地位不免有許多後來附加的成分，甚至可以說很大程度是新文化派在新文化運動以後所建構起來的幻象。

一　各花入各眼

　　一九二〇年代末，在中央研究院歷史語言研究所籌建前夕，日本

對華「東方文化事業」的北京人文科學研究所已在緊鑼密鼓地落實之中。兩相比較，兩所研究機構治學的範圍和取向大體一致，用人方針則截然不同。由北京大學研究所國學門、廈門大學國學研究院和中山大學語言歷史研究所一脈相承的中研院史語所，不僅精神繼承新文化派的衣缽，用人還更進一步，實行傅斯年的「應找新才，不應多注意浮華得名之士」的方針[1]。按照在中國建立科學的東方學之正統的目標所組成的「元和新腳」，非但沒有老輩的位置，連同一陣營的太炎弟子也多被排斥。而已經是當時中國學人心目中的漢學中心之一的日本京都大學，對於中國學術界的看法以及用人態度，與此明顯有別。

關於日本「東方文化事業」北京人文科學研究所的人事，長期以來只知道所長一職有過爭議，其餘則不知其詳。近年京都大學人文科學研究所披露了小島佑馬舊藏「對支文化事業」關係文書，至少可見日本京都學派主帥之一的狩野直喜的態度。狩野擔任「對支文化事業調查會」委員，他建議在中國內地設立中國文化研究所，用優厚條件聘請中國學者參與其事，並且按照學科分類開列了各方面擬聘學者的名單，具體如下：

---

[1] 一九三四年五月八日傅斯年致蔣夢麟，中國社會科學院近代史研究所中華民國史，組編：《胡適來往書信選》下冊，第531頁。時間有所訂正。

第五章　民國學界的老輩　❖ 187

經學	漢學	古文學派	王國維　江瀚　曹元弼　章門
		今文學派	廖平
		不分古今文派	
	宋學	程朱學派	陳寶琛
		陸王學派	
	小學		羅振玉　王國維
	諸子學	儒家	孫德謙　汪榮寶
		道家	章炳麟門派
		墨家	胡適
		名法家	同
		雜家	葉德輝門派
史學	支那史		
	政治史		柯劭忞
	法制史		董康
	掌故		楊鐘羲
	經濟史		
	文化史		胡適
	朔方民族史		陳毅　屠寄
	南海民族史		陳垣
	西域史		
	東西關係史		
金石學	附目錄學		羅振玉　張爾田　傅增湘　孫德謙
土俗學	附人種學		
文藝	古典文學	古文駢文	鄭孝胥
		詩賦詞餘	陳三立
			陳衍
		制藝	沈尹默
			沈兼士
	俗文學	小說戲曲	王國維
			胡適
	言語學		
	造型美術		
	音樂		

續表

宗教	佛教	楊文會門派	
	道教		
天文曆算			
地理			熊會貞
本草	附古代化學（日人）		杜聰明
醫學[1]			

這份名單尚在草擬之中，因而並不完整；起草的具體時間也還須進一步考訂，但顯然與當時新文化派對中國學人的評價以及後來學人的認識相去甚遠。選擇的當否姑且不論，突出的分別是，其中在新文化派看來已經過時的舊派人物占了大多數。分科的理據與後來也明顯不同，兼顧了中國與「現代」兩面。

東方文化事業旗下的北京人文科學研究所，受到官方的干預，實際人選並未完全以學術為憑據，最後中方入所者，為總裁柯劭忞，副總裁王樹枏，研究員王式通，王照、梁鴻志、賈恩紱、胡敦復、江庸、湯中、江瀚、戴錫章、姜忠奎、劉培極、胡玉縉、何振岱、章華、徐審義。決定研究項目分為經學、史學、哲學、文學、法制經濟、美術、宗教、考古學、語言學等九個部分，實際做法則是按經史子集四部自選，具體為──經部：江瀚、胡玉縉、徐審義、劉培極、姜忠奎、王照、楊策；史部：王式通、戴錫章、江瀚、湯中；子部：劉培極、胡玉縉、江庸、王式通、胡敦復、梁鴻志、湯中；集部：王式通、戴錫章、江庸、章華、梁鴻志、何振岱。[2]民國學術，承繼清代而來，民初馬相伯、章太炎、梁啟超等人曾仿法蘭西學院制，發起「函

---

1 京都大學人文科學研究所：《人文》第四十六號，一九九九年十一月十八日，第43-45頁。杜聰明為臺灣學人。
2 黃福慶：《近代日本在華文化及社會事業之研究》，臺北「中研院」近代史研究所，一九八二年，第152-154頁。

夏考文苑」，目的是「作新舊學」，「釐正新詞」。定額四十員，最初所擬名單，除三位發起人和嚴復外，為沈家本（法）、楊守敬（金石地理）、王闓運（文辭）、黃侃（小學文辭）、錢夏（小學）、劉師培（群經）、陳漢章（群經史）、陳慶年（禮）、華蘅芳（算）、屠寄（史）、孫毓筠（佛）、王露（音樂）、陳三立（文辭）、李瑞清（美術）、沈曾植（目錄）。其中除一兩位太炎門生外，多為老輩。[1]

　　兩份名單相比較，一為民初國內學人的判斷，一為一九二〇年代中後期日本京都學派的意見，時空差異明顯，選擇標準也間有分別，因而除陳三立外，極少重複，但精神大體一致，分科與用人的標準，均與後來新文化派以及受新文化派影響者的看法大相逕庭。

　　五四以後，新文化派在革新文學，改造思想，輸入新知等方面自然占據主導，但在整理國故方面，雖然北京的太炎門生代桐城派而興，在京畿之地顯赫一時，胡適等人更有後來居上之勢，逐漸成為主流，畢竟不能覆蓋大江南北。中國的學術文化經歷了辛亥政治革命和五四思想文化革新的衝擊，並未完全斷裂。

　　按照主流派後來的描述，五四以後，新文化運動幾乎是一路凱歌，因而近代學術史日益成為新派逐漸放大的歷史。其實，在相當長的一段時期內，新派不僅不能包攬一切，如果從地域分佈的情形看，還處於明顯的劣勢。至少到一九二〇年代中期，南方主要仍然在老輩學人的籠罩之下。胡適所謂「南方史學勤苦而太信古」，應指老派觀念。[2]江南一帶，公開樹旗與新文化派對壘的《學衡》，以南高學派為後盾和中堅，而南高學派中除了留美學生外，也有王瀣、柳詒徵等老輩學人。在北大派南下之前，廈門大學的中國文史研究者，主要以

1　朱維錚主編：《馬相伯集》，第 126、136-137 頁。
2　中國社會科學院近代史研究所民國史研究室編：《胡適的日記》，第 438 頁。

陳衍為中心。廣東則有古直等人與之聲應氣求，更有學海堂出身的汪兆鏞、朱九江的弟子簡朝亮等老輩。在四川，晚清以來的存古學堂一脈相承，入於民國，改國學校，由宋育仁、廖平等人主持，另有所謂「五老七賢」，在學界乃至社會上影響極大。雲南的趙藩、陳榮昌、周鐘岳、袁嘉谷等人與四川的五老七賢相似。湖南的「二王一葉」及皮錫瑞，於晚清獨豎湘學一幟，並一直延續到民國。在關外，一九二〇年代東北當局聘請桐城派嫡系傳人吳闓生等人任教，後來創辦東北大學，所請師資主要也是與北京大學新文化派不和的南北學人。這些地區的新派雖有逐漸擴張的趨勢，還不足以與舊派分庭抗禮。更為重要的是，在許多地方，學術上的新舊衝突並不像北京那樣激烈，老師宿儒與留學新進之間存在著某種和諧與默契。

其實，即使在北京，學術界也並非新派一枝獨秀，老輩學人在相當長的時期內占據重要甚至主導地位。尤其是對外交往方面，一九二〇至三〇年代老輩學人仍然擔當要角。日本組織的對支文化事業委員會固然主要以老輩為聯絡對象，一九三二年十二月底，法國漢學大家伯希和（Paul Pelliot）訪華，抵達北平，法國公使館為之舉辦盛大宴會，招待中國教育學術界名流，中方「到會者有前教長傅增湘、蔣夢麟、翁文灝、李書華，暨學術界名流胡適、沈兼士、馬衡、袁同禮、梅貽琦、李蒸、張星烺、李宗侗、黃文弼等五十餘人。」[1]傅增湘在群賢畢至的場合被推為首座，並非官式的客套，次年一月，陳垣等人宴請伯希和，同席者有陶湘、楊鐘羲、柯劭忞、孟森、譚祖任、朱叔琦、楊心如、陳寅恪、尹炎武等，主要也是老輩學人。國際漢學界和新文化派選人準則的差異，反映了雙方學術理念的分歧。當海外漢學

---

1 《東方學家柏希和抵華北平中法學者聯歡》，《國立中山大學文史學研究所月刊》第一卷第一期，一九三三年一月，第 116 頁。

家力圖用中國方式理解中國固有學問的內在條理之時，中國的新進學人正在努力按照外國的分科系統將固有學問重新分解組合。其分別不僅在形式，更在精神。一九三〇年黃孝可在《燕京學報》第八期撰文《一九二九年日本史學界對於中國研究之論文一瞥》，指出日本的「支那學」派「史學家大率以清朝三百年之考據學為基礎，而參用歐美式之科學的研究法，加以前人未睹之新資料相繼發見，益助斯學之進步」。伯希和也充分認識和肯定清初以來的學術發展與成就，認為：「中外漢學大師之造就，堪稱殊途而同歸，尤以清初康熙以來，經雍乾而至道光，名家輩出，觀其刈獲，良足驚吾歐洲之人。此果何由，亦由理性之運用與批評之精密，足以制抑偏見成說，其達到真理之情形，實與西方學者同一方式，無足怪也。」因此，他對於繼承前賢的當代中國學者，「寄有無限敬重與希望」[1]。本來新文化派學人同樣重視清代學術傳統，胡適著名的治學十字真言，就是對清代考據學的總結。不過，新文化派學人的身分及其希望占據學術主流位置的追求，使其可以上溯已經過世的清代學人，而必須與同時代的老輩學者劃清界限。

關於新文化派對於傳統文化的態度，意見不一。總的說來，所謂新文化派各人，對於本國固有學術文化的看法差別不小，而每個人的態度前後亦往往有所變化。值得注意的是，他們在不同時期的公開表態與實際觀念之間，不僅並不一致，甚至有截然相反之嫌。這大概也是導致後來學人評價各異的重要原因。然而，追究新文化派學人的理念固然重要，其他學人的感受也應當顧及，並作為檢討其態度與反響的依據。新文化的倡導者在鼓吹之際，為了掃蕩阻礙，引起關注，取代前人，常不免故意說些過頭話，容易引起反感。汪東曾特意用白話文批評道：

---

[1] 《法國漢學家伯希和蒞平》，《北平晨報》一九三三年一月十五日。

這幾個提倡新文化的學者，把西歐學術，頂禮膜拜，自不消說，翻轉來，還要把中國原有的文化，看得好像不共戴天似的，提起來便發豎眥裂，甚至說中國學術沒一件可以研究，中國書籍沒一部可以存留，幾乎恨到秦火當時，燔燒未盡。像這種過火的論調，自然就引起一班舊派學者的反抗來了。[1]

二　老則老耳　何遺之有

受了觀念與時勢的影響，新文化派學人要想開山，對於同時代人不免存了不破不立的成見和捨我其誰的信念。他們用新的眼光標準來看待和品評人物，真有天低吳楚，眼空無物的感覺。一九二二年八月二十八日，胡適在日記中談及「現今中國學術界真凋敝零落極了」的狀況時嘆道：「舊式學者只剩王國維、羅振玉、葉德輝、章炳麟四人；其次則半新半舊的過渡學者，也只有梁啟超和我們幾個人。內中章炳麟是在學術上已半僵了，羅與葉沒有條理系統，只有王國維最有希望。」[2]

胡適說這番話時，正在為撰寫〈《國學季刊》發刊宣言〉作準備，因而對清代三百年古學發達史做了一番梳理。在他看來，「近年來，古學的大師漸漸死完了，新起的學者還不曾有什麼大成績表現出來。在這個青黃不接的時期，只有三五個老輩在那裡支撐門面。古學界表面上的寂寞，遂使許多人發生無限的悲觀。所以有許多老輩遂說，『古學

1　汪東：《新文學商榷》，《華國》第一卷第二期，一九二三年十月一五日，第1頁。
2　中國社會科學院近代史研究所民國史研究室編：《胡適的日記》，第440頁。

要淪亡了』！『故書不久要無人能讀了』」！[1]

　　胡適對於中國學術界現狀的悲觀，由來已久。回國不久，他就寫了一篇〈歸國雜感〉，其中談到在上海調查出版界的情況，這一看，令本來不抱希望的胡適更加失望。他認為民國成立七年來，「簡直沒有兩三部以上可看的書！不但高等學問的書一部都沒有，就是要找一部輪船上火車上消遣的書，也找不出」！[2]胡適的這種看法，頗具代表性，實際上就是認為清代學術到了民國已經停頓甚至中絕，尤其是老輩學人風光不再。一九三八年三月一日，錢玄同致函鄭裕孚時還說：「近二十年來，國學方面之研究，有突飛之進步，章劉諸公在距今前二十年至前三十年間，實有重大發明，理宜表彰，但亦不可太過。三十年前之老輩，惟梁任公在近二十年中仍有進步，最可佩服，其他則均已落伍矣。」[3]清代學術，號稱極盛，實為對歷代學術作一總結，雖然不免於偏，而且越到晚近，越行偏鋒，畢竟人才輩出。道咸以後，迭經內亂外患，承平時的盛況，一去不復返。但流風餘韻，依然可見。同光兩朝，欲圖中興，學術文化方面，延續舊途，開啟新軌，出現表面的繁榮。文士學人，雖然成就不及前輩，也還昭昭可觀。末代王朝，內外交困，政治上日暮途窮，學術文化亦趨於消沉，可還是不乏其人。胡思敬曾以其在京師面交之人為主要依據，歷數宣統初年的朝士：

　　新政興，名器日益濫。京朝官嗜好不一，大約專以奔走宴飲為日行常課。其稍能自拔於流俗者，講詩詞有福建陳閣學寶琛、陳學部衍、四川趙侍御熙、廣東曾參議習經、羅員外惇㬊、黃員外

1　《國學季刊》第一卷第一號，一九二三年一月，第1頁。
2　《新青年》第四卷第一號，一九一八年一月十五日，第22頁。
3　《錢玄同文集》第六卷，第300頁。

孝覺、溫侍御肅、潘主事博、湖南夏編修壽田、陳部郎兆奎、袁戶部欽緒、章郎中華、江西楊參事增犖。講古文者有林教習紓、陳教習澹然、姚教習永概。講漢學者有貴州程侍講棫林、福建江參事瀚、江蘇張教習聞遠。講宋學者有湖南吳郎中國鏞、浙江夏主事震午、湖北周主事景濤。講史學者有廣西唐尚書景崇、山東柯參議劭忞、江西龍中書學泰。講國朝掌故學者有浙江汪中書康年、江蘇冒郎中廣生、劉京卿澄如。講目錄學者有江蘇繆編修荃孫、山東徐監丞坊、湖北陳參事毅、王推事基磐、江西雷員外鳳鼎、熊教習羅宿。講六朝駢體文者有江蘇孫主事雄、山西王推丞式通、四川宋觀察育仁、江西黃主事錫朋、廣東梁員外志文。講箋注考據者有陳參議毅、蘇員外輿。講繪畫學者有安徽姜孝廉筠。講輿地學者有湖南韓主事樸存、譚教習紹裳。講金石兼工書法者有浙江羅參事振玉、江西趙內翰世駿。講詞章兼通政事、志趣卓然不為時俗所污者有安徽馬主事其昶、湖南郭編修立山、江西劉監督廷琛、魏推事元曠、湖北陳員外曾壽、甘肅安侍御維峻；次則貴州陳給諫田、廣西趙侍御炳麟、湖南鄭侍讀沅、鄭編修家溉、胡參議祖蔭、江西華編修焯、廣西廖郎中振矩、四川喬左丞樹枬。其人品不盡純粹而稍具文才者有汪參議榮寶等。其人品學問俱好而文才稍遜者有吳國鏞等。其餘與余同時在京而不相聞知者蓋亦有之，然大概具於此矣。辛亥出京時，訪友於馬通伯。據云有武昌饒學部叔光、華亭錢征士同壽、濰縣陳征士星爛，皆君子人。鮑心增簡放萊州時，為予述三士：一廣東許主事汝棻，一廣東駐防平學部遠，一貴州駐防云編修書。唯平學部有一面之交，余皆未之見也。[1]

---

[1] 胡思敬：《國聞備乘》，榮孟源、章伯鋒主編：《近代稗海》第一輯，第 296-297 頁。

由此可見，清季學術不受重視，固然由於名家不著，但政治上鼎革興替，令人無暇顧及，文化上眼鏡變色，視而不見，也是要因。一九〇八年，沈宗畸在京師發起成立「著君吟社」，冒鶴亭與樊增祥、陳衍、胡漱唐、鄭孝胥、陳寶琛、梁眾異、潘博、楊昀谷、趙熙、曾蟄庵、羅惇曧等二十人結成詩社，後來社員發展到百餘人。[1]

　　同年沈宗畸又和一批京師學人發起編輯《國學萃編》雜誌（原名《國粹一斑》），參與者有吳仲、劉仰勳、張瑜、沈宗畸、梁廣照、陳澹然、孫雄、冒廣生、龔元凱、汪應焜、廖潤鴻、夏仁虎、王昇遠、朱點衣、阿麟、定信、慶珍、陳寅、袁祖光、金葆楨、王佺孫、王在宣、丁傳靖。[2]其志向也有意傳承學術，而不僅僅限於抒發文人雅興。

　　民國成立後，政治上天翻地覆，學術文化也斗轉星移，在上海、天津、青島、港澳等地，分別聚集起一批前清的遺老遺民。其中固然有懷抱復辟的政治目的者，但也有不少對於政治尤其是愛新覺羅一家一姓的興衰無大興趣之人。這時的所謂遺老遺民，當然與新進少年格格不入，即使未必以遺老遺民自居，甚至不以遺老一詞為然者，由於喜好和交往等等原因，與新派也不大來往。探究民初遺老問題者，有意無意會與清初的明遺民相比照。其實，與清初的遺民大都具有反清意識不同，民初被視為遺老者，雖然也以不仕新朝相標榜，真正要推翻民國恢復清王朝統治者為數並不占優。清室既是舊主又是異族的雙重身分，令不少老輩不免尷尬，同時也容易混淆他們態度的差別，將守成當作擁清，實則許多人只是從保守固有文化方面，對民國的革新不以為然（其中綱常倫理部分當然也涉及政治）。

1　《冒鶴亭先生年譜》，第 151 頁；冒效魯：《冒鶴亭傳略》，晉陽學刊編輯部編：《中國現代社會科學家傳略》第五輯，第 320 頁。
2　《本社職任員表》，《國學萃編》第一期，一九〇八年，第 1 頁。

不僅如此，他們當中不少人還先後做過民國各種層級的官。如清史館所招聘者，時人均視為遺老，而他們當中一些人擔任過民國政府的各種職位，如吳廷燮任國務院統計局局長十餘載，王樹柟做過國史編纂處編纂、參政院參政，羅惇曧歷任總統府、國務院秘書，王式通歷任司法次長、代理總長、政事堂機要局長、國務院秘書長、全國水利局副總裁等多項要職，金兆藩擔任財政部僉事、會計司司長。而且一旦入館，就食了民國的俸祿，不再執守前朝的臣節。就此而論，除積極參與復辟活動者外，多數應屬於文化遺民，與清室瓜葛不深。即使參與復辟活動者，有的也是投機強於理念。正因為他們大都不以復辟清室為目標，反而將精力投向固有學術文化的整理研究，或抱殘守缺，或理董舊籍，或教授後進。以新文化派的觀念看，這些人不免守舊，學術成就也不高，但是跳出新文化的框架，或許剛好避免了新派以外來觀念的附會，為正、反之後合的成立作一鋪墊。前節所引兩份人選名單中的陳三立、李瑞清、沈曾植、江瀚、陳寶琛、鄭孝胥、羅振玉、曹元弼、柯劭忞、傅增湘、陳毅、陳衍、楊鍾羲、乃至王國維等，在當時人看來，均在遺老之列。

有些人在文化觀念上與所謂遺老相近，但身分尚難以遺老定性，如葉德輝、董康、屠寄、張爾田、孫德謙、沈家本、王闓運、陳漢章、陳慶年、楊守敬、熊會貞等。他們有的本來並非官宦，與清室的關係相當疏遠；有的則是老的新學家出身，只是時過境遷，跟不上清季民初日新月異的變化節奏，顯得有些落伍；有的年齡不見得大，而精神氣質及交遊皆與老師宿儒相近。如果身世方面多少有些瓜葛，便會被看作遺少。先後在北京大學和廈門大學教國文的陳衍曾點評他人以遺老入詩道：「惟余甚不主張遺老二字，謂一人有一人自立之地位，

老則老耳，何遺之有。」[1]此即公然與清室劃清界限。他在福建及全國各地交往之人，多與新派有一定距離，同時也不再北向遜清王室。這種情況使得民國學人對於清季以來的老輩的思維做派相當生疏。北京大學出身，並好與老輩交往的金毓黻曾感嘆道：

> 余於清季諸老輩多不相識，《聖遺詩》中所稱節庵為梁鼎芬，乙庵、子培、寐叟為沈曾植，伯嚴、散原為陳三立，病山為王乃徵，綱齋為吳士鑑，石甫為易順鼎，蒿庵為馮煦，審言為李詳，一山為章梫，元素為唐晏（一名震鈞），疆村為朱祖謀，樊山為樊增祥，積余為徐乃昌，翰怡為劉貞榦，蘇戡、太夷為鄭孝胥，陶齋為端方，堯翁即堯生為趙熙，仁先、蒼虬為陳曾壽，葵園為王先謙，叔蘊為羅振玉，祉宇為榮可民，靜安為王國維，沈堪為寶熙，弢庵為陳寶琛，石公為尹炎武，哲如為倫明，纕衡為曹經沅，心畲為溥儒，皙子為楊度，雪齋為溥忻，郁華、意園為盛昱，拔可為李宣龔，釋戡為李宣倜，子言為陳詩，多為世人所共知。它如身雯、籀園、孝笙、憘仲、仲云、剛侯、韌叟、鈍齋、匏庵、嘯谷、放庵、貽書、貽重、鶴逸、瑾叔、蘭生、芷庵、止相、蔥石、子修、遜翁、旭齋、濤園、艮麓、子戴、泊園、聘三、毅夫、公穆、鮮庵、蘗庵、徯園、景張、蘭史、健之、護齋、息存、默存、彝庵、西圃、幻庵、文麓、叔明、幼農、幼琴、勰云、君直、晉安，均不詳為何人。韌叟疑為勞乃宣，聘山疑即王病山乃徵、默存當為陳樵岑，余俟向熟於舊都故事者詢之。《聖遺詩》中多含近代史事，應有人為作箋以明本事及所指。[2]

1　陳衍：《石遺室詩話》二，第395頁。
2　金毓黻：《靜晤室日記》八，第6209-6210頁。

今人憑藉各種工具書和大量參考文獻，一一對應自然不算太難，但在當時，曾受教於陳衍、陳漢章等老輩的金毓黻尚且如此，新派對於舊人更不熟悉。一九二五年十月，支偉成因擬編《近三十年學術史》等事致函胡適，該書自戊戌維新始，至新文化運動止，分類列舉學人及其著述，與中國固有學問相關者，如古文經學為孫詒讓、章炳麟、劉師培，今文經學為康有為、廖平，古今文兼採為王闓運、皮錫瑞，溝通漢宋為簡朝亮，小學為章炳麟、汪榮寶。哲學乙類（古代哲學之整理）列舉康有為、譚嗣同、宋恕、夏曾佑、章炳麟、胡適、梁啟超。文學的古文學分陳三立、王闓運之古文，嚴復、林紓之譯文，梁啟超、譚嗣同之論文，章炳麟之述學文，章行嚴之政論文，樊增祥、易順鼎、羅惇曧之詩，朱古微、況蕙風之詞。史學為柯劭忞、屠寄、張爾田、柳詒徵、梁啟超。地理學為楊守敬。金石學為孫詒讓、吳大澂、楊守敬、繆荃孫、羅振玉。校勘目錄學為葉昌熾、楊守敬、繆荃孫、孫德謙、劉翰怡、劉世珩。諸子學為康有為、章炳麟、胡適、梁啟超、劉文典。另有佛學、藝術、醫藥學等項，是否單列，應舉何人，未有定論。支偉成以胡適為「淹雅博洽」之士，請「逐類約舉見告」，尤其希望對於文學、哲學兩項，有所發揮。[1]

胡適如何應對，未見記錄。至少從文學的角度看，恐怕難適其意。胡適以文學革命起家，這方面早有一番見解。還在美國留學時，他就對「今日文學之腐敗極矣」的狀況痛加批評：「其下焉者，能押韻而已矣。稍進，如南社諸人，誇而無實，濫而不精，浮誇淫瑣，幾無足稱者。更進，如樊樊山、陳伯嚴、鄭蘇盦之流，視南社為高矣，

---

1 杜春和、韓榮芳、耿來金編：《胡適論學往來書信選》上冊，第 321-324 頁。編者繫是函於一九二三年十月十六日，註明為疑似。函中提及支偉成《清代樸學大師列傳》已經出版，當寫於一九二五年胡適赴滬之際。

然其詩皆規摹古人，以能神似某人某人為至高目的，極其所至，亦不過為文學界添幾件贗鼎耳，文學云乎哉！」[1]私下裡胡適的看法更加徹底：「晚近惟黃公度可稱健者。餘人如陳三立、鄭孝胥，皆言之無物者也。文勝之敝，至於此極，文學之衰，此其總因矣。」[2]歸國後他發表《建設的文學革命論》，對於包括桐城派古文、文選派文學、江西派詩、夢窗派詞、《聊齋誌異》派小說在內的「現在的舊派文學」全盤否定，認為「實在不值得一駁」[3]。

幾年後胡適撰文評《五十年來中國之文學》，看法依然不變。不過，在為日譯本寫的序言中，對於王鵬運、朱祖謀等人的翻刻宋元詞集，王國維的《宋元戲曲史》、《曲錄》，劉世珩、董康等人所刻傳奇、雜劇，稍加肯定。這些遺漏顯示胡適對清季以來中國文學的發展脈絡，不僅有新派的成見，而且瞭解並不深入廣泛。一九二一年八月，胡適讀了孫德謙的《諸子通考》，雖然覺得小疵不少，仍認為「孫君當時能主張諸子之學之當重視，其識力自可欽佩」。「此書確有許多獨立的見解」，「很有見地的議論」，因而許為「此書究竟可算是近年一部有見地的書，條理略遜江瑔的《讀子巵言》，而見解遠勝於張爾田的《史微》」[4]。這與胡適歸國時對國內學術界的看法有所不同。

一九二八年，胡適從葉恭綽收輯清代學人遺像一事可以瞭解部分延續到民國的清季學人的脈絡。由於地位的變化，胡適與南北一些老輩也陸續有所來往，他先後與柯劭忞、傅增湘、鄭孝胥、江瀚、楊鐘羲、陳三立、章鈺、劉世珩、朱啟鈐、董康、夏敬觀等人相識，與董康、楊鐘羲、夏敬觀等人還有學術方面的聯繫。不過，胡適「甚感覺

1　《寄陳獨秀》，《新青年》第二卷第二號，一九一六年十月一日，「通信」第2頁。
2　曹伯言編：《胡適日記全編》二，第376頁。
3　《新青年》第四卷第四號，一九一八年四月十五日，第289頁。
4　曹伯言編：《胡適日記全編》三，第429-430頁。

此輩人都是在過去世界裡生活」[1]，從後來他提及南菁書院畢業生中有名於時而自認見過者的情形看，其與老輩學人的關係還是相當疏離。

民國以後，老輩學人陸續謝世，但也有不少延壽之人。直到一九二〇年代，王闓運、楊守敬、劉師培、勞乃宣、繆荃孫等人雖然已經過世，一代大儒沈曾植則尚在人間，老輩中人如陳慶年、柯劭忞、胡玉縉、江瀚、陳寶琛、廖平、簡朝亮、楊鐘羲、傅增湘、屠寄、王樹枏、章鈺、陳衍、陶湘、朱師轍、高步瀛、馬其昶、孫雄、陳三立、李詳依然健在。至於地方名流更加不勝枚舉。其中一些人的學問，以新派觀念來看，似乎沒有專精，因而夠不上學者的資格，但在固有學問的體系內，他們至少承擔著承上啟下的使命。一九二三年，胡樸安撰文論述《民國十二年國學之趨勢》，南社的背景令他根本否定梁啟超的學術地位，而對於清季的學人及其學術，尚能給予肯定：

> 中國國學，至清乾嘉時而極盛，道咸以後，迄於光宣之際，日即衰微矣。然而未嘗絕也。其矯矯可數者，瑞安孫氏詒讓仲容，德清俞氏樾曲園，尋江、戴之墜緒，群經而外，兼及諸子，參互鈎稽，時有精言。四川廖氏平季平，廣東康氏有為更生，沿劉、莊之轍跡，變而加厲，掊擊東漢，獨尊西京，罷黜百家，獨尊公羊，大同三世之說，比附禮運，先進後進之說，比附論語，時多怪誕之言，好為新奇之論，然而持之有故，言之成理，雖非通才，足樹一幟。長沙王氏先謙益吾，搜討頗勤，見聞亦富，注史箋子，簡明有法，最便初學。湘潭王氏闓運壬秋，文筆健潔，紀湘軍尤可觀，詩亦優長，惜無獨到。所注墨子，淺陋無足論已。吳縣吳氏大澂清卿，奔走潘氏之門，頗見三代之器，耳目既廣，

---

[1] 曹伯言編：《胡適日記全編》六，第410頁。

知識遂多，校其文字，為之排比，雖鮮發明，可資參考。上虞羅氏振玉叔蘊，海寧王氏國維靜安，獲殷墟文字，識其音義，證之許書，發千古未有之奇，校六書違背之旨，骨甲出土，有造於羅王二氏多也。杭州張氏爾田孟劬，孫氏德謙益盦，守實齋之成法，兼治史子，亦可以觀。長沙葉氏德輝、吳縣曹氏元弼，一則雜不名家，一則拘未宏覽，要之一時之好，有足多者。其他詩文詞曲卓然成家者，頗亦有之，不悉舉也。

不過，在他看來，老輩的學問只能代表過去，不足以開創未來，因而與現在的學術無關。「茲數先生，雖為足當啟發學術之任，亦可謂翹然異於眾人矣。惟世界息息推移，學術亦時時遞變，諸先生之學術，僅足結清室之終，未足開民國之始，其著作之精粹，可供吾人之誦讀，其治學之方法，不能為吾人之楷式。雖諸先生在今日尚有存者，而於民國十二年之國學無與。」[1]

三 隔代相傳

民國時期老輩學人的重要社會功能之一，便是傳承固有的中國學術文化，使之不至於失傳或變異。自清末教育改革以來，適應社會時勢的變化，教育的形式和內容根本改變，這種多少有些不得不然的進步，潛伏著一個相當大的危機，即在西學的整體取代之下，中學很可能不僅喪失其「本」位，而且會以後來外在的條理學說，推測解釋古人的意志，最終導致本相真意無人可解的尷尬局面。尤其是在中國固

---

[1] 胡樸安：《民國十二年國學之趨勢》，上海《民國日報・國學週刊》一九二三年國慶日增刊。

有的學術文化越來越被西化的教科書重新改裝，並且被普遍用於學校的教學，而新式學堂畢業生又幾乎壟斷了各種社會優勢職位之後，年輕一代通過正規教育來實現對中國固有學術文化的社會傳承，變得越來越似是而非。這種情況很早就引起章太炎的關注，並因此對學校教育提出強烈批評。[1]張爾田甚至聲稱：「僕有恆言：真學問必不能於學校中求，真著述亦必不能於雜誌中求。」[2]而老輩學人的存在及其參與各種體制內外的教學活動，使得舊學的傳承部分得以延續。

一九二〇年代以後，各省紛紛興辦大學，一些老輩學人進入其中，教授弟子，如陳衍入北京大學、廈門大學，袁嘉谷入東陸大學，姚永樸入安徽大學，高步瀛入北京師範大學、北京女子師範大學、輔仁大學，朱師轍兼課輔仁大學，李詳入東南大學。任鴻雋長川大時，文學院長張頤，中文系龔道耕（向農）講三禮，林思進（山腴）講史記，周癸叔講詞，向楚（仙樵）講楚辭，祝同曾（屺懷）講資治通鑑，李植（培甫）講說文，李蔚芬（炳英）講莊子，趙世忠（少咸）講廣韻，彭雲生講杜詩，龐石帚講文心雕龍，蕭參（仲倫）講詩經，曾宇康講文選，後又聘請向承周（宗魯）講校讎學、管子、淮南子、陳季皋講漢書。川大文史學生，大都是老輩的門人或再傳弟子。

更多的人則於正規體制之外，另行組建教學機構，如唐文治籌辦的無錫國學專修館，堅持數十年，延聘眾多老輩學人講學其中，造就了不少人才。一九二八年奉天創辦萃升書院，延聘王樹枬講經學，吳廷燮講史學，吳闓生授古文，高步瀛授文選。被太炎門生和新派學人逐出北京大學，還要窮追猛打、口誅筆伐的桐城末流，姚永樸、姚永

1　參見陳平原《中國現代學術之建立——以章太炎、胡適之為中心》第二章《官學與私學》。章氏同時也批評時人按照外國觀念講解中國學問。

2　《夏承燾集》第五冊，第327頁。

概分別長宏毅學舍、正志學校教務。不少老輩在閉門著述之餘，也收徒授學。

社會生活中常有隔代容易溝通的現象，學界亦然。民國時期的新派，往往借代際更替之名行派係爭鬥之實。而要打倒前輩，其捷徑就是不破不立，根本顛覆前人。胡適的〈〈國學季刊〉發刊宣言〉，根本目的還在標明保存國粹等等反動「都只是舊式學者破產的鐵證」，而對能夠補救清代學者缺陷，把握現代古學研究趨勢的「我們」、「抱無窮的樂觀」，並且斷言：「國學的將來，定能遠勝國學的過去；過去的成績雖然未可厚非，但將來的成績一定還要更好無數倍。」[1]傅斯年的〈歷史語言研究所工作之旨趣〉，一方面肯定「亭林百詩這樣對付歷史學和語言學，是最近代的；這樣立點便是不朽的遺訓」，一方面則惋惜「不幸三百年前雖然已經成就了這樣近代的一個遺訓，一百多年前更有了循這遺訓的形跡而出的好成就，而到了現在，除零零星星幾個例外以外，不特不因和西洋人接觸，能夠借用新工具，擴張新材料，反要坐看修元史修清史的做那樣官樣形式文章，又坐看章炳麟君一流人屍學問上的大權威。」[2]對太炎師徒尚且不以為然，遜清老輩更加不在話下。

與五四一代新派和老輩之間的水火不容迥異，有心嚮往文史之學的後五四學人，對老輩反而不大排斥。他們中的一些人，與老輩有著包括血緣在內的種種社會聯繫，在一九二〇年代後期學術風氣逐漸轉移的影響之下，對於老輩的學問相當敬重，入校學習的同時，還拜在老輩的門下。從北京大學、清華國學研究院到無錫國學專修館的學生中，與老輩聯繫較多或為其弟子之人，為數不少。如金毓黻為吳廷燮弟子，方壯猷為趙啟霖弟子，謝國楨曾受吳闓生詩古文辭。至於向

---

[1] 《國學季刊》第一卷第一號，一九二三年一月，第1頁。
[2] 岳玉璽、李泉、馬亮寬編選：《傅斯年選集》，第175-176頁。

老輩求教治學門徑和詩文典籍者更加普遍。龍楡生《苜蓿生涯過廿年》記：一九二八年九月到上海，「先後見過了陳散原、鄭蘇戡、朱彊村、王病山、程十發、李拔可、張菊生、高夢旦、蔡子民、胡適之諸先生，我不管他們是新派舊派，總是虛心去請教，所以大家對我的印象，都還不錯。我最喜親近的，要算散原、彊村二老」[1]。

在老輩的薰陶下，這些青年的學術觀念自然與五四一代不同。

如牟潤孫拜入長兩輩的柯劭忞（蓼園）門下為最小的弟子，牟、柯兩家，姻親兼世交，牟氏得其親炙，對於治學門徑以及柯劭忞學行的看法，與新派多有不同。他認為「蓼園先生博聞強記，治學方面至為廣泛，經、史、小學、詩文、金石、曆、算，均有極精深的造詣，為錢大昕後第一人」[2]。不能僅以《新元史》來衡量其學術成就，尤其不能用新派的所謂科學眼光來看待和評議。清華國學院的姜亮夫在成都高等師範時受教於趙熙、林思進、龔道耕等人，他回憶道：「我一生治學的根底和方法，都是和林山腴、龔向農兩先生的指導分不開的。他們特別強調要在詩、書、荀子、史記、漢書、說文廣韻這些中國歷史文化的基礎書上下功夫。他們說：『這些書好似唱戲的吊嗓子、練武功。』並形象地指出讀基礎書就像在大池裡栽個樁，樁子栽的穩，栽的深，滿堂的浮萍、百草都會同樁子牽上，乃至水裡的小動物也屬於這桿樁子了。龔先生還說，由博返約這個約才能成器，不博則不可能有所發現。得林、龔二師之教，我在成都高等師範那幾年，便好好地讀了這些基礎書。這點，為我後來的治學，得益確實非淺。」[3]這與用科學方法整理國故者的取徑明顯不同。

1　張暉：《龍楡生先生年譜》，第 22-23 頁。
2　牟潤孫：《蓼園問學記》，《注史齋叢稿》，第 535 頁。
3　《姜亮夫自傳》，晉陽學刊編輯部編：《中國現代社會科學家傳略》第一輯，第 251-252 頁。

用新派後來得勢的眼光看，新舊之間壁壘分明，實際情形卻相異甚至相反。除北京大學「黨派意見甚深」，以新文化主義排斥異己之外[1]，多數學校在一九二〇至三〇年代，新舊矛盾尚不突出，不少地方不但能夠共存，還能協調合作。「學衡」派主將之一的胡先十餘年後總結道：「當五四運動前後，北方學派方以文學革命整理國故相標榜，立言務求恢詭，抨擊不厭吹求。而南雍師生乃以繼往開來融貫中西為職志，王伯沆先生主講四書與杜詩，至教室門為之塞，而柳翼謀先生之作中國文化史，亦為世所宗仰，流風所被，成才者極眾。在歐西文哲之學，自劉伯明、梅迪生、吳雨僧、湯錫予諸先生主講以來，歐西文化之真實精神，始為吾國士夫所辨認，知忠信篤行，不問華夷，不分今古，而宇宙間確有天不變道亦不變之至理存在，而東西聖人，具有同然焉。」[2]即使在北京，燕京大學的張爾田、鄧之誠等人，與青年學生的關係也相當融洽。燕大以學生為主體的史學會能夠持之以恆，人才輩出，他們的影響至關重要。

民國以後，老輩的社會交往和文化觀念與現實格格不入，面對西學和新文化的衝擊，努力維繫舊學，並開展了一些學術活動。主要有以下各項：

一、編纂史志。民國時期，中央和各省重視正史、方志的編修，除少數地方外，均由老輩學人在其中扮演主角。如國史館以王闓運為館長，後改設國史編撰處，總纂王樹翰，編輯主任屠寄，李經畬、黃維翰、路朝鑾、熊國璋、賓玉瓚、陳瀏任分纂。一九二七年秋，張作霖再改國史館，柯劭忞館長，王樹枏總纂。清史館「最初總纂為繆荃孫、馬其昶、秦樹聲、吳士鑑、繼則為柯劭忞、王樹枏、吳廷燮、夏

1　陳智超編註：《陳垣來往書信集》，第209頁。
2　《樸學之精神》，《國風》第八卷第一期，一九三六年十月一日，第15頁。

孫桐；纂修為金兆蕃、金兆豐、章鈺、俞陛雲、吳懷清、協修為張書雲、李哲明、戴錫章、奭良、朱師轍，此皆成書時之氏名也。若最初之纂修，尚有姚永樸、張爾田、陳曾則、袁勵准、王式通、劉師培、夏曾佑；協修有李岳瑞、朱孔彰、陳敬第、羅惇曧、邵瑞彭、趙世駿，皆一時知名之士也」。[1]各省新修通志，亦多由老輩主事。吳廷燮總纂《遼寧通志》，沈曾植《浙江通志》，陳衍《福建通志》，傅增湘《綏遠通志》，宋育仁《四川通志》，梁鼎芬《廣東通志》。各省通志局聘用的撰修人員，也以老輩為主。如浙江通志局聘朱祖謀、吳子修、陶葆廉、章梫、葉柏皋、朱湛卿、金甸丞、孫德謙、王國維、張爾田、劉承幹等人為分纂，福建通志局則以陳元愷為提調，劉瀛、何梅生為協纂，沈覲冕、葉大琛、林蒼、陳鉅前、林翊、陳敬、王慶湘、鄭祖庚、林孝穎、吳炎南、陳恥、陳謙、葉心炯、李苑之、龔惕庵、林雪舟等人為分纂。《奉天通志》以王樹柟、吳廷燮、吳闓生、楊鐘羲、金梁、許寶衡、許同莘等為纂述，《河北通志》以王樹柟、賈恩紱等為纂述，《河南通志》以張嘉謀、蔣藩等為纂述，《雲南通志》以周鐘岳、由雲龍、趙式銘、方樹梅為纂述。一些方志學者對民國新修方志頗多微詞，實則其中不乏佳作。

二、整理文獻，藏書刻書。老輩學人好收書、藏書、校書、刻書，柯劭忞、章鈺、傅增湘、董康、陶湘、葉德輝等尤為個中翹楚，因此對於典籍的版本淵源相當熟悉。這在反對「疏通」的新派學人看來或許無大意義，卻受到域外學人的重視。王雲五《續修四庫全書提要序》稱：東方文化事業委員會開始聘請僅限於前清遺老。一九三四年，改由橋川時雄主持，增聘平津一帶學者為研究員，並與華中華南

---

[1] 《靜晤室日記》第六冊，第 4226 頁；第九冊，第 6533-6536 頁。

及海外若干學者取得聯繫,實則仍以老輩為主。[1]金毓黻這樣評價《續四庫全書提要》的編撰:「主撰者為江瀚、胡玉縉、楊鐘羲、倫明諸老輩,皆在北平撰稿,經其事為橋川時雄(子雍),詢之岩村,謂成已過半,並將經部提要付之油印,出以示余。此為偉大之事業,中土老儒倡議多年,卒鮮成功,而今則有觀成之望,誠無意中之佳觀也。」[2]

三、結社講學。中國文人學士,本有結社以相互揣摩玩賞詩文學術之風,民國時期老輩遠離政治和社會,彼此交遊更加重要。一九一六年,劉承幹在上海建立淞社,《學樵自訂年譜》記:「翰怡與周湘舲主淞社,集者藝風、子頌、鞠裳、息存、梅庵、叔問、橘農、元素、聚卿、積余、金粟香、錢聽邠、吳倉碩、劉謙甫、王旭莊、劉語石、汪淵若、戴子開、金匄丞、惲孟樂、季申、瑾叔、崔磐石、宗子戴、潘蘭史、王靜安、洪鷺汀、陶拙存、朱念陶、褚禮堂、夏劍丞、張孟劬、姚東木,迭為主客,與乙庵論文。」[3]

此後世界文化風向,因為第一次世界大戰的慘烈,頗有轉向東方主義的趨勢,更加引起老輩的共鳴和響應。一九二一年秋,一批老輩學人在上海成立亞洲學術研究會,計劃每月開講書會兩三次,發行《亞洲學術雜誌》(原定月刊,實為季刊),理事汪鐘霖、鄧彥遠,孫德謙為雜誌編輯人,任稿會員有王國維、羅振玉、曹元弼、張爾田等。該會宗旨憤心時流,攻斥鶩新者不遺餘力,欲借此拯救世道人心。[4]羅振玉看到雜誌後,認為其中佳作不少,特囑咐王國維:「深願同人能合力作,發揮正論,以振狂愚。」該會及其所辦雜誌引起東南大學史地學會

1　參見山根幸夫:《近代中日關係の研究——對華文化事業を中心として》,第15-16頁。
2　《靜晤室日記》第五冊,第3511頁。
3　引自袁英光、劉寅生:《王國維年譜長編》,第194頁。
4　《亞洲學術研究會及其刊物》,《史地學報》第二卷第二號,一九二三年一月。

的注意，希望其對於學術有所貢獻。

一九二三年八月，王秉恩、柯劭忞、陳三立、辜鴻銘、葉爾愷、鄭孝胥、朱祖謀、陶葆廉、李孺、章鈺、寶熙、王季烈、張美翊、徐乃昌、陳曾矩、陳毅、金梁、劉承幹、王國維、羅振玉等二十人聯名發起成立東方學會，計劃設立董事會和理事會，由柯劭忞任董事長，德國學者尉禮賢（Richard Wilhelm）和日本學者今西龍為董事[1]，擬定簡章十條[2]，宣稱：「中國有數千年的沒有中斷的文化傳統。近幾十年，歐美人民因飽受戰爭之苦，認識到在強權和槍桿之外還有一條通向真理之路，因而紛紛注重研究東方文化。本會以研究中華文物制度為己任，研究古代經籍和歷史的關係，以圖洞悉國家和社會治亂之根源。」[3]會中擬設印刷局、圖書館、博物館和通信部，印書數十種。[4]

在廣東，黃任恆、黃榮康謀復舉學海堂課，聘請周朝槐、潘應祺、汪兆銓、姚筠俊、何藻翔、汪兆鏞、沈澤榮、林鶴年等人為學長。賴際熙等人則在香港創立學海書樓，邀請陳伯陶、溫肅、區大

---

1 長春市政協文史和學習委員會編、王慶祥、蕭文立校注、羅繼祖審定：《羅振玉王國維往來書信》，第517、573頁。
2 中國歷史博物館編、勞祖德整理：《鄭孝胥日記》第四冊，第1959頁。
3 Salome Wilhelm：Richard Wilhelm-Dergeistige Mittlerzwischen Chinaund Europa，Eugen Diederichs Verlag，Duesseldorf Koeln，1956.（莎瓏・衛：《衛禮賢——中國與歐洲之間的精神使者》，第302頁。引自張國剛：《德國的漢學研究》，第41-42頁。衛書稱該會係由衛禮賢發起，後者是參與此事的唯一外國人，也是負責學社具體工作的聯絡人。而金梁《瓜圃述異・辜博士》條記，參與其事者還有鐸爾孟、鋼和泰、福開森等（沈雲龍主編：《近代中國史料叢刊續編》第24輯之238，第34頁）。此事當與日本方面鼓吹所謂日中文化聯合有關。該會簡章，羅繼祖稱「今不可見」（《魯詩堂談往錄》，第12頁）。一九二三年六月二十六日上海《民國日報・覺悟》刊布一則《東方學會緣起及草章》，從內容判斷，當為另一同名組織。
4 羅振玉：《集蓼編》，《雪堂自述》，第49頁。

典、區大原、朱汝珍、岑光樾、何藻翔、俞叔文等講學授課。[1]

東方學會成立之時，新文化運動雖已顯出種種弊端，聲勢仍然鼎盛。此後風向有所變化。一九三二年北平圖書館《讀書月刊》發表《考據漫話》，有如下描述：

> 以前中國所謂「新文化運動」，大概可以分為三大類：第一是各種新社會思想與哲學之輸入，第二是語體的新文藝運動，第三類是以科學方法整理國故。現在第一第二兩種大體多已顯示著衰落而集中於社會主義，所以唯物史觀的辯證哲學和所謂「普洛文學」，就成為一時流行之風尚。惟有所謂「科學方法整理國故」運動，其「流風餘韻」，卻還相沿未衰，而且在「古色古香」的舊都，正有「方興未艾」之勢。這不能不算是新文化運動中唯一可「慶幸」的事了！[2]

對於整理國故吸引了許多青年轉向故紙堆，不少人提出嚴厲批評甚至激烈抨擊，而主張或擁護國學研究者的觀念和路徑也相去甚遠，但整理國故激盪起來的國學研究熱情，確有形成運動之勢。本來中國學人並不強分新舊，即使在新文化運動中心的北京，除新派以外，一般而言，與老輩的關係尚屬融洽。一九二二年五月，由吳承仕發議，尹炎武、朱師轍、程炎震、洪汝闓、邵瑞彭、楊樹達、孫人和等八人假座北京的歙縣會館結成「思誤社」，每兩週會集一次，主要校訂古書，以養成學術風氣。後改名「思辨」，陸續加入者有陳垣、高步瀛、陳世宜、席啟駉、邵章、徐鴻寶、孟森、黃節、倫明、譚祖任、張爾

1　參見李緒柏《清代廣東樸學研究》，第 264-265 頁。
2　《讀書月刊》第一卷第十號，一九三二年七月十日，第 1 頁。

田等[1]，其中不乏老輩學人。他們與柯劭忞、陶湘、楊鐘羲、傅增湘等人來往密切，雖然與新派學人也有所聯繫，而學術上自有見解，並不一味以趨新為然。在各地先後組織的國學會中，老輩也受到尊重，如中國國學研究會的《國學輯林》，請劉承幹、徐乃昌為撰述員。[2]蘇州國學會以及章氏國學講習會，南北耆碩王樹枏、陳衍、張其淦、楊鐘羲、唐文治、孫雄、周鐘岳、張一麐、孫德謙等，加入其中。[3]一九二六年，吳宓等人組織讀經團講學會，孫雄參與其事。[4]在各種國學雜誌上，老輩的學術文章和詩文作品占有一席之地。

　　新文化派的整理國故和史學革命，雖然公開鼓吹打倒老輩，實際進行之際，在文獻典籍和史實考訂等方面，不能不與老輩有所接觸甚至仰仗。尤其是整理國故的興起，使得原來被新文化派宣佈為腐朽、無用、而老輩們擅長的舊學，重新成為社會關注的焦點，乃至青年成名的捷徑。儘管新文化派主張以科學方法從事整理，旨在與老輩劃清界限，並將後者排除於整理工作之外，實際效果剛好相反。以致有人憤然道：「老實說，國學不過是古董罷了！玩這古董的，只該是極少數的考古家歷史家，這極少數的考古家歷史家，又必須真懂得國學是什麼，那末，才漸漸有相當的成績出來。可是現在的國學界烏煙瘴氣，瞎鬧到十二分，他們的頭腦，一提及國學，馬上就聯想到保存國粹；一提及研究國學，馬上就聯想到古詩古文。某報國學週刊上，不上三

---

[1] 楊樹達：《積微翁回憶錄》，第17頁；陳智超編註：《陳垣來往書信集》，第130-131頁。

[2] 《〈國學輯林〉撰述員名錄》，《國學輯林》第一期，一九二六年九月，「紀事」第1頁。

[3] 《國學會會員姓名一覽表》，《國學商兌》第一卷第一號，一九三三年六月一日；《國學會會員姓名一覽表》，《國學論衡》第二至八期，一九三三年十二月一日至一九三六年十一月二十日。

[4] 吳宓著、吳學昭整理註釋：《吳宓日記》第三冊，第250頁。

百字的孔子之成人說,孔子之君子說,也算是整理國學了。某校的國學概要,把唐朝劉知幾所斥為不可信——學者公認為不可信的史料,也采來充做國學也。上海文丐所做的鴛鴦湖蝶派小說,軍閥政客們打出來的四六電報,無非是國學。上海某校教員統計今年招生考卷,做文言的,占了十分之九。無錫某校至今還不准學生做語體文。」

鑒於「國學遺老化的惡影響這麼厲害」,整理國故剛剛開始,有人就公開反對,認為「國學的遺老化,真是現在學術思想上一件最可擔憂的事」。不僅那些遺老遺少等餘孽,就算是新式的科學的國學家胡適,所辦《國學季刊》,「除掉《科學的古史家崔述》外,也只看到《述皇》一類古香古色的文字。又在他的《中學的國文教授》裡,竟要學生讀四史、通鑑……一些大學生不必人人要讀的書。在最近手定的《高級中學國語綱要》裡,竟要學生大做其古文」。而「我們敬仰的國學老輩」梁任公,又主張對古人要拿出副道學面孔,不許嬉笑怒罵,說俏皮話,對孔子要表相當的敬禮。其《國學入門書要目及其讀法》,說《論語》、《孟子》、《易經》有益道德,要摘記先聖先哲身心踐履之言以資修養,「這樣的態度,是不是與那些聖人之徒開口夫子,閉口先師一鼻孔出氣呢?」國學倘若這樣慢慢地遺老化下去,「在國學的本身,一定要減損不少的價值;在政治社會學術思想上,一定要生出不少的惡影響」[1]。

面對接踵而來的批評,胡適雖然辯稱整理國故旨在「捉妖」、「打鬼」,可是國立大學拿整理國故做入學試題,副刊雜誌看國故文字為最時髦的題目,線裝書的價錢十年內漲了二三倍,凡此種種,都使胡適的辯解顯得軟弱無力。所以他不得不認真反省,「深深懺悔關於研究國

---

[1] 陳問濤:《國學之「遺老化」》,《學燈》第二卷第十冊第十六號,一九二三年十月十六日,第1頁。

故的話」，斷言國學是條死路，希望青年走生路。[1]與胡適不同，顧頡剛堅持「國學是科學中的一部分」，並且理直氣壯地宣稱：「我們交往的人，也許有遺老、復辟黨、國粹論者、帝國主義者，但這決不是我們的陳舊的表徵。我們的機關是只認得學問，不認得政見與道德主張的。只要這個人的學問和我們有關係，或者這個人雖沒有學問，而其生活的經歷與我們的研究有關係，我們為研究的便利計，當然和他接近。我們所接近的原不是他的整個的人格，而是他與我們發生關係的一點。」[2]

抗戰勝利以後，胡適對於老輩的態度平實了許多，包括他本人在內的新學術界長期仍然深受老輩學人多方面影響的事實，令他不得不正視後者的存在並多少承認其作用。一九四七年五月二十二日胡適致函薩本棟、傅斯年，擬推院士名單，「提出三位老輩」：吳敬恆、張元濟、傅增湘，並提出楊樹達「做一老派古學者的代表」[3]。雖然胡適的人選並未得到完全認同，老輩的範圍與以前也有所差異，至少可以反映他本人的態度變化。

四　門徑各異

清季民初，社會變動天翻地覆，中西新舊，乾坤顛倒，影響及於學術文化，也日趨信奉不破不立，橫逸斜出。一九三七年，張爾田致函楊樹達，談到治學的方法和途徑，他說：「凡學之立也，必先循軌

---

[1]　《研究所國學門第四次懇親會紀事》，《北京大學國學門月刊》第一卷第一號，第143-145頁。
[2]　顧頡剛：《一九二六年始刊詞》，《北京大學研究所國學門週刊》第二卷第十三期，一九二六年一月六日，第3-5頁。
[3]　耿雲志、歐陽哲生編：《胡適書信集》中冊，第1101-1102頁。

道，而後方可以言歧創。……今之綴學，知稗販而不知深研，知捷獲而不知錯綜。以此求異前輩，而不知適為前輩所唾棄。」楊樹達對此頗有同感：「先因後創，余雖不克任，然治學次第當如此，則篤論也。余恆謂溫故而不能知新者，其人必庸；不溫故而欲知新者，其人必妄。亦孟劬此書之意也。」[1]兩人所說，顯然意在批評近代學術發展的偏宕，而這些偏向又影響了學人對近代學術史的認識。中西新舊，截然兩分，究其極，西往往意味著新，中則基本等同於舊。不僅新派如此塑造歷史，其他學人針對此點立論，觀念和脈絡也不免為其所囿。

錢基博評介晚清至民國的學風轉移道：「五十年來學風之變，其機發自湘之王闓運，由湘而蜀（廖平），由蜀而粵（康、梁）而皖（胡、陳），以匯合於蜀（吳虞），其所由來者漸矣，非一朝一夕之故也。」這主要是就文學一支立論，所謂「文學之事，每隨時代升降變易，代有新趨，成其主流」[2]。梁啟超、錢穆兩人先後撰寫《中國近三百年學術史》，立意雖然相異甚至相對，於清季學術的論述都相當簡略，而且不離上述脈絡。梁氏的《清代學術概論》，亦不脫此範圍。

其實，趨新與守舊，都是相對而言，而且不占多數。對於雙方的言行，居中的學人早有持平之論。一九二六年聞宥將研究國學者分為二派，「其第一派之特點曰抱殘守缺，凡學之屬於古者，不問其精粗美惡，而一切珍視之，甚至其說之已與常識相違背者，亦竟不欲棄置。其第二派之特點曰捨己從人，視我一切學術，皆若為西洋學說之附庸，甚至其說萬不可合者，亦竟曲加比附。此兩者之態度，適成兩絕對，而其誤乃相等。由前之說，在乎自視過滿，由後之說，在乎自視

1　楊樹達：《積微翁回憶錄》，第129頁。
2　吳萬谷：《王闓運》，張其昀等著：《中國文學史論集》（四）現代國民基本知識叢書第五輯，第1183-1185頁。

過卑。自視過滿者，固不欲引人以自廣，自視過卑者，亦不憚盡棄而從人。自滿則國學不能得他山之助，自卑則國學不能立最後之基，而國學之真，於以盡失矣」。[1]

　　無獨有偶，與此同時，繆鉞亦致函《學衡》編者，對新舊兩派各走極端提出批評：「居今之世，尊人尊己，舉無一當。惟有鏡照衡權，擷長棄短，鎔冶為嶄然之真新文學，兼蓄新質而能存故美，庶幾得之。自三五鉅子，以膚受末學，投國人嗜奇趨易之心，登高一呼，得名而去，使後生囂囂然狂走不已，其敝既為識者所洞鑒矣。而鴻生碩彥，湛溺舊聞，墨守故矩，傲然自尊，於西人之作，一切閉拒，以為絕不可相謀，斯亦未為得也。荀卿有言，萬物異則莫不相為蔽。今譁眾取寵之士，既蔽於今，蔽於淺矣，而老師宿儒，抱殘守缺，又不免蔽於古，蔽於博。閎達不出，孰通其郵。此千鈞之責，惟冀諸君子負之，而華夏文運，亦將於斯卜盛衰焉。」[2]。「學衡」派雖然被後人指為守舊或守成，主張卻是「昌明國粹，融化新知」，「不激不隨」，並且實際貫徹其宗旨的。這與不分中西新舊的溫故知新大體同道。

　　胡適和顧頡剛等人在為整理國故辯解反省之時，儘管態度已經有所區別，均仍然不忘與老輩學人劃清界限。這也是新文化運動開展以來他們與老輩分歧的延續。本來新派與老輩學術上並非截然對立，似乎新派一味趨新，老輩則一心守舊。但新派不斷鼓動新潮，老輩卻往往與復古逆流相聯繫，在接二連三的衝突摩擦中，各自意氣用事，易走極端，形成公開對壘。張爾田就曾將陳垣《元典章校補釋例》中胡適的序言撕去，並當面向陳垣表示不以其請胡適作序為然。[3]這種水火

1　聞宥：《國學概論》，《國學月刊》第一卷第三期，一九二六年十二月十日。
2　繆鉞：《與學衡編者書》，《學衡》第五十九期，一九二六年十一月，「文苑・文錄」第5-6頁。
3　陳智超編註：《陳垣來往書信集》，第407頁。

不相容的態度使得雙方難以平實相待。一九二三年，汪東針對「新舊兩派的爭執，往往各走極端」的情形批評道：「講學這件事，應當憑著商量的態度，新文化固當虛心容受，舊文化也斷不可以一概抹殺。如果一個人能夠新舊兼貫最好，不能便聯絡兩派的學者，通力合作，重在互相引證發明，不要互相詆毀。至於辯論，自然是不可少的，卻只要研究過的人，循持條理，破他自成，不要完全不懂的人，立在門外謾罵。」

汪東以為：「平心而論，學術也有分別，一種是求是的，只問是非，不論新舊，譬如哲學之類，後人發明，可以補苴或改正古人的地方，固然很多，但是古人有極精確的議論，任是如何，顛撲不破的，卻也不少。一種是應時的，斟酌情形，務在可行，譬如政治法律之類，有所建制，必定要適合當時環境的需要，環境既變，舊的自然不甚適用，至少也要容納幾分新的來修正調和。但是把舊的一刀從根鏟了，卻換一個簇斬全新的來代替他，這新的是否與環境適合，也自有審慎討論之餘地。從前帝王，憑著至高無上的權力，把學術定於一尊，絕不許人對於欽定的學說，絲毫有所懷疑，那些學者，便也兢兢業業，遵守功令，除了父師相傳的幾本故書，把其餘的一概貶作異端，所以新學家詆訶他是專制，是盲從，是一點不錯的。然而，我要問提倡新文化的學者，壟斷學籍，排斥異己，儼然有一派順我者存逆我者亡的氣象，是不是專制？一般青年學子對於新文化，若者為是，若者為非，若者為適，若者為否，並沒有充分考量判斷的識力，一味跟著附和，是不是盲從？我們反對的是專制啊！盲從啊！卻不論他是用哪一種學術來專制，盲從的是哪一派的學說。」[1]

同年，胡樸安論及當時學界風氣，也有如下評議：

---

[1] 汪東：《新文學商榷》，《華國》第一卷第二期，一九二三年十月十五日，第1-2頁。

今之學者，新舊互相攻擊，夫攻擊非治學之弊，攻擊之結果，恆有以策學問之進步。……今之互相攻擊者，不僅不見進步，且日見退步，於是知其相攻擊也，非以誠懇之心，研究學問，徒以利祿之心，標榜聲名，相當之戰守器具，皆所不問，惟日以攻擊為事，此真治學之弊也。

他進而批評道：

今之學者不求所以自立，徒為虛憍之氣所乘，以盜竊為能事，以標榜為名事，不僅文話白話然也，一切學問，莫不如是。於是不知算學而言羅素，不知生物而言杜里舒，不知經史而言崔東壁，不知小學而言高郵王氏父子，無閉門讀書之人，只有登壇演講之人，無執卷問業之人，只有隨眾聽講之人。演講與聽講，非不可行之事。然必演講者對於所講之學問，有徹底之瞭解，聽講者對於所講之學問，有相當之根基。今演講者自知學問之未瞭解也，於是好為新奇之說，以博聽者之感情；而聽講者不僅無相當之根基，並無聽講之誠意。……真正為學問之宣傳而演講，與為學問之研究而聽講者，可謂決無其人。至其比較稍善者，亦不能有具體之研究，而求治學之條理，或抽其一二枝枝節節為之。此等治學者，一中於欲速之心，二中於好奇之念，蓋具體的研究，非窮年累月不為功，且無新奇可喜之說，足以動人聞聽。今摭拾一二事，彼此鈎稽，甚且穿鑿附會，為之者計日可成，聽之者詫為未經人道，於是治學者遂有二途：一曰求中國隱僻之書，以比附西方最新之說；一曰求單文孤證，以推翻前人久定之案。尤以翻案

之學說，風行一時。[1]

汪、胡二人批評的矛頭雖然同時指向新舊雙方，實際上對採取攻勢的新派更加嚴厲。新文化派中有些人對於上述批評也大體認帳。與汪東同門的錢玄同私下反省道：「仔細想來，我們實在中孔老爹『學術思想專制』之毒太深，所以對於主張不同的論調，往往有孔老爹罵宰我，孟二哥罵楊、墨，罵盆成括之風。其實我們對於主張不同之論調，如其對方面所主張，也是二十世紀所可有，我們總該平心靜氣和他辯論。我近來很覺得要是拿罵王敬軒的態度來罵人，縱使所主張新到極點，終之不脫『聖人之徒』的惡習，所以頗憚於下筆撰文。」[2]

調整新舊即是非的觀念，考察新派與老輩的分歧，至少有相互聯繫的三點可以重新考慮。其一，中國的固有學術，究竟是安身立命的所在抑或僅僅是單純客觀的學問。其二，考據能否作為治學的旨歸。其三，中國固有學術是否只是一堆散漫的材料，能否用西學的系統來重新條理。

在新文化派的學人看來，老輩是將學問作為安身立命的憑藉，而不僅僅是用科學方法去研究的客觀對象。顧頡剛為《北京大學國學門週刊》所寫〈一九二六年始刊詞〉說：「至於老學究們所說的國學，他們要把過去的文化作為現代人生活的規律，要把古聖賢遺言看做『國粹』而強迫青年們去服從，他們的眼光全注在應用上，他們原是夢想不到什麼叫做研究的，當然說不到科學。」胡適對待整理國故，觀念前後數變，但始終反對將國學作為安身立命的依據。他以為：「我們所

---

[1] 胡樸安：《論今人治學之弊》，上海《民國日報・國學週刊》第十四期，一九二三年八月八日。
[2] 一九二〇年九月二十五日致周作人函，《錢玄同文集》第六卷，第32-33頁。

提倡的『整理國故』，重在『整理』〔兩〕個字。『國故』是『過去的』文物，是歷史，是文化史；『整理』是用無成見的態度，精密的科學方法，去尋求那已往的文化變遷沿革的條理線索，去組成局部的或全部的中國文化史。不論國粹國渣，都是『國故』。我們不存什麼『衛道』的態度，也不想從國故里求得什麼天經地義來供我們安身立命。北大研究所的態度可以代表這副精神，決不會是誤解成『保存國粹』、『發揚國光』。」[1]所以他始終批評一些同輩甚至後進學人在研究中國學術之時懷有衛道之心。

　　此事從新派的立場看，似乎並無問題，實則牽扯甚多，難以一概而論。一些觀念與新派有異的學人，至少在兩方面態度不同。其一，是否將中國學術僅僅視為研究的客觀對象，如此，則中國學人治中國學問與外國學人治中國學問豈非毫無分別？這一在新派看來理所應當的問題，其他學人並不一定首肯。陳寅恪〈王觀堂先生挽詞並序〉對於「為文化所化之人」給與充分的瞭解同情，他以三綱六紀為中國文化之定義，且斷言「其意義為抽象理想最高之境」，而以王國維之死為文化殉道之舉[2]，相當程度上表達了他自己的文化理念。胡適批評馮友蘭、陳寅恪等人的正統派觀點，出發點就是認為後者多少有些衛道之心。其二，國學不僅是學術，還是教育的社會化功能的載體，通過教育，可以潛移默化地讓青少年成為中國人。由國學而知國性，顯然也無法完全客觀。中國人講中國學問，與外國人研究中國學問，畢竟有所不同。所以不願治學受感情牽連的陳寅恪推崇宋儒「皆深通佛教者。既喜其義理之高明詳盡，足以救中國之缺失，而又憂其用夷變夏

1　《研究所國學門第四次懇親會紀事》，《北大國學門月刊》第一卷第一號，第143-144頁。
2　吳學昭：《吳宓與陳寅恪》，第53-54頁。

也。乃求得兩全之法,避其名而居其實,取其珠而還其櫝。採佛理之精粹,以之註解四書五經,名為闡明古學,實則吸收異教,聲言尊孔闢佛,實則佛之義理,已浸漬濡染,與儒教之宗傳,合而為一。此先儒愛國濟世之苦心,至可尊敬而曲諒之者也。」[1]身在其中,而要超然物外,史家的兩難,雖無法兩全,卻不應片面。

　　胡適的〈國學季刊發刊宣言〉發表後,宋育仁公開逐句批駁,其中反覆論道的重要一點,正是「古學是書中有學,不是書就為學,所言皆是認書作學,真真莊子所笑的糟粕矣乎。今之自命學者流多喜盤旋於咬文嚼字,所謂旁收博採,亦不過是類書目錄的本領,尚不知學為何物,動輒斥人以陋,殊不知自己即陋。縱使其所謂旁收博採非目錄類書的本領,亦只可謂之書簏而已。學者有大義,有微言,施之於一身,則立身行道,施之於世,則澤眾教民。故子夏曰:賢賢易色,事父母能竭其力,事君能致其身,與朋友交言而有信,雖曰未學,吾必謂之學矣。今之人必欲盤旋於咬文嚼字者,其故何哉。蓋即所謂古之學者為己,今之學者為人,此病種根二千年,於今而極。是以西人謂中國之學,多趨於美術。美術固不可不有,不過當行有餘力,乃以學文也。今之人不揣其本,而齊其末,不過欲逞其自炫之能力,以成多徒,惑亂視聽。既無益於眾人,又無益於自己。凡盤旋於文字腳下者,適有如學道者之耽耽於法術,同是一蠱眾炫能的思想,烏足以言講學學道,適足以致未來世之愚盲子孫之無所適從耳。吾甚為此輩惜之」。[2]治學不講微言大義,不僅無用,而且無學。這也是治學不能純客觀的表述。

　　既然中國人治中國學問不能也不應純然客觀,學術取徑當然有所

1　吳宓著,吳學昭整理:《吳宓日記》第二冊,第 102-103 頁。
2　問琴:《評胡適國學季刊宣言書》,《國學月刊》第十六期,一九二三年。

分別。可是自從新派提倡用科學方法整理國故,並鼓吹清人治學方法以來,學界日益趨重考據,隨著新文化派上升到主流位置,當時的學術中心北平「充滿著『非考據不足以言學術』的空氣」[1]。這引起老輩學人的強烈不滿。其間的是非曲直,須專文詳論,老輩們的意見,也各有不同。晚年好講王學的唐文治主張:「讀書需求實用,不必斤斤於考據。鄙人嘗謂處今世而言教育,必以尊崇人道為唯一宗旨。在座諸君,孟子所謂必有名世者他日出而救人心救人命,是吾國學會之光榮矣。」[2]這是從學以致用的角度,不贊成為學術而學術,而欲將學術作為拯救世道人心的工具。

一九二三年,孫德謙撰文〈評今之治國學者〉,指好古、風雅、遊戲三類固然不算是治國學,以科學方法考據亦非國學,「凡有志於學者,當探索其義理,而尋章摘句,繁稱博引,要為不賢識小,所貴乎考據者,豈詹詹在此哉?……夫國學而僅以考據當之,陋孰甚焉。今夫學亦求其有用耳,宣聖贊述六經,為萬世治術之本,即周秦道墨諸家,亦何嘗空言無用,不足見之行事哉。嗚呼!今天下之亂至矣,彼非聖無法者,日出其奇謬之學說以隳棄綱常,剷滅軌物,世風之愈趨而愈下,正不知伊於何底。……使果於國學而深造有得,好古三者之失,宜力戒而弗為,支離破碎之考據,亦無事疲耗其精神,有可得時則駕,惟本此經世之志,以措之事業。倘終其身窮老在下,守先待後,砥柱中流,庶幾於名教有所裨益」[3]。

一八二七年張爾田致函葉長青,也對以考據為學術的時趨表示異議:「以為考據者所以為學之具,而未可即以此為學也。原夫考據

1　《古史辨第四冊》書評,《讀書月刊》第二卷第七號,一九三三年四月,第22頁。
2　《唐蔚芝先生演講錄‧孟子大義》,《國學論衡》第七期,一九三三年十二月一日,「講壇」第13-18頁。
3　《學衡》第二十三期,一九二三年十一月,「通論」第4頁。

之起也，蓋以去聖久遠，學者無所究索，不得不假此以郵之耳。宗邦文化，開明於周公，而大備於孔子，姬公孔父之書，乃其根柢。考據之所蘄，蘄以明此而已。三百年儒者，則古昔稱先王，率崇尚考據家言，然而恆干未亡，故為可貴，末流馳逐，便辭巧說，至今日又幾幾有違離道本之懼矣。若不揣其本而齊其末，則今之所謂考據者，正可謂之骨董學，不得以冒吾國學。⋯⋯考據學之創始，厥維顧亭林，而亭林所志，乃在法古滌污，變夷用夏。下逮戴東原，尤今人所稱能以科學方法治考據者，而其言曰：六書九數如轎伕然，所以升轎中人也。以六書九數等事盡我，是猶誤認轎伕為轎中人也。」[1]

近人以為，清代考證學末流有三弊，一曰重訟數，忽躬行；二曰舍根本，逐微末；三曰立門戶，逞私見。[2]除了忽躬行之弊外，從治學必先立本的準則出發，老輩學人對於一味考據的學術取徑也不以為然。其中張爾田、孫德謙等人反對尤力。一九二七年張爾田覆函葉長青道：「三百年考據學末流，至今日已漸離其本質，扶瑕摘衈，名為整理，亂乃滋甚。夫不能攬其弘體，而但指發纖微，即施嫱且無完美，況乎竹帛餘文，其為雷同者所排，固其宜矣。世學人，若孫籀廎年丈及吾友王君靜安，其為學皆有其得力處，皆非毀聖無法者，不容破壞纖兒，得以藉口。」[3]五年後他致函夏承燾，仍然對學風流弊痛心疾首：「亭林生當明季，目睹王學末流之空疏，故歸過於橫浦向山者甚峻。今考據破碎之弊，甚於空疏，且使人之精神，日益移外，無保聚收斂以

---

[1] 《張孟劬與葉長青社長書》，《國學專刊》第一卷第四期，一九二七年十月二日，「通訊」第111頁。

[2] 金毓黻著：《靜晤室日記》第六冊，第4804-4805頁。此為潘石禪所講《清代之考證學》的論點。

[3] 《張孟劬復葉長青社長書》，《國學專刊》第一卷第四期，一九二七年十月二日，「通訊」第113頁。

為之基,循此以往,將有天才絕孕之患,斯又亭林之所不及料矣。」[1]

其時考據風氣瀰漫,與新文化派取向不同的學人也好以考據為務。一九二七年張爾田接到葉長青等人所辦《國學專刊》,一方面讚賞其「取材豐備,固不限一族」,另一方面則對「總其大較,要以考據為歸」不以為然。希望「貴刊既以國學楬櫫天下矣,由此馴而進焉,蘄以踐乎其實,姬公孔父之道,吾國學一線之曙光,將惟公等是賴」[2]。一九三四年九月,張爾田看過金松岑與陳衍、章太炎等人合辦的《國學雜誌》,嘆道:「考據之末流,辭章之頹響,噫!三百年漢宋宗傳之緒斬矣。」、「自考據學行,入室操戈,遂成慣習。」[3]

王國維的情感世界及政治態度與老輩相近甚至相同,而學術取徑和成就卻頗得新派推崇。其早年更是一位趨新人物。張爾田《與黃晦聞書》記:王國維早年治哲學文學,「時時引用新名詞作論文,強余輩談美術,固儼然一今之新人物也。其與今之新人物不同者,則為學問研究學問,別無何等作用。……其後十年不見,而靜庵之學乃一變,鼎革以還,相聚海上,無三日不晤,思想言論,粹然一軌於正,從前種種絕口不復道矣。……世之崇拜靜庵者,不能窺見其學之大本大原,專喜推許其人間詞話、戲曲考種種,而豈知皆靜庵之所吐棄不屑道者乎」[4]。

即使對走上經史正軌之後的王國維的學術,老輩學人也有不同意見。孫德謙批評時人好以先秦諸子附會歐美思想以及用遺書取代正史,並指王國維「睹一古器,獲一舊拓,詳加考訂,弟總嫌其穿鑿而

---

1 《夏承燾集》第五冊,第 334 頁。
2 《張孟劬與葉長青社長書》,《國學專刊》第一卷第四期,一九二七年十月二日,「通訊」第 111-112 頁。
3 《夏承燾集》第五冊,第 318、319 頁。
4 《學衡》第六十期,一九二六年十二月,「文苑・文錄」第 4-5 頁。

無關宏誼，有時獨標新解，如釋史籀二字，不作字體說，人且據之以推翻許叔重矣。為學而不守亭林『信古闕疑』之旨，一任我之顛倒失實，於人心風俗，亦大有關係」[1]。張爾田還曾專門致函王國維，提醒其注意：「讀書得間，固為研究一切學問之初步，但適用於古文家故訓之學，或無不合，適用於今文家義理之學，則恐有合有不合。何則，故訓之學，可以目論，可以即時示人以論據，義理之學，不能專憑目論，或不能即時示人以證據故也。……故弟嘗謂：不通周秦諸子之學，不能治今文家言。雖然，此種方法，善用之則為益無方，不善用之亦流弊滋大。」[2]

太炎門下最得乃師讚許的黃侃所見略同。一九二八年六月十八日，他在日記中寫道：「國維少不好讀註疏，中年乃治經，倉皇立說，挾其辯給，以炫耀後生，非獨一事之誤而已。始西域出漢晉簡紙，鳴沙石室發得臧書，洹上掊獲龜甲有文字，清亡而內閣檔案散落於外，諸言小學、校勘、地理、近世史事者，以為忽得異境，可陵傲前人，輻輳於斯，而國維幸得先見。……要之經史正文忽略不講，而希冀發見新知以掩前古儒先，自矜曰：我不為古人奴，六經注我。此近日風氣所趨，世或以整理國故之名予之，懸牛頭，賣馬脯，舉秀才，不知書，信在於今矣。」並進而評判：「近世之學，溝沈優而釋滯拙，翻案出奇更拙。」[3]

老輩的批評對其他學人有所影響。一九二三年九月，因《學衡》稿件缺乏，國學一部，尤形欠缺，吳宓向孫德謙、張爾田等人求助，

---

1 《孫益庵論學三書》，《國學叢刊》第一卷第三期，一九二三年九月，「通訊」第115-116頁。
2 《與王靜安論今文學家書》，《學衡》第二十三期，一九二三年十一月，「文苑·文錄」第3-4頁。
3 《黃侃日記》，第302、392頁。

晤談之下，感慨良多：「不禁為《學衡》前途慶，而益增其奮勵圖謀之志。且二先生確係學術湛深，議論通達，品志高卓，氣味醇雅。其講學大旨，在不事考據，不問今古文及漢宋門戶之爭，而注重義理。欲源本經史，合覽古今，而求其一貫之精神哲理，以得吾中國文明之真際。其所言類皆條理分明，詁解精當，發人深省，不能一一記。予竊自念，昔恨不早十年遇白璧德師，則不至摸索彷徨，而西學早入正軌。今又恨不早二十年遇孫張二先生，則不至游嬉無事，虛度光陰，而國學早已小有成就。」[1]推崇似有過於陳寅恪。

　　學問的客觀化與崇尚考據相互聯繫，均與西學影響中國學術有著密切關係。梁啟超總結道：「總而論之，清末三四十年間，清代特產之考證學，雖依然有相當的部分進步，而學界活力之中樞，已經移到『外來思想之吸受』。一時元氣雖極旺盛，然而有兩種大毛病：一是混亂，二是膚淺。直到現在，還是一樣。這種狀態，或者為初解放時代所不能免，以後能否脫離這狀態而有所新建設，要看現時代新青年的努力如何了。」[2]

　　近代中西文化關係，是一個四面看山的問題，這時梁啟超已經對晚清以來吸收外來思想的偏頗有所批判，其中也包括自我反省，他在《清代學術概論》中說：「啟超之在思想界，其破壞力確不小，而建設則未有聞。」[3]一九二三年，梁啟超更針對國故學復活的原因指出：「蓋由吾儕受外來學術之影響，採彼都治學方法以理吾故物。於是乎昔人絕未注意之資料，映吾眼而忽瑩；昔人認為不可理之系統，經吾手而忽整；乃至昔人不甚瞭解之語句，旋吾腦而忽暢。質言之，則吾儕所

1　吳宓著，吳學昭整理：《吳宓日記》第二冊，第 248、250 頁。
2　梁啟超：《中國近三百年學術史》，第 37-38 頁。
3　梁啟超：《清代學術概論》，第 81 頁。

恃之利器,實『洋貨』也。坐是之故,吾儕每喜以歐美現代名物訓釋古書;甚或以歐美現代思想衡量古人。」[1]用外來系統條理本國材料,本來是蔡元培等人肯定胡適的《中國哲學史大綱》以及後來學人斷言此書轉換近代學術範式的關鍵,而梁啟超已經開始反省利弊得失。

對於梁啟超回到東方主義,胡適無疑認為是倒退,相當不滿。其他學人對於這一複雜問題的態度有所不同。王國維用「知學」的高明者眼光來看,古今中外可以相通,因而斷言學無中西新舊之分。陳寅恪則認為:「其真能於思想上自成系統,有所創獲者,必須一方面吸收輸入外來之學說,一方面不忘本來民族之地位。此二種相反而適相成之態度,乃道教之真精神,新儒家之舊途徑,而二千年吾民族與他民族思想接觸史之所昭示者也。」[2]

觀念各異,標準不同,評價自然難期一致。繼清季教育改革後,整理國故再用外來分科及其系統將中國固有學術重新條理,老輩的學術地位根本動搖。新派學人以新式學堂教育出來的青年為受眾,其用外國系統條理本國材料的做法,剛好適應了知識系統由讀教科書而不是讀書形成的青年學生。夏曾佑將古今士類分為經師、名士、舉子三個時代,金毓黻道:「若自清以迄今二十餘年,科舉廢,學校興,士子化於歐風,靡然從之,以提倡新思潮為務,故此時代,乃學生時代也。學生者,不拘於故常,不囿於一隅,而為新知之是求,故其弊也盲從。」[3]盲從的學生最易為半桶水的舶來品所吸引,由此引起近代中國學術範式的大轉換。

關於這一問題,陳漢章與胡適先後在北京大學教中國哲學史的

1　《先秦政治思想史》,夏曉虹編:《梁啟超文選》下冊,第 328 頁。
2　《馮友蘭中國哲學史下冊審查報告》,《陳寅恪史學論文選集》,第 510-512 頁。
3　金毓黻著:《靜晤室日記》第四冊,第 2321 頁。

反應，最為學人反覆引證，以說明近代中國學術範式轉換的必然與進步。由於後來學人同樣是被各式各樣的教科書培養起來，知識系統已被重新組裝，所以無論是否贊成胡適的講法，對胡適的對立面陳漢章，似乎只有譏笑，很少有人試圖瞭解其教法的所以然。人們以為，這類教法連同這類人物所擁有的知識系統，都毋庸置疑的確是過時而且無用，陳漢章教過的學生，即使並非一味趨新，對老輩舊學尚存同情之心，平心論來，也只承認陳氏背的書多，即所謂「兩腳書櫥」。而陳漢章在京師大學堂時期的業師柯劭忞，在門人中卻甚稱賞陳漢章，屢次說：「當代經學，伯陶第一。」黃侃也以陳為劉師培以外所推重的一人[1]。其原因決非僅僅由於陳漢章的讀書廣博且記憶力強，而是貫通的前提必須由博返約。柯劭忞講經學，把握大體本源，既能通大義微言，又不廢考據，頗有所見，而與時趨有異。晚年為弟子講春秋，先左傳，次公羊，最後穀梁，經、傳、注、疏，手不持卷，背誦如流。發揮穀梁傳義，詳盡明白，結語總是說穀梁義最深厚。[2]

柯劭忞稱許陳漢章的本意，從另一事件中可以探知一二。一九三〇年代，在清華講《漢書》的楊樹達被系主任蔣廷黻視為過時，因為楊只能講版本，釋章句，而不知漢代四百年間所發生的重要政治、社會和經濟變化，所以決定換人。[3]蔣廷黻以為，中國的史家在分析即考據校勘方面，確有能與西洋史家比擬的人，但在綜合方面簡直是幼稚極了。[4]實則楊樹達講《漢書》雖由版本章句起，卻並不限於此。蔣復聰曾詢問柯劭忞治史應從何書入手，柯讓其先讀《通鑑》，蔣極不以為

1　金毓黻著：《靜晤室日記》，第 4046 頁。
2　牟潤孫：《蓼園問學記》，《注史齋叢稿》，第 540 頁。
3　《蔣廷黻回憶錄》，第 129-130 頁。
4　蔣廷黻：《歷史學系的概況》，《清華學報》第三十五卷第十一、十二期，一九三一年。

然，自認為豈能不知道讀《通鑑》。他不明白柯的意思是要尋求《通鑑》的取材來源，以研究其剪裁、取捨、組織、安排。《通鑑》於歷朝重大政治、經濟、法律各項制度的創立改變，沒有漏過一條。所以讀《通鑑》為治史學入門階梯。陳漢章的經學之優，應當從舊學裡面看，才能有所把握。

民國時期不少學有成就的後進，曾經受過讀書、背書、講書的私學教育，其知識系統並非全由新編教科書而來。他們對於老輩的學問及其治學態度，似乎領會更加貼切，不再以藐視之心看待固有學術，並從老輩那裡逐漸明白了上兩代學人的分歧和差別，背經書與講漢書，自然有了不同的意義，而非愚不可及。用哲學的觀念看經學的講法，當然覺得奇怪，如果回到經學的世界，感受自有不同。宋育仁批評新派認書作學，正是此意。經學原為中國學術之本，破除經學，中國學術便失去系統。就此而論，陳寅恪自謙不觀三代兩漢之書，只是針砭一味好古的時弊，並有心與時趨立異，而不得視為治中古史事規則。宋育仁批評民國學人「太看重漢後二千年史料，未窺經術門徑，故忽卻秦前二千年史料」，由此造成的結果是：「後學治史而不知經，則眼光視線，到漢唐為止，於春秋以來之三代時間二千餘年皆茫然，所以錯比；又因中外文字統係不同，致多錯譯。」[1]經學或許的確不能適應近代以來不得不然的社會變動，但要理解此前中國人的精神世界，還是不可廢棄的必由之路。疑古可以打破三代為黃金時代的神話以及經書的神聖，卻不能解釋兩漢以下經學的統治及其脈絡。

老輩學人一般不大利用影響日漸廣泛的傳媒來傳播學術，在他們看來，讀書為己，這方面下過大功夫，很少有人像宋育仁那樣，公開正面對胡適和梁啟超關於整理國故的主張加以批駁。對於後進，也是

---

[1] 問琴：《評胡適國學季刊宣言書》，《國學月刊》第十六期，一九二三年。

只聞來學,不聞往教。其講學提綱挈領,點出要旨,不願詳細說明,從學者若識力不足,難以領悟。江瀚推崇柯劭忞「為經世致用之學,上紹亭林(顧炎武),薄戴(震)、段(玉裁)、錢(大昕)、王(念孫、引之)而不為。民國初年設地政講習所,請柯先生批改學員課卷,柯先生往往批上千數百言,指陳歷代土地政策的利弊得失,如數家珍,無一字不說中肯綮。足見柯先生的典章制度之學的精湛。若非將歷朝史志及通典、通考等書爛熟於胸中,積蘊了豐富的知識,豈能有如此的表現!」柯氏為吳汝綸婿,張濂卿世侄,弟子有陳漢章、戴錫章、胡玉縉、余嘉錫、姜忠奎等。他的講學與新派差別甚大,其開宗明義:「吾人治學,當講宋人之義理,清人之考據,不可學阮元(芸苔),阮氏全講錯了。」阮元追隨戴震,主張訓詁明則義理明,但讀書要從整部書全篇文章去探討,絕不能只從其中若干字去追求,更不能從若干字的原始意義去追求。戴震批評宋儒,實際是反對清世宗、高宗以理學統治人民,柯劭忞知道戴震所說以理殺人是指皇帝,而阮元篤信戴氏,專心致志從字的古訓去講求義理,作了性命古訓等文章。傅斯年後撰《性命古訓辯證》,批評阮元,與柯劭忞的意思相通。蓼園弟子牟潤孫知道治舊學的門徑,本來是受梁啟超的影響,他十五歲讀《國學入門書目》、《清代學術概論》、《清代學者治學總成績》等書。後受業柯氏,問過若干問題,其答問可見老輩治學的態度與識見。如牟潤孫因為梁任公很推崇焦循的雕菰樓易學三書,就問以清儒講易的書,是否以焦為最好。柯答稱焦氏的學說並不完全合於義理,他的書不算最好。若講漢易,當推張惠言的《虞氏易》為上乘之作。後牟氏讀焦書,知其用比例之法解易,只能解某些部分,若用來貫穿全書,則確有牽強或窒礙難通的地方。張茗柯所講虞氏消息,雖也不能盡納全書於虞氏義例之中,但他能闡明虞氏之學,不背漢儒家法。比惠棟的《周易述》條理清楚。《續四庫提要·經部》易類的提要出於柯氏之手,其中

的評論皆極平允適當。梁啟超、胡適推崇章學誠的《文史通義》，牟受其影響，也跟著崇拜章氏，並問柯劭忞講史學是否應以章學誠之說為準繩。柯不以為然，告以劉知幾的《史通》比較恰當。牟後來知道《文史通義》議論多可商榷，六經皆史並非其發明。梁、胡等認為紀事本末之體近似於西洋人寫歷史的體裁，看到章實齋說記事本末圓而神，立論與西洋人的史書寫法相符合，就大力為章氏揄揚。胡適將六經皆史也說成皆史料也，誤會其本意，無從分辨誤謬。[1]

外來系統應用之當否，關鍵在於是否有助於理解中國文獻的本意，認識中國社會歷史文化的實況。新派學人不能直接進入古人的精神世界，不得不藉助外來的系統。對此新派視為理所當然，而老輩卻不以為然。從柯劭忞的事例，可以體會老輩理解古籍本意的路徑與新派大相逕庭，看法和結論也相去甚遠。關於這一問題上新舊兩派的侷限，陳寅恪曾有所評論：「以往研究文化史有二失：舊派失之滯。舊派所作中國文化史，……不過抄抄而已。其缺點是只有死材料而沒有解釋。讀後不能使人瞭解人民精神生活與社會制度的關係。新派失之誣。新派是留學生，所謂『以科學方法整理國故』者。新派書有解釋，看上去似很有條理，然甚危險。」[2]這雖然僅就文化史立論，實際是理解整個中國歷史文化的重要觀念。

在世界進入一體化進程之後，對於自己的歷史文化，如何能夠既解釋得當又不以外來系統格義附會，這是後發展民族共同面對的重大難題，而幾千年歷史文化一脈相承的中國，其難度會更加巨大，同時也提醒世人注意，文化的多樣性為人類未來提供可能選擇的無可替代

---

1 牟潤孫：《蓼園問學記》，《注史齋叢稿》，第535-544頁。
2 卞僧慧：《懷念陳寅恪先生》，引自蔣天樞：《陳寅恪先生傳》，北京大學中國中古史研究中心編：《紀念陳寅恪先生誕辰百年學術論文集》，第4頁。

的價值。熟悉域外中國研究狀況的余英時教授斷言:「我可以負責地說一句:二十世紀以來,中國學人有關中國學術的著作,其最有價值的都是最少以西方觀念作比附的。如果治中國史者先有外國框框,則勢必不能細心體會中國史籍的『本意』,而是把他當報紙一樣的翻檢,從字面上找自己所需要的東西(你們千萬不要誤信有些淺人的話,以為『本意』是找不到的,理由在此無法詳說)。」[1]對於今日的中國學人而言,體會中國史籍的本意幾乎成為雖不能至,心嚮往之的極高境界,與原來日本京都學派主張按照中國學人治學的辦法研究中國學問的追求有些形似。不過,如果還有願意取法乎上的探索者,老輩學人理解舊籍之道,不失為認識中國歷史文化的重要門徑。當年宋育仁批評胡適主張用外部的比較參考材料以改變研究範圍過於狹小的近視現象道:「回到本位,就是治眼,原來近視,本光固在,即應由此循步而進。如治近視,移步插香,還須由本地本光本視線,移遠再看再看,不可再覓顯微鏡把眼光弄壞,就不可醫了。今人如是如是,此所謂資料,就是覓得西洋顯微鏡之比。」[2]這樣的看法,值得後人認真玩味。如此一來,整理國故的前提即斷定中國舊籍只是一堆材料,無系統無學理無分類,就不得不重新檢討。

---

1 余英時:《論士衡史》,第459頁。
2 問琴:《評胡適國學季刊宣言書》,《國學月刊》第十六期,一九二三年。

第六章
章太炎晚年北遊講學的文化象徵

　　章太炎研究，在相當長的時期內，顯然重在「以革命家現身」的一面。至於「後來卻退居於寧靜的學者」，因為與時代隔絕，似乎應了魯迅的預言：「也許將為大多數所忘卻。」[1]各種一般的傳記、年譜等作品，前後兩段的篇幅與時限全然不成比例。不過，歷史人物生前身後的炎涼榮辱，常由時勢作祟，並不一定體現其固有價值。而「革命家」與「學者」的價值體現，本來大不相同。因此，章氏究竟是作為革命家還是學者的影響更大，學術界從來見仁見智[2]。從清末到民國，章太炎一直雙棲於政壇學林，「以革命家現身」雖然主要在辛亥前後，但即使經過五四新文化運動，其在中國的影響力亦未稍減。何況乃師被指為「既離民眾，漸入頹唐」之際，弟子們紛紛起而船頭弄潮，由眾多門生組成的太炎學派，在學術文化界叱吒風雲，成為令敵友生畏的一大勢力。按照當時和後來的標準，師徒雙方已成新舊對立，可是彼此鮮有衝突，不無相互呼應。這種現象顯示近代普遍感到兩難的學術與政治的新舊關係，並非如常人所見那般非此即彼，勢如水火。此外，近年關於民國學術史的研究雖然引起越來越多的學人用力，進展不小，主要還是集中於北方的新學界。而對南方學術，則多以南高學

---

[1] 《關於太炎先生二三事》，《魯迅全集》第六卷，第546-550頁。
[2] 章開沅教授即認為章太炎在歷史上的地位與作用主要並不在於政治方面，其主要事業和對民族的貢獻是在學術方面，終其一生可稱得上是真誠愛國的大學問家、大思想家（《章太炎思想研究‧序言》）。陳平原也認為章太炎不只是政治家，更是近代中國最博學、思想最複雜高深的人物（陳平原：《追憶章太炎‧後記》，第579頁）。

派為代表。[1]對於老輩及「南學」，則關注不夠。一九三二年章太炎北上，講學於舊京各校，對於瞭解民國學術文化界新舊南北衝突離合的種種詭異，頗具象徵意義。探究其前因後果和複雜關係，在認識民國時期思想學術文化的風氣轉移和派分糾葛方面，當可深入一層。

一　太炎師徒

　　章太炎此番北上，主因是「一‧二八」淞滬抗戰爆發，民族危機空前嚴重，一來避禍，二則舉國抗日情緒高漲，欲代東南民眾呼籲北方將領出兵收復東北失土。其間為待東南局勢恢復平靜而在平較長時間之勾留，從二月二十九日抵達北平，到五月末南返，滯留約三個月。他先後在京津拜訪了段祺瑞、張學良、吳佩孚等人，政治活動的收效顯然不如預期的大，倒是分別講學於燕京大學、北平師範大學和北京大學各校，引起風氣再度轉移之中的故都學界連鎖反應，影響所及，相當深遠而廣泛。

　　太炎北遊，其執教於舊京各校的弟子門生理應招待。據黃侃、周作人、楊樹達等人日記，三月一日、二日、四日、二十八日、四月十八日、二十日、五月十五日、十六日，太炎弟子多次以公私名義聚會，宴請乃師，做東及參加者有馬幼漁、吳承仕、朱希祖、錢玄同、沈兼士、周作人、劉文典以及先期避難而來的黃侃等人。[2]三月二十二日、二十四日、二十八日、三十一日、四月十二日，民國學院、燕京大學、中國學院、北平師範大學和平民大學分別請章太炎演講《代議

1　沈松僑：《學衡派與五四時期的反新文化運動》；彭明輝：《歷史地理學與現代中國史學》。

2　《黃侃日記》，第 764-781 頁；魯迅博物館藏：《周作人日記》（影印本）下冊，第 204-240 頁；楊樹達：《積微翁回憶錄》，第 61 頁。

制改良之說》、《論今日切要之學》、《治國學之根本知識》、《清代學術之系統》、《今學者之弊》。四月十八日、二十日和二十二日，北京大學也請章太炎以《廣論語駢枝》為題，連講三次[1]，演講地點在松公府研究所講堂，共設座六十個，國文學系占四十，研究所國學門占二十。一九三二年十一月一日《中法大學月刊》刊登王聯曾記錄的《廣論語駢枝》時附識：「《廣論語駢枝》一書係太炎先生之近著，尚未刊行於世。本年四月應北京大學國學研究所之請，即以是書講述三日。該所因講堂狹小，僅僅座位六十，限制人數甚嚴，平市各校學生多未得入內聽講，故亟擇要發表。」據說章太炎的這幾次演講是當時北平學術界的盛舉，聽講的人有許多已是專家學者。關於演講的情形，親歷其事的錢穆有如下描述：

> 太炎上講臺，舊門人在各大學任教者五六人隨侍，駢立臺側。一人在旁作翻譯，一人在後寫黑板。太炎語音微，又皆土音，不能操國語。引經據典，以及人名地名書名，遇疑處，不[時]詢之太炎，臺上兩人對語，或詢臺側侍立者。有頃，始譯始寫。而聽者肅然，不出雜聲。此一場面亦所少見。翻譯者似為錢玄同，寫黑板者為劉半農。玄同在北方，早已改採今文家言，而對太炎首弟子禮猶謹如此。半農儘力提倡白話文，其居滬時，是否曾及太炎門，則不知。要之，在當時北平新文化運動盛極風行之際，而此

---

[1] 在北京大學的演講原計劃為四月十八日、二十日講兩次，因未能完畢，二十二日續講一次（《北京大學日刊》第2806號，一九三二年四月十二日；《北京大學日刊》第2815號，1932年4月22日）。謝櫻寧《章太炎年譜摭遺》據周作人日記推斷章太炎演講從四月二十日至二十二日連講三天（第132頁）。實則四月十八日的演講周作人未聽，只於是晚七時赴宴。此宴會由馬幼漁出面，參與者還有朱希祖、錢玄同、沈兼士、俞平伯、劉復、魏建功、胡適、蔣夢麟，共十一人。

諸大師，猶亦拘守舊禮貌。則知風氣轉變，亦洵非咄嗟間事矣。[1]

按照新派和今人的一般看法，此時章太炎已由革命的健將，變成粹然的儒宗，和與時俱進，不斷趨新的弟子門生精神上背道而馳。但師徒之間情感融洽，禮數謹然，令旁觀者感動於心。這與章太炎早年因為政見不合而「謝本師」，公開和俞樾斷絕關係形成鮮明對比。其間的種種詭異，反映了五四以後新舊派系之間錯綜複雜的關係，以及民國學術文化界風氣轉移的時勢變遷。

自一九一六年離京南下後，幽囚數年的痛苦回憶與新文化熱潮一浪高過一浪的時勢，都難以引起章太炎重返故都的興致。在此期間，因緣浙省人士掌握北京各級教育大權的背景，太炎門生紛紛移席京師，其中多數人又加盟新文化派，鼓動歐化新潮，在輸入新知，整理國故等方面成為思想、學術、文化界的要角，一時間「某籍某系」聲勢顯赫，如日中天。[2]而這時的章太炎，先是發起亞洲古學會，推崇「東方高尚之風化，優美之學識，固自有不可磨滅者」，以歐戰的慘烈，「益證泰西道德問題掃地以盡」[3]，與新文化運動的倡導者堅持西方物

---

1 錢穆：《八十憶雙親・師友雜憶》，第 182 頁。張中行稱章太炎在北京大學第三院風雨操場還有一次「下里巴人」的公開演講，「老人滿頭白髮，穿綢長衫，由弟子馬幼漁、錢玄同、吳檢齋等五六個人圍繞著登上講臺。太炎先生個子不高，雙目有神，向下一望就講起來。滿口浙江餘杭的家鄉話。估計大多數人聽不懂，由劉半農任翻譯；常引經據典，由錢玄同用粉筆寫在背後的黑板上。說話不改老脾氣，詼諧而兼怒罵。現在只記得最後一句是：『也應該注意防範，不要趕走了秦檜，迎來了石敬瑭啊！』」（《負暄瑣話・章太炎》，陳平原、杜玲玲編：《追憶章太炎》，第 455 頁）此事未見其他報導。劉半農為江蘇人，章太炎對其學行不以為然，似難擔任口譯。周作人亦指口譯者為錢玄同。章太炎在民國學院、中國學院和平民大學的演講，則由黃侃擔任口譯。

2 參見桑兵：《近代中國學術的地緣與流派》，《歷史研究》一九九九年第三期。

3 《發起亞洲古學會之概況》，《時報》一九一七年三月五日。

質與精神文明均高於中國固有文化的主旨相悖，後來更深悔早年「妄疑聖哲」的「詆孔」之說為「狂妄逆詐之論」[1]。對於主張或兼容新文化者，如蔡元培、胡適、以及「古史辨」創始人顧頡剛，章氏均指名道姓，加以抨擊，確有「漸入頹唐」，拉車向後之嫌。

新文化的浪潮衝擊之下，在京的章門弟子出現分化，激進者如錢玄同，鼓吹白話文，提倡拼音文字，主張今文經學，激揚疑古辨偽。穩健者如黃侃，對於同門諸人紛紛趨新大為不滿，以「八部書外皆狗屁」斥責謾罵。以至《公言報》撰文報導，將兩人列為新舊兩派的代表。此事雖經劉師培和《國故》月刊社致函澄清，聲明：「《國故》由文科學員發起，雖以保存國粹為宗旨，亦非與《新潮》諸雜誌互相爭辯也」[2]，雙方的對立還是有目共睹的不爭事實。[3]

不過，對於日益趨新的弟子門生，精神上與之漸行漸遠的章太炎表現得相當大度，雖不時有所諷諭，公開的批評指責卻很少見諸言論文字。章太炎本好譏評顯達，只有對於弟子，向來絕無傲態，和藹若朋友然。其實章門師徒之間的政見及學術分歧較之弟子們的彼此矛盾似乎有過之無不及，而且太炎弟子多持「吾愛吾師，吾更愛真理」的信條，其中還不無故意偏激之人。一九二〇年代，中國政壇及思想文化領域波譎雲詭，衝突激烈，章太炎對於新文化運動及國民革命均致不滿，而與南北軍閥政客頗多聯繫，「好作不大高明的政治活動」，又

---

1 《致柳翼謀書》，湯志鈞編：《章太炎政論選集》下冊，第763頁。

2 《劉師培致〈公言報〉函》，《北京大學日刊》第340號，一九一九年三月二十四日。

3 顧頡剛稱：「孟真在同班中孤立，而《國故》月刊便是他同班所組織，而且他的同班除了他外無不在內。感情學問既相差甚遠，偏又刻刻見面，自然有許多微諷托意之詞，自然仇怨漸漸的深固了。」「他們兩人最遭人忌的地方便是辦了一卷《新潮》」（1919年6月17日致葉聖陶信，顧潮著：《歷劫終教志不灰——我的父親顧頡剛》，第56頁）。

參與復古投壺的鬧劇,在京的弟子門生大不以為然,周作人甚至傚法乃師,在《語絲》第九十四期(1926年8月28日)發表《謝本師》,宣稱:「我相信我的師不當這樣,這樣的也就不是我的師。」魯迅對於太炎「自藏其鋒芒」的言行也「心竊非之」,「以為師如荒謬,不妨叛之」,對其人格卻仍然表示極大的尊敬,許為「先哲的精神,後生的楷範」[1],不能容忍文儈的奚落,表示「以後如相見,仍當執禮甚恭」[2],以守師弟之道。吳承仕後來接受唯物史觀,章太炎視為叛逆,吳的精神壓力極大,但講課時卻對同學說:「太炎先生對他的老師表示決裂,寫過『謝本師』。我的老師不同意我現在走的路,我不會做出他那樣的表示。」[3]還撰文為章太炎用貴族的文字表達大眾的憤慨進行辯護,強調其民族意識與一般復古論者不同。[4]而謝過本師的周作人,不願見「行似無賴子」的同門黃侃,卻敢於見曾經大不敬的師尊章太炎。而章師也不予追究,應邀赴宴照相之外,又為書陶淵明〈飲酒〉之十八條幅一紙[5],似乎完全不曾聽聞其「叛師」的事。

　　仔細推敲,太炎師徒能夠和睦相處,並不完全由於為師的寬容。一九三四年,吳承仕因為「近日頗泛覽譯本社會經濟學書,聞者群以為怪,交口訾之」。楊樹達告訴傳言者:「君與余看新書,人以為怪,猶可說也;若檢齋乃太炎弟子,太炎本以參合新舊起家,檢齋所為,

---

1　《關於太炎先生二三事》,《魯迅全集》第六卷,第546-550頁。
2　《魯迅全集》第十二卷,第185頁。
3　張栩:《永難泯滅的記憶》,吳承仕同志誕生百週年紀念籌委會編:《吳承仕同志誕生百週年紀念文集》,第81頁。
4　胡云富、侯剛:《吳承仕傳略》,吳承仕同志誕生百週年紀念籌委會編:《吳承仕同志誕生百週年紀念文集》,第209頁。
5　魯迅博物館藏:《周作人日記》(影印本)下冊,第204、240頁。周作人在回想錄中引自己的日記有所改動。

正傳衣缽，何足怪也？」[1]此言不單指太炎早年宣傳排滿革命，也包括其入民國後對待新舊文化的態度。有學者據一九一九年初章太炎在少年中國學會演講《今日青年之弱點》，斷言五四前太炎在青少年心目中還不是太「古舊」的人。[2]太炎本人的確有意調和新舊。如在「說新文化與舊文化」的講演中，他便明確表示：「近來有人提倡新文化，究竟新文化和舊文化，應該怎樣才得調和，今天預備關於這層來說一下。」[3]

以調和的態度對待新舊文化，在太炎的言行中一直持續。當新文化運動的倡導者將整理國故引入新潮後，其參合新舊的角色作用更加凸顯，這從他對國學的重新解說可見一斑。開始調和新舊文化時，他認為，「我國古學，論其大者，不過是經、史、小學、諸子幾種」，而以諸子學等於「現在西洋的所謂哲學」[4]。後來更按經學、史學、哲學、文學的系統講述國學，這其實是沿襲舊學的四部分類並借鑑西學加以調整。[5]記錄章太炎國學演講的曹聚仁認為，年輕人研究國學的原因有四，其一，區分精華腐骨，便於取捨；其二，系統整理，便於觀察；其三，找出國學的真面目，抵禦社會舊勢力「借國學做護符」的反動，以利於趨新；其四，找出溝通國學與西方文化的方法，以便「合理的迎納」。至少在他看來，「太炎先生講國學，的確是使我們滿足求知慾望，並且是適應這四種需求的」[6]。可見在社會青年眼中，太炎與不配講國學的腐儒有著天壤之別。

---

[1] 楊樹達：《積微翁回憶錄》，第80頁。

[2] 謝櫻寧：《章太炎年譜摭遺》，第103頁。

[3] 湯志鈞編：《章太炎年譜長編》下冊，第616-617頁。該演說收在一九二一年出版的《太炎學說》上卷。

[4] 湯志鈞編：《章太炎年譜長編》下冊，第617-618頁。

[5] 四部分類，發端於部勒圖書，後來逐漸演變為指相應學科，史學、經學成名較早，諸子學稍晚，集部原指文選，因摻入雜書過多，難以獨立成學。詳情另文專論。

[6] 章太炎講演，曹聚仁記錄：《國學概論・小識》，第2-4頁。

不僅如此，對於新舊兩派弟子之間的分歧乃至口角，太炎也以調和的態度息事寧人，內心或有然否，表面則不偏不倚。北遊期間，黃侃當面指責錢玄同放棄音韻學而弄注音字母和白話文，彼此「一言不合，竟致鬥口」。[1]從清末就反對羅馬注音的太炎未作此是彼非的表態，只是急忙從中調停道：「你們還吵什麼注音字母、白話文啊！快要念『あいうえお』了啊！」意思是日寇入侵，國難當頭，應該團結救國。[2]倒是錢、黃二人從此反面成仇，再無來往。

在倡行新文學和思想改革方面，太炎師徒意旨畢竟兩歧，而整理國故的興起，增強了雙方的精神溝通，顯示新文化運動與太炎師徒均有重要的正面聯繫。今人關於北京大學研究所國學門的研究表明，作為整理國故運動的學術宣言，由胡適執筆的北京大學〈《國學季刊》發刊宣言〉，其實是代表全體立論。而不由胡適「自由說話，故筆下頗費商量」的主要人為因素，正是在國學門人多勢眾的太炎門生。該宣言所正面主張的觀念，與太炎學派大抵相通，也是太炎本人的一貫倡導，如對乾嘉諸老治學方法的推崇，以及主張對國故作「系統的整理」等，均包含在章太炎的學術論著之中。而胡適將前此著重強調的疑古辨偽輕描淡寫，又主張中立，要「先還古人以本來面目」，然後再評判

---

[1] 錢玄同著：《錢玄同文集·書信》第六卷，第302頁。此事發生於三月十二日，有關詳情，黃侃記為：「食罷，二風至，予曲意詢其近年所獲，甫啟口言新文學三字（意欲言新文學，且置不言），彼即面赤，謷謷爭辯，且謂予不應稱彼為二風，宜稱姓字。予曰：『二風之謔，誠屬費宜，以子平生專為人取譚名，聊示懲儆爾！常人宜稱姓字，子之姓為錢耶？為疑古耶？又不便指斥也。』彼聞言，益咆哮。其實畏師之責，故示威於予，以塞師喙而已。狡哉二風！識彼卅年，知之不盡，予則淺矣。」《黃侃日記》，第767頁。

[2] 曹述敬：《錢玄同年譜》，第113頁。

是非,既是對太炎弟子的妥協,也依稀可見章門師訓的影子。[1]

有時故意偏激的錢玄同,在打破家法,疑古,廢漢文等方面,與太炎的主張相去甚遠。他讀章太炎主持的《華國》月刊,認為「他罵提倡新文化、新道德為洪水猛獸,自是指吾輩而言。又他罵李光地、田起膺、朱老爹窮理之說,而研究天文曆數為非;又以『學者敬重物理』為率人類以與鱗爪之族比」,則反對研究科學,「旗幟甚為鮮明矣。是則『敝老師』底思想,的的確確夠得上稱為昏亂思想了。我以為他這種思想,其荒謬之程度遠過於梁任公之《歐遊心影錄》。吾儕為世道人心計,不可不辨而辟之也」[2]。但錢玄同反對孔教,主張六經皆史料,斥罵桐城謬種和選學妖孽,與章氏的精神一脈相承。[3]甚至提倡白話文,也有早年與章太炎合辦《教育今語雜誌》的流風餘韻。[4]至於一生靠文字音韻教書,更是終身受益於老師的教誨。

此時章太炎在政治上思想上或有落伍之嫌,講國學仍是當之無愧的大師。新文化派整理國故,本有捉妖打鬼的目的,希望借以清算傳統文化。而另一方面的時勢卻是歐戰以後,歐洲各國鑑於戰禍之慘烈,工業革命以來建立在科學理性基礎上的自信大為動搖,東方文化流行一時,與中國的情形剛好相反。當以復古為創新的整理國故被視

1　陳以愛:《中國現代學術研究機構的興起——以北京大學研究所國學門為中心的探討(1922-1927)》,第 226-253 頁。
2　錢玄同著:《錢玄同文集‧書信》第六卷,第 114 頁。
3　黎錦熙認為:「一般人只看見錢先生並不和他老師一樣的反對『今文』經學,而且研講『今文』,表彰南海,就以為他於章氏的『古文』經學竟無所承,殊不知他在新文化運動中大膽說話,能奏摧枯拉朽之功,其基本觀念就在『六經皆史』這一點上。」《錢玄同先生傳》,沈永寶編:《錢玄同印象》,第 68 頁。王汎森《章太炎的思想——兼論其對儒學傳統的衝擊》已經指出錢玄同所受章太炎的影響(第 205-207 頁)。
4　有學者指該刊所發章太炎白話文各篇,均出自錢玄同之手。據近年學者考證,除《中國文字略說》一篇外,其餘均為章太炎自作。

為中國文藝復興的組成部分時，新舊分界也就變得模糊起來。一九二二年江蘇教育會邀請章太炎演講國學，所發布的啟事即道出時尚的變化轉移：「自歐風東漸，競尚西學，研究國學者日稀。而歐戰以還，西國學問大家，來華專事研究我國舊學者，反時有所聞，蓋亦深知西方之新學說或已早見於我國古籍，借西方之新學，以證明我國之舊學，此即為中西文化溝通之動機。同人深懼國學之衰微，又念國學之根柢最深者，無如章太炎先生，爰特敦請先生蒞會，主講國學」[1]，則整理國故雖由新文化派倡導，拯救國學衰微，溝通中西文化的重任，還須國學最深的章太炎來擔負。《中華新報》更加直言不諱：「太炎先生國學泰斗，一代宗匠，……頃者整理國故之說大倡，而率無門徑。」所以特請其撰文，「示國人以治學之津樑。此文一出，足使全國學界獲一貴重教訓」[2]。這無異於說提倡整理國故的新文化諸先進在這一領域還須章太炎指示門徑。

推崇章太炎並非「抱殘守闕」的南方學人的一面之詞，北方的新文化派也不能不基本同意。眾多太炎門生能在人文重心的北京學術界長期稱雄，浙人占據教育行政要津的背景之外，乃師的餘蔭當為主要原因。章門人才輩出，得到大師親炙，治學由識字始，根柢深，途則正，學問自然較一般同輩為高。但其中一些人既無著述，講課也不見得精彩，卻不僅能夠立足於太學廟堂之上，而且地位極尊，究其實，個人學養尚在其次，主要還是有先生這棵大樹的庇護，因而風雨不侵。所謂「學有本源，語多『行話』，振臂一呼，影響更大」，就因為「是舊文學大師章太炎先生的高足」[3]。據說一九二〇年代在北京學界，

1　《省教育會通告》，《申報》一九二二年三月二十九日。
2　《中華新報》一九二二年十月十日增刊。
3　黎錦熙：《錢玄同先生傳》，沈永寶編：《錢玄同印象》，第63頁。

「許多老師開口便說『吾師太炎』,……國文系教授彷彿不師承太炎則無發言權,不准登大學講壇」[1]。

　　一九三二年初孫楷第蠡測學界名流品類,其中「淵源有自」一類顯然指太炎門生,所謂「關閩不同,揚劉異趣。都分門戶,盡有師承。人慕桓榮之稽古,士歸郭太之品題,學利可收,清譽易致」[2]。對於其中一些人學識與地位不相稱的情形,旁人縱然心懷不滿,無論對手還是同道,不看僧面看佛面,都要禮讓三分。當年章太炎謝過本師,政治上固然大放光芒,學術上也能自立門戶,超越前賢。而與章太炎思想離異的趨新弟子,一旦失去先生光環的籠罩,學術地位也許會大打折扣。因此太炎弟子對思想大異其趣的乃師依然遙守禮節,很少顯露鋒芒。另一方面,學術已入守成的章太炎也需要弟子們的拱衛。有人讀過章太炎的著述,「深佩先生言簡意賅,論斷精闢。後來遊學北京,見執教於各大學之著名教授,多出先生門下,始知先生在學術界的崇高地位」[3]。所以,儘管弟子之間因觀念、地緣等等而起的矛盾錯綜複雜,口角不斷,師徒之間的向心力卻持續不衰。

　　誠然,章門師徒在整理國故方面不無分歧,其中較明顯的便是對日本東洋學和「支那學」者治學成就的看法相去甚遠。弟子認為頗可借鑑,老師則嗤之以鼻。但這也是章太炎自革命時代以來一貫的觀念。他從來對西洋及日本的漢學評價不高,反對步其後塵,隨風

1　臧愷之:《吳檢齋先生軼事》,吳承仕同志誕生百週年紀念籌委會編:《吳承仕同志誕生百週年紀念文集》,第 104 頁。
2　陳智超編註:《陳垣來往書信集》,第 409-410 頁。所品之一、三兩類,原認為指胡適、陳寅恪,似嫌武斷。陳以愛博士認為當指章太炎、胡適。第一類亦可能指梁啟超,第三類指胡適則尚有不解之處。各說雖皆有本,孫楷第畢竟是概括歸納,過於坐實,或許反而失真。
3　湯炳正:《憶太炎先生》,陳平原、杜玲玲編:《追憶章太炎》,第 455 頁。

而轉。早在一九一〇年，他就指責日本人治漢學「固已疏矣」，而晚近「又愈不如曩昔，長老腐朽充博士者，如重野安繹、三島毅、星野恆輩，其文辭稍中程，聞見固陋，殆不知康成、子慎。諸少年學士，號為疏通，稍知寧人以來樸學。然大率隨時鈔疏，不能明大分，得倫類」[1]。並對中土學人競相誇讚其學術，引以自重大不以為然，指為學問日益墮落的要因。[2]直到一九二〇年代，章氏仍然批評新派學人治學路徑隨外國風氣變化，捨本逐末。

　　章太炎的觀念，在新文化運動以及新派整理國故如日中天之時，顯然不合時宜，而被視為保守，與門下趨新一派漸行漸遠。然而，隨著時間的推移，新潮本身的偏弊日益暴露，各方面的批評尤其是更年輕一代的意見令一些人擺脫惟恐落伍的惶惑，自我反省。而且趨新的太炎弟子在人脈上又為更新的學人所排斥，傅斯年「要科學的東方學之正統在中國」，就逐漸將太炎弟子拒之門外。兩方面的壓力，迫使太炎師徒的情感觀念重新接近。

　　在平的太炎弟子，除錢玄同外，本來相對平和，沈尹默曾附和新文學，留學日本回國後，日趨「篤舊」，「嘆息前人給我們留下了無數的綾羅綢緞，只沒有剪製成衣，此時正應該利用他，下一番裁縫工夫，莫只作那裂帛撕扇的快意事。蔑視經驗，是我們的愚陋；抹殺前人，是我們的罪過」。「中國把自己已有的好東西完全扔掉，去費無益的精力去找反倒不及舊的新的同樣的東西，未免太不經濟了。我們吸收古典中好的東西，我們接得前人的足跡往前去創造。」[3]這種頗有拒新崇故意味的言論令錢玄同相當不滿。吳承仕與浙籍同門本有過節，

1　《與羅振玉書》，《章太炎全集》第四卷，第 171-172 頁。
2　《教育的根本要從自國自心發出來》，璩鑫圭、童富勇編：《中國近代教育史資料彙編・教育思想》，第 630-638 頁。
3　錢玄同：《敬答穆木天先生》，《錢玄同文集》第二卷，第 189、194 頁。

與新文化派較為疏遠。朱希祖還曾與黃侃一起參與《國故》，被視為不新不舊的折中派。甚至連不甚贊成沈尹默「新古典」議論的錢玄同，也變成「中外古今派」，表示：「我們以後，不要再用那『必以吾輩所主張者為絕對之是而不容他人之匡正』的態度來作『訛訛』之相了。前幾年那種排斥孔教，排斥舊文學的態度很應改變。」

錢玄同的本意，並非由原來的立場倒退，只是反省以往的絕對。「若有人肯研究孔教與舊文學，梳理而整治之，這是求之不得的事。即使那整理的人，佩服孔教與舊文學，只是所佩服的確是它們的精髓的一部分，也是很正當，很應該的。但即使盲目的崇拜孔教與舊文學，只要是他一人的信仰，不波及社會——波及社會，亦當以有害於社會為界——也應該聽其自由。」[1]他內心以為章太炎對國學的重大發明在清末民初，後已落伍，卻畢恭畢敬地為其擔任口譯，並對太炎手授《叢書續編》，令其梓行一事，盡心盡力，甚至在《制言》發表文章用新式標點也要請示乃師。難怪一九二九和一九三二年魯迅兩回北平，反感於現代派得勢之外，對於同門的表現也深致不滿。

《章氏叢書續編》不取舊作，而更純謹，無鬥爭性，表明章太炎「身衣學術的華袞，粹然成為儒宗」，卻因此而「執贄願為弟子者纍眾，至於倉黃制《同門錄》成冊」[2]。魯迅專門提出編《同門錄》一事，或許因為包括自己在內的多名弟子未予列入，坊間傳聞去取頗有微言大義，攀龍附鳳者歸於儒宗。此事章太炎自稱「但憑記憶所及」，絕無深意。[3]其實他對弟子們的表現還是有所分別。錢玄同主張以羅馬文易中土文，太炎深為不懌，對於「篤守師說，翼戴緒論，罔敢或替」[4]的

1　錢玄同著：《錢玄同文集・書信》第六卷，第 75 頁。
2　《關於太炎先生二三事》，《魯迅全集》第六卷，第 546-550 頁。
3　周作人：《苦茶——周作人回想錄》，第 430 頁。
4　《哀啟》，吳承仕同志誕生百週年紀念籌委會編：《吳承仕同志誕生百周年紀念文集》，第 164 頁。

黃侃、吳承仕，則較為看重，特意指出：「前此從吾游者，季剛、絸齋，學已成就。」

章氏好臧否人物，而少許可，對弟子卻格外和顏悅色，每多獎掖，期許甚高。不過，後來或許感到幾分失望，常引戴震所說：「大國手門下，只能出二國手，而二國手門下，卻能出大國手。」[1]在致潘景鄭函中明言：「每念清世吳皖大師，定宇門下，高材苦少，得一江艮庭，尚非能繼承師學者。王西莊亦優於艮庭無幾耳。東原以提倡絕業自任，門下鷹若、懷祖、巽軒，可謂智過其師。僕豈敢妄希惠、戴，然所望於足下輩者，必不後於若膺等三子也。……齋尚有名山著述之想，季剛則不著一字，失在太秘。世道衰微，有志者當以積厚流廣，振起末俗，豈可獨善而已。」所以他希望「南徙吳中，與諸子日相磨，若天假吾年，見弟輩大成而死，庶幾於心無，於前修無負矣。」[2]由此觀之，章氏對早年一眾弟子並不滿意，對其中趨新一派尤為不滿。北遊期間，錢玄同請章太炎書寫後者一九一五年所贈陸象山語錄：「激厲奮迅，決破羅網，焚燒荊棘，蕩夷汙澤！」章氏即認為這些話過於激烈，不同意寫。[3]吳承仕後來在中國大學國學系改革課程，太炎聞訊，視為叛逆。太炎晚年重新講學，掃除魔道之外，端正門風當也在考慮之列。

1　湯炳正：《憶太炎先生》，陳平原、杜玲玲編：《追憶章太炎》，第 459 頁。章太炎《菿漢閒話》：「東原云：大國手門下，不能出大國手，二國手三國手門下，反能出大國手。蓋前者倚師以為牆壁，後者勤於自求故也。然東原之門，即有王、段、孔三子，所得乃似過其師，蓋東原但開門徑，未遽以美富示人。三子得門而入，始盡見宗廟百官耳。前世如張蒼門下有賈太傅，而貫長卿輩經術不過猶人；梁肅門下有韓退之，而籍湜輩文學去退之已遠，則真所謂二國手三國手門下能出大國手，大國手門下不能更出大國手也。」（《制言半月刊》第 13 期，1936 年 3 月 16 日）。
2　姚奠中、董國炎：《章太炎學術年譜》，第 452-453 頁。
3　魏建功：《錢玄同先生與黎錦熙先生〈論「古無舌上、輕唇聲紐」問題書〉讀後記》，《中國語文》一九六一年九月號。

二 國學大師

　　細究起來，北平太炎門生的大本營原在北京大學，其次是北師大，論關係燕京大學較疏。而邀請章太炎講學的次序剛好顛倒過來，燕京反而占了頭籌。以宴請論，所知除最早三月一日是由吳承仕、朱希祖、馬幼漁、黃侃共同作東外，以後分別由吳承仕（3月4日午）、劉文典（3月4日晚）、林損（6日）、尹炎武（7日）、熊希齡、左舜生、王造時（11日）、尹炎武（22日）、黃侃的學生汪紹楹、陸宗達、駱鴻凱、朱家齊、周復、沈仁堅、殷孟倫、謝震孚等八人（29日）作東，然後是四月六日陳垣、尹炎武、倫明、余嘉錫、楊樹達等以京都名席公宴於譚祖任家[1]，謝國楨、劉盼遂（4月13日）、徐森玉（16日）等人亦分別宴請，北大弟子邀宴，已在四月中旬以後。即使考慮到章氏其他方面的應酬或多，有日記為本的黃侃、周作人、楊樹達三人未及別的章門弟子的私宴等等可能因素，這種現象即使不能說反常，至少也不夠正常。

　　再以出面邀請講學的機構看，中國學院、民國學院、平民大學均為吳承仕聯繫，北師大為「研究院的歷史學科門及文學院的國文系和史學系合請」，北大則為「中國文學系、研究所國學門」，史學系不在其列。[2]文史兩系本來均為太炎門生在北大的基地，由於北大內部長期派系紛爭，胡適一派與太炎門生在英美派與法日派、現代評論派與「某籍某系」等等分界下明爭暗鬥。一九三〇年，長期擔任系主任的朱希祖被學生哄鬧下臺，改組後的北大史學系先由傅斯年代理系務，繼

1　黃侃所記做東者無尹炎武而有周叔迦（《黃侃日記》，第773頁）。
2　《北京大學日刊》第2806號，一九三二年四月十二日。關於北京大學的主辦機構，謝櫻寧《章太炎年譜摭遺》稱為「國文研究所」，姚奠中、董國炎從之，實誤。

而陳受頤接班，實際仍由傅斯年幕後決斷，後來胡適又擔任文學院院長，太炎學派「把持」北大文史兩界的局面就此被打破。章太炎北遊之際，只有中國文學系和國學門尚在其弟子的控制影響之下。

一九二八年傅斯年發起「史學革命」，矛頭直指太炎學派，指名道姓抨擊章太炎「在文字學以外是個文人，在文字學以內做了一部文始，一步倒退過孫詒讓，再步倒退過吳大 ，三步倒退過阮元，不特自己不能用新材料，即是別人已經開頭用了的新材料，他還抹殺著。至於那部新方言，東西南北的猜去，何嘗尋楊雄就一字因地變異作觀察？這麼竟倒退過二千多年了」，對於「坐看章炳麟君一流人屍學問上的大權威」[1]的狀況表示難以容忍。在史語所用人方面，也竭力反對太炎學派加盟。[2]控制了北大史學系之後，還想進一步打擊太炎學派在北大國文系的勢力。有其作梗，北大史學系當然不會出面邀請章太炎講學。連北大校方宴請章太炎，也不見傅斯年的身影。

或以為一九二二年四至六月章太炎在上海的系列「國學講演」，一九二三年一月北京大學出版由胡適撰寫「發刊宣言」的《國學季刊》，「可以把這作為兩代學者交接的象徵：此前談國學者以章太炎為翹楚，此後則是胡適們的天下」[3]。傅斯年的態度似乎與此說吻合，但其他「胡適們」，包括胡適本人，以及並非胡適一派的其他學人，對於章太炎北上講學的態度及反應與傅斯年相去甚遠。這不僅表明「胡適們」尚在

1　《歷史語言研究所工作之旨趣》，《歷史語言研究所集刊》第一本第一份，一九二八年十月。

2　杜正勝：《無中生有的志業——傅斯年的史學革命與史語所的創立》，臺北「中研院」歷史語言研究所編印：《「中央研究院」歷史語言研究所七十週年紀念文集：新學術之路》，第1-34頁。傅斯年最初考慮的人選中，還有朱希祖、沈兼士為特約（歐陽哲生編：《傅斯年全集》第七卷，第60、68頁）。

3　陳平原：《中國現代學術之建立——以章太炎、胡適之為中心》，第241頁。

老輩和來者的夾擊之中，遠不能包攬天下，而且隨著時勢的變化，新派對於學術文化所作種種偏激的判詞逐漸失效，章太炎的學術觀念再度引起學人的重視。前引錢穆所說「風氣轉變，亦洵非咄嗟間事矣」，正是風氣人心轉移的反映。

對於章太炎的學術，胡適的態度頗有些矛盾，一九二二年八月二十八日，胡適在日記中評論當時的中國學人道：「現今中國學術界真凋敝零落極了。舊式學者只剩王國維、羅振玉、葉德輝、章炳麟四人……內中章炳麟是在學術上已半僵了。」[1]這種看法，胡適的弟子顧頡剛乃至與胡適關係最近的太炎弟子錢玄同大概一致。錢玄同稱：「近二十年來，國學方面之研究，有突飛之進步，章劉諸公在距今二十年至前三十年間，實有重大發明，理宜表彰，但亦不可太過。三十年前之老輩，惟梁任公在近二十年中仍有進步，最可佩服，其他則均已落伍矣。」[2]顧頡剛後來與魯迅等人衝突時也說：「我豈無爭勝之心，但我的爭勝之心要向將來可以勝過而現在尚難望其項背的人來發施。例如前十年的對於太炎先生，近來的對於靜安先生。」[3]則在「胡適們」的心目中，章太炎的學術確已過時。

不過，胡適等人所謂「章先生的創造時代似乎已過去了」[4]，只是從發展的眼光看，後者的學問停滯不前，因而不免落伍，而不是說他已經失去了學術界的權威地位。顧頡剛曾報名聽講民初章太炎北京國學會的講學，由此得到治學門徑。後來他對章氏的極佩服之心漸少，

1　中國社會科學院近代史研究所民國史研究室編：《胡適的日記》，第440頁。
2　錢玄同著：《錢玄同文集・書信》第六卷，第300頁。
3　一九二七年七月四日致葉聖陶信，顧潮著：《歷劫終教志不灰——我的父親顧頡剛》，第114頁。
4　《誰是中國今日的十二個大人物》，《努力週報》第二十九期，一九二二年十一月十九日。

視為「從經師改裝的學者」，但條貫材料做學術史的動機還是因此而發生。[1]所以到一九二四年六月，他為北大學生講演國學，分國學研究為考古學、東方古言語學及史學、地質學、學術史、民俗學五派，仍將章太炎與胡適、梁啟超一起列為學術史派的代表，認為「這五派學問都是二十年來的新進展，舊式學者夢想不到的。」[2]一九二二年十一月，胡適為上海《密勒氏評論報》(The Weekby Review)舉辦徵求讀者選舉「中國今日的十二個大人物」的活動代擬名單，還是將章炳麟列為學者組的第一人。曹雲祥籌辦清華研究院，曾與胡適磋商，並請他擔任導師。胡表示：「非第一流學者，不配作研究院的導師。我實在不敢當。你最好去請梁任公、王靜安、章太炎三位大師，方能把研究院辦好。」[3]可見至少在國學研究的領域，發表了革命性宣言的胡適還不敢妄自稱雄，對於章太炎也仍然肯定。

誠然，學術史上不乏單靠權勢以支撐門面的學閥，不僅觀念主張早已過時，學術生命力亦已停止，只是一味把持，妨礙學術的進步。而章太炎的學術地位得以維繫，與其學術觀念的影響仍然發生重大作用密切相關。胡適起草的〈《國學季刊》發刊宣言〉，作為「新國學」的研究綱領，雖然反映了他本人的某些學術觀點，其實是代表北京大學研究所國學門全體說話，而非胡適個人學術見解的表達。其中最明顯的，就是考慮和吸收占國學門成員多數的太炎門生的意見，不得不暫時擱置前此竭力主張的「疑古的態度」，並且不再急於「評判是非」[4]。則新國學的綱領本身包含了太炎學派的意見，而這些意見多為

1　顧頡剛：《古史辨・自序》，《古史辨》第一冊，第 23-30 頁。
2　一九二四年七月五日與履安信，顧潮編著：《顧頡剛年譜》，第 97 頁。
3　藍文徵：《清華大學國學研究院始末》，張傑、楊燕麗選編：《追憶陳寅恪》，第 79 頁。
4　參見陳以愛：《中國現代學術研究機構的興起——以北京大學研究所國學門為中心的探討（1922-1927）》第三章第一節。

得自太炎的真傳。

北京大學研究所國學門的定期學術講演，淵源可以追述到一九一八年國文研究所時期，由劉復演講「中國之下等小說」，大體是新文化及新國學派的陣地。國學門成立後，除每年一度的懇親會有學術演講外，只有林玉堂舉辦過類似一般課程的「中國比較發音學」、「標音原則」兩種講演。一九二七年一月二十九日國學門第八次會議決議：「每月五日舉行專門學術演講會一次，由本門同人輪流擔任，定名為研究所國學門月講，公推劉復先生擔任月講幹事，辦理一切關於月講事務。」[1] 先後演講者有陳垣（回回教進中國的源流）、劉復（從五音六律說到三百六十律）、馬幼漁（戴東原對於古音學的貢獻）、沈兼士（求語根的一個方法）等。[2] 後因故中斷，直到一九三〇年十一月才恢復月講，時間改為每月二十日晚七至九時，先後演講者有鋼和泰（Alexander Wilhelm Baronvon Stael-Holstein）（故宮咸若館寶相樓佛像之考證）、沈尹默（詩人眼中之事物）、黃節（陸象山之學）、馬衡（從實驗上窺見漢石經之一斑）、許守白（研究宋詞之我見）等。

請章太炎到北大國學門講演，不僅表明章氏仍然被奉為國學界領袖，而且顯示新文化派的大本營也承認這一現實。出席四月十八日宴會的除太炎門生外，還有蔣夢麟、胡適、俞平伯、劉復、魏建功等人。這種安排並不僅僅出於校方的禮節，也可以視為新派的表態。劉復、俞平伯、魏建功還參與了五月十五、十六兩日分別由周作人、朱希祖做東的宴請。劉復不僅代寫板書，還為之攝影留念[3]，其殷勤甚至令旁觀者誤認為他也是太炎門生。實則章太炎對劉的印象不佳，曾經

---

1 《研究所國學門通告》，《北京大學日刊》第2045號，一九二七年二月二十四日。
2 《北京大學研究所國學門「月講」題目》，《北京大學日刊》第2040號，一九二七年一月二十九日。
3 一九三六年九月一日致潘景鄭，《錢玄同文集》第六卷，第308頁。

當面令其難堪。而劉復作為新文化運動的骨幹，又得到主張「科學的東方學之正統在中國」的傅斯年的賞識，獲邀加盟中研院歷史語言研究所，成為主流派的要角。這在原來北大教師輩學人中可以說是罕見的例外。

至於新文化派以外的學人，章太炎的學問非但從來沒有過時，至少在國學研究領域，還是正宗主導。前引江蘇教育會和《中華新報》的讚譽，雖有廣告色彩，並非一味吹捧奉承的諛詞。一九二七年王國維死後，清華研究院急於尋找新的導師，以鞏固學術地位，首先考慮的人選還是章太炎。章氏本是創建之初的人選之一，而遭其拒絕，後來梁啟超「曾以私人資格托友人往詢，章以老病且耳聾辭，不願北來。」以後該院雖「決擬聘章太炎為教授」，但考慮到校評議會不能通過，沒有提出，並委託陳寅恪於赴滬途經天津時向梁啟超說明及互商辦法。[1] 清華研究院增聘導師，除章太炎外，其他人選還有羅振玉和張爾田。該院與北京大學研究所精神雖然有異，卻也同樣主張溝通中外文化，如梁啟超所主張「在學術界上造成一種適應新潮的國學」[2]，聘請教師不僅要求是「國內碩學重望」，而且須具備三種資格：「一、通知中國學術文化之全體。二、具正確精密之科學的治學方法。三、稔

---

[1] 陳守實：《學術日錄》一九二八年二月八日、二十二日，《中國文化研究集刊》第一輯，復旦大學出版社一九八四年；劉桂生、歐陽軍喜：《陳寅恪先生編年事輯補》，王永興編：《紀念陳寅恪先生百年誕辰學術論文集》，第433頁。據吳其昌《梁任公先生晚年言行記》：梁「命其昌輩推舉良師，其昌代達諸同學意，推章太炎先生、羅叔言（振玉）先生。先師歡然曰：『二公，皆吾之好友也。』……其昌因奉校命，北走大連，謁羅先生於魯詩堂，南走滬，謁章先生於同孚里第。」、「初時羅、章二先生均有允意，章先生拈其稀疏之須而笑：『任公尚念我乎！』且有親筆函至滬報『可』。然後皆不果。羅先生致余書，自比於『爰君入海』，章先生致余書，有『衰年懷土』之語。」（《子馨文在》第3卷《思橋集》，沈雲龍編：《中國近代史料叢刊》續編第81輯之808，第449-450頁）

[2] 周傳儒、吳其昌：《梁先生北海談話記》，《清華學校研究院同學錄》丁卯初夏。

悉歐美日本學者研究東方語言及中國文化之成績。」[1]所聘及擬聘各人，既無一味偏激的新進，亦非頑固不化的老朽。

　　章太炎的學問依然時興，倒是率先提倡整理國故的新國學派的種種學行，引起新舊各方人士越來越多的不滿和非議。一九三〇年錢穆的《劉向歆父子年譜》發表，打破晚清以來經今古文學之爭的纏繞和疑古辨偽風氣鼓蕩下破壞有餘建設不足的偏向。[2]其一九三二年完稿的《先秦諸子繫年》，也是繼王國維之後的建設性著作。次年錢穆為《古史辨》第四冊作序，更要打破北平學術界「非考據不足以言學術」的空氣，「著眼於中國民族文化之前途」，希望改變缺乏大思想家的現狀。

　　此時中國學術界的風雲變幻，大概反映了學術中心由經入史的趨向，而章太炎一直鼓吹「六經皆史」之說，強調治史的重要，尤其主張史學之於國性的至關重要，批評「昔人所誚『專志精微，反致陸沉，窮研訓詁，遂成無用』」[3]。一九二二年底他在杭州講學，批評「今浙人之所失者，即在無歷史學問」[4]。一九二四年章氏應教育改進社之

1　吳宓：《清華開辦研究院之旨趣及經過》，《清華週刊》第351期。
2　詳見劉巍：《〈劉向歆父子年譜〉的學術背景與初始反響》，《歷史研究》二〇〇一年第三期。劉文力辯錢穆本意不及「史學界之疑古派」，並疑錢穆將後起之意附到當年之事，則嫌稍過。錢穆的意思是說傅斯年向人介紹其為《劉向歆父子年譜》的作者，意在破今文學派和疑古派。至於錢穆對古史辨的看法，他自稱：「頡剛史學淵源於崔東壁之《考信錄》，變而過激，乃有《古史辨》之躍起。然考信必有疑，疑古終當考。二者分辨，僅在分數上。如禹為大蟲之說，頡剛稍後亦不堅持。而余則疑《堯典》，疑《易傳》，疑老子出莊周後，所疑皆超於頡剛。然竊願以考古名，不願以疑古名。疑與信皆須考，余與頡剛，精神意氣，仍同一線，實無大異。而孟真所主，則似尚有迥異於此者。」(《師友雜憶》，第167-168頁)若錢穆真有曲筆，倒是將與疑古派的分歧輕描淡寫。其實，與古今中外各家學術一樣，古史辨的主張本無大錯，但實行中以疑為考，變成一味破壞，疏於建設。變疑為考，正是立異的關鍵。
3　章太炎著，虞雲國標點整理：《菿漢三言・菿漢微言》，第61頁。
4　中國革命博物館整理，榮孟源審校：《吳虞日記》下冊，第75頁。

邀，到南京該社年會演講「勸治史學並論史學利弊」，認為「史學乃對證發藥，為補救時弊之良法」。並對中國學校「獨於史學徒有虛名，浮淺之譏，在所難免」的狀況大為不滿，主張讀史以「發揚志趣，保存國性」。他進而指陳學校教授史學的五大弊端，即取文捨事，詳上古而略近代，詳於域外而略於內政，詳於文化而略於政治，因古籍之疏漏而疑為偽造，呼籲「去此五弊」，以見「史學之功用」[1]。該演講的內容包括在同年八月十五日出版的《華國月刊》第一卷第十二期《救學弊論》一文中，表述略有小異。這些顯然針對北平學術界種種弊端而發的議論，其精神要旨在一九三〇年代初得到普遍響應，不能不說具有先見之明。章太炎逝世後錢穆補寫《餘杭章氏學別記》，即彰顯其主張民族主義、平民主義和文化主義史學，「然則太炎論史，三途同趣，曰歸一於民族文化是已」[2]。不僅引章氏為同道，而且以其為針砭。

　　正是在此背景之下，章太炎在平期間，除弟子外，故都學界同仁後進紛紛邀宴或前往問學。楊樹達、余嘉錫等多次拜見，當面請益，得其獎掖，以印證學識。本來章、黃二人均好譏評顯達，獎掖後進，這時對來訪者更是褒獎有加，並藉機評點舊京學界人物。章太炎對吳承仕說：「湖南前輩於小學多矙懵，遇夫獨精審，智殆過其師矣。」黃侃則附和道：「北京治國學諸君，自吳檢齋、錢玄同外，余（季豫）、楊二君皆不愧為教授。其他則不敢知也。遇夫於《漢書》有發疑正讀

1　《新聞報》一九二四年七月二十日。轉引自《北京大學日刊》第 1526 號，一九二四年九月二十四日。

2　天津《大公報》一九三七年六月十日。陳垣一九四三年十一月二十四日致方豪函謂：「至於史學，此間風氣亦變。從前專重考證，服膺嘉定錢氏；事變後頗趨重實用，推尊崑山顧氏；近又進一步，頗提倡有意義之史學。故前兩年講《日知錄》，今年講《鮚埼亭集》，亦欲以正人心，端士習，不徒為精密之考證而已。」（陳智超編註：《陳垣來往書信集》，第 302 頁）此言不足以表明陳垣本人史學思想的變化，卻可以反映那一時期學術風氣的轉移。

之功，文章不及葵園，而學問過之。《漢書補注》若成於遇夫之手，必當突過葵園也。」[1]學界的晚生後輩得太炎青睞者受寵若驚，失之交臂者遺憾不已。楊樹達呈請求教諸文，有難黃侃者，章太炎不以為忤，「進而獎之」，令楊慨嘆「先生局度之弘、是非之公如此。」[2]陸宗達、任化遠等還由吳承仕介紹，拜章、黃為師。[3]傅斯年寫於一九二八年的《中央研究院歷史語言研究所工作之旨趣》，之所以要公開將矛頭指向章太炎，正是因為直到那時，太炎學派乃至太炎的學術主張仍然掌控著中國南北學術界的大半河山，其國學大師的地位難以動搖。

傅斯年堅決反對「國故」的觀念，聲稱「這層並不是名詞的爭執，實在是精神的差異的表顯」。學理上他認為「整理國故」、「盤桓於傳留的問題，舊題不下世，新題不出生，則結果直是旋風舞而已……換言之，無後世的題目，或者是自縛的題目，遂至於這些學問不見奔馳的發展，只表昏黃的殘缺。」[4]潛在的立意顯然欲將太炎學派釜底抽薪，因為非將「國學」打破，太炎學派在學術界的霸主地位無法搖撼。對此，胡適與傅斯年的態度顯然有別。胡適並不反對「國學」的觀念，直到一九二九年二月，他還主張按照五年前所擬的辦法，將北京大學改作研究院，分為自然科學院、社會科學院、國學院、外國文學院或

---

[1] 楊樹達：《積微翁回憶錄》，第 62-63 頁。
[2] 楊樹達：《積微居友朋書札》，第 38-39 頁。
[3] 楊明德：《檢齋先生在師大》，《吳承仕同志誕生百週年紀念文集》，第 113 頁。陸宗達、劉節、周馥、殷孟倫、戴名揚、朱玾卿等請黃侃講音韻訓詁相關之理。楊樹達還讓侄兒楊伯峻拜黃侃為師。據《黃侃日記》，其時有九位學生前來聽講，每週兩次，「鄔榮爵、謝震孚、沈仁堅、汪紹楹，皆新來者；駱鴻凱、陸宗達、朱家濟、周復、任化遠，皆昔已從游者。」（《黃侃日記》，第 764-765 頁）
[4] 《歷史語言研究所工作之旨趣》，《歷史語言研究所集刊》第一本第一分，一九二八年十月。

文學院等四個分院。[1]不過，後來傅斯年的意見似乎占了上風。章太炎北大講學不久，一九三二年七月八日，北京大學校務會議通過《國立北京大學研究院規程》的決議，其第二章規定：「本院分設自然科學、文史、社會科學三部，得依本校能力所及，分期先後成立，或一部中先開若干門。」[2]不僅國學院不見蹤影，已有十年歷史的研究所國學門也壽終正寢，從而為胡適、傅斯年一派成為主流鋪平了道路。

三　晚年講學

　　北遊對章太炎本人也頗有影響。南歸之後，章太炎對於國事大為失望，「知當世無可為」[3]，「棟折榱崩，咎有所在，英雄特起，恐待後來，若今之統兵者，猶吾大夫高子也。僕老，不及見河清，唯有惇誨學人，保國學於一線而已」[4]。而北平學術風氣的駁雜讓他感到義不容辭地應當出面加以糾正。一九三三年一月，章氏撰寫《國學會會刊宣言》，特意提道：「余去歲游宛平，見其儲藏之富，宮牆之美，赫然為中國冠弁，唯教師亦信有佳者，苦於薰蕕雜糅，不可討理，惜夫聖智之業而為跖者資焉。或勸以學會正之，事緒未就，復改轍而南，深念扶微業、輔絕學之道，誠莫如學會便。」

　　所謂「薰蕕雜糅」，還不僅是「致用」與「求是」之別，因為章氏講國學，固然針對民族危機日益加劇的時勢，但要以學術不絕拯救國家衰亡，首先必須保持民族文化特性，使中國固有學術薪火相傳，才有復陽之望。學風偏蔽，無異於自毀長城，所以民國尤其是新文化

1　《胡適日記》（手稿本）一九二九年二月四日。
2　《北京大學日刊》第2875號，一九三二年七月十六日。
3　《〈制言〉發刊宣言》，湯志鈞編：《章太炎政論選集》下冊，第870頁。
4　一九三二年十月六日致馬宗霍函，湯志鈞編：《章太炎年譜長編》下冊，第924頁。

運動以來章太炎對學術界淺薄偏邪的流弊不斷有所批評。他後來總結道:「近國學所以不振者三:一曰,毗陵之學反對古文傳記也;二曰,南海康氏之徒以史書為帳簿也;三曰,新學之徒以一切舊籍為不足觀也。有是三者,禍幾於秦皇焚書矣。」[1]「夫講學而入於魔道,不如不講。昔之講陰陽五行,今乃有空談之哲學、疑古之史學,皆魔道也。必須掃除此種魔道,而後可與言學。」祛魔為扶正的開端,「欲導中國入於正軌,要自今日講平易之道始。三十年後,庶幾能收其效,否則推波助瀾,載胥及溺而已。」[2]其在蘇州講學,開國學會,以後又獨立發起章氏國學講習會,均由此而來。則章氏北遊,雖然得到包括新文化派學人的歡迎,其晚年講學,實有感於北平學術界風氣不正,開學會即針對新文化以來的時趨。

　　清末民初的學術,與《國粹學報》關係甚大。「民國成立,《國粹學報》停刊,然而東南學者,皆受太炎之影響。《國粹》雖停,太炎之學說獨盛。」到一九二三年胡樸安總結《民國十二年國學之趨勢》,仍然說:「士子信仰其學者,至今不絕。」其間雖經歷新文化運動的衝擊,胡適等人的以西洋方法整理國故獨樹一幟,大有取而代之之勢,但太炎學說不僅能夠通過趨新弟子深入新派內部,而且在外部與之分庭抗禮。「《國故》與《華國》及東南大學之《國學叢刊》,皆《國粹學報》之一脈,而為太炎學說所左右者也。」[3]

　　當新文化派掌控北京學界之際,南方各省也紛紛成立國學教育研究機構或學會組織,如唐文治的無錫國學專修館、顧實等人的東南大學、南京高師國學研究會、陳衍、葉長青等人的廈門大學國學會,顧

1　〈《制言》發刊宣言〉,湯志鈞編:《章太炎政論選集》下冊,第 870 頁。
2　章太炎:《歷史之重要》,湯志鈞編:《章太炎年譜長編》下冊,第 930-931 頁。
3　上海《民國日報‧國學週刊》一九二三年國慶日增刊。

實、丁福保等人的上海中國國學研究會、胡樸安等人的中國學會等。這些機構的成員彼此互通聲氣，遙相呼應之外，也相互支持，參與相關活動。無錫國學館的師資多由各學會會員擔任，各機構的機關刊物刊登各方同好的文字，有的學會前後還有淵源繼替關係，如一九二三年的東南大學、南京高師國學會和一九二六年成立的中國國學研究會，均由顧實起草宣言章程，精神上後者即有「繼昔而有進」[1]的意向。

以上述機構組織為樞紐，與新文化派有別的南方學人聯成一氣，一些北方的非新文化派學人也參與其中，在新文化運動大潮震耳欲聾的濤聲中逐漸形成異調。其中重要分子如顧實、陳柱、錢基博、高燮、陳衍、孟森、胡樸安、葉長青、馮振等人，章太炎、張爾田、孫德謙、吳梅、陳去病、柳詒徵、古直等，也以各相關刊物為發表文字的陣地，或隱或顯地與新文化派立異抗衡。[2]一九二八年《學衡》經營困難，留在南京的柳詒徵、胡先驌等人曾商議與《華國》合併，請汪東為經理。[3]而新文化派顯然亦將這些機構組織視為對手，不僅猛攻《學衡》，對東南大學國學院和南方各國學會組織也嬉笑怒罵。

南方國學陣營中的一些人與新文化派或多或少地保持一定的聯繫，如胡樸安、陳中凡等，但整體而言，與新文化派的精神主旨明顯有別。顧實在《國學輯林·發刊辭》中，詳細闡述了關於將國學由一校一系「推及全國而陳辭」的「公心」，其主張有四：即自由研究，普及學術，溝通中外，注重精神。所謂自由研究，是鑒於「吾國之人，近雖步武隆規，往往自尤其名，不自尤其實，非政府專制，即輿論專

---

1 顧實：《發刊辭》，《國學輯林》第一期，一九二六年九月。
2 參見《〈國學輯林〉撰述員名錄》、《中國國學研究會會員名錄》，《國學輯林》第一期，一九二六年九月。
3 《黃侃日記》，第 285 頁。胡先驌也指出《學衡》宗旨「一則必須用文言，二則溝通中西學術，非純乎保存國粹。」並對《華國》的個別文章表示不滿。

制，以故舊有學術亦萎縮不明」。所以要「公開破除一切，人人以自由研究為鵠的，不受何等之束縛」。所謂普及學術，是鑒於「學校系統綦嚴，世每望塵莫及，向隅之士，遍國皆是。矧學校自身，恆苦黨派，蠻爭觸鬥，顛倒黑白，翻雲覆雨，朝秦暮楚，所好生毛羽，所惡生瘡痏，不公不普，學其殆哉」。楬櫫普及，就是要「絕不受何系統何黨派之挾制」。所謂溝通中外，是鑒於研究學術，非洋學與國學的意氣之爭，中主西輔、中體西用皆非，「要在闡揚古昔之典籍，昌明世界之公理，而國學公理二者，相與互證而益明」。所謂注重精神，是反對將東西方截然分為精神與物質文明，主張「非吾振作固有之精神，則不足以宰制東西之文明，而吾國吾種亦將不免為某民族之臣虜。故如考據家、性理家、詞章家，固皆當認為國學之鉅子，然猶有大者，則群經百家之奧義，聖哲英豪之遺型，尤當尊為國學之精華」[1]。

　　反對輿論專制，抨擊學校為黨派挾制，調和中外新舊以及強調本位文化精神的統御作用，條條都是針對以北京大學為中心的新文化派的主張而發，反映了東南學人的共同觀念。這即使不是受章太炎思想影響的結果，至少與章的傾向基本一致。[2]在一定程度上，章太炎可以說是這一國學陣營的精神領袖。所以，蘇州開國學會以及章氏國學講

---

[1] 顧實：《發刊辭》，《國學輯林》第一期，一九二六年九月。

[2] 陳中凡後來在《自傳》中稱其在東南大學與同人發起組織「國學研究會」，編輯《國學叢刊》，力求以科學方法「整理國故，增進文化」，是要與盲目復古的學衡派相抗衡（姚柯夫編著：《陳中凡年譜》，第17頁）。此說顯然受後來時勢的影響，與當時語境及本事不盡吻合。陳早年在北大參與《國故》，任編輯（《〈國故〉月刊社成立會紀事》，《北京大學日刊》第298號，1919年1月28日），先後任東南大學、金陵大學、暨南大學國文系主任，李詳稱其主金陵大學國文系時，「與胡小石先生提倡國粹，聲譽昭然，或推或挽，學子日聆緒論，不勝斐然。將繼東南而興，自成一隊。」（吳新雷、姚柯夫、梁淑安、陳傑編纂：《清暉山館友聲集》，第32頁）

習會時，「頗有少長咸集，群賢畢至的氣氛」[1]。新老弟子如吳承仕、朱希祖、汪東、孫世揚、諸祖耿、王謇、王乘六、潘承弼、馬宗霍、沈延國、潘重規等，南北耆碩如王樹枏、陳衍、張其淦、楊鐘羲、唐文治、孫雄、張一麐、孫德謙等，南方學人如吳梅、陳柱、馮振、呂思勉、高燮、蔣維喬、姚光、金天翮、聞宥、唐長孺、黃雲眉、胡樸安、郭紹虞、古直、鄧爾雅、葉長青、夏承燾、錢仲聯、饒宗頤等，由北方南下者如錢穆、邵瑞彭等，紛紛加盟。楊樹達等人也「屢思南行奉手，因循未果」[2]。

　　這些人與新文化派不一定針鋒相對，但至少在學術文化的主張精神方面分歧不少。南北耆碩不必論，南方學人中如南高學派及南社諸子，與北大新文化派不合甚至公開叫陣，是有目共睹的事實。吳承仕一度與黃侃關係不錯，與馬幼漁等則時有衝突。[3]朱希祖在新國學運動中主張新史學，但他參加過《國故》，政治思想方面與新文化派的同門不大同步。邵瑞彭參加的思辨社，其成員在北京自成一系，與新文化派也有相當的距離。錢穆雖然自稱與顧頡剛的古史辨精神意氣「實無大異」，實則與之主張相近者對於新文化派的種種偏弊多有不滿，從一九三二年浦江清提議辦《逆流》雜誌，反對歐化，主張建設民族獨立文化，到抗戰期間錢穆等創辦《時代與進步》，借悼念張蔭麟批評主流學術，再到一九五〇年代《新亞學報》，這批後起之秀的思想一脈相承，在主流各派之外獨樹一幟，且漸成引領潮流之勢。

1　湯國梨口述，胡覺民整理：《太炎先生軼事簡述》，陳平原、杜玲玲編：《追憶章太炎》，第102頁。

2　《國學會會員姓名一覽表》，《國學商兌》第一卷第一號，一九三三年六月一日；《國學會會員姓名一覽表》，《國學論衡》第二至八期，一九三三年十二月一日至一九三六年十一月二十日。

3　吉川幸次郎：《留學時代》，《吉川幸次郎全集》第二十二卷，第384-394頁。

清華研究院國學科的畢業生有好幾位加入了蘇州國學會以及後來的章氏國學講習會，如杜鋼百、高亨、蔣天樞、姜亮夫等。清華辦國學科，本是為了改變不識中文的形象，實行起來，有心與北京大學立異爭雄，又由吳宓具體操辦，可以說是南學北上的結果。主持者屢次欲請章太炎出山，不但可以在聲勢上壓倒北大，更能夠在新文化派以外聚一營壘。而該國學科「略仿舊日書院及英國大學制度」的主張，與章太炎批評大學新式教育不能勝任中國文史教學的種種議論相通，與無錫國學專修館、東南大學國學院以及章氏國學講習會的模式大體一致。其精神既要「對於西方文化，宜有精深之研究，然後可以採擇適當，融化無礙」，又要對「中國固有文化之各方面，須有通徹之瞭解，然後今日國計民生種種重要問題，方可迎刃而解，措置咸宜」[1]。大致是《學衡》「昌明國粹，融化新知，以中正之眼光，行批評之職事，無偏無黨，不激不隨」的宗旨的延伸。

　　清華國學院學生有的本是北大新派弟子，一部分又受新文化派的鼓動影響而與之接近，與北大國學門學生合辦學會，甚至將成績同時交到北大國學門。清華學校當局和教師方面對此頗為不滿，不允許相關刊物冠以「清華國學研究院」名義，不准學生向他處提交成績。[2]另一部分學生則對新派諸子的學行不以為然，如陳守實便認為胡適「小有才，然綻論甚多，可以教小夫下士，而不可間執通方之士也」[3]。參加蘇州國學會，雖不一定表明他們對新舊兩派的取捨，至少顯示其對

1　吳宓：《清華開辦研究院之旨趣及經過》，《清華週刊》第 351 期。
2　劉桂生、歐陽軍喜：《陳寅恪先生編年事輯補》，王永興編：《紀念陳寅恪先生百年誕辰學術論文集》，第 33 頁；孫敦恆：《清華國學院紀事》，葛兆光主編：《清華漢學研究》第一輯，第 311 頁。
3　陳守實：《學術日錄》一九二八年二月八日、二十二日，《中國文化研究集刊》第一輯。

章太炎及其學說的尊信。

　　章太炎晚年講學，立意針對學校教育的種種弊端，端正學風，「扶微業，舉絕學」。但社會反響及學術界反應，卻依聽受者的立場態度及知識程度而差若天淵，甚至場景的描述也反差強烈。其在蘇州先後於大公園縣立圖書館、青年會、滄浪亭等處講學，推崇者謂：《國學會會刊宣言》刊載後，「全國響應，各地學子，紛紛負笈來蘇」，籍貫分佈十九省，「東及扶桑，南暨越裳，華夏群賢畢至，錦帆路上，車馬雲屯」。章太炎開講之日，聽者近五百人，濟濟一堂，連窗外走廊也擠滿了人。以後每逢太炎主講，「諸生慕先生名，聽課時無一缺席」。章氏則「一茶一煙，端坐講壇，清言娓娓，聽者忘倦，歷二三小時不輟」[1]。反對者卻說，聽講者只有寥寥十幾人，且聽不懂章氏的「土話」，「而章先生安然自在。他是狂傲的人，一切是自私的，以自己為中心的。在演講臺上，他將聽眾幻成一種意象，以為這意象是他的獲得，他的生命之某種關聯，而這意象是陌生的，於是以眼光，以笑臉，去黏住它，把它位置在某種精神生活上。這裡，我彷彿看見章先生心靈的淒獨。」甚至將章太炎與胡適講學作一對比，「胡適之演講『儒與孔子』，聽眾有一二千；而一代大師的章先生，只能於不相干的十數人面前，銷磨生命的餘剩。縱然有狂態，有傲氣，也不能不感到悲涼吧？」[2]

　　蘇州以外，章太炎也曾應邀前往無錫等地演講，反應同樣兩歧。署名「礙哥」的「看樸學大師講學記」，記述章太炎在無錫師範演講的情形。作者聽不懂章氏的話，所以是「看」講學而不知所講為何物，場面也就頗為滑稽，「演講兩小時缺三十四分，章太炎吸『茄立克』六

1　諸祖耿：《太炎先生〈國學講演錄〉序》，《文教資料》一九八六年第四期；沈延國：《章太炎先生在蘇州》，引自陳平原、杜玲玲編：《追憶章太炎》，第 377、452 頁。

2　乃蒙：《章太炎的講學》，《宇宙風》第二十二期，一九三六年八月。

支,喝茶五杯,微笑三次,大笑一次,起立在黑板上寫字兩次,一曰『誣徒』,一曰『疑疾』。向籐椅上靠去險些兒跌跤一次。記錄員伸頭低說:『時間已到』三次」。並對章太炎指錢玄同、顧頡剛等人「疑古」為「疑疾」反唇相譏,「設此類推,疑古既曰疑疾,則考古家當曰考疾家,讀古書當曰讀疾書,而如太炎氏本人之終身從事古舊書中者,亦當名之曰『疾學家』矣。今又諄諄以研究『疾書』勖青年,則恐雖有科學之醫生亦醫不好這許多疾病也」[1]。「看」完之後,又有署名「老實生」者發表了「聽」的感受,雖然沒有公開批評,字裡行間,同樣充滿了譏笑與挖苦。[2]

依照上述情形,章太炎晚年講學,非但未能達成預期的目的,反而暴露其確已落伍,這似乎印證了幾年後他的追悼會「在寂寞中閉幕」的蕭條,是由來已久。不過,此事反映出近代學術與時政的複雜關係,是非曲直,不能以及身的效果蓋棺論定,須放眼長顧,才能妥當分別。章太炎在蘇州講學,分為星期講演會講演和國學講習會講演兩類,前者較泛,後者略專,講授的對象雖不盡相同,精神卻頗為一致,均針對學風與世風的偏弊,提倡坐言起行,求是以端正學風,致用以改良社會。對國學講習會學員所講,旨在培養青年弟子,使其學有所本,走上治學大道。主張求是與致用並重,而依時勢變化有所側重。其針對學校新式教育不適合培養與中國學術文化相關各科人才的偏限,這方面的成效有目共睹。與章太炎的觀念主張相同或相近的清華研究院國學科以及無錫國學專修館等機構,也是成效顯著。由外國移植而來的近代國民教育體制能否勝任培養高素質的「國學」人才,至今仍然存在不小的爭議。章太炎等人的主張,至少有補偏救弊的功

---

[1] 《論語》第十四期,一九三三年四月一日。
[2] 老實生:《聽樸學大師講學記》,《論語》第十五期,一九三三年四月十六日。

用，不能一言以蔽之曰「保守」。

面向社會的普通演講，因講題原屬小眾，並不適合於一般大眾，從來效果不佳。有過各種由大眾傳媒包裝的講壇經驗後，學界於此當有深刻體驗，而不抱懷疑態度。一九二二年章太炎應江蘇教育會之邀，在滬講授國學，開始慕名而來者極多，幾近千人，盛況空前，需改換大會場，但後來聽眾日益減少，最後僅剩數十人。[1]而這時章氏仍被奉為國學大師。近代史上，此類鼓動大眾的演講，如果不能追隨受眾的情緒與喜好，往往得不到呼應。而大眾的知識程度有限，情緒又有激進化趨勢，鼓動者靠輿論贏得權勢後，則須理智行事，結果容易失去受眾。被拿來與章太炎作對比的胡適，這時受歡迎的程度也開始降低，常被學生譏諷為「胡博士」。

至於學術方面，凡趨時者本來容易過時，到一九三〇年代，不滿新文化派偏弊的新進之士逐漸增多，其中不少人為留學歸國，新文化派所擁有的年齡和文化資源優勢喪失殆盡，所用以打擊反對派的老舊等等帽子統統不適用；同時，隨著中日關係日趨緊張，民族主義情緒逐漸抬頭，五四以來的反傳統傾向遭遇反彈，學術趨向隨之變異。章太炎指責講哲學講史學者，「恣為新奇之議論」，沒有一定之軌範，「足以亂中國」，將新文化派的「空談之哲學，疑古之史學」視為「魔道」[2]。其對於當時世風與學風的嬉笑怒罵，雖不免邵力子前此所批評的「好奇」、「惡新」兩種積習[3]，其中軸卻是一以貫之的通方之論，在幾經社會轉型的陣痛後，許多警句至今看來更是至理名言。

學問在高明處古今中外大體相通，因而王國維斷言學無中西新舊

1　湯志鈞編：《章太炎年譜長編》下冊，第667頁。
2　章太炎：《歷史之重要》，《制言》第五十五期，引自《章太炎年譜長編》下冊，第930頁。
3　邵力子：《志疑》，章太炎講演，曹聚仁記錄：《國學概論》，第119頁。

之分。章太炎主張求是與致用兼備，講學問又時時牽扯政治，易於被指為落伍。但他自民國成立以來對思想文化學術界的種種批評，旨在強調為學貴有根柢，否則學無所本，極易過時。早在一九二二年，黃侃就針對學術界的時弊推崇乃師超越流俗，以為「學術有始變，有獨殊。一世之所習，見其違而矯之，雖道未大亨，而發露端題，以詒學者，令盡心力，始變者之功如此。一時之所尚，見其違而去之，雖物不我貴，而抱守殘缺，以報先民，不惌矩，獨殊者之功也。然非心有真知，則二者皆無以為。其為始變，或鑢決藩維，以誤群類。其為獨殊，又不過剿襲腐舊，而無從善服義之心。是故，真能為始變者，必其真能為獨殊者也。不慕往，不閔來，虛心以求是，強力以持久，誨人無倦心，用世無矜心，見非無悶，俟聖不惑。吾師乎！吾師乎！古之人哉」！[1]

民國尤其是新文化運動以後的學術界，雖然好以守舊責人，以代際名義實現派系更替，結果終不免「暴起一時，小成即墮」[2]，以致抗戰期間錢穆屢屢批評學人無大成就，並且特意強調章太炎為學守平實，認為：「太炎之於政治，其論常夷常退，其於民族文化，師教身修，則其論常峻常激。然亦不偏尊一家，輕立門戶。蓋平實而能博大，不為放言高論，而能真為民族文化愛好者，誠近世一人而已矣。」[3] 由此而論，早已被新文化派宣佈為「過時」的章太炎，其學術主張在錢穆等人身上再度體現，倒是新文化派自己，時過境遷，難免「過時」之譏。後來者失察，以新派自我中心塑造的歷史為據，又拘泥於一時一事，結果重蹈覆轍，跳不出歷史的循環往復。

1　《黃侃日記》，第 51 頁。
2　章太炎：《對重慶學界演說》，《歷史知識》一九八四年第一期，第 44 頁。引自羅志田：《再造文明之夢——胡適傳》，第 199 頁。
3　錢穆：《餘杭章氏學別記》，天津《大公報》一九三七年六月十日。

第七章

橫看成嶺側成峰：學術視差與胡適的學術地位

　　胡適在近代中國學術史上的地位，海內外雖有眾多學人發表過各式各樣的意見，迄今仍然見仁見智。總體而言，海峽兩岸近二十年來的一般趨勢，是對胡適評價的行情看漲，域外諸國亦被帶動。當然，其間也有若干異調，如陳平原教授在承認胡適開創近代中國學術的新典範作用的同時，強調須從晚清以來學術轉型的全過程，凸顯戊戌與五四兩代學人的「共謀」作用，並論證了章太炎與胡適的學術主張和「述學」形式的區別聯繫及其消長的利弊得失，以發掘被埋沒的「另一種可能性」[1]。陳以愛博士於《胡適的「整理國故」在二十至三十年代學術界的反響》一文中，指出抗戰前十年間胡適在北平學界的聲光已大不如前，這與二十世紀八十年代以後海內外學界對胡適著作的評價，兩者顯然存在著相當落差，並進而追問學術評價的標準以及據以評價的材料，是否影響到評價的準確性。[2]胡適自稱生平抱提倡新文學、思想改革和整理國故三個志願，其在近代中國思想史上聲名鵲起，主要靠前兩項志業，而學術史上的人言言殊，則與整理國故關係密切。此事牽涉胡適究竟怎樣在近代中國學術史上崛起，風光過後受到怎樣的批評，胡適如何回應以及有關爭議對於近代中國學術的路徑走向產生何種影響等一系列重大問題，波及面相當廣泛，以往的研究還有許多曲折未經揭出，值得深入探討。

1　陳平原：《中國現代學術之建立——以章太炎、胡適之為中心》，第1-22頁。
2　《近代中國史研究通訊》第三十三期，二〇〇二年三月。

一　乾嘉樸學還是西洋統系

五四新文化時期，胡適憑藉時勢而「暴得大名」，但是到了二十世紀二十至三十年代之交，其一系列「開風氣之先」的學術著作引起強烈反彈，無論老輩、新進甚至同道，均或隱或顯地予以批評指摘，其光環開始變得黯淡。

從學術路徑看，並無聯繫的批胡陣營大體分為六派，即由漢學正統的經史小學立論的太炎師徒、由會通中西的新人文主義立論的學衡派、反對一味考據的學兼漢宋派、以西學專門立論的留學生、由社會史觀立論的社會科學派和由「科學」立論的疑古辨偽再傳弟子。其中太炎學派和「學衡」派從來與新文化派立異，並且公開批評胡適，後四派則是新加入的生力軍。

儘管新文化運動中在京的太炎門生不少成為胡適的同道，總體而言，太炎師徒與胡適的治學理念分別甚大。太炎治學，以小學為根本，由音韻訓詁入手。從這一正統看，胡適「截斷眾流」的「橫逸斜出」之學不僅「無根」，簡直就是邪魔外道。太炎首徒黃侃更與新文化派勢不兩立。從一九二〇年代的《華國》到一九三〇年代的《制言》，太炎一派抨擊胡適學行的文章不在少數。「學衡」派歷來被視為用新人文主義與新文化派的科學主義分庭抗禮，從《學衡》到《大公報‧文學副刊》，刊登過許多從中西文化淵源批評新文化派的文字。由於志向與際遇相近，一度經營困難的《學衡》在一九二八年曾有意與《華國》合併，改由汪東主持。[1]

胡適提倡用科學方法整理國故，加上傅斯年的「近代的史學即史料學」，在北平學術界造成非考據不足以言學術的風氣，但所謂索引式

1　詳見第六章《章太炎晚年北遊講學的文化象徵》。

結賬法,以及大膽的假設,小心的求證,與中國治學傳統及域外漢學新術均明顯不同。王國維主張由細心苦讀以發現問題,不要懸問題以覓材料,即與胡適的招數大異其趣。錢穆提倡「非碎無以立通」,「義理自故實生」[1],更是反對以考據為史學的偏向,認為沿著主流派的路徑走不出新史學的坦途。他們的西學未必如胡適之廣,中學則肯定較胡適為深。

胡適的國學素養遭到質疑,其西學水準同樣受到毫不留情的批評。「學衡」派的一批留學生從西學淵源揭批胡適,已經令其難以忍受。最有代表性的是金岳霖評論馮友蘭《中國哲學史》時毫不留情地指出:「西洋哲學與名學又非胡先生之所長。」[2]留學不僅是胡適學術成名的重要資本,也是他賴以建立新學術的社會基礎,所以他十分看重學人是否有留學經歷。抗戰期間胡適不滿於《思想與時代》雜誌,特意指出其中「張其昀與錢穆二君均為從未出國門的苦學者」[3]。其實除此二人外,該刊的重要成員如馮友蘭、賀麟、張蔭麟等,均曾留學歐美,而且所學專業與胡適相同或相近。

社會史觀派以郭沫若為代表,其《中國古代社會研究》,就是針對胡適的整理國故而作。對此郭沫若毫不隱諱,他指責胡適對於古史未曾摸到邊兒,坦言要將胡適等人整理過的東西全部重新批判,並將「批判」的目標定得高於「整理」:「『整理』的究極目標是在『實事求是』,我們的『批判』精神是要『實事之中求其所以是』。『整理』的方法所能做到的是『知其然』,我們的『批判』精神是要『知其所以然』。」照郭沫若看來,「『整理』自是『批判』過程所必經的一步,然而它不

---

1 錢穆:《錢序》,《古史辨》第四冊,第4頁。
2 馮友蘭:《中國哲學史》,附錄第1-8頁。
3 曹伯言整理:《胡適日記全編》七,第540頁。

能成為我們所應該侷限的一步」。[1]超越胡適正是他努力的方向。

　　胡門再傳弟子反噬的典型是顧頡剛在廣州中山大學的高足何定生，後者於一九二九年編輯出版了《關於胡適之與顧頡剛》一書，認為胡適一九二六年表示對提倡整理國故的懺悔，以及一九二八年《治學的方法與材料》以研究自然科學為唯一生路，而將用科學方法整理國故視為死路，邏輯混亂，觀念倒退。[2]何定生的看法相當程度上反映了顧頡剛的意思，早在一九二六年元旦，顧就反駁時人應當研究科學，不應當研究國學的責難，宣稱：「所謂科學，並不在它的本質而在它的方法，它的本質乃是科學的材料，科學的材料是無所不包的。」[3]因此在故紙堆中找材料和在自然界中找材料沒有高下之分。本來胡適也認為「學問是平等的。發明一個字的古義，與發現一顆恆星，都是一大功績」[4]，但後來放棄了這一看法，呼籲青年離開國故的死路走科學的生路。何定生或隱或顯地表示，在整理國故方面，顧頡剛已經超過胡適。這令與胡適的關係已經有些微妙的顧氏相當尷尬，不得不忍

---

[1] 郭沫若：《中國古代社會研究·自序》，第 7 頁。這一派最激烈的是李季。一九四一年周予同的《五十年來中國之新史學》就指出：「胡適《中國哲學史大綱》上卷的出版，恰當著『五四運動』的發展，曾風行一時。過了三年，民國十一年（公元一九二二年），梁啟超在北京大學哲學社講演，曾加以批評，但也不過指出本書的若干缺點，並未能將『疑古派』的史觀與方法論的缺陷加以暴露。民國十六年（公元一九二七年）以後，中國學術思想界，更其是史學方面，漸趨複雜。當時批評胡適的文章頗多，而以李季的批判一書最為熱辣，然而並未引起胡氏的答辯。」（朱維錚編：《周予同經學史論著選集》增訂版，第 547 頁）一般史觀派認為，動搖胡適命運的還是郭沫若（國立師範大學研究所歷史科學研究會編：《歷史科學》第 1 卷第 3、4 期合刊《讀者通信》，1933 年 6 月）。

[2] 定生編：《治學的方法與材料及其他》，樸社，一九二九年，第 25-46 頁。感謝陳以愛博士寄贈此項材料。

[3] 顧頡剛：《一九二六年始刊詞》，《北京大學研究所國學門週刊》第二卷第十三期，一九二六年一月六日。

[4] 《論國故學》，歐陽哲生編：《胡適文集》二，第 327-328 頁。

痛將何逐走。[1]

由此可見，一九二〇年代後期胡適不僅政治上受到包括國民黨在內的多種勢力的夾擊，學術上也陷入四面楚歌的境地。把胡適當成箭垛，由來已久。

不過，變換角度，成為箭垛也許剛好說明其地位已經升至權威，因而變成後來者努力追趕和超越的對象。余英時教授就認為：「適之先生是二十世紀中國學術思想史上的一位中心人物。從一九一七年因正式提出文學革命的綱領而『暴得大名』，到一九六二年在臺北中央研究院的酒會上遽然逝世，他真是經歷了『譽滿天下，謗亦隨之』的一生。在這四十多年中，無論是譽是謗，他始終是學術思想界的一個注意的焦點。在許多思想和學術的領域內——從哲學、史學、文學到政治、宗教、道德、教育等——有人亦步亦趨地追隨他，有人引申發揮他的觀念和方法，也有人和他從容商榷異同，更有人從各種不同的角度對他施以猛烈的批評，但是幾乎沒有人可以完全忽視他的存在。這一事實充分地說明了他在中國近代史上所占據的樞紐地位。」[2]唐德剛教授更推許胡適為中國近代文化史上的正規軍，「是學術界十項全能的楊傳廣」，論漢學不讓乾嘉，論西學有七整年「長春藤盟校」的正規訓練，無論哲學、文學、史學，「如把當代學術著作放在桌子上排排隊，我們實在不能不承認胡適之真是『中西之學俱粹！』這樣一支有正規訓練和裝甲化配備的正規大軍豈是一些『零星散匪』、『烏合之眾』、『武裝民兵』、『川軍』、『滇軍』、『辮子兵』以及任何『雜牌部隊』可以動搖得了的？」[3]

1　參見王學典、孫延傑著：《顧頡剛和他的弟子們》第三章《始於愛而終於離——顧頡剛與何定生》，第109-152頁。
2　余英時：《中國近代思想史上的胡適》，歐陽哲生選編：《解析胡適》，第76-77頁。
3　唐德剛：《胡適雜憶》（增訂本），第119頁。

批胡各派的意見，或延續發展胡適的路數，或不免抱殘守闕之譏，或雖有補偏救弊之用而不足以動搖根本，或欲借新途超越舊軌卻因功力不夠而重蹈覆轍，的確未能撼動胡適的地位。但是，近代中國並非沒有能夠批倒胡適的人，也不必等待社會科學或行為科學的充分發展才能將胡適批倒。況且社會科學和行為科學落後，當時應是世界性問題，不僅限於中國，不能要求胡適先知先覺。胡適的學術路徑，問題究竟何在，早有人從中西學術的大道著眼，窺破要害。只是近代中國的學術發展不循正軌，後來者又有意無意地視而不見，加上學術政治作怪，胡適的權威還有愈加膨脹之勢。胡適的開山學術來自中西兩面，僅僅攻其一點，即使如章太炎那般深入，也難免給人以門戶之見，甚至妒忌之嫌。能夠從中西學兩面的淵源脈絡及發展趨勢闡明其癥結者，首推陳寅恪。胡適占據近代中國學術界的要津，關鍵之一，是靠一九一九年出版的《中國哲學史大綱》（以下簡稱《大綱》）。陳寅恪的矛頭即直指這部成名之作。

《大綱》在近代中國學術史上的地位與作用，已經前人大量論證。余英時教授在二十世紀八十年代的論斷最為經典：「《中國哲學史大綱》所提供的並不是個別的觀點而是一整套關於國故整理的信仰、價值和技術系統。換句話說，便是一個全新的『典範』。」[1]後來復有學人認為以前學術界對該書的價值「一直缺乏清醒的估計。在為數不多的相關論著中，多限於個別觀點具體內容的討論，而對它的整體價值認識不足」。進而通過《大綱》與中國哲學史、中國現代學術史、中西文化比較三方面關係的「全面的審視」，強調《大綱》開創了中國哲學史新學科和中國現代學術的新紀元，並成為近代中國數十年來中西文化論爭

---

[1] 余英時：《論士衡史》，第310頁。這本書由傅傑摘編，間有刪節，但大體得到作者的認可（參見序言）。

的總結。[1]

對《大綱》的重估，有意無意跳過了二十世紀二十至三十年代學人的反省，重新回到五四新文化的語境中去，凸顯其劃時代的開山意義。而被忽略的民國學人的反省中，已經包含了對《大綱》問世初期積極一面評價的檢討。尤其是這些檢討發生於近代中國學術的學院化進程中，將以前模糊的政治、思想與學術的分界逐漸清晰化。今人高估的依據，大致有四，其一，蔡元培所寫序言。其二，胡適的自我評價。其三，胡適門生的看法。其四，《大綱》熱銷和人人爭讀的盛況。認真檢討，各點均不無可議。

《大綱》出版之前，蔡元培仔細閱讀，並寫了一篇分量很重的序言，指出該書具有證明的方法、扼要的手段、平等的眼光、系統的研究等特長。後來的研究者尤其重視前三項，特別是「截斷眾流」和「平等的眼光」，以為因此而對近代中國學術的整體造成革命性的影響。其實，蔡元培所說四項特長，是針對編撰中國古代哲學史的兩層難處而言，第一是材料有真偽，需做過漢學工夫；第二是形式無系統，「不能不依傍西洋人的哲學史。所以非研究過西洋哲學史的人不能構成適當的形式」。那時中國學術界「治過『漢學』的人雖還不少，但總是沒有治過西洋哲學史的。留學西洋的學生，治哲學的，本沒有幾人。這幾人中，能兼治『漢學』的，更少了」。而胡適剛好二者兼備，既有「世傳」的漢學功底，又於西洋哲學史很有心得，「所以編中國古代哲學史的難處，一到先生手裡，就比較的容易多了」[2]。胡適對所謂世傳漢學將錯就錯地默認，其實際路徑，則與漢學似是而非。當時人感到震

---

1 王法周：《中國哲學史大綱與中國現代學術》，耿雲志、聞黎明編：《現代學術史上的胡適》，第28頁。
2 歐陽哲生編：《胡適文集》六，第155頁。

撼，後來者用現代學術眼光許為具有開山意義的那一整套關於國故整理的信仰、價值、和技術系統，其實就是用西洋哲學史的系統來條理中國古代思想的材料。

　　胡適提倡大膽假設，小心求證，走了「新漢學」的路子。[1]唐德剛教授認為：胡適的治學方法「只是集中西『傳統』方法之大成。他始終沒有跳出中國『乾嘉學派』和西洋中古僧侶所搞的『聖經學』的窠臼」[2]。余英時教授也稱：「胡適的學術基地自始即在中國的考證學，實驗主義和科學方法對於他的成學而言都只有幫助的作用，不是決定性的因素。」[3]這兩段話稍可解釋，說胡適沒有跳出中西學傳統的窠臼誠然，是否集大成就值得懷疑；胡適的成學固然以中學為範圍，其成名則主要仰仗西學的條理系統。

　　胡適治學，形式上不脫清代考據學的餘緒，實際路數相去甚遠。他本人將考據學視為校勘學和訓詁學的概括，而唐德剛教授註釋為「簡言之便是版本真偽的比較，文法的分析，再加上他獨具隻眼的『歷史的處理』」[4]。不過，乾嘉樸學的典範是「訓詁明而後義理明」，其開山顧炎武所謂：「讀九經自考文始，考文自知音始。以致於諸子百家之書亦莫不然。」[5]後人的總結則是：「以聲韻得訓詁，以訓詁析章句，以章句辨名物，以名物明義理。」[6]章太炎從清學正統派讀書須先識字的立場講治國學要先通小學，並標舉治小學的三法：通音韻，明訓詁，辨

1　素痴（張蔭麟）：《近代中國學術史上的梁任公先生》，《學衡》第六十七期，一九二九年一月。
2　唐德剛譯註：《胡適口述自傳》，第132-133頁。
3　余英時：《論士衡史》，第311頁。
4　唐德剛譯註：《胡適口述自傳》，第118、132頁。
5　《亭林文集》卷四《答李子德書》。見余英時：《論士衡史》，第303-306頁。
6　胡樸安：《論讀書法》，雪克編校：《胡樸安學術論著》，第298頁。

形體。[1]而文法學雖然屬於小學的範圍，卻長期只有零碎知識。胡適自己在《大綱‧導言》中陳述其整理史料之法，為校勘、訓詁、貫通三端，其中校勘主要是吸收前人尤其是清代學人的成果，訓詁的三種方法中，根據古義（包括古字典、箋注、同類印證等）和假借通轉，並非胡適所長。他少年時雖曾學過一些音韻學的入門知識，卻不能不承認於古聲韻之學「完全是門外漢」，「向來毫無研究」[2]。因此原文的校勘和訓釋，仍是利用清人的積累。

　　胡適解經，與前人不同是通過文法的歸納。《大綱》問世前，胡適發表過《詩三百篇言字解》、《吾我篇》、《爾汝篇》等，均用《馬氏文通》為途則。他後來自稱讀《馬氏文通》在出國前，此言即便屬實，印象也不會太深刻。因此當一九一一年六月十二日他在美國收到友人寄來的《馬氏文通》，展讀一過，「大嘆馬眉叔用功之勤，真不可及，近世學子無復如此人才矣。若賤子則有志焉而未之逮也」。其時胡適剛剛讀過《詩經》，並於一個月前將有關心得和收集的論據寫成《言字解》，「久不作文，幾不能達意矣」[3]。《馬氏文通》的及時到來，不僅令胡適找到理論依據，更重要的是發現了條貫的脈絡。他立即在文章中加入《馬氏文通》的觀點，每成一說，必引《文通》為據，並且發了一大通議論，「以為吾國文典之不講久矣，然吾國佳文，實無不循守一種無形之法者。馬眉叔以畢生精力著《文通》，引據經史，極博而精，以證中國未嘗無文法。而馬氏早逝，其書雖行世，而讀之者絕鮮。此千古絕作，遂無嗣音。其事滋可哀嘆。……是在今日吾國青年之通曉

1　章太炎講演，曹聚仁記錄：《國學概論》，第 17-21 頁。
2　胡適：《寄夏劍丞先生書》，歐陽哲生編：《胡適文集》四，第 188-194 頁。
3　曹伯言整理：《胡適日記全編》一，第 93、104 頁。重注《詩經》，是胡適留學初期便萌發的志願，當時欲「推翻毛傳，唾棄鄭箋，土苴孔疏」的辦法，還是「一以己意為造《今箋新注》」（曹伯言整理：《胡適日記全編》一，第 85 頁）。

歐西文法者，能以西方文法施諸吾國古籍，審思明辨，以成一成文之法，俾後之學子能以文法讀書，以文法作文，則神州之古學庶有昌大之一日」。胡適反對舊日學人「斤斤於漢宋之異同，師說之真偽」，主張「以經解經」，辦法便是用「西儒歸納論理之法」[1]，具體而言，則是以歐西文法解中國舊籍。

　　胡適一生好以「不通」評論古今詩文，而「通」與「不通」的標準，主要便是依據西式文法。照他看來，「世界文法學發達最早的，要算梵文和歐洲的古今語言。中國的文法學發生最遲」。清代王引之的《經傳釋詞》，只能算是文法參考書，還不到文法學的地位。「直到馬建忠的《文通》出世（光緒二十四年，西曆 1898 年），方才有中國文法學。」而馬建忠能夠建立中國文法學的最重要原因，是他能「用西洋的文法作比較參考的材料」[2]。一九二二年胡適記其治《詩經》的心得：「《詩經》絕對的不可不注意文法上的異點。古人從沒有這樣下手的。王氏父子比較是最近於這一條路上的人了，然而他們可惜不懂文法。這條路是一條到寶山的山路。」[3]可見他解經的秘方是文法學，但是胡適也知道，文法學並非乾嘉漢學的正統。

　　正因為有了成功的經驗，一九二三年胡適才敢於向詢問「治國學有何門徑」的青年坦白：以前他勸人從小學入手，先通音韻訓詁，其實是「學著老前輩們的派頭」。雖然他承認音韻訓詁可以作工具，只是不能引人入勝，無法為初學者的門徑，卻同時批評「音韻訓詁之學自身還不曾整理出個頭緒系統來」，只是「學者裝門面的話」，所以「國學在今日還沒有門徑可說，那些國學有成績的人大都是下死功夫笨幹

1　曹伯言整理：《胡適日記全編》二，第 342-343 頁。
2　《國語文法概論》，歐陽哲生編：《胡適文集》二，第 333-334 頁。
3　曹伯言整理：《胡適日記全編》三，第 765 頁。

出來的」。這等於否定他推許為科學方法的乾嘉樸學行之有效，或者說胡適心中的乾嘉樸學另有一套，與一般所謂乾嘉樸學有別，因為未經傳統小學訓練者的確無法緣此尋得治國學的門徑頭緒。胡適進而向與自己同樣不能由漢學正途研究國學的青年開出的下手方法是：「用歷史的線索做我們的天然系統，用這個天然繼續演進的順序做我們治國學的歷程。」[1]而所謂天然演進的系統，其實是進化論主導下的西方中心世界一體觀念。用進化系統涵蓋多元文化，正是《大綱》述學並給國人以啟發性的要訣。

　　乾嘉考據學未必如胡適所說即是科學方法，但既經長期積累，也確有其合理適用處，尤其與中國語言文字及學術文化的性質相符，不可輕言取代。章太炎批評五四後的學風道：「凡學先以識字，次以記誦，終以考辨，其步驟然也。今之學者，能考辨者不皆能記誦，能記誦者不皆能識字，所謂無源之水，得盛雨為橫潦，其不可恃甚明。」[2]黃侃等人即譏笑胡適解舊籍讀錯字，實為不通[3]。而用外國語文法比較參考，固然是建立中國文法的重要條件，但究竟參照什麼時代何種語言的文法，卻應遵守一定的規則。在胡適用來「通」舊籍的《馬氏文通》，在陳寅恪的眼中就不通之至！一九三二年，陳寅恪因清華大學入學考試國文科出題引起爭議事致函系主任劉文典，申辯說明之餘，即

1　《一個最低限度的國學書目》，歐陽哲生編：《胡適文集》三，第87頁。

2　《救學弊論》，《華國》第一卷第十二期，一九二四年八月十五日。

3　陸敬《黃季剛先生革命事蹟紀略》稱：「胡適曾在黃季剛面前自詡對聲韻學有研究，但談起《詩經》〈周南〉篇，將『為絺為綌』之『絺綌』二字讀為『希谷』，令黃忍俊不禁。」後來章太炎在蘇州講學，曾舉此事。（《量守廬學記——黃侃的生平和學術》，第23頁注13）柳詒徵《劬堂日記》一九四六年十月二十一日條記：胡適閱《水經注》，「讀濟濕之潔字作驟音，殊可駭嘆，大學校長以考證校勘自矜，乃讀別字，不亦羞當世之士乎。」（柳曾符：《柳詒徵與胡適》，柳曾符、柳佳編：《劬堂學記》，第188頁）

對《馬氏文通》痛加批駁：

> 今日印歐語系化之文法，即馬氏文通「格義」式之文法，既不宜施之於不同語系之中國語文，而與漢語同系之語言比較研究，又在草昧時期，中國語文真正文法，尚未能成立，⋯⋯夫所謂某種語言之文法者，其中一小部分，符於世界語言之公律，除此之外，其大部分皆由研究此種語言之特殊現象，歸納為若干通則，成立一有獨立個性之統系學說，定為此特種語言之規律，並非根據某一特種語言之規律，即能推之以概括萬族，放諸四海而準者也。假使能之，亦已變為普通語言學音韻學，名學，或文法哲學等等，而不復成為某特種語言之文法矣。⋯⋯故欲詳知確證一種語言之特殊現象及其性質如何，非綜合分析，互相比較，以研究之，不能為功。而所與互相比較者，又必須屬於同系中大同而小異之語言。蓋不如此，則不獨不能確定，且常錯認其特性之所在，而成一非驢非馬，穿鑿附會之混沌怪物。⋯⋯由是言之，從事比較語言之學，必具一歷史觀念，而具有歷史觀念者，必不能認賊作父，自亂其宗統也。往日法人取吾國語文約略摹仿印歐系語之規律，編為漢文典，以便歐人習讀。馬眉叔效之，遂有文通之作，於是中國號稱始有文法。夫印歐系語文之規律，未嘗不間有可供中國之文法作參考及採用者。如梵語文典中，語根之說是也。今於印歐系之語言中，將其規則之屬於世界語言公律者，除去不論。其他屬於某種語言之特性者，若亦同視為天經地義，金科玉律，按條逐句，一一施諸不同系之漢文，有不合者，即指為不通。嗚呼！文通，文通，何其不通如是耶？

這段話的矛頭雖然指向馬建忠，板子卻打在胡適等人的身上，對

於後者的國語文法以及用西文文法解中國舊籍，無異於釜底抽薪。陳寅恪還特意指出：「此義當質證於他年中國語言文學特性之研究發展以後。今日言之，徒遭流俗之譏笑。然彼等既昧於世界學術之現狀，復不識漢族語文之特性，挾其十九世紀下半世紀『格義』之學，以相非難，正可譬諸白髮盈顛之上陽宮女，自矜其天寶末年之時世妝束，而不知天地間別有元和新樣者在。」[1]將譏諷挾半通不通的西學自以為新潮、實則放眼世界已經過氣的新派之意和盤托出。同時陳寅恪致函傅斯年，聲明「若馬眉叔之謬種尚在中國文法界有勢力，正須摧陷廓清，代以藏緬比較之學」，並擬於清華開學時演說，「將馬氏文通之謬說一掃，而改良中學之課程」[2]。他將致劉文典書刊登於吳宓主辦的《大公報‧文學副刊》和《學衡》雜誌，擺明要與新派立異。

至於胡適所說的貫通，「是把每一部書的內容要旨融會貫串，尋出一個脈絡條理，演成一家有頭緒有條理的學說」。本來「宋儒注重貫通，漢學家注重校勘訓詁。但是宋儒不明校勘訓詁之學，故流於空疏，流於臆說」。要想貫通，必須於校勘訓詁之外，有比較參考的資料。「我們若想貫通整理中國哲學史的史料，不可不借用別系的哲學，作一種解釋演述的工具。」胡適「所用的比較參證的材料，便是西洋的哲學」。他說：「我做這部哲學史的最大奢望，在於把各家的哲學融會貫通，要使他們各成有頭緒條理的學說。」這也就是《先秦名學史‧

1　陳美延編：《陳寅恪集‧金明館叢稿二編》，第 249-256 頁。

2　《致傅斯年》二十二，陳美延編：《陳寅恪集‧書信集》，第 42-43 頁。胡適認為比較的研究法分兩步，一是積聚比較參考的材料，即各種參考文法，約分四類：一、中國古文文法（至少研究一部《馬氏文通》）。二、中國各地方言的文法。三、西洋古今語言的文法。四、東方古今語言的文法。二是用別種語言裡同類或大同小異的文法為通則，解決文法難題，或以此為參考，定出新通則（《國語文法概論》，歐陽哲生編：《胡適文集》二，第 356-357 頁）。關於《馬氏文通》的利弊得失，參閱張萬起編：《〈馬氏文通〉研究資料》。

前言》所說:最重要而又最困難的任務,「當然就是關於哲學體系的解釋、建立或重建」[1]。胡適自詡其在學術上的革命與開山作用,主要也就體現在這種藉助外洋的體系化演述,確是從前一般中國學人聞所未聞。早年在德國研究過世界文明比較史的蔡元培,對這一點印象深刻。

然而,胡適用西方現代哲學條理中國古代思想的做法,同樣遭到陳寅恪的批評。一年前刊於《學衡》的〈馮友蘭中國哲學史上冊審查報告〉,在提出著中國古代哲學史須對於古人學說具瞭解之同情後,接著指出:

> 但此種同情之態度,最易流於穿鑿傅會之惡習。因今日所得見之古代材料,或散佚而僅存,或晦澀而難解,非經過解釋及排比之程序,絕無哲學史之可言。然若加以聯貫綜合之蒐集及統系條理之整理,則著者有意無意之間,往往依其自身所遭際之時代,所居處之環境,所熏染之學說,以推測解釋古人之意志。由此之故,今日之談中國古代哲學者,大抵即談其今日自身之哲學者也。所著之中國哲學史者,即其今日自身之哲學史者也。其言論愈有條理統系,則去古人學說之真相愈遠。此弊至今日之談墨學而極矣。今日之墨學者,任何古書古字,絕無依據,亦可隨其一時偶然興會,而為之改移,幾若善摶者能呼盧成盧,喝雉成雉之比。此近日中國號稱整理國故之普通狀況,誠可為長嘆息者也。今欲求一中國古代哲學史,能矯傅會之惡習,而具瞭解之同情者,則馮君此作庶幾近之。[2]

---

[1] 歐陽哲生編:《胡適文集》六,第 178-182 頁、4 頁。

[2] 《馮友蘭中國哲學史上冊審查報告》,陳美延編:《陳寅恪集‧金明館叢稿二編》,第 279-280 頁。

這段評語沒有指名胡適,但以前此所著中國哲學史作反襯,舉墨學為極端事例,又泛指整理國故的普遍狀況,胡適均不可避免地首當其衝。所以馮友蘭明確指出:陳寅恪和金岳霖的兩篇審查報告之所以均將其《中國哲學史》同胡適的《大綱》做比較,「這是因為在當時,這一類的書,只有這兩部」[1]。

與所謂「以經解經」實際上是用西式文法相類似,胡適用來條理和系統化中國古代哲學史的法寶是西方名學。而照陳寅恪看來,這種格義式的著述,其實是將上古的本土資料填充進後起的外來間架。看過陳寅恪審查報告的金岳霖,從哲學家的角度印證其意見,他認為胡適的《大綱》是根據一種哲學主張寫出來的,有時簡直覺得作者是一個研究中國思想的美國人,於不知不覺間流露出來的成見,是多數美國人的成見,「對於他所最得意的思想,讓他們保存古色,他總覺得不行,一定要把他們安插到近代學說裡面,他才覺得舒服。同時西洋哲學與名學又非胡先生之所長,所以在他兼論中西學說的時候,就不免牽強附會。……哲學既離不了成見,若再以一種哲學主張去寫哲學史,等於以一種成見去形容其他的成見,所寫出來的書無論從別的觀點看起來價值如何,總不會是一本好的哲學史」[2]。十年前胡適為中國近代學術開山的法寶,如今卻成為其不通中西學問的證據。真不知是時代進步太快,還是當年學者的識見太淺。

把握中西學術文化關係,是近代中國人面臨的一大難題。胡適懂得反對荒謬淺陋的簡單附會,從《大綱》到〈《國學季刊》發刊宣言〉,

---

[1] 馮友蘭:《三松堂自序》,第 217 頁。

[2] 金岳霖:《馮友蘭中國哲學史上冊審查報告》,馮友蘭:《中國哲學史》,附錄第 1-8 頁。汪榮祖教授已注意到陳寅恪對胡適推崇《馬氏文通》和用西洋哲學條理中國古代思想的批評(汪榮祖:《陳寅恪與胡適》,《陳寅恪評傳》,第 262-265 頁)。陳平原教授也對以西學剪裁中國文化有所論列。

提倡「比較的研究」，而不能察覺用外來成見解釋古人思想，「其言論愈有條理統系，則去古人學說之真相愈遠」的弊端。凡好用外來眼光裁斷中國文化的中西比較者大都難逃此厄[1]，馮友蘭本人也在所難免。馮書出版時附錄的瞿世英〈讀馮著《中國哲學史》〉，肯定書中「與西洋哲學相比較的地方不少，用西洋哲學作比較解說的地方亦不少，並且真是理論上的比較」[2]。一九三四年，馮友蘭在國際哲學會議上演講「現代中國哲學」，分為三期，首期為以舊說舊，即以老的思想方法闡述過去的哲理；二期為說明東西方哲理的差別；三期則「是用類比的方法使東西方的哲理更為人所了解」，並以為「我們不久將會看到，中國的哲學思想將用歐洲的邏輯和明確的思維加以闡明」[3]。對於胡適、馮友蘭等人用外來間架條理中國思想可能產生的流弊，早有學人予以批評。一九二八年，張蔭麟撰文評馮友蘭《儒家對於婚喪祭禮之理論》，指出：「以現代自覺的統系比附古代斷片的思想，此乃近今治中國思想史者之通病。此種比附，實預斷一無法證明之大前提，即謂凡古人之思想皆有自覺的統系及一致的組織。然從思想發達之歷程觀之，此實極晚近之事也。在不與原來之斷片思想衝突之範圍內，每可構成數多種統系。以統系化之方法治古代思想，適足以愈治而愈棼

---

1 參見本書第八章〈近代中國比較研究史管窺——陳寅恪《與劉叔雅論國文試題書》解析〉。其時一般中國學人知道比較研究的必要與重要，但是對於怎樣進行嚴格的比較研究，只有極少學人能夠清晰分辨。一些人反對附會而不脫格義，有的一面批評「好以各不相謀的西洋哲學相緣附，乃至以西洋哲學衡中國哲學」的弊病，反對以二十世紀的歐洲新學術比附紀元前的中國思想，強調採取西洋的科學方法，而不以西洋哲學附會，一面又認為「以中國某一哲學家與西洋某一哲學家相比較，是很好的方法」（羅根澤：《古史辨第四冊自序》，《古史辨》四，第 9-12 頁）。
2 蔡仲德：《馮友蘭先生年譜初編》，第 103 頁。
3 朱喬森編：《朱自清全集・日記編》第九卷，第 322-323 頁。

耳。」[1]馮友蘭《中國哲學史》下冊「取西洋哲學觀念，以闡明紫陽之學，宜其成系統而多新解」，卻難以將新儒學的產生和傳衍這一大事因緣論述清楚。所以陳寅恪說：「竊疑中國自今日以後，即使能忠實輸入北美或東歐之思想，其結局當亦等於玄奘唯識之學，在吾國思想史上，既不能舉最高之地位，且亦終歸於歇絕者。其真能與思想上自成系統，有所創獲者，必須一方面吸收輸入外來之學說，一方面不忘本來民族之地位。此二種相反而適相成之態度，乃道教之真精神，新儒家之舊途徑，而二千年吾民族與他民族思想接觸史之所昭示者也。」[2]

馮著《中國哲學史》上冊既被視為超越胡適之作，自然引起胡適的反應。他對馮著始終耿耿於懷，認為書中的主要觀點為正統派的。直到晚年為馮著英譯本寫書評，重看兩遍，覺得「實在看不出有什麼好處」，仍強調其根本弱點正是所謂「正統派」觀點，也就是「道統」觀，即必須以孔子為中國古代思想史開端，「上繼往聖，下開來學」；秦以後則為經學時代，其思想演變歷程「只為一大事因緣，即新儒學之產生及其傳衍而已」！[3]

胡適批評正統派的道統觀，強調思想分歧。用三段論看，他與陳寅恪的差別在於對中外文化溝通的態度適為反、合兩個階段。馮友蘭承認其著作的觀點「尤為正統派的」，只是「係用批評的態度以得之者。故吾之正統派的觀點，乃海格爾所說之『合』，而非其所說之『正』也」[4]。所謂正、反、合，本意當指「信古」、「疑古」、「釋古」三個階

1　張蔭麟：《評馮友蘭〈儒家對於婚喪祭禮之理論〉》，《大公報·文學副刊》一九二八年七月九日。
2　陳寅恪：《馮友蘭中國哲學史下冊審查報告》，陳美延編：《陳寅恪集·金明館叢稿二編》，第282-285頁。
3　曹伯言整理：《胡適日記全編》八，第353頁。
4　馮友蘭：《中國哲學史·自序二》，第1-2頁。

段。¹周予同評論馮友蘭《中國哲學史》的釋古，認為其中國思想史分期、以社會史背景說明哲學的產生及演變、用西洋現代思想解釋古代中國學說等，與以往解釋不同。

抗戰軍興，馮的思想論調漸起變化，「而接受——或者接近——陳寅恪的見解，即所謂『一方面吸收輸入外來之學說，一方面不忘本來民族之地位』，更努力於海格爾歷史哲學中所謂『合』的工作」²。則至少在旁人看來，陳寅恪與馮友蘭的「合」，意思亦不全同，前者重在溝通中外學術思想文化應取的態度。如「宋儒若程若朱，皆深通佛教者。既喜其義理之高明詳盡，足以救中國之缺失，而又憂其用夷變夏也，乃求得兩全之法，避其名而居其實，取其珠而還其櫝，採佛理之精粹，以之註解四書五經，名為闡明古學，實則吸收異教，聲言尊孔闢佛，實則佛之義理，已浸漬濡染，與儒教之宗傳，合而為一。此先儒愛國濟世之苦心，至可尊敬而曲諒之者也」³。近代學人中，就對外國學術思想文化瞭解掌握的廣泛與深入而論，罕有能出陳寅恪之右者，而其治學與述學，借鑑運用外來間架方法，不僅沒有生搬硬套之弊，而且幾乎不著痕跡，甚至有意仿效宋儒先例，發掘本土資源，論比較研究的格義法與合本子注法，即顯著一例。

以方法為研究的工具，而非用間架為條貫的脈絡，實在是近代學人治學高下之別的一大關鍵。貫通為中國學術追求的至高境界，為由博返約，由精求通的結果，講究對所有文獻和本事的聯繫無礙。而所有系統，均為後出，甚至外來，以後出外來的系統為準則，非但不能

---

1 馮友蘭：《中國近年研究史學之新趨勢》，引自郭湛波：《近五十年中國思想史》，第 168 頁。
2 周予同：《五十年來中國之新史學》，朱維錚編：《周予同經學史論著選集》增訂本，第 557 頁。
3 吳宓著，吳學昭整理註釋：《吳宓日記》第二冊，第 102 頁。

貫通先有的文獻本事，反而導致隔義附會，強事實以就我。陳寅恪雖然自稱平生不解黑格爾哲學的三段式，在與劉文典論國文試題書中才與其說暗合，而馮友蘭是當時唯一能夠通解正反合之說之人，但在如何用外來間架理解本土資料方面，理念做法實較馮技高一籌，令後者反受其影響。借用馮友蘭的分期，則以舊說舊為正，以西說中為反，中西相通為合。就此而論，馮友蘭的《中國哲學史》雖然力求超越胡適的《大綱》，因為以胡著為的，反而受其束縛，還是不能完全掙脫後者的套路。

二　從十字真言到四字訣

《大綱》初版時，胡適雖然堅持印一千本，底氣並不充沛，夢想不到兩個月內就會再版。正因為「這種出於意料外的歡迎」，使之變得相當自信，敢於將答辯時未能討好的博士學位論文付印。胡適所加的附註稱：《大綱》兩年中共印了七次，發行一萬六千冊，學位論文的主要論點和資料的校勘，都曾得到國內學者的熱情讚許。「這表現在他們對於這本書的中文修訂版《中國哲學史》第一卷的真誠接受，特別是關於我所認定的每一部哲學史的最主要部分——邏輯方法的發展。」[1]

國外方面，相繼有俄國的柏烈偉（S. A. Polevoy）、日本的飯河、法國的戴密微（Paul Demieville）等人直接或間接向胡適表示願意譯成俄、日、法文，羅素（Bertrand Russell）則為英文本《先秦名學史》寫了書評，稱該書對於試圖把握中國思想的歐洲讀者來說，「標誌著一個嶄新的開端」，胡適「對西方哲學的精通絲毫不遜於歐洲人，而英文寫作的功力則可與許多美國教授相媲美，同時在移譯中國古代典籍的精

---

[1] 歐陽哲生編：《胡適文集》六，第5頁。

確性方面外國人更是無可望其項背」。羅素還特意指出:「本書只是作者較早出版的、許多讀者認為更為優秀的另一篇幅更長的中文著作的概述。」[1]儘管《大綱》的一些部分受到章太炎、梁啟超等人的指摘,胡適後來也有所修訂,並未動搖其基本信念,甚至敢於和梁啟超爭辯。直到一九二七年,胡適回應陳源的批評,認為從文人的角度以文章論,《胡適文存》自然遠勝於《大綱》,「但我自信,中國治哲學史,我是開山的人,這一件事要算是中國一件大幸事。這一部書的功用能使中國哲學史變色。以後無論國內國外研究這一門學問的人都躲不了這一部書的影響。凡不能用這種方法和態度的,我可以斷言,休想站得住」[2]。胡適這番話說得過於自信,令人感到幾分負氣和強辯,這很可能是對幾個月前在巴黎收到傅斯年一封來函的反應。這位曾為胡適講中國哲學史能在北大站住腳起過重要作用的胡門弟子,在信中談到胡著《大綱》,「覺得先生這一部書,在一時刺動的效力上論,自是大不能比的;而在這書本身的長久價值論,反而要讓你先生的小說評居先。何以呢?在中國古代哲學上,已經有不少漢學家的工作者在先,不為空前;先生所用的方法,不少可以損益之處,難得絕後」。

聽說胡適要重寫一部《中國古代哲學史》,傅斯年感到高興,並表示自己將來可能寫「中國古代思想集敘」,而且提出若干要遵守的「教條」,其中包括:一、不用近代哲學觀看中國的方術論,「如故把後一時期,或別個民族的名詞及方式來解它,不是割離,便是添加。故不用任何後一時期,印度的、西洋的名詞和方式」。二、研究方術論、玄學、佛學、理學,各用不同的方法和材料,而且不以二千年的思想為一線而集論之,「一面不使之與當時的史分,一面亦不越俎去使與

---

1 曹伯言整理:《胡適日記全編》四,第97-98頁。
2 《整理國故與打鬼》,歐陽哲生編:《胡適文集》四,第117-118頁。

別一時期之同一史合」[1]。這兩條顯然是針對《大綱》的弊病而發,與陳寅恪後來的批評立意相近。傅斯年在一九二四年一月至一九二六年十月間寫的《與顧頡剛論古史書》中,明白說道:「我不贊成適之先生把記載老子、孔子、墨子等等之書呼作哲學史,中國本沒有所謂哲學。……我們若呼子家為哲學家,大有誤會之可能。大凡用新名詞稱舊物事,物質的東西是可以的,因為相同,人文上的物事是每每不可以的,因為多是似同而異。現在我們姑稱這些人們(子家)為方術家,思想一個名詞也可以少用為是。」[2]

胡適的回信對傅斯年表示呼應,認為「捆人最厲害的是那些蜘蛛肚裡吐出來自己捆自己的蛛絲網,這幾年我自己竭力學善忘,六七年不教西洋哲學,不看西洋哲學書,把西洋人的蛛網掃去了不少,自己感覺很痛快。……這一層我很得意,因為我是名為哲學教授,很不容易做到把自己的吃飯傢伙丟了」[3]。這與前此聲稱只有作過比較研究的人才能真正領會西方哲學在幫助其解釋中國古代思想體系時的價值的判斷,大相逕庭。

不過,胡適的應答未免言不由衷。一九二六年七月二十八日,他乘火車進入歐洲時,還在讀馬森・奧塞(Masson-oursel)的《比較哲學》(*Comparative Philosophy*),覺得「此書主旨甚可玩味,但關於東方(尤其是吾國)材料不多,故結論很多誤解」。進而表示:「此事非我們來幹不可。」他還將此意告訴杜威(Dewey),後者希望胡適繼續研究下

---

1 《傅斯年致胡適》一九二六年八月十七、十八日,杜春和、韓榮芳、耿來金編:《胡適論學往來書信選》下冊,第 1264-1265 頁。

2 岳玉璽、李泉、馬亮寬編選:《傅斯年選集》,第 159 頁。傅斯年的這一觀念涉及哲學概念及其相關的知識分類進入近代中國的複雜進程,另文詳論。

3 一九二六年八月二十四日胡適致傅斯年,王汎森等整理:《史語所藏胡適與傅斯年來往函札》,《胡適研究叢刊》第三輯,第 310-311 頁。

去，以專題形式發表觀點。[1]所以胡適對於傅斯年「古代思想集敘」的大計劃，要留作見面時談話的資料。[2]

是年九月，兩人在巴黎會面，幾日暢談，胡適「雖感覺愉快，然未免同時感覺失望。孟真頗頹放，遠不如頡剛之勤」[3]。有關古代哲學或思想史既為談話的重要議題，則話不投機與此或有關係。傅斯年八月的來函主張治宋明理學「非一個讀書浩如大海的人不能尋其實在蹤跡」，胡適曾加眉批道：「欲我博極群書，萬不可能，故於需明物事，偶然有所弄。」[4]傅斯年懂得治學要工具充足，功底紮實，不能急功近利，當然是留學歐洲的結果，與陳寅恪的交往恐怕也不無關係。[5]而在胡適看來，卻是「所學名目甚多而一無所成」[6]，難以立竿見影，不免名士派的頹放之嫌了。

不過，聰明如胡適畢竟心有靈犀一點通，只是為名所累，如對中醫、文言等事一樣，心知過當，口卻不服。況且此前還有與梁啟超的一段過節。《大綱》出版後，梁啟超首先提出批評，其中重要一條，就是認為胡著僅僅從知識論方面論中國古代哲學，「因此總不免懷著一點成見，像是戴一種著色眼鏡似的，所以強古人以就我的毛病，有時免不掉」[7]。這是公開指出胡適賴以成就的外來統系，有與中國古史不相

1　曹伯言整理：《胡適日記全編》四，第 233、384-385 頁。
2　一九二六年八月二十四日胡適致傅斯年，王汎森等整理：《史語所藏胡適與傅斯年來往函札》，《胡適研究叢刊》第三輯，第 310-311 頁。
3　曹伯言整理：《胡適日記全編》四，第 280 頁。胡適在日記中對傅斯年有一段異議，後來刪去（《胡適日記》（手稿本）1926 年 9 月 5 日）。
4　一九二六年八月十七、十八日傅斯年致胡適，杜春和、韓榮芳、耿來金編：《胡適論學往來書信選》下冊，第 1264-1265 頁。
5　余英時、王汎森等人已疑及此事，儘管詳情不易知，而且可能有相互影響的情形。
6　《魯迅書信集》上卷，第 143 頁。
7　《評胡適之中國哲學史大綱》，《飲冰室文集》之三十八，第 51-52 頁。

吻合之處。胡適對梁啟超講中國哲學史早有不滿，認為是「專對我們的」，「他在清華的講義無處不是尋我的瑕疵的」[1]，對於和後者意見相似的批評本能地抗拒，也在情理之中。隨著胡適關於疑古、整理國故等等觀念的變化，他終於承認傅斯年「是絕頂聰明人，記誦古書很熟，故能觸類旁通，能從紛亂中理出頭緒來。在今日治古史者，他當然無有倫比」[2]。這等於部分認可傅斯年的主張。

鑒於「出版後被許多青年學子奉為經典著作的《中國哲學史大綱》，卻被學者們從基本意趣、材料考訂、寫作手法、具體觀點各個方面，一一批評得體無完膚，以致胡適在三〇年代即對外宣稱：自己對於這部舊作的見解，已經『全部推翻』了」[3]。胡適後來自稱一九二九年在上海著手寫《中國中古思想史》「長編」時，已決定不用《中國哲學史大綱卷中》的名稱，萬有文庫重排《大綱》上卷，他提議改名《中國古代哲學史》，單獨流行，將來寫完《中古思想史》和《近世思想史》，「用我中年以後的見解來重寫一部《中國古代思想史》」[4]，而不預備修改《大綱》。可見胡適對這部成名的「少作」已有悔意。

《大綱》是胡適賴以建立學術地位的主要支柱，從「開山」到「推翻」，無疑嚴重動搖其學界領袖地位。而這時來華的國際漢學界領軍伯希和（Paul Pelliot），又屢屢公開表示對胡適的學問不以為然，不能不使其深感刺激。[5]儘管胡適本人的各種文字，包括有意留作史料的日記幾乎不見各方面的批評對他有何影響，但從相關情形看，胡適的

1　《胡適致陳獨秀》，中國社會科學院近代史研究所中華民國史組編：《胡適來往書信選》上冊，第119頁。
2　曹伯言整理：《胡適日記全編》六，第485頁。
3　陳以愛：《胡適的「整理國故」在20-30年代學術界的反響》，《近代中國史研究通訊》第三十三期。
4　歐陽哲生編：《胡適文集》六，第158頁。
5　桑兵：《胡適與國際漢學界》，《近代史研究》一九九九年第一期。

反應相當明顯。具體表現為：一、開始將治學方法由十字真言改為四字訣。二、試圖為新的治學方法提供論據或範例。可以說，一九三〇年代胡適在並不寬鬆的環境中積極做出一系列新的學術努力，目的之一，旨在重建其被動搖的權威地位。胡適自稱：「我治中國思想與中國歷史的各種著作，都是圍繞著『方法』這一觀念打轉的。『方法』實在主宰了我四十多年來所有的著述。」[1]準確地說，範圍還要擴大。一九二一年《胡適文存》出版時，他在自序中就強調：「我這幾年做的講學的文章，範圍好像很雜亂——從《墨子》〈小取篇〉到《紅樓夢》——目的卻很簡單。我的唯一的目的是注重學問思想的方法。故這些文章無論是講實驗主義，是考證小說，是研究一個字的文法，都可說是方法論的文章。」[2]而胡適早期的方法論，可以「大膽的假設，小心的求證」為最寬泛的概括。

　　本來這一十字真言只是胡適對清代學者治學方法的總括，而非對自己治學方法的表述。[3]《大綱》的研究與表述方法，顯然不能以此來概括。不過，後來胡適屢次將十字真言等同於科學方法，又以提倡科學方法自任，其影響也最大，時人便將十字真言視為胡適本人的方法。而《大綱》自然也就成了胡適科學方法的典型表述。隨著胡適的各種代表作紛紛遭到各方學人的尖銳批判，十字真言法力大減，胡適不得不嘗試總結新的方法。

　　有學人指出：胡適晚年多講「勤、謹、和、緩」的四字法而少提十字法。[4]一般以為，胡適講四字法在一九四〇年代以後。一九四三年

1　唐德剛譯註：《胡適口述自傳》，第94頁。
2　歐陽哲生編：《胡適文集》二，第1頁。
3　《清代學者的治學方法》，歐陽哲生編：《胡適文集》二，第302頁。
4　郭豫適：《從「十字法」到「四字法」——胡適的治學方法論及其他》，《胡適研究叢刊》第二輯，第228-229頁。

五月三十夜，他致函王重民，詳細闡述四字法。不過，他自稱「十年前曾借用此四字來講治學方法」[1]，則開講時間早在一九三〇年代。目前可以查實，一九三七年四月五日，胡適為北大中國文學系一年級講演「做學問的習慣」，已「用宋人教人做官的『勤謹和緩』四字為綱領」。同月二十五日，胡適到清華大學廿六週年紀念會講「中國近代考證學的來歷」，自稱「與廿三年在輔仁大學講的稍不同，較穩妥。廿三年我說考證方法出於刑名獄訟的訓練，今年我說此種訓練養成『勤謹和緩』的習慣，有此習慣，聽訟則為好官，治學則有成績」[2]。胡適一九三四年一月在輔仁大學講演《考證學方法之來歷》，尚未提出四字法，則一九四三年所說的「十年前」稍欠準確。

從十字法到四字法，胡適經歷了幾年的摸索，其變化在一九二八年寫《治學的方法與材料》時已露端倪。該文雖然再度宣稱：「科學的方法，說來其實很簡單，只不過『尊重事實，尊重證據』。在應用上，科學的方法只不過『大膽的假設，小心的求證』。」但最終說明「單學得一個方法是不夠的；最要緊的關頭是你用什麼材料」。「我們的考證學的方法儘管精密，只因為始終不接近實物的材料，只因為始終不曾走上實驗的大路上去，所以我們的三百年最高的成績終不過幾部古書的整理」[3]。胡適呼籲青年跳出故紙堆，走進科學實驗室，主要是回應一九二六至一九二七年間一些人批評整理國故影響開新，後來則自認為與傅斯年同年發表的《中央研究院歷史語言研究所工作之旨趣》異曲同工，同樣注重方法與材料的關係，特別提倡擴大材料的範圍，尋求書本以外的新材料。[4]這實際上已經動搖了十字法作為科學方法的基

1　耿雲志、歐陽哲生編：《胡適書信集》中冊，第903-904頁。
2　曹伯言整理：《胡適日記全編》六，第672、678頁。
3　歐陽哲生編：《胡適文集》四，第105-114頁。
4　《治學方法》，歐陽哲生編：《胡適文集》十二，第149-150頁。

礎。胡適本人或許察覺到其間的矛盾，於是開始尋找新的表達方式。

　　一九三一年九月，羅爾綱函告胡適：「自從我到了先生的府上，家父就訓示我『謹慎勤敏』四個字。」[1]胡適答稱：「你那種『謹慎勤敏』的行為，就是我所謂『不苟且』。」[2]此事或許令胡適獲得靈感，一九三二年七月，他到北平青年讀書互助會演講「治學方法」，在第二步「習慣的養成」一節，就包含不要賴，不苟且，要懷疑三條。[3]一九三四年三月到河北省立法商學院演講「做學問的方法」，又提出「科學方法只是不苟且，不懶惰，肯虛心的人做學問的方法」。不懶惰即勤，動手動腳；不苟且即小心謹慎；虛心即掃除成見。六月，胡適將此說納入所寫《科學概論》「結論」的大綱。[4]一九三五年演講《讀書的習慣重於方法》，又歸納為「勤、慎、謙」，與四字法極為近似。[5]一九三六年胡適致函陸侃如、馮沅君，將儲皖峰昔年輯《胡適文存》中語為一聯「大膽的假設，小心的求證。少說些空話，多讀些好書」，與今年他自輯一聯「有幾分證據，說幾句話。要那麼收穫，先那麼栽」相比對，接著又函告羅爾綱：「我近年教人，只有一句話：『有幾分證據，說幾分話。』……治史者可以作大膽的假設，然而決不可作無證據的概論也。」[6]由此可見胡適講方法的變化軌跡。

1　中國社會科學院近代史研究所中華民國史組編：《胡適來往書信選》中冊，第 78 頁。
2　耿雲志、歐陽哲生編：《胡適書信集》上冊，第 559 頁。
3　歐陽哲生編：《胡適文集》十二，第 478-480 頁。胡適說分四點來講，但記錄只有三點。
4　曹伯言整理：《胡適日記全編》六，第 343-344、393 頁。
5　歐陽哲生編：《胡適文集》十二，第 486 頁。
6　耿雲志、歐陽哲生編：《胡適書信集》中冊，第 691、700 頁。

三　再創新典範的努力

　　胡適論學雖然好講方法，但也明白學術史上「科學方法不是專講方法論的哲學家所發明的」，一般專講方法者所主張的方法，「實行起來，全不能適用」[1]。所以在提出新方法的同時，必須設法做出新典範。而欲達此目的，既要性之所近，又需技之所長。胡適的努力，至少體現於寫《中國中古思想史長編》、撰寫《說儒》和《水經注》研究等方面。

　　《大綱》問世後，蔡元培、劉文典、周作人、錢玄同、朱經農、丁文江、繆金源、雷海宗等人相繼希望胡適再接再厲，將中古、近世卷儘早完成。本來在上卷之後續寫中、下卷是順理成章的事，胡適本人也有此計劃並著手實施，而且自認為如探囊取物，很快可以完成。一九一九年後，胡適在北京大學開設中古哲學史課程，並鉛印出版了七章講義，範圍限於兩漢。次年續講，延至佛教三期。一九二一年一月，他函告胡近仁：「《哲學史》中、下卷大概夏間可成。」[2]到一九二二年，胡適又「擬重編《中古哲學史》，擬分兩部，六篇」，甲部為兩漢、魏晉，乙部為六朝、唐。是年他還開過近世和近代哲學的課程。[3]至此，胡適的想法仍是延續《大綱》上卷的方法路徑，一口氣完成中古和近世卷，成一完璧，因此實行起來相對簡單。所寫講義和書稿，吳虞等人曾經借閱，反應不甚積極，出版之事便一再擱置；後來更受到傅斯年等人的批評，胡適的自信因而發生動搖，改變觀念，同意中國嚴格說來沒有「哲學」，勉強可用「思想史」的意見[4]，打算另起爐

1　《清代學者的治學方法》，歐陽哲生編：《胡適文集》二，第282頁。
2　耿雲志、歐陽哲生編：《胡適書信集》上冊，第263頁。
3　曹伯言整理：《胡適日記全編》三，第567、668、689、705頁。
4　參見王汎森：《傅斯年對胡適文史觀點的影響》，《中國近代思想與學術系譜》，第283-304頁。

灶,《中國中古思想史》的寫作變成要超越《大綱》的嘗試,難度自然大大增加。[1]此後,胡適的哲學史遲遲不能續完,令人懷疑其哲學的根底不厚。[2]

　　胡適晚年說:「後來我總喜歡把『中國哲學史』改稱為『中國思想史』。」有學人推測這一改稱大概首見於《中古思想史長編》[3]。這與胡適的自述相符。但這個至關重要的變化,有一過程。一九二六年,胡適雖然向傅斯年表示要重寫一部《中國古代哲學史》,當務之急還是先將原來《中國哲學史》的中古和近世卷寫出。這在胡適已經有了基礎甚至成稿。一九二七年二月,他為了演講,將中國哲學史分為六個時期,從上古直到近代(1850年),因越寫越有趣,決計用心寫出來,預備將來修正作一本英文書。他還特意提出:「我的《哲學史》上冊,先作英文的《名學史》。今又先作英文的全部《哲學小史》,作我的《新哲學史》的稿子,也是有趣的偶合。」[4]這表明胡適雖已有意新寫哲學史,觀念尚未過渡到標名為思想史的階段。

　　一九二八年汪敬熙問胡適:「《中國哲學史》中卷下卷,何日可以付印?極望此書能早日出版,給近日妄談中國宋明哲學的人一種棒喝。不打破中國哲學及倫理學說至少能與外國齊驅的邪說,中國學術及教育的進步大難。」[5]一九二九年六月,胡適從哲學與科學的關係的角度承認:「將來只有思想家,而無哲學家。」[6]後來又將課程的正式名

1　梁漱溟等人指胡適寫不出《中國哲學史》卷下是因為對佛教找不見門徑,實則這只是其知識障礙之一(梁漱溟:《略談胡適之》,《自由之師——名人筆下的胡適胡適筆下的名人》,第4頁)。
2　中國革命博物館整理,榮孟源審校:《吳虞日記》上冊,第619頁。
3　樓宇烈:《胡適的中古思想史研究述評》,《現代學術史上的胡適》,第49頁。
4　曹伯言整理:《胡適日記全編》四,第499-500頁。
5　中國社會科學院近代史研究所中華民國史組編:《胡適來往書信選》上冊,第488頁。
6　《哲學的將來(提要)》,歐陽哲生編:《胡適文集》十二,第295頁。

稱改為「中古思想史」，但仍未放棄「哲學史」的標題。一九二八年十一月十五日，胡適致函芝加哥大學，以正著手撰寫《中國哲學史》第二卷為由，婉辭聘其講授中國哲學史課程的邀請。一九二九至一九三〇年，他在日記中屢次將修改或續寫的工作稱為改《哲學史》稿或續寫《哲學史》，還擬過《中國哲學小史》的綱目，並寫了第一章的一部分。這很可能是《中國中古思想小史》的發端。[1]

胡適重寫的文稿，仍然沿用《哲學史》的名目。一九三〇年三月二十日，胡適致函馮友蘭，談《老子》年代事，順便提及：「近日寫《中古哲學史》，已有一部分脫稿，擬先付油印，分送朋友指正。寫印成時，當寄一份請教。」[2]同年五月十五日，中國公學校董會致函胡適，其中提到：「自從先生把三月十二日開始寫定的《中古哲學史》逐篇油印，送給學校中幾個朋友，我們才知道先生『五十日寫成十萬字』，『三、四個月成書兩冊』。」[3]一九三〇年四、五月間，張元濟陸續致函胡適，告以收到所寄《中古哲學史》一至五章的書稿。[4]六、七月間，丁文江也先後收到胡適寄來的《哲學史》稿，復函希望其「早早做成一本真的書」[5]。可見胡適重寫的稿子，仍標名為《哲學史》而不是《思想史》。其中或有與馮友蘭爭勝之意。一九三一年二月，胡適重回北京大學，所任課程改稱「中古思想史」，而撰寫工作仍為《哲學史》。胡

---

[1] 曹伯言整理：《胡適日記全編》五，第294、740、759、762、783、6、90、98、797頁。

[2] 歐陽哲生編：《胡適文集》五，第107頁。

[3] 中國社會科學院近代史研究所中華民國史組編：《胡適來往書信選》中冊，第15頁。

[4] 曹伯言整理：《胡適日記全編》五，第721頁；張樹年、張人鳳編：《張元濟書札》增訂本中冊，第826、828頁。其中一函《張元濟書札》編者斷為一九二九年五月十一日，應為一九三〇年。

[5] 中國社會科學院近代史研究所中華民國史組編：《胡適來往書信選》中冊，第17-18頁。

適日記顯示，到一九三四年，他已將書稿的標題改為《中古思想史》，而授課的名稱又恢復「中國哲學史」[1]。或許出於巧合，胡適的這些改變適與陳寅恪評馮友蘭《中國哲學史》上、下冊的時間吻合，至少反映了風尚的變化以及胡適本人的搖擺不定。

　　胡適的《中古哲學史》油印後送一些朋友看，反應不一。[2]他「改寫了幾次，始終不能滿意，後來就擱下了」[3]。擱置的外部原因，是九・一八以後政局的變化，以及胡適本人改任文學系課程。而主觀原因，當與反饋的意見有關。胡適晚年回憶說：當時油印了幾十部，分送湯用彤、陳寅恪、傅斯年、馮友蘭、容肇祖、單不庵等人看。[4]就學術而言，上述諸人的意見無疑最為重要，但迄今未見直接回覆的文字。前引陳寅恪等人一九三〇年代初期的評論，或許可以視為間接反

1　曹伯言整理：《胡適日記全編》六，第 55、90、98、105、290、296、397 頁。胡適在北京大學還講過「近世思想史」課程（曹伯言整理：《胡適日記全編》六，第 388 頁）。

2　張慰慈認為其中《淮南》一章的政治思想一節，「頗有把近世思想讀進古書去的毛病」（曹伯言整理：《胡適日記全編》五，第 767 頁）張元濟則認為：「大月分一段，揭出吾國二千餘年政治之精髓，真千古不磨之論，不勝傾倒。」、「覺得那裡四裔解說來最透澈，最和平，真是有價值的。」（張樹年、張人鳳編：《張元濟書札》增訂本中冊，第 828 頁；曹伯言整理：《胡適日記全編》五，第 721 頁）伍克建稱：「胡適之博士這一期的中國哲學史，從『思想混一趨勢』說到『統一以前的民族宗教』，不獨把諸書的真偽，與諸宗學說的源流派別異同長短都指出來，而且用冷靜頭腦。批判得了（透？）。假使那幾位哲學家再活過來，大約也不得不承認，不會呼冤的。這是何等眼光，何等學力！我敢說，我讀過這一期哲學史之後，若再讀這一期的子書與歷史，我的眼光與印象有大部分幾乎會全改變過來，將覺得我所讀的好像是新子書歷史。這是何等有價值的著作！裡頭還有幾篇論說得很透徹很感慨，真能挽回二千五百年的偏見。我們都不要怪他破壞，因為破壞裡頭，就有了建築的趨勢啦。」（曹伯言整理：《胡適日記全編》五，第 837 頁）

3　《臺北商務印書館影印本〈淮南王書〉序》，歐陽哲生編：《胡適文集》六，第 617 頁。

4　胡頌平編：《胡適之先生晚年談話錄》，第 181 頁。

應。這使得胡適失去了往日的大膽和自信[1]，遲遲不敢出手，卻又不願放棄，屢屢鼓其餘勇要完成甚至全部改寫。一九三七年胡適再任北大中國哲學史課程，仍然考慮「放大重寫」《中古思想史》的有關章節。[2] 一九四二年九月，胡適從駐美大使卸任，當月便用英文發表《中國思想史綱要》。他被問及將來計劃時表示：「我想不教書，只想動手寫我的『中國思想史』。」[3]

一九四二年十一月，胡適打算開始寫漢代思想。他推掉了約二十所美國大學的講學邀請，決計專心寫完《中國思想史》全部。這不僅因為相關手稿保存未失，在美國看書方便，更重要的是胡適一直放心不下這部未竟之作。他自稱四年前心臟病發作住院，「明知未脫危險，心裡毫無懼怕，只有一點惋惜。所惋惜的就是我的《中國思想史》有了三十三年的經營，未能寫定，眼裡尚無人可作此事，倘我死了，未免有點點可惜！」可見這部著作寄託著他的大期望，不完成則死不瞑目。他準備用一年時間寫成包括漢魏和印度化兩期的中古部分，再寫包括理學和反理學時代兩期的近代部分，並重寫古代部分。全部計劃用兩年完成。[4] 次年二月，在重讀《兩漢書》後，他想開始寫定《中古思想史》的第一期兩漢、三國部分，並且「為將來計算，頗想收集宋、元、明、清的思想史料書」[5]。

這時胡適在日記中寫下了一段自我反省的話，流露其一直猶疑不決的內因。他說：「凡著書，尤其是史書，應當留在見解成熟的時期。

1　陳平原教授認為胡適沒能寫完《中國哲學史》，主要並非缺少研究時間或工程過於浩大，而是胡適自身有點「怯陣」(《中國現代學術之建立》，第 175 頁)。
2　曹伯言整理：《胡適日記全編》六，第 663 頁。
3　曹伯言整理：《胡適日記全編》六，第 663 頁。
4　《1942 年 12 月 7 日胡適致翁文灝等函》，王汎森整理：《史語所藏胡適與傅斯年來往函札》，《胡適研究叢刊》第三輯，第 344-345 頁。
5　耿雲志、歐陽哲生編：《胡適書信集》中冊，第 875、877-878、885 頁。

我的『中國思想史』，開始在（一九一五至一九一七），至今足足二十七年了。上卷出版在一九一九，也過二十三年了。但我回頭想想，這許久的耽擱也不為無益。我的見解，尤其是對於中古一個時期的見解，似乎比早年公道平允多了。對於史料，也有更平允的看法。我希望這二十七年的延誤不算是白白費掉的光陰。」[1]

胡適的成熟，究竟多大程度上令其覺得可以勝任《中國思想史》，值得疑問。他後來一直聲稱最記掛的事就是這部書稿，希望用兩三年的安靜生活完成，卻始終未能如願，《中古思想史長編》也沒有正式付梓，政治動盪之外，胡適本人的不自信當是他自覺不便公諸於世的要因。後來胡適談到《中國中古思想史長編》的寫作時，有一番自我開脫的檢討：「《長編》的意思就是放開手去整理原料，放開手去試寫專題研究，不受字數的限制，不問篇幅的長短。一切刪削，剪裁，都留待將來再說。《長編》是寫通史的準備工作；這就是說，通史必須建築在許多『專題研究』的大基礎之上。我在民國十八年到十九年之間，妄想我一個人去做幾十篇『中古思想史』裡的專題研究，當然是太大膽的野心，當然是不容易成功的。」[2]以此為標準，《大綱》上卷以及續寫的中古、近世和近代部分固然沒有經過許多專題研究的必經階段，基礎不穩，改稱思想史之後，仍然不免野心太大的痼疾。

近代學術，須中西兩面兼通，本為至難之事。而中學動搖，西學主宰，宿儒過時，新人未立，坊間誤以為用西學套中學即為學問。學

---

[1] 曹伯言整理：《胡適日記全編》七，第491頁。同時胡適感慨道：「凡讀書，要看一個人的經驗見解；同是一部書，少年時讀，與中年時讀，與老年時讀，各有所得，各有所喜，往往不相同，因為年紀大了，見解也變了。」（曹伯言整理：《胡適日記全編》七，第518頁）見解隨研究深入而調整本屬自然，但如果不斷悔其少作或以今日之我與昨日之我戰，畢竟是學術幼稚的表現。

[2] 《臺北商務印書館影印本〈淮南王書〉序》，歐陽哲生編：《胡適文集》六，第617頁。

人不察,將治學看得太過容易,等到一九二〇至一九三〇年代規範漸立,才有所收縮。胡適雖然明白不能靠早年的辦法重建學術權威,必須開闢新徑,但慣性使然,為學還是難以步入正規,以顯示其高明。他之所以成為有名的上卷書作者,一方面反映其見識還能與時俱進,另一方面則表明其學問始終未上層樓。隨著時間的推移,胡適對續寫或重寫中國思想史的執著,漸漸有些變味,似乎只是不願放棄其學術開山與領袖地位,卻又顯得力不從心了。

撰寫《說儒》,與《大綱》地位動搖關係密切,也是胡適重建學術權威努力的重要表現。《大綱》的「特長」之一是「截斷眾流」,從老子講起。一九二二年梁啟超到北京大學演講,評論胡適的《大綱》,認為《老子》成書於戰國末期,引起不少討論的文字,兩說各不相下。到一九二〇年代後期,爭議趨於沉寂。一九三〇年代初,又因馮友蘭的《中國哲學史》出版而舊案重提。錢穆、顧頡剛等人相繼撰文,再指《老子》成書於戰國或戰國後期。《大公報・文學副刊》第一七六、一七八、一八一至一八三等期,集中討論這一問題。胡適除了分別向反對派諸人申述論據,堅持己見外,還專門撰寫〈評論近人考據《老子》年代的方法〉,批評各人所用證據不過是「丐辭」,主張「在證據不充分時肯展緩判斷」[1]。不過,胡適希望對方提出更有力的證據來,他本人同樣需要有更充分的證據,而不能將自己的舊說當作前提。不僅如此,好講方法的胡適若想再以金針度人,首先必須證明自己確有金針在手。而且由於對象改變,不能舊調重彈,僅僅依靠西學稗販。

《說儒》的主題是儒的起源與流變,但重要目的之一,仍是論證老子在孔子之前。這可以說是胡適為捍衛其學術權威與後起之秀進行的一場功力較量,他自稱寫《說儒》的兩個月是很快活的時期,「有時

---

[1] 歐陽哲生編:《胡適文集》五,第102頁。

候深夜得一新意，快活到一面寫，一面獨笑」。與陳寅恪寫《柳如是別傳》有些形似。對於這篇「很用氣力做的」文章，胡適頗為自信，他公開表態還有幾分含蓄，「《說儒》一篇提出中國古代學術文化史的一個新鮮的看法，我自信這個看法，將來大概可以漸漸得著史學家的承認，雖然眼前還有不少懷疑的評論」[1]，私下記日記更加恢復到《大綱》時的大膽：「這篇《說儒》的理論大概是可以成立的，這些理論的成立可以使中國古史研究起一個革命。」[2]可惜與胡適的預期不合，該文發表後，後起之秀多不贊成，尤其是關於老子在孔子之前的論斷，反而一些老輩較為肯定，令胡適頗為意外，也有些尷尬。這時的胡適，學術上已從「革命」的位置上退下來，成為革命的對象，要想恢復革命的形象誠非易事。郭沫若便撰文指稱，胡適的「新鮮的看法」，其實是郭氏十年前的陳說，也就是說，這個命早已被人革過了。胡適寫《說儒》之前是否看過郭沫若的《中國古代社會研究》，目前未見直接證據[3]，以後來的一般規範而言，研究相關問題，後出之作理應參考前人成果，否則亦為違規。儘管胡適對社會史觀一派始終不以為然，郭著畢竟是轟動一時的名作。因成見而置若罔聞，並非治學應有的態度。

《說儒》未能達到預期目的，胡適不得不另闢蹊徑，找到足以證明其方法優越的範例。正是在這種情形下，他將目光投向了聚訟紛紜的

1　《胡適論學近著·自序》，歐陽哲生編：《胡適文集》五，自序第 7 頁。
2　曹伯言整理：《胡適日記全編》六，第 424-425 頁。
3　鄧廣銘斷言指《說儒》襲用郭氏的成說而加以鈔撮發揮為謏辭（《胡著〈說儒〉與郭著〈駁說儒〉平議》，《現代學術史上的胡適》，第 8 頁），舉證似可有議。胡適對郭沫若的文章雖不甚重視，畢竟不能不看。一九三四年八月，胡適在信中就批評郭沫若的《謚法之起源》用未認得的金文作證據過於大膽（耿雲志、歐陽哲生編：《胡適書信集》中冊，第 624 頁）。關於郭沫若與胡適的恩怨，參見逯耀東：《郭沫若古史研究的心路歷程》，《史學危機的呼聲》，第 149-170 頁；林甘泉主編：《文壇史林風雨路——郭沫若交往的文化圈》，第 233-240 頁；謝保成：《郭沫若評傳》。

《水經注》公案。有趣的是，胡適從未回應過郭沫若關於《說儒》有襲用之嫌的指摘，他又屢屢論證功力相近的學人用同樣的材料治同一史事，所獲結論往往相同或相似，而《水經注》公案，恰恰是這一性質的案例。

胡適何時開始關注《水經注》公案，以及為何關注此案，人言言殊。竊以為胡適重審此案與一九三〇年代其學術地位的動搖關係密切，欲借此在治學方法的領導作用方面與王國維等人爭勝。[1] 胡適在一九三〇年代已經開始關注《水經注》及有關公案，並有自己的看法，當時似非祕密。據說岑仲勉能進史語所，原因之一是胡適看了他發表在一九三〇年代初《聖心》雜誌上關於《水經注》的論文。錢穆《師友雜憶》記：一九三六年，因商務印書館新版《永樂大典》中之《水經注》，他有意為戴校《水經注》案作一定論，而孟森已先其為之。孟森欲文稿陸續發表後，與錢穆互為商榷。「然心史所考訂，送北大《國學季刊》，主其事者，因適之方遠在國外，心史所考，與適之意見有異，非俟適之歸，不敢輕為發佈。而心史此項存稿遂亦遲未整理，所發表者殊有限。」[2]

據一九三七年一月十九日胡適致魏建功函，他聽羅常培說，負責編輯《國學季刊》的魏建功對孟森證實戴震偷趙一清《水經注》案一文頗有點遲疑，便托羅轉告魏不必遲疑，「我讀心史兩篇文字，覺得此案似是已定之罪案，東原作偽似無可疑」。不過後來胡適的說法與此不同：「前幾年，當孟心史的文章發表後，我曾重讀靜安先生的《戴校水經注跋》。那時我很覺得此案太離奇，多不近情理之處，其中也許有別情，為考據家所忽略。……我久想將來蒐集此案全卷，再作一次審

1　詳見桑兵《胡適與〈水經注〉案探源》，《近代史研究》一九九七年第五期。
2　錢穆：《八十憶雙親・師友雜憶》，第 176 頁。

問，以釋我自己的疑惑。」[1]一九四〇年七月，房兆楹因撰《于敏中傳》而閱陳垣編訂的《于文襄論四庫手札》，認為「《水經注》初為戴氏經手，繼易他人另辦，並於其間曾生爭執，須人調停。可見孟先生等之考訂，尚有未到處也」。懇請胡適「撥冗為作判語，俾有所從」[2]。則胡適關注此案，應在一九三〇年代。

胡適重審《水經注》案的目的在於講方法論，尤其是強調在此之前「考證學方法不曾上科學的路子」[3]。但這等於推翻了從清代學者治學方法歸納出來的十字法，至少不能將樸學當作科學。有學人指出：「『勤、謹、和、緩』四字主要還是講的做學問的態度，還並不是做學問的具體方法。」[4]胡適本人開始對於四字法是否等於治學方法，頗為含糊。他認為不同學科各有其方法，「貫於其中的一個『基本方法』，卻是普遍的，這個『基本方法』，也可以說是，或者無寧說是方法的習慣」[5]。而要養成好的習慣，就須信守四字法。有時其演講題為「做學問的方法」，胡適偏說：「我今天不談方法，只談談做學問的必要條件，有了這些必要條件，方法自在其中。」所謂條件，一是充分的工具，二是養成做學問的習慣，即不懶惰，不苟且，肯虛心，三是尋找真、活、實的材料。而其中最重要的是養成治學的良好習慣，只要養成好習慣，「無論做什麼學問，自能磨煉出精細正確的方法來應用」[6]。但到一九四三年，胡適便明確將四字訣稱為治學方法，並說十年前已經借用此四字來講治學方法了。王重民在《圖書季刊》發表胡適的來函，正是將四字訣視為後者新的科學方法。胡適同意王重民發表私

1　耿雲志、歐陽哲生編：《胡適書信集》中冊，第 713-714、914 頁。
2　杜春和、韓榮芳、耿來金編：《胡適論學往來書信選》下冊，第 890-891 頁。
3　耿雲志、歐陽哲生編：《胡適書信集》中冊，第 967 頁。
4　耿雲志：《胡適之先生晚年談話錄・序》，第 5 頁。
5　歐陽哲生編：《胡適文集》十二，第 477 頁。
6　曹伯言整理：《胡適日記全編》六，第 343-344、393 頁。

函,則因為此舉正中其下懷。此後胡適曾多次在公私場合以四字訣為題講述治學方法。[1]

四　但開風氣不為師？

　　胡適的《大綱》再版之頻繁,銷量之眾多,流傳之廣泛,在近代中國學術史上或可稱最。這也是後世學人據以肯定其學術地位的重要依據。一九二五年十月,安徽籍學生俞鼎傳函告胡適:「先生著的《中國哲學史大綱》上卷出世,大受學者歡迎,雖然有一班人批駁,總是少數。」他還「大膽的代表現在大多數的人」表達對胡適《哲學史》下卷的極其渴望。[2]這不免有示好之嫌。所謂「學者」、「少數」之類的概念比例如何界定或確定,是否能代表「大多數」,令人存疑。況且多數取決根本不宜作為學術判斷的程序依據。《大綱》在學術界不同層面的反響究竟如何,版次與銷量體現了何種內涵,以及怎樣評估學術著作的價值,仔細深究這些前人議論迭出的問題,對於恰當安置《大綱》乃至胡適在近代中國學術史上的位置,相當關鍵。

　　《大綱》出版時,蔡元培肯定較多;梁啟超雖有讚詞,質疑亦不少;章太炎則不以為然。倒是弟子中的錢玄同、朱希祖曾給胡適許多幫助,至少態度積極[3],劉文典、單丕等人私下也表示佩服;而北京大學的老派學者,則以各種形式公開反對。所以開始在學術界的反應未見理想。胡適說:「我的《哲學史大綱》出版以來,已經過五版了,英

1　曹伯言整理:《胡適日記全編》七,第683頁。
2　中國社會科學院近代史研究所中華民國史組編:《胡適往來書信選》上冊,第349頁。
3　錢玄同自稱對胡適有很多不滿意,但佩服其治學的條例和看書的眼光,尤其認為做哲學史根據《詩經》來考老孔以前的社會狀況,可謂巨眼卓識(《錢玄同文集》第六卷,第26、39頁)。

法文報都有書評，中文報只有《太平洋》評過一次，這是我很不幸的事。」[1]反面的意見卻出現較早。一九二〇年八月錢玄同函告周作人：新近購得三書，指《大綱》抄日本人的哲學史，批評胡適對孝的解釋主觀。[2]正面肯定的蔡元培雖是進士，又曾留學德國，學術建樹畢竟不及事功，其評價只能反映他本人、至多是部分新派學人的看法，未必可以代表學術界的公論。梁啟超的《清代學術概論》說胡適有正統派遺風，並不等於後者真的躋身考證學正統的行列，更不能反映正統派的意見。

《大綱》出版於五四運動前夕，這一時勢對胡適學術聲望的飆升大為有利，新文化派鼓動的各項事業在五四前後大都經歷了翻天覆地的大逆轉，如白話文，之前的步履艱難與此後的高歌猛進適成鮮明對照。一九二〇年，吳虞函告胡適：「成都風氣閉塞，頑陋任事，弟二十年中與之宣戰，備受艱苦。《新青年》初到成都不過五份。」後經其與少數學生鼓吹，又辦刊物宣傳，才使得「近一二年風氣漸開，而崇拜先生及仲甫之學說者尤多」。對於《哲學史》中、下卷，也「望之者極眾」[3]。用白話文寫成的學術著作，《大綱》至少算是成功的嘗試。就像據稱能夠「我手寫我口」的新文學一樣，《大綱》所指示的治學方法很快也被一般青年視為成名捷徑而紛紛傚倣。不過，《大綱》在東南和華南沿海一帶受歡迎的程度似不如四川，熊克武說《新青年》和《中國上古哲學史》到川，「購者爭先，瞬息即罄。談者謂《哲學史》一書，為中國哲學辟一新紀元，文學改革論為中國文學闢一新途徑，以學立名，千古不朽」[4]。則此書在後進地區的震撼與示範作用反而更為鮮明。

1　耿雲志、歐陽哲生編：《胡適書信集》上冊，第237頁。
2　《錢玄同文集》第六卷，第26頁。
3　中國社會科學院近代史研究所中華民國史組編：《胡適往來書信選》上冊，第87頁。
4　中國社會科學院近代史研究所中華民國史組編：《胡適往來書信選》上冊，第71頁。

對於胡適的大作,確是見仁見智,大體而言,除新文化的同道外,越是行家,評價越有保留;舊學功底愈深的人評價相應也較低。北大哲學系學生朱謙之稱讚胡適對於「周秦諸子,能為精密之研究,而尤長於墨學者也」[1];陳垣則對蔡尚思說:「像胡適的《中國哲學史大綱》之類的所謂名著,很像報章雜誌,盛行一時,不會傳之永久。」[2]而梁啟超推許能為正統派大張其軍的章太炎告訴胡適:「諸子學術,本不容易了然。總要看他宗旨所在,才得不錯。如但看一句兩句好處,這都是斷章取義的所為,不盡關係他的本意。」[3]此言與後來傅斯年、陳寅恪等人的批評要旨一致。可見老輩宿儒的看法,不能以保守一言以蔽之。

章太炎批評胡適,可以說一以貫之。有人曾請教太炎關於康、梁及胡適的學問,他答道:「哲學,胡適之也配談麼?康、梁多少有些『根』,胡適之,他連『根』都沒有。」[4]一九二二年,章太炎著文《時學箴言》,論治諸子學之難易得失及其門徑,所指時弊顯然包括胡適,甚至主要指胡適,他說:

> 今之為時學者,曰好言諸子而已矣。經史奧博,治之非十年不就,獨諸子書少,其義可以空言相難。速化之士,務苟簡而好高名,其樂言諸子宜也。不悟真治諸子者,視治經史為尤難:其訓詁恢奇,非深通小學者莫能理也;其言為救時而發,非深明史事者莫能喻也;而又淵源所漸,或相出入,非合六藝諸史以證之,始終不能明其流別。近代王懷祖、戴子高、孫仲容諸公,

---

1　朱謙之:《新舊之相反相成》,《時事新報》一九一九年四月二十一日。
2　蔡尚思:《陳垣先生的學術貢獻》,《勵耘書屋問學記》,第8頁。
3　白吉庵:《胡適傳》,第119頁。
4　周黎庵:《記章太炎及其軼事》,陳平原、杜玲玲編:《追憶章太炎》,第570頁。

皆勤求古訓，卓然成就，而後敢治諸子。然猶通其文義，識其流變，才及泰半而止耳。其艱澀難曉之處，尚闕難以待後之人也。若夫內指心體，旁明物曲，外推成敗利鈍之故者，此又可以易言之耶？偏於內典哲理者，能知其內，無由知其外；偏於人事興廢者，或識其外，未能識其內也；偏於物理算術者，於物曲或多所論，非其類而強付之，則所說又愈遠。豈以學校程年之業，海外數家之書，而能施之平議者哉！今人皆以經史為糟粕，非果以為糟粕也，畏其治之之難，而不得不為之辭也。至於諸子，則見為易解，任情興廢，隨意取捨，即自以為成一家之言，以難為易，適自彰其不學而已。魏、晉之清談，宋、明之理學，其始皆豪傑俶儻之士為之，及其末流，而三尺童子亦易言之。今之好言諸子者，得無似其末流者耶？[1]

次年，章士釗論梁啟超、胡適、章太炎等人治墨學事，指「任公有時闕疑，不似適之武斷」。章太炎見報，認為胡適「所失非獨武斷而已」，而是「未知說諸子之法與說經有異」。胡適得知，覺得「經與子同為古書，治之之法只有一途，即是用校勘學與訓詁學的方法，以求本子的訂正與古意的考定」，「這一點是治學方法上的根本問題，故不敢輕易放過」，特致函章士釗，轉請向章太炎討教。後者答稱：校勘訓詁只是治經治諸子的最初門徑，經多陳事實，諸子多明義理，因此入門之後，須各有所主。經文時有重贅，諸子則下意簡貴。訓詁之術，略有三途：即直訓、語根、界說。墨辯專用界說，不用直訓和語根，因此不得解為重贅。胡適以為章太炎的指責是由於誤解其《大綱》的相關論述，也承認自己「當日著書，過求淺顯，反致誤會」。同時辯解

---

[1] 湯志鈞編：《章太炎年譜長編》下冊，第 661-662 頁。

道，校勘訓詁之法雖為初步，欲求愜意，必先有一點義理上的瞭解。[1] 不過，章太炎的本意，不僅是校勘訓詁之上，還需求義理學說的貫通，而是所求之道不盡相同，治諸子要通小學，明史事，合六藝，較治經更難。此意不僅見於《時學箴言》，直到章氏晚年寫《制言發刊宣言》，仍然指出：「其間頗有說老莊、理墨辯者，大抵口耳剽竊，不得其本。蓋昔人之治諸子，皆先明群經史傳而後為之，今即異是。皮之不存，毛將焉附耶？」[2]對此胡適尚不能體會。

清季以來，中學失本，西學獨尊，而一般學人，西學本不精通，卻以為傲視中學的憑藉。結果中西兩面均成半桶水。唐德剛教授認為雖然不少人指責胡適學問不行，胡適卻依然「批不倒」，原因在於和當時學人相比，胡適不僅總體上「中西之學俱粹」，即使具體領域，也很難找出幾人在胡適之上。此說在《大綱》出版之際，就問世作品而言，大概可以成立，擴大到整個近代學術史，則未免低估了有心向學之士的沉潛和後來學術的發展。況且唐教授也承認，「在胡氏無所不通的學問裡，有許多方面在專業人士看來，只不過是各該專業範圍內相當高度的常識罷了」[3]。如果各專業的高等常識相加就能成為通儒大師，豈非笑話？也許唐德剛教授專以社會科學的行否為據，因而覺得近代中國各方面學問均不出常識範圍，但似不如解為胡適各方面的學問未能深入堂奧更加穩妥。如羅志田教授所說，胡適的學問不一定很深，但其學術兼容的廣大，卻遠非時輩所能比擬。有其寬度而兼有其深度的，恐怕就更難找到。而復有其膽量和際遇的，近代以來實無其人。膽大與學問的不深恰有直接的關聯。[4]

---

1 《論墨學》，歐陽哲生編：《胡適文集》三，第135-142頁。
2 湯志鈞編：《章太炎政論選集》下冊，第870頁。
3 唐德剛：《胡適雜憶》增訂本，第21頁。
4 羅志田：《再造文明之夢——胡適傳》，第224頁。

胡適留學期間就自覺有「讀書多所涉獵而不專精，氾濫無方而無所專注，所得皆皮毛也」的毛病，以為「可以入世而不足以用世，可以欺人而無以益人，可以自欺而非所以自修也。後此宜痛改之」[1]。後來他悟到「學問之道兩面而已：一曰廣大（博），一曰高深（精），兩者須相輔而行。務精者每失之隘，務博者每失之淺，其失一也。余失之淺者也。不可不以高深矯正之」[2]。博大精深，本為治學應有之道，但對學人的天賦、苦功和機緣要求甚高，難以兼備。胡適認為中國學者多蹈一味專精之弊，「若終身守一物，雖有所成，譬之能行之書廚，無有生趣矣」。因而「嘆西方學者興趣之博，真吾人覘國者所不可不留意也」[3]。

值得注意的是胡適將自己定位為「覘國者」，其治學主要是為了入世。在思想與學術之間輾轉反側，令胡適常常為大刀闊斧和拿繡花針感到兩難。一九二二年二月，他收到商務印書館寄來的《章實齋年譜》樣書，感慨道：「我費了半年的閒空工夫，方才真正瞭解一個章學誠。作學史真不容易！若我對於人人都要用這樣一番功夫，我的《哲學史》真沒有付印的日子了！我現在只希望開山闢地，大刀闊斧的砍去，讓後來的能者來做細緻的功夫。」[4]此後胡適的學問欲漸長，知道「理想中的學者，既能博大，又能精深。精深的方面，是他的專門學問。博大的方面，是他的旁搜博覽。博大要幾乎無所不知，精深要幾乎惟他獨尊，無人能及」。認識相當到位。

不過，胡適之所以希望精深與博大兼而有之，乃是鑒於專攻一技一藝的人影響於社會很少，廣泛博覽的人「雖可以到處受一般賤人的

1　曹伯言整理：《胡適日記全編》一，第 223 頁。
2　曹伯言整理：《胡適日記全編》二，第 34 頁。
3　曹伯言整理：《胡適日記全編》一，第 531-532 頁。
4　曹伯言整理：《胡適日記全編》三，第 565 頁。

歡迎，其實也是一種廢物」，「在社會上，這兩種人都是沒有什麼大影響，為個人計，也很少樂趣」[1]。他後來擬重做中古哲學史，仍不以傅斯年的「博極群書」為然。因為那樣一來，專攻固然有術，社會影響卻無由擴大了。

胡適的大刀闊斧，與大膽假設頗為吻合，距小心求證則相去甚遠，況且，即使他自認為弄繡花針的訓練，也每每因功力不深，方法不當，顯得力有不逮。胡適提倡四字訣以後，大刀闊斧的事不宜再作，而窮後半生之力治《水經注》案，又遲遲不得理想結果。則其自許但開風氣不為師，卻好以金針度人；若真有金針在手，何以始終不能繡出可以示人的鴛鴦？

今人論胡適在近代中國史上的地位，每以思想與學術混合，結果將其思想史上「暴得大名」以致眾從，與學術影響相混淆，反過來再以影響的廣狹，論證學術的成敗以及高明與否。所謂「宗師」、「通學」之說，大體即此類詭論。[2] 這一邏輯，延續五四新文化時期新青年們的觀念。從學術角度看，認為胡適恰逢青黃不接的一段空白，趁虛

1　《讀書》，歐陽哲生編：《胡適文集》四，第129頁。
2　「通學」說見毛以亨：《初到北大的胡適》：「胡先生所治，通學也，通學者總要受專家批評的，又豈止不懂小學一端（以及其他各端）？然其廣度與有裨人生日用之處，殊非專家所可望其項背。」（引自羅志田：《再造文明之夢——胡適傳》，第224頁）「通儒」說見唐德剛《胡適雜憶》：「胡適之——不成問題的——是近代中國最偉大的學者。但是偉大的學者們也有很多是一通百不通的。……相反的，偉大的『通儒』們，有的也是百通一不通的……在這方面胡適倒的確是個例外。他真是個百通一通的大材。」「我們如果把胡適看成個單純的學者，那他便一無是處，連做個《水經注》專家，他也當之有愧。這便是海內外『專』——不論『白專』或『紅專』——之所以低估他的道理。但是吾人如果把他看成一個開文化新運的宗師，那他就高不可攀了。」（唐德剛：《胡適雜憶》增訂本，第21、46頁）如果承認開文化新運的宗師可以不必學問專精，也還能自圓其說，可又稱胡適為學術界的十項全能或九項全能，而且是正規軍，則專家反而成了游勇，前後不免矛盾。

而入,世無英雄,遂使豎子成名,大體屬實。而且所謂青黃不接,主要是中西學乾坤顛倒所致。其時真正有心於學問者,尚在按照中西學術通則,沉潛訓練,不肯將半通不通的皮毛之見貢獻於社會。而敢於出手的胡適,若以成名為成功的標誌,並非成於學術的建樹,而是思想的震盪。至少在一九二〇年代以前,學術在他不過是救世的工具。他之所以大膽,正因為他根本不準備讓嚴格的學術戒律束縛自己。其間的分別,當時學人已經明確指出。與新文化派公開對壘的學衡派針對性極強的批評,特別是梅光迪在《學衡》初期連續發表的幾篇文章,尤其值得注意。

在《評提倡新文化者》(第一期,1922 年 1 月) 一文中,梅光迪指提倡新文化者「非學問家,乃功名之士也。學問家為真理而求真理,重在自信,而不在世俗之知;重在自得,而不在生前之報酬。故其畢生辛勤,守而有待,不輕出所學以問世,必審慮至當,而後發一言;必研索至精,而後成一書。吾國大師,每戒學者,毋輕著述。囊者牛津大學學者,以早有著述為深恥。今之所謂學問家則不然,其於學問,本無徹底研究與自信自得之可言,特以為功利名譽之念所驅迫,故假學問為進身之階。……學問既以趨時投機為的,故出之甚易,無切實探討之必要。以一人而兼涉哲理、文學、政治、經濟者,所在多有。後生小子,未有不詫為廣博無涯涘者。美國有某學者,曾著書數百種,凡哲理、算術、文學、科學及孔佛之教,無所不包,論者以無學問良知訾之,不許以學者之名。此在美國,有甚高之學術標準,故某學者貽譏當世,不能行其博雜膚放之學。若在吾國今日,將享絕代通儒之譽矣」。

《評今人提倡學術之方法》(第二期,1922 年 2 月) 進一步申論:

蓋學術之事,所賴於群力協作聯合聲氣者固多,所賴於個人天才

者尤多也。天才屬於少數，群眾碌碌，學術真藏，非其所能窺，故倡學大師，每持冷靜態度，寧守而有待，授其學於少數英俊，而不汲汲於多數庸流之知。蓋一入多數庸流之手，則誤會謬傳，弊端百出，學術之真精神盡失。……今之學者，非但以迎合群眾為能，其欲所取悅者，尤在群眾中幼稚分子，如中小學生之類。吾國現在過渡時代，舊智識階級漸趨消滅，而新智識階級尚未成立，青年學生為將來之新智識階級，然在目前則否也。而政客式的學術家，正利用其智識淺薄，無鑑別審擇之力，得以傳播偽學，使之先入為主。然青年學生，最不可恃者也。

《論今日吾國學術界之需要》（第四期，1922年4月）又說：

真正學者，為一國學術思想之領袖，文化之前驅，屬於少數優秀分子，非多數凡民所能為也。故欲為真正學者，除特異天才外，又須有嚴密之訓練，高潔之精神，而後能名副其實。……學術者，又萬世之業也。故學者之令名，積久而後彰，其所恃者，在少數氣味相投，不輕許可，而永久繼續之智識階級。若一時眾人之毀譽，則所不計也。

此外，劉伯明的《學者之精神》（《學衡》第一期）、《再論學者之精神》（《學衡》第二期）、柳詒徵的《學者之術》（《學衡》第三十三期，1924年9月），均針對新文化派所謂政客式學者的言行提出尖銳批評。剔除其中動機揣測的誅心之論，鼓動思潮與潛心學術畢竟不同，當為的論。思潮興衰及其影響的廣狹，當然要看從者的眾寡，學術則往往真理掌握在少數人手中。不幸，新文化派學者確有鼓動大眾以致眾從的目的，後世學人也往往陷入以從者多少估價其學術成敗的

誤區。柳詒徵《學者之術》分學者為有學無術和有術無學兩類，前者易而實惠，後者難而不顯，「潮流所趨，視線所集，則惟後者為歸」。所以一般青年，「孰不願師學者之術而甘師學者之學乎」？呼籲學者「捨術而求學」。梅光迪甚至說：其時中國「實無學術之可言」，「往者舊學，以有數千年之研討經驗，與夫師承傳授，固亦常臻憂絕之境；通人大師，相望而起，學術之標準，亦操諸其手，享有特殊權威。於是門外漢及浮滑妄庸之徒，無所施其假冒嘗試之技，冀以僥倖成功於一時。自歐化東漸，一切知識思想，多國人所未嘗聞，又以語言文字之阻隔，而專門名家，遠在數萬里外，故今人為學者苦求師之難，蓋百倍於往昔。所謂學術界者，遂成幼稚紛亂之象。標準未立，權威未著，不見通人大師，只見門外漢及浮滑妄庸之徒而已」[1]。

學衡派提出的學術標準成立與否，可以討論，所指責的「聳動群眾」乃至於其中幼稚分子，至少為新文化運動的實際現象。胡適的《大綱》即為典型。或以為胡適的方法論「對於當時從舊學出身的人是非常具有說服力和吸引力的」[2]，似嫌寬泛。從目前資料看，所謂「從舊學出身」者，多數對胡適的方法不以為然。覺得吸引力大的，除了部分趨新學人，主要是有些舊學根底的在校學生，如北大的傅斯年、顧頡剛、馮友蘭、朱謙之等。各地歡迎《大綱》者，一般也是新進青年。至於究竟被什麼所吸引，還需仔細分別。

《大綱》是胡適以其博士論文為底，在北大教授中國哲學史課程的基礎上改寫而成。對於舊學入門尚可而西學知識淺顯的學生而言，胡適的截斷眾流有如石破天驚。不過，顧頡剛所說「在裁斷上足以自立」和傅斯年所說「他走的這一條路是對的」，更主要的恐怕還是對胡適用

1　《論今日吾國學術界之需要》，《學衡》第四期，一九二二年四月。
2　余英時：《中國近代思想史上的胡適》，歐陽哲生編：《解析胡適》，第114頁。

一個系統把他們所有的舊學知識貫穿起來的能力感到折服,因為西洋哲學史有西洋哲學家編的書可作教本,「獨有《中國哲學史》一課,兩千多年來只堆積了一大批資料,還聯貫不起一個系統來」[1]。一九一七年十月二十一日,顧頡剛聽了胡適上課講墨子,覺得「甚能發揮大義」,函告葉聖陶:「坤意中國哲學當為有統系的研究,⋯⋯意欲上呈校長,請胡先生以西洋哲學之律令,為中國哲學施條貫。」[2]可見這也是胡適講授時所強調的重心和特色。後來顧氏總結《當代中國史學》,對胡適《大綱》所下的斷語還是:「此書為中國第一本有系統的哲學史。」[3]批判胡適時,顧頡剛說:自己與胡適出身、成分、年齡、所受教育及學問興趣均相同或相近,「他從外國帶了『新方法』回來,我卻沒有,所以一時間欽佩得五體投地」[4],也是此意。

儘管傅斯年、顧頡剛、馮友蘭等人在同輩中出類拔萃,畢竟只是學生中的佼佼者,其反應可以顯示時尚風向,而不能代表學界公論,更不足以評判胡適的學術水準。如顧頡剛讀了胡適一九一七年發表的《先秦諸子之進化論》,「佩服極了。我方知我年來研究儒先言命的東西,就是中國的進化學說」[5]。此文是胡適將博士論文的一些要點壓縮而成,開始以為自得,後來其中論點遭到不少非議,自覺不妥,實際放棄。[6]這一時期,胡門師徒評議古今學術時有過當,引起旁觀者的非議甚至譏笑。

1　顧頡剛:《我是怎樣編寫《古史辨》的?》,顧頡剛編著:《古史辨》一,第3頁。
2　顧潮:《歷劫終教志不灰——我的父親顧頡剛》,第41頁。
3　顧頡剛:《當代中國史學》,第78頁。
4　顧頡剛:《從我自己看胡適》,原載香港《大公報》,引自曹伯言整理《胡適日記全編》八,第167-168頁。
5　顧潮編著:《顧頡剛年譜》,第49頁。
6　羅志田:《溫故可以知新:清季民初的「歷史眼光」》,《現代中國》第二輯。

傅斯年的學術見識本與胡適不盡吻合,他反對中國學人模仿日本桑原騭藏《東洋史要》的分期編寫教科書,因後者以遠東史為依據,與中國情形不合。[1]對於哲學的看法,也存異議。留學以後,西學大本營的實況很快使傅斯年明白,胡適負販回來的未必貨真價實,至少不是高檔精品。一九二〇年八月,傅斯年從歐洲致函胡適,勸以為個人要期於白首,以成學業;為社會要造成講學風氣,而不止於批評的風氣[2]。傅斯年從牛津、劍橋和倫敦大學的差別,領悟到講學問與求致用不同,專求致用,學術不能發展,而北大的風氣仍是議論而非講學。[3]隨著留學生涯的延長,傅斯年連來自西洋的哲學觀念及其系統也要廢除。因為用哲學看中國古代思想,既看不出固有脈絡,又強加以外來框架。而這正是當年對胡適講課感受最為深刻的部分。一九二六年他對胡適直言其《大綱》並非空前絕後,等於否認此書的開山作用。眼界開闊令傅斯年懂得學術無國界,負販雖不無意義,與開山畢竟有別。馮友蘭、顧頡剛等人,後來也都尋求中國的固有脈絡,與胡適漸行漸遠。

胡適提倡整理國故,目的之一,是要將國學由少數天才的專業變成眾人分擔的事業,「使人人能用古書」[4]。他開列「最低限度的國學書目」,面向一切中小學圖書館和地方公共圖書館,以期引起初學者的真興趣。用根據自己的經驗總結出來的方式,胡適覺得整理國故很容易辦到,「只要中材的人,有了國學常識,都可以做」[5]。受此誤導,

---

1　傅斯年:《中國歷史分期之研究》,《北京大學日刊》第113號,一九一八年四月十七日。
2　中國社會科學院近代史研究所中華民國史組編:《胡適來往書信選》上冊,第106頁。
3　《傅斯年君致蔡校長函》,《北京大學日刊》第715號,一九二〇年十月十三日。
4　胡適:《國學季刊發刊宣言》,《國學季刊》第一卷第一號,一九二三年一月。
5　《再談整理國故》,歐陽哲生編:《胡適文集》十二,第97頁。

以及胡適「暴得大名」的榜樣作用，許多學時髦不長進的少年都以整理國故為成名捷徑，《大綱》出版後的四五年來，胡適「不知收到多少青年朋友詢問『治國學有何門徑』的信」[1]。其時中學生國文程度尚好，看胡適這本白話文的學術著作，能夠「輕鬆愉快」[2]。這引起兩方面反彈，一是吳稚暉等人從思想革新的角度批評國學的遺老化[3]，呼籲將青年引向科學；一是學有所成者反對將學術看得太過容易。章太炎的《救學弊論》抨擊大學教育的惡制陋習，言鋒掠及胡適，「制之惡者，期人速悟，而不尋其根底，專重耳學，遺棄眼學，卒令學者所知，不能出於講義」。即使如此，「夫學之拿鄙，無害於心術，且陋者亦可轉為嫻也。適有佻巧之師，妄論諸子，冀以奇勝其儕偶，學者波靡，捨難而就易，持奇詭以文淺陋，於是圖書雖備，視若廢紙，而反以辨麗有稱於時。師以是授弟子，是為誣徒，弟子以是為學，是為欺世，斯去高明光大之風遠矣」[4]。容庚也輾轉批評道：「胡適之先生述學，用敏銳的眼光和審慎的態度來批評古人，故所得的成績很不錯。流弊所及，後生學子，於古書未嘗深造，輒逞其私智，就主觀所得隨意抄錄，加以評騭，愚己惑人，以為獵名的工具。」

面對批評，胡適引咎自責，「在講壇上常對此大發其牢騷，並說述學之不易，須知『懷疑』與『求證』相聯，萬不能易『求證』而為『武斷』」[5]。一九二六年六月，他在國學門第四次懇親會上演說「對於

---

[1]　《一個最低限度的國學書目》，歐陽哲生編：《胡適文集》三，第87頁。

[2]　葉曙：《我所認識的胡適之先生》，歐陽哲生編：《追憶胡適》，第509頁。

[3]　陳問濤：《國學之遺老化》，《學燈》第二卷第十冊第十六號，一九二三年十月十六日。

[4]　《華國》第一卷第十二期，一九二四年八月十五日。

[5]　容庚：《紅樓夢的本子問題質胡適之俞平伯先生》，《北京大學研究所國學門週刊》第四期，一九二五年十一月四日。

整理國故之最近意見」，懺悔自己提倡整理國故，動機雖好，「流風所被，實在鬧出多少弊病來了！多少青年，他也研究國學，你也研究國學，國學成了出風頭的捷徑，隨便拿起一本書來就是幾萬字的介紹。有許多人，方法上沒有訓練，思想上沒有充分的參考材料，頭腦子沒有弄清楚，就鑽進故紙堆裡去，實在走進了死路！」[1]這些流弊的產生，與《大綱》的暢銷同因異果。

近代學術與政治均經歷一大變局，有抱負的學人，好以「但開風氣不為師」自期，胡適也一樣，但理解各自不同。胡適以為：「開風氣者是敢作大膽的假設的，而為師者是能做小心的考證的。」[2]與同樣以開風氣自許的陳寅恪在認識和做法上大異其趣。開風氣固然要膽大，而故意趨時又無足夠底蘊，便難免很快過時。師雖有經師、人師之分，按照章太炎的看法，所謂師，不過是「守其成聞，見過弟子，有比次之功，……雖有鉅細，則循順舊術者眾」。即使當「世變亟，一國之學，或不足備教授，又旁採他方。他方之學，易國視之，若奇偉然。傳授者亦鈔次故言，未有增上，黠者或顛倒比輯之。幸弟子莫理其本，則竊他人以成己，東方之博士，皆是也（此雖著書滿家，然法非己出，則非作也。無所增進，則非述也。與此土集策案者，正同列耳）。令此曹自疏國故，不為腐談，則以空文敷繹，或以毫毛相似，引類傅會。何者？其技盡於為師，無作述之效也」[3]。章氏〈程師〉一文作於一九一〇年，當然不是針對胡適，但所批評的亂象後來卻在胡適一輩學人身上充分體現。

---

1 《研究所國學門第四次懇親會紀事》，《北京大學研究所國學門月刊》第一卷第一號，一九二六年十月。
2 一九三八年三月十八日顧頡剛致譚其驤，顧潮：《歷劫終教志不灰——我的父親顧頡剛》，第163頁。
3 《章太炎全集》四，第137頁。

學術上開風氣，必須能夠製法充實的「作述者」。胡適則像蒙師，主要是向涉世未深的青年發生作用。清華研究院畢業的陳守實於一九二八年在日記中寫道：「無聊中閱胡適《讀書》一篇，此君小有才，然綻論甚多，可以教小夫下士，而不可間執通方之士也。」[1]唐德剛教授詫異胡適晚年「學問似乎只是他老人家教導後輩的東西」[2]，其實胡適一生講治學方法，主要便是以學生為對象和對學生起作用，包括後來兩度滯美期間，與一班留美學人的忘年之交。而胡適也以能夠影響後生為傲。顧頡剛在《古史辨》自序中說從胡適的《水滸傳考證》得到治史學的方法，令後者感到是「生平最高興的一件事」[3]。胡適晚年憶及徒弟們改變了研究方法之事，對於當時「確曾感覺很大的興奮」依然記憶猶新。[4]在此層面，常識即規範。而且越到後來，影響越有下移的趨勢。沈尹默說一九二四年以後北大學生對胡博士的信仰減低不少，但是中學生們還是歡喜讀他的東西，「一則是因為他的文章寫的清楚，容易瞭解，再則他往往單憑他的主觀願望去處理每一個問題，輕易下斷語，做結論。中學生讀書少，不能夠發現他的輕率武斷的毛病，反而佩服他說得那麼簡而明。其實，不是用簡單化的手段就可以瞭解一切學問的，凡稍微多讀幾本書的人，就很容易看出他文章中的漏洞」。沈、胡積怨很深，此說又出於批判胡適之際，被胡適斥為「全

---

1 陳守實：《學術日錄》，《中國文化研究集刊》第一輯。
2 唐德剛：《胡適雜憶》增訂本，第19頁。
3 一九二六年八月二十四日胡適致傅斯年，王汎森等整理：《史語所藏胡適與傅斯年來往函札》，《胡適研究叢刊》第三輯，第311頁。
4 曹伯言整理：《胡適日記全編》八，第495頁。

篇扯謊」[1]。可是與《學衡》上梅光迪、劉伯明等人的批評比照，倒也恰當。或許正因為觸及了胡適的痛處，他的反應才會如此強烈。

鄧廣銘說：「在一般青年人中，表面上看胡先生的影響在逐漸變小。從他到北大任教，直到二十年代，胡先生是在北大最大的三院大禮堂上課，三十年代就改在稍小點的二院禮堂上課，而到抗戰前夕，則改在更小的紅樓大教室上課，這就是因為上課的人越來越少的緣故。」[2]北大上課，從來是非正式的旁聽生乃至偷聽生多於註冊生，其中許多人根本沒有考入大學，甚至有不少中學生。如一九三〇年代胡適在二院禮堂講中古思想史，雖然聽講的人擠滿了課堂，連窗外也站滿了人，但「許多是外來的人以及孔德中學的學生」。有的大學生聽過，「覺得這像是公共演講，內容很通俗。不像是哲學系的功課」，還聯想到唐朝和尚的「俗講」，以為主講人想朝通俗有趣吸引聽眾方面發展，所以反而不選胡適的課。[3]《大綱》多次再版，以致洛陽紙貴，主要便是大中學生以此為學習白話述學和新法治學的範本，這本來不足以作為學術評價的標準。曲高和寡在學術領域幾乎是一般通則，所以有學人將多數人讀懂列為學術著作際遇的最下品。十年後，郭沫若旨在超越胡適的《中國古代社會研究》，同樣「是一部風行全國的大著」，

---

1 曹伯言整理：《胡適日記全編》八，第 172-174 頁。胡適的著述為中學生歡迎，確係事實，其本人也知道。一九三一年六月，章衣萍函告胡適：「先生之《胡適文存》中多數論文，已成為全國中學生之普遍讀物」（杜春和、韓榮芳、耿來金編：《胡適論學往來書信選》下冊，第 1226 頁）。

2 鄧廣銘：《我與胡適》，歐陽哲生選編：《追憶胡適》，第 37 頁。胡適上《中國哲學史》課的地點，一九二〇年代初在第一院最大的第二教室（中國革命博物館整理，榮孟源審校：《吳虞日記》上冊，第 654 頁。其時吳虞以在此上課為榮，並說北大國文系向來沒有同時在兩間最大教室上課者）。鄧先生認為不能專在有形的方面用計量學計算胡適的影響，相當重要，判斷胡適著作早期的流行，亦應作如是觀。

3 徐玗：《念人憶事——胡適之先生》，歐陽哲生選編：《追憶胡適》，第 430 頁。

幾年內已經四版，銷量達七千部[1]，可與胡適的《大綱》相匹敵，而胡適本人對此卻不以為然。

　　清季教育變革和民初學風變幻，造成表淺的學術長盛不衰的土壤。如陳平原教授所說：「對於現代中國學術而言，大學制度的建立至關重要。……推廣新學，方才是轉變學術範式的關鍵。」[2]此言從正負兩面，均能成立。西式教育不僅斷裂傳統學術，使之難以為繼，而且不斷造就數量日益擴大、中西學均未能深入的群體，使胡適變來變去的科學方法始終有用武之地。由於教育方式和內容的改變，學生未經識字、記誦、考辨等必須的步驟，行之有效的固有治學之道無法運用，而胡適融合中外常識的方法，剛好適應大批中西學問均一知半解的青年學子的需求。只是其方法雖能應急，卻難以深入，若要升堂入室，後來者還須不斷地補課。這樣，高深的研究難免流於膚淺偏蔽。

五　遠近高低各不同

　　在學術層面，新舊並不簡單地等於進步與落後或正確與錯誤。事實表明，近代尤其是新文化運動以來，國人好將政治腐敗和社會落後歸咎於傳統文化，並以為傳統與現代格格不入，由此導致的一些翻天覆地的改變，如白話文，新詩等，除舊有餘，開新不足，不能說沒有必要，至少實際效果與預期目標相去甚遠。溫故而知新，本為古今中外學術發展的通則，近代學人一再用「新史學」強分新舊，雖有助於以代際興替爭奪主流位置，卻難免觀念日新而建樹無果，甚至邯鄲學步，反失其本，外來及其他學科的方法日多，固有學術及史學的必備

1　李季：《中國社會史論戰批判》，第109頁。
2　陳平原：《中國現代學術之建立》，第18頁。另參見該書第二章「官學與私學」。

軌則反而嚴重失範。一九五〇年代胡適在臺灣大學再講治學方法，三講分別講方法的引論、方法的自覺、以及方法與材料的關係，形式上與一九三〇年代所講近似，但是把不同階段的十字法、方法與材料以及四字訣搭配一體，變成其方法論整體的不同方面[1]，如此一來，其觀念的變化與演進過程變得相當模糊。經此改造，他的整個學術生涯，似乎真的成了近代中國科學的治學方法的體現。

王國維早就斷言：「學無新舊也，無中西也，無有用無用也，凡立此名者，均不學之徒，即學焉而未嘗知學者也。」[2]近代學術史上建樹大見識高而又大體得到各方公認者，如王國維、陳垣、陳寅恪等，都不必因緣胡適發端的代際興替，而達到超越其新學術的高峰。如果學術確是少數人的事業，那麼為多數人確定的新典範，意義或許並不在學術。真能樹立學術典範者，必定體大思精，因而難以為多數人所倣傚應用。學問之事，必須天才加勤奮，越是高明的方法途則，能夠領略者應當越少。所以才會「江山代有才人出，各領風騷數百年」。一九一九年三月，胡適的《大綱》剛剛出版月餘，王國維借為沈曾植賀壽，針對山雨欲來風滿樓的時勢，闡述其對於治學之道的見解。他認為清代三百年間學術凡三變，國初之學大，乾嘉之學精，道咸以降之學新，開創者有顧炎武、戴震、錢大昕等三人：

> 今者時勢又劇變矣，學術之必變，蓋不待言。世之言學者，輒悵悵無所歸，顧莫不推嘉興沈先生，以為亭林、東原、竹汀者儔也。先生少年，固已盡通國初及乾嘉諸家之說，中年治遼、金、元三史，治四裔地理，又為道咸以降之學，然一秉先正成法，無

1　歐陽哲生編：《胡適文集》十二，第 128-164 頁。
2　《〈國學叢刊〉序》，《觀堂別集》卷四，《王國維遺書》第三冊，第 202 頁。

或踰越。其於人心世道之污隆，政事之利病，必窮其原委，似國初諸老；其視經史為獨立之學，而益探其奧窔，拓其區宇，不讓乾嘉諸先生。至於綜覽百家，旁及二氏，一以治經史之法治之，則又為自來學者所未及。……夫學問之品類不同，而其方法則一。國初諸老，用此以治經世之學，乾嘉諸老，用之以治經史之學，先生復廣之以治一切諸學，趣搏而旨約，識高而議平，其憂世之深，有過於龔、魏，而擇術之慎，不後於戴、錢。學者得其片言，具其一體，猶足以名一家立一說。其所以繼承前哲者以此，其所以開創來學者亦以此，使後之學術變而不失其正鵠者，其必由先生之道矣。[1]

後來陳寅恪在批評胡適之際，藉著對王國維、陳垣等人著述的評價，表明其關於學術途則的意見。他認為王國維的著述「其學術性質固有異同，所用方法亦不盡符會，要皆足以轉移一時之風氣，而示來者以軌則。吾國他日文史考據之學，範圍縱廣，途徑縱多，恐亦無以遠出三類之外。此先生之書所以為吾國近代學術界最重要之產物也」[2]。〈陳垣《元西域人華化考》序〉又稱：「今日吾國治學之士，競言古史，察其持論，間有類乎清季誇誕經學家之所為者。先生是書之所發明，必可示以準繩，匡其趨向。然則是書之重刊流布，關係吾國學術風氣之轉移者至大，豈僅局於元代西域人華化一事而已哉？」一九三九年為劉文典《莊子補正》作序，仍不忘批評時弊：「今日治先秦子史之學，與先生所為大異者，乃以明清放浪之才人，而談商周邃

---

[1] 《王國維遺書》第二冊，第582-585頁。王國維對沈曾植的學問別有評議，此言更多地反映其本人的志向與理念。
[2] 《王靜安先生遺書序》，陳美延編：《陳寅恪集・金明館叢稿二編》，第248頁。

古之樸學。其所著書,幾何不為金聖歎胸中獨具之古本,轉欲以之留贈後人,焉得不為古人痛哭耶?然則先生此書之刊布,蓋將一匡當世之學風,示人以準則,豈僅供治莊子者之所必讀而已哉?」[1]

王、陳二人懸的甚高,追仿不易,或以後繼遵循之人甚少,而疑其所指示的途則並無影響。其實,學術既為少數人之事,和者蓋寡,當在情理之中,能致眾從者,多已逸出學術之外。胡適後來影響仍大,原因甚多,一則其聲望地位已高,多種權力資源集於一身,追附者自然不少,一般人輕易不敢得罪;二則與權勢地位相近者比較,胡適頗愛惜羽毛,為人行事,與學術界應有準則,較為接近,因而名聲不墜;三則胡適確立的高等常識逐漸成為學校教育和初入門者的一般規範,必須漸入高深,才能察覺其偏蔽。加之近代中國社會動盪,學術受政局牽涉,每每逸出常規。岡崎文夫悼念王國維逝世時所說的一段話,值得深思:「清朝末年中國學界裡公羊學派盛行一隅,其前途窮窘,局面難以打開是很明顯的,學界的新傾向是以征君一派為指導,我早就有這樣的預想。當然中國學界的現狀違背了這一預想。不過與其說我的預想是不對的,勿寧說混亂的中國現狀使學問的大潮流不能朝正常的方向發展。」[2]

學有派分,意見本來難期一致,學人又要扮演知識分子角色,須承擔社會脊樑的責任。學術自律與社會良心之間的緊張,經常困擾其思維行為。胡適一身二任,處置相對得宜,因此當學界偏向明顯,亂相太甚時,觀念見識均有不同的學人往往都希望他出面,以其聲望地位和影響力挽狂瀾。一九三一年,清華研究院畢業的吳其昌函請胡適勿以百世較一世,「加緊繼續千百世以後的文化運動」,做中國新文化

---

1 均見陳美延編《陳寅恪集・金明館叢稿二編》,第 270、258 頁。
2 岡崎文夫:《懷念王征君》,陳平原、王楓編:《追憶王國維》,第 370 頁。

運動的領袖，真正造成中國的新文化，成為中國的「文父」[1]。抗戰勝利後，王力致函胡適，批評「現在中國學術界沉寂的可怕。也許三五個人的確有了好成績，但極大多數人都只曉得寫口號，填公式，播弄名詞。抗戰八年只是學術衰落的原因之一，更主要的原因乃是學者政客化。您從前所提倡的樸學精神，現在幾乎不可復見。」希望胡適站在先知先覺的地位，不要眼看著中國學術走向下坡路而不加以挽救。[2] 王重民得知胡適提倡辦研究院收徒弟，建議「連二掌櫃的以下一齊都收。就是說：要教習翰林，還要把作教習的人，給他們一個學習的機會，或者不得不學習的機會，則學術的生長點上，方有不斷的新的進步」[3]。若涉及學術政治，則陳寅恪亦寧可支持胡適出任中研院院長。

本文旨在說明，要確切認識胡適在近代學術史上的地位及其階段性變化，還是應當分別學術與思想，不宜二者相牽，糾纏不清，以致曲意維護，但並不因此而否定胡適在近代中國思想史上的地位。就此而論，五四新文化時期的胡適與清季的梁啟超頗為相似。而梁啟超相當自覺。他在《清代學術概論》中說：

> 啟超之在思想界，其破壞力確不小，而建設則未有聞。晚清思想界之粗率淺薄，啟超與有罪焉。……其生平著作極多，皆隨有所見，隨即發表。彼嘗言：「我讀到性本善，則教人以人之初而已。」殊不思「性相近」以下尚未讀通，恐並「人之初」一句亦不能解。以此教人，安見其不為誤人？啟超平素主張，謂須將世界學說為無限制的盡量輸入，斯固然矣。然必所輸入者確為該思想之本來

1　中國社會科學院近代史研究所中華民國史組編：《胡適來往書信選》中冊，第93頁。
2　伍發明整理：《北大藏胡適來往書信選》，《胡適研究叢刊》第三輯，第360頁。
3　杜春和、韓榮芳、耿來金編：《胡適論學往來書信選》上冊，第302頁。

面目，又必具其條理本末，始能供國人切實研究之資，此其事非多數人專門分擔不能。啟超務廣而荒，每一學稍涉其樊，便加論列，故其所述著，多模糊影響籠統之談，甚者純然錯誤，及其自發現而自謀矯正，則已前後矛盾矣。平心論之，以二十年前思想界之閉塞萎靡，非用此種鹵莽疏闊手段，不能烈山澤以辟新局。就此點論，梁啟超可謂新思想界之陳涉。雖然，國人所責望於啟超不止此。以其人本身之魄力，及其三十年歷史上所積之資格，實應為我新思想界力圖締造一開國規模。若此人而長此以自終，則在中國文化史上，不能不謂為一大損失也。

梁啟超此說，一方面自我反省，另一方面，也有意針砭時勢。照為其作序的蔣方震看來，民初時局雖與清季稍變，「天下方競言文化事業，而社會之風尚，猶有足以為學術之大障者，則受外界經濟之影響，實利主義興，多金為上，位尊次之，而對於學者之態度，則含有迂遠不適用之意味。而一方則談玄之風猶未變，民治也，社會也，與變法維新立憲革命等是一名詞耳，有以異乎？無以異乎？此則願當世君子有以力矯正之」[1]。

胡適等人倡導「學術救國」，而高深的學術為深邃的思想所由出的基礎，學術浮泛表淺，思想絕無深刻的可能。近代中國的思想界雖然異常活躍，大都以西為本，屬於摹仿而非原創。復因語言文化隔膜和社會民情相異，追仿易於成潮，獨創難以堅守，因而形形色色的思想極易過時，非但不能與西方抗衡，甚至降低中國文化為近代世界多樣性重要淵源的價值。蔡元培等人正是看到這種狀況，才希望中國有幾十個人專心致志從事窄而深的學問，等一二十年，他們逐漸形成社會

---

1 梁啟超：《清代學術概論》，第 81 頁、序 2-3 頁。

的重心，足以轉移社會，則中國便可以在知識上與西方相角逐。[1]傅斯年從劍橋、牛津與倫敦大學的比較中領悟到專講學問思想才能徹底，「極舊之下每有極新」[2]，希望胡適「終成老師，造一種學術上之大風氣」，而不要「現在就於中國偶像界中備一席」[3]。

　　胡適對此也有所自覺。一九二六年七月，他在北大學術研究會演講中談到「只有學術始能救國」時說：「有人謂彼博，但彼認為博乃是無用的，惟出言每句有根據，乃始成佳作耳。」[4]雖然是表彰顧頡剛的《古史辨》，也是為了消除提倡整理國故時所發輕率言論的流弊。可是胡適終究不願放棄以社會影響為旨歸，甚至在學術爭論不能解決問題時，也常常回到思想的立場。他破解《水經注》案時指責孟森、王國維等人衛道，將老子年代的爭議歸結為馮友蘭等人奉孔子為開山老祖、萬世師表的宗教信仰[5]，以及對馮友蘭《中國哲學史》正統派觀點的批評，都將學術爭議說成思想分歧。這類「丐辭」不僅有違胡適本人主張的學術倫理，而且將一九二〇至一九三〇年代逐漸確立的學術獨立重新拉回此前與思想纏繞不清的狀態。

　　胡適常說：「做學問要於不疑處有疑；待人要於有疑處不疑。」[6]這可以說是他治學處世的座右銘。然而，如果胡適本人成為研究對象，究竟應於不疑處有疑？抑或於有疑處不疑？胡適起於九泉，不知何以教我？胡適在近代中國學術史上的地位與歷來學人對此的認識，本非一事，卻又關係密切，今人研究胡適，但求對其瞭解同情，有時反而

1　王汎森：《思想史與生活史有交集嗎？》，《中國近代思想與學術的系譜》，第336頁。
2　《傅斯年君致蔡校長函》，《北京大學日刊》第715號，一九二〇年十月十三日。
3　一九二〇年八月一日胡適致傅斯年，《胡適來往書信選》上冊，第106頁。
4　中國革命博物館整理，榮孟源審校：《吳虞日記》下冊，第317頁。
5　《〈中國古代哲學史〉臺北版自記》，歐陽哲生編：《胡適文集》六，第162頁。
6　中國社會科學院近代史研究所中華民國史組編：《胡適來往書信選》中冊，第7頁。

陷入從胡適的立場看胡適的陷阱。如果功力見識尚在胡適之下，追仿唯恐不及，對於當時各方的批評意見，即使主觀不予排斥，也難以分辨和承受。這種現像在人物研究中幾成通病，結果看法因人而異甚至適相反對，治史的公正與客觀反不易得。

　　主張重估胡適學術地位的學人一再強調，不要用後來的眼光看當時的胡適及其影響，確為的論。但當日的眼光不僅一端，所遺留的史料又須看何時何地在何種情形下對何人指何事（或人）而言，不宜但憑己意選擇取捨，以偏概全。後來躍居主流地位的「新派」掌握了話語權勢，有意無意地用定向記憶重塑歷史，強分新舊以定適時與過時，使得「當時」向著有利於主流派的方面變化，所造成的變相反過來又支持了主流派歷史記憶的正確性。其實，傳統與現代，本不易分，尤其不宜用中西新舊來分。新文化派當年宣判死刑的不少東西，後來不僅依然存活，而且生命力不一定比新生物弱，新舊詩便是典型。由此而論，以胡適為代表的新文化派思考和試圖解決的問題對於中國進入以歐洲為中心的觀念與現實世界起了很大作用，但以負販為創新，也導致學術乃至思想文化不易上軌道。如何保持民族本性，以利於在推動多元一體世界發展的多樣性方面發揮原創作用，其意義不在其下，其途徑還須超越其上，更是對後來者智慧與毅力的極大考驗了。

第八章

近代中國比較研究史管窺
——陳寅恪《與劉叔雅論國文試題書》解析

近二十年來，中國人文社會學科各領域中運用比較研究方法漸趨時興。而整體進展的同時，難免魚龍混雜，令清代經學、近代古史研究的種種流弊，重新浮現。歷史現象，往往循環反覆，早已經前輩學人指證。所說雖係當年情形，時過境遷，不能一概而論，畢竟多有可以借鑑處。尤其是高明者的真知灼見，不受時空的限制。後來人震其聲名之顯赫，奉若神靈，對其所指示的學術路徑卻莫名所以，並不遵循，甚至有意無意與之相左相悖。一九三二年陳寅恪與劉文典論國文試題書關於比較研究的大段議論，至今看來不僅依然恰當，而且似乎更加切中時弊，令人不禁有時光倒流之感。是函主要討論比較語言學問題，兼及比較文學乃至一般比較研究的軌則。關於前者，限於學科，不敢置一詞，儘管《馬氏文通》的利弊得失在語言學界還是見仁見智；關於後者，雖然當時不過附帶論及，但牽扯廣泛，歧異明顯，需要解讀的相關人事亦復不少。陳寅恪與比較文學的關係，學人雖已有所討論[1]，對本事的解讀及相關問題的探討，仍有較大空間。由文本以明語境，可以體察前賢的苦心孤詣，與時勢作一對照，從而把握治學的途則。

---

1 參見袁荻湧：《陳寅恪與比較文學》，《文史雜誌》一九九〇年第一期；錢文忠：《略論寅恪先生之比較觀及其在文學研究中之運用》，王永興編：《紀念陳寅恪先生百年誕辰學術論文集》。兩文均收入張傑、楊燕麗選編：《解析陳寅恪》。

一　對對子

　　一九三二年夏考前，擔任清華大學中文系系主任的劉文典委託陳寅恪為國文科目命題。陳寅恪因「連歲校閱清華大學入學國文試卷，感觸至多。據積年經驗所得，以為今後國文試題，應與前此異其旨趣，即求一方法，其形式簡單而涵義豐富，又與華夏民族語言文學之特性有密切關係者」[1]，鑒於當時學術界藏緬語系比較研究之學尚未發展，真正中國語文文法尚未成立，退而求其次，他改用對對子方式命題。當年所出題目，一為作文題「夢遊清華園記」，一為對子題「孫行者」。對後一題，考生周祖謨答為「胡適之」。他後來說想到可對的有兩個人：一是「王引之」，一是「胡適之」，「二者自以對『胡適之』為好。因為『適者，往也』，『往』跟『行』意思相近」，所以就以「胡適之」為對。據說陳寅恪對此頗為讚賞。[2]另外該校中國文學研究所出題亦有對對子，仍為陳寅恪所出。

　　照陳寅恪三十餘年後的回憶，當時「所以以『孫行者』為對子之題者，實欲應試者以『胡適之』對『孫行者』。蓋猢猻乃猿猴，而『行者』與『適之』意義音韻皆可相對，此不過一時故作狡獪耳。」[3]而吳小如則稱：「下聯的『胡適之』是考生對出來的，非陳寅恪自己的答案。……後來有人盛傳陳寅老本人的答案是『祖沖之』，亦未確，蓋『行』與『沖』皆平聲字，而在三字的聯語中第二字是必須平仄相對的（第一字則用平聲或仄聲皆可），故『胡』可對『孫』，則雖以人名為對而尚歉工穩。據老友卞僧慧先生親自見告，陳先生自己的答案是『王

1　《與劉叔雅論國文試題書》，陳美延編：《陳寅恪集・金明館叢稿二編》，第249頁。
2　周祖謨：《陳寅恪先生論對對子》，張傑、楊燕麗選編：《追憶陳寅恪》，第147頁。
3　《與劉叔雅論國文試題書・附記》，陳美延編：《陳寅恪集・金明館叢稿二編》，第257頁。

引之』。『行』與『引』屬對自然極工，而『王』亦有『祖』之義，故昔人祖父為『王父』。至於『孫』、『胡』相對，則作為『猢猻』字耳。」[1]

兩相比較，當事人雖有誤記或受後來語境誤導的可能，可信度畢竟較高。事後不久，「有人謂題中多絕對，並要求主題者宣佈原對」，陳寅恪對此不以為然，表示：「題對並無絕對，因非懸案多年，無人能對者。中國之大，焉知無人能對？若主題者自己擬妥一對，而將其一聯出作考題，則誠有『故意給人難題作』之嫌。余不必定能對，亦不必發表余所對。譬諸作文，主題者亦須先作一篇，然後始能出該題乎？文尚如此，詩詞對對之流，更不能自作答案，儼然作為標準。青年才子甚多，亦無庸主題者發表原對。現在國文考卷尚有少許未完，且非盡我一人評閱，但就記憶所及，考生所對之較好者可提出一二。對孫行者有祖沖之、王引之，均三字全對，但以王引之為最妙。因引字勝於沖字，王字為姓氏，且同時有祖意——如王父即祖父之意——是為最佳。對『少小離家老大回』，無良好者，記得有一考生以『匆忙入校從容出』，尚可。中國文學研究所三言對『墨西哥』，字少而甚難，完全測人讀書多少，胸中有物與否，因讀書多，始能臨時搜得專名詞應對。某生對『淮南子』，末二字恰合，已極難得。」[2]

---

[1] 吳小如：《關於陳寅恪先生的聯語》，張傑、楊燕麗選編：《追憶陳寅恪》，第290頁。
[2] 《「對對子」意義——陳寅恪教授發表談話》，《清華暑期週刊》第六期，一九三二年八月十七日。收入陳美延編《陳寅恪集・講義及雜稿》。關於作文題，陳寅恪亦有解說：「多人誤會以為係誇耀清華之風景與富麗，或誤解為敘事體遊記，其淺薄無聊，殊屬可笑。該所謂夢遊云者，即測驗考生之想像力（Imagination）及描寫力。凡考本校生，總對本校有相當猜想，若不知實際情形，即可以『空中樓閣』地寫去。這題換句話說，就是『理想中之清華大學』。再，考者欲入大學，當必有一理想中的大學形狀景物。我所以不出『理想中之清華大學』或『夢遊清華大學』者，乃以寫景易而描寫學校組織、師生、課業狀況較難。近數年來，已將『求學志願』、『家鄉』、『朋友』、『釣魚』等題用盡，似此題實新穎、簡單、美妙、自由，容易之至，我以為那題很好。而有人仍發怨言者，想係入清華之心過切，或因他故而生忌嫉之感，不足介意。」

據此，陳寅恪所出對對子題有三，為中國文學研究所出的「墨西哥」最難，其次則「少小離家老大回」，「孫行者」其實較容易。另據蔣天樞稱，當年為二三年級轉學生所出題還有「莫等閒白了少年頭」[1]。後來相關各人的回憶，主要集中於「孫行者」一題，一是能力所及，二是故事稍多。卞僧慧所說，或許是陳寅恪不便舉「胡適之」，而以「王引之」應對。因為陳想到此題，是見蘇東坡詩有「前生恐是盧行者，後學過呼韓退之」一聯。「『韓盧』為犬名，『行』與『退』皆步履進退之動詞，『者』與『之』俱為虛字。東坡此聯可稱極中國對仗文學之能事。」[2]若以「胡適之」對，則「猢猻」戲謔稍過。連周祖謨也覺得，「胡先生是當時的社會名流，又是馳名中外的學者，我用他的名字對『孫行者』，未免對長者有不恭之嫌」。他後來入北京大學中文系，「聽胡先生講課的時候，心中卻泛起往事來了，彷彿負疚很深似的，有點兒不好意思。」[3]則出題者的存心，更加不便公之於眾了。

陳寅恪以對對子為大學考題，在南北學界引起一陣風波，「以此招致紛紛非議」。首先是應考學生極不適應此類題型，「某大學，故都之負盛名者也，前歲取士命題，忽以對偶倡，尤新意者曰『孫行者』，於是有以『胡適之』對者，有以『陳果夫』對者，最雋者則為『祖沖之』，斯亦曠代才矣。試事終，下第者大噪。」[4]、「近來失意考生，及嫉妒本校之『無聊份子』，頻在報尾批評本校國文試題中『對對子』一項，又對『夢遊清華園記』作文題不滿，後竟牽涉至報名費問題」[5]。其次

---

1 蔣天樞《陳寅恪先生傳》，《陳寅恪先生編年事輯》增訂本，第 221 頁。該文也提到，一年級試題除「孫行者」外，還有「少小離家老大回」。
2 《與劉叔雅論國文試題書‧附記》，陳美延編：《陳寅恪集‧金明館叢稿二編》，第 257 頁。
3 周祖謨：《陳寅恪先生論對對子》，張傑、楊燕麗選編：《追憶陳寅恪》，第 147 頁。
4 陳旭旦：《國蠹》，《國學論衡》第一期，一九三三年十二月一日。
5 《「對對子」意義——陳寅恪教授發表談話》，《清華暑期週刊》第 6 期，一九三二年八月十七日。

則新舊兩派學人對此均有表示不解者。陳寅恪自稱:「今日言之,徒遭流俗之譏笑。然彼等既昧於世界學術之現狀,復不識漢族語文之特性,挾其十九世紀下半世紀『格義』之學,以相非難,正可譬諸白髮盈顛之上陽宮女,自矜其天寶末年之時世妝束,而不知天地間別有元和新樣者在。」[1]在致傅斯年信中又說:「總之,今日之議論我者,皆痴人說夢、不學無術之徒,未曾夢見世界上有藏緬系比較文法學,及印歐系文法不能適用於中國語言者,因彼等不知有此種語言統系存在,及西洋文法亦有遺傳習慣不合於論理,非中國文法之所應取法者也。」[2]

一九三〇年代初,國民黨和國民政府為了鞏固統一政權,加強思想控制,而社會各界對五四新文化運動以來的一些偏激也試圖反省調整,各種勢力之間的糾葛,多以新舊衝突的形式展現。以對對子為大學考題一事,難免引起各種解讀,成為矛盾焦點。面對壓力,早已決意不為諸如此類事牽扯糾纏的陳寅恪不得不起而辯駁[3]。他先在《清華暑期週刊》第六期發表「答記者問」[4],繼而致函劉文典,詳細闡述出題的理由。此節關係中國語文特性,已經前人詳細論述,且不在本文所欲討論範圍之內。唯「答記者問」前人少有引述,又與本文主題關係密切,值得稱引:

今年國文題之前兩部、對對子及作文題,皆我(陳先生自稱)所

---

1 《與劉叔雅論國文試題書・附記》,陳美延編:《陳寅恪集・金明館叢稿二編》,第256頁。
2 《致傅斯年》二十二,陳美延編:《陳寅恪集・書信集》,第42-43頁。
3 陳寅恪留學期間就因「吾國人情勢隔閡,其自命新學通人,所見適得其反」,表示在國中「不論政,不談學,蓋明眼人一切皆以自悉,不須我之述說。若半通不通,而又矜心作氣者,不足與言,不能與辯,徒自增煩惱耳」(吳宓著、吳學昭整理註釋:《吳宓日記》第2冊,第66頁)。
4 蔣天樞:《陳寅恪先生傳》,《陳寅恪先生編年事輯》增訂本,第221頁。

出，我完全負責，外面有人批評攻訐，均抓不著要點，無須一一答覆，將來開學後，擬在中國文學會講演出題用意及學理，今暫就一二要點談其大概。入學考試國文一科，原以測驗考生國文文法及對中國文字特點之認識。中國文字固有其種種特點，因其特點之不同，文法亦（不？）能應用西文文法之標準，蓋中文文法屬於「西藏緬甸系」而不屬於「Indo-European」系也。國文完善的文法的成立，必須經過與西藏緬甸系文法作比較的研究，現在此種比較的研究不可能，文法尚未成立，「對對子」即是最有關中國文字特點，最足測驗文法之方法。且研究詩詞等類的文學，對對子亦為基礎知識。出對子之目的，簡言之即測驗考生（1）詞類之分辨：如虛字對虛字，動詞對動詞，稱謂對稱謂，代名詞形容詞對代名詞形容詞等；（2）四聲之瞭解：如平仄相對，求其和諧；（3）生字（Nocabulary）大小及讀書多少：如對成語，須讀書（詩詞〔典〕故）多，隨手掇拾，俱成妙對，此實考生國學根底及讀書多少之最良試探法；（4）思想如何：妙對巧對不惟字面上平仄虛實盡對，「意思」亦要對工，且上下聯之意要「對」而不同，不同而能合，即辯證法之「一正、一反、一合」。例如後工字廳門旁對聯之末有「都非凡境」、「洵是仙居」，字面對得甚工，而意思重複，前後一致，且對而不反，亦無所謂合，尚不足稱為妙對。如能上下兩聯並非同一意思，而能合起成一文理，方可見腦筋靈活，思想高明。基上所述，悉與國文文法有密切之關係。為最根本、最方便、最合理之測驗法無疑。評判標準，即基前項，（一）文法方面，如平仄虛實詞類之對否；（二）意思對工不工，及思想如何。分數則僅占百分之十；若文法恰好，巧合天成，可得四十分；即完全不對，亦不過扣國文總分百分之十，是於提倡中已含體恤寬

待之意。其所以對對題中有較難者,實為有特長之考生預備。[1]

期間傅斯年也風聞其事,特致函詢問。陳寅恪於八月十七日復函,概略談了他的看法:「清華對子問題乃弟最有深意之處,因考國文不能不考文法,而中國文法在緬藏語系比較研究未發展前,不能不就與中國語言特點最有關之對子以代替文法,蓋借此可以知聲韻、平仄、語辭、單複詞藏貧富,為國文程度測驗最簡之法。⋯⋯若馬眉叔之謬種尚在中國文法界有勢力,正須摧陷廓清,代以藏緬比較之學。中國對子與中國語之特點最有關,蓋所謂文法者,即就其語言之特點歸納一通則之謂,今印歐系格義式馬氏文通之文法,既不能用,捨與中國語特點最有關之對子,而更用何最簡之法以測驗學生國文文法乎?」陳寅恪還特意表示:「以公當知此意,其餘之人,皆弟所不屑與之言比較語言文法學者,故亦暫不談也。此說甚長,弟擬清華開學時演說,其詞另載於報紙。⋯⋯弟意本欲藉此以說明此意於中國學界,使人略明中國語言地位,將馬氏文通之謬說一掃,而改良中學之課程。明年若清華仍由弟出試題,則不但仍出對子,且只出對子一種,蓋即以對子作國文文法測驗也。」[2]

陳寅恪的開學演說,也就是《清華暑期週刊》第六期的答記者問所提到的「將來開學後,擬在中國文學會講演出題用意及學理」,迄未發見,載於報紙之詞有二,其一為一九三二年八月十七日《清華暑期週刊》第六期刊載的答記者問〈「對對子」意義——陳寅恪教授發表談話〉,其二即致劉文典函,先於一九三二年九月五日在天津《大公報·

---

[1] 《「對對子」意義——陳寅恪教授發表談話》,《清華暑期週刊》第六期,一九三二年八月十七日。

[2] 《致傅斯年》二十二,陳美延編:《陳寅恪集·書信集》,第 42-43 頁。事後陳寅恪就此發表談話時還表示,擬在中國文學會講演出題用意及學理,亦未見。

文學副刊》發表,繼而又刊登於一九三三年七月出版的《學衡》第七九期。

陳寅恪「只得任彼等是其所是,而非其所非。吾輩固不必,且無從與之校量也」的態度,以及答記者問、與劉文典書闡述周詳深入,平息了大部分議論,但仍有些異調。一九三三年底蘇州國學會出版的《國學論衡》第一期刊登了陳旭旦的〈國蠹〉一文,對此事不無微詞:「主試者則揭解嘲文於報端曰:對偶者,獨體文字之所特具,亦即國學精神所寓也,旁徵博引,累數千言,辭甚辯。人以其名震一時,夙為故都人士尊信,故難者無以難而難自解。我聆客語,忽憶及前年江蘇某大學文學系錄士,命題有天昊為何物,唐詩人三十六為何人,文選五臣注為何名。若髦士為百科全書,無所不記者。此豈國家所以養士之旨哉,我為之盡焉以傷。」將學界諸如此類的言行統統斥之為「國學之蠹」。這大概也在陳寅恪不屑與爭者之列。

二　中國比較研究的淵源

陳寅恪與劉文典書,除正面回應對對子問題外,更重要的是闡述了他對比較研究方法的意見。不僅從比較語言學的角度痛批馬氏文通,指為「何其不通如是」,還對附會中外學說的格義式比較提出批評:「西晉之世,僧徒有竺法雅者,取內典外書以相擬配,名曰『格義』,實為赤縣神州附會中西學說之初祖。即以今日中國文學系之中外文學比較一類之課程言,亦只能就白樂天等在中國及日本之文學上,或佛教故事在印度及中國文學上之影響及演變等問題,互相比較研究,方符合比較研究之真諦。蓋此種比較研究方法,必須具有歷史演變及系統異同之觀念。否則古今中外,人天龍鬼,無一不可取以相與比較。荷馬可比屈原,孔子可比歌德,穿鑿附會,怪誕百出,莫可追

詰，更無所謂研究之可言矣。」

「格義」之說，詳見陳寅恪《支愍度學說考》：「蓋晉世清談之士，多喜以內典與外書互相比附。僧徒之間復有一種具體之方法，名曰『格義』。『格義』之名，雖罕見載記，然曾盛行一時，影響於當日之思想者甚深……嘗謂自北宋以後援儒入釋之理學，皆『格義』之流也。佛藏之此方撰述中有所謂融通一類者，亦莫非『格義』之流也。即華嚴宗如圭峰大師宗密之疏盂蘭盆經，以闡揚行孝之義，作原人論而兼採儒道二家之說，恐又『格義』之變相也。」

與此相對，「我民族與他民族二種不同思想初次之混合品」還有「合本」。「蓋取別本之義同文異者，列入小注中，與大字正文互相配擬。即所謂『以子從母』，『事類相對』者也。」、「中土佛典譯出既多，往往同本而異譯，於是有編纂『合本』，以資對比者焉。『合本』與『格義』二者皆六朝初年僧徒研究經典之方法。自其形式言之，其所重俱在文句之比較擬配，頗有近似之處，實則性質迥異」。「夫『格義』之比較，乃以內典與外書相配擬。『合本』之比較，乃以同本異譯之經典相參校。其所用之方法似同，而其結果迥異。故一則成為附會中西之學說，如心無義即其一例，後世所有融通儒釋之理論，皆其支流演變之餘也。一則與今日語言學者之比較研究法暗合，如明代員珂之楞伽經會譯者，可稱獨得『合本』之遺意，大藏此方撰述中罕覯之作也。」

陳寅恪還引用敏度法師合維摩詰經序所說：「此三賢者，並博綜稽古，研機極玄，殊方異音，兼通關解，先後譯傳，別為三經同本，人殊出異。或辭句出入，先後不同，或有無離合，多少各異，或方言訓古，字乖趣同，或其文胡越，其趣亦乖，或文義混雜，在疑似之間，若此之比，其途非一。若其偏執一經，則失兼通之功。廣披其三，則文煩難究，余是以合兩令相附。以明所出為本，以蘭所出為子，分章斷句，使事類相從。令尋之者瞻上視下，讀彼按此，足以釋乖迂之

勞，易則易知矣。若能參考校異，極數通變，則萬流同歸，百慮一致，庶可以辟大通於未寤，閟同異於均致。若其配不相疇，儻失其類者，俟後明哲君子刊之從正。」認為「即今日歷史語言學者之佛典比較方法，亦何以遠過。……以見吾國晉代僧徒當時研究佛典，已能精審若是，為不可及也」[1]。

就比較研究而言，陳寅恪推崇合本子注法而批評格義法，顯然意在譏諷晚清以來附會中西學說的猖獗。除了痛批馬氏文通外，所舉要例為中國文學系中外文學比較一類課程。此事頗有幾分蹊蹺。當時中國各大學開設中外文學比較課程者極少，而且不在中國文學系，而在外國文學系。樂黛雲教授主編《中西比較文學教程》稱：吳宓一九二四年在東南大學開設的「中西詩之比較」，是中國第一個比較文學性質的講座。而比較文學作為一門學科正式進入大學課堂是在二十世紀二〇年代末、三〇年代初。一九二九年十二月，英國劍橋大學文學系主任、語義派的創始人瑞恰慈（I. A. Richards）應邀到清華任教，在清華開設了「比較文學」和「文學批評」兩門課程，這是中國大學第一個以「比較文學」為名的正式課程。清華中文系則在朱自清、楊振聲的主持下，提出要「注意新舊文學的貫通與中外文學的結合」，在高年級學生中開設「中國文學專家研究」、「外國文學專家研究」等課程，同時開出「當代比較小說」、「佛教翻譯文學」選修課及「中國文學中印度故事研究」等專題課。中文系教師還在外文系開設「近代中國文學之西洋背景」等選修課。此外，北京大學、燕京大學、齊魯大學、復旦大學、中國公學、嶺南大學等學校也開設過類似的課程。[2]

上述細節方面有小誤，據齊家瑩編《清華人文學科年譜》，「佛教

1　《陳寅恪史學論文選集》，第 97-114 頁。
2　樂黛雲主編：《中西比較文學教程》，第 65-66 頁。

翻譯文學」應為陳寅恪所開設的「佛經翻譯文學」,「中國文學中印度故事研究」應為「中國文學中佛教故事之研究」,而開設「近代中國文學之西洋背景」的葉崇聖,即葉公超,一九二九年至一九三五年一直任教於清華大學外文系。瑞恰慈到清華任教是在一九二九年九月,其一九二九至一九三一年在外文系所開課程為:「第一年英文」、「西洋小說」、「文學批評」、「現代西洋文學(一)詩(二)戲劇(三)小說」等[1]。所謂瑞恰慈開設的「比較文學」,似從未出現在正式課表上。直到一九三四至一九三五年度,才有翟孟生(R. D. Jamesan)的「比較文學研究」作為外國語文學系的研究部暫設課程。或謂翟氏曾據瑞恰慈的觀點和講稿寫成《比較文學》的批評著作,對英、法、德三國文學進行了比較研究。[2] 這大概是指一九三四年四月翟孟生發表於《清華學報》第九卷第二期的《Onthe Comparision of Literature》。這些描述,容易令人理解為翟孟生的著述及講學,均為受瑞恰慈影響的結果。其實二者之間是否有直接聯繫,以及究竟怎樣聯繫,仍需進一步考察。有學人便聲稱在清華外文系講比較文學的,「先是曾任美國芝加哥大學教授的翟孟生,後是曾任英國劍橋大學英國文學系主任的瑞恰慈」[3],次序剛好相反。

　　至於清華大學中國文學系,鑒於當時「中國各大學的國學系,國文學系,或中國文學系的課程,範圍往往很廣;除純文學外,更涉及

---

[1] 齊家瑩:《清華人文學科年譜》,第 89 頁。所記可與一九三一年《清華大學本科學程一覽》相印證。該學程自一九二八年以來一直實行。吳宓日記一九二九年九月十八日記:「Richards 願代授《第一年英文》二小時,而宓則允助 Richards 君研究中國文字學術云。」吳宓著、吳學昭整理註釋:《吳宓日記》第四冊,第 292 頁。

[2] 樂黛雲著:《比較文學原理》,第 33 頁。

[3] 黃延復:《吳宓先生與清華》,《第一屆吳宓學術討論會論文選集》,轉引自李繼凱、劉瑞春選編:《追憶吳宓》,第 294 頁。

哲學、史學、考古學等。他們所要造成的是國學的人才，而不一定是中國文學的人才。對於中國文學，他們所要學生做的是舊文學研究考證的工夫，而不及新文學的創進」，自一九二八年楊振聲被聘為教授兼主任後，對於這樣的狀況深致不滿，認為更重大的使命是創造新文學，因而提出一個新的目的，就是「創造我們這個時代的新文學」。而創造新文學的重要途徑之一，「便是參考外國文學」[1]。

這段話出自一九三一年朱自清代理清華大學中文系主任時撰寫的《中國文學系概況》，在瀰漫著「非考據不足以言學術」氣氛的北平學術界，多少有些隱晦。據楊振聲後來的回憶，當時所面對的主要問題是，「自新文學運動以來，在大學中新舊文學應該如何接流，中外文學應該如何接流……可是中國文學系一直在板著面孔，抵拒新潮。如是許多先生在徘徊中，大部學生在困惑中。這不止是文言與語體的問題，而實是新舊文化的衝突，中外思潮的激盪。大學恰巧是人文薈萃，來協調這些衝突，綜合這些思潮所在的，所以在文法兩院的科系中，如哲學、歷史、經濟、政治、法律各系都是治古今中外於一爐而求其融合貫通的，獨有中國文學與外國語文二系深溝高壘，旗幟分明。這原因只為主持其他各系的教授多歸自國外；而中國文學系的教授深於國學，對新文學及外國文學少有接觸，外國語文系的教授又多類似外國人的中國人，對中國文化及文學常苦下手無從，因此便劃成二系的鴻溝了」、「朱自清先生是最早注意到這個問題的一個。」、「系中一切計劃，朱先生與我商量規定者多。那是清華國文系與其他大學最不同的一點，是我們注意新舊文學的貫通與中外文學的融會。」、「在當時的各大學中，清華實在是第一個把新舊文學、中外文學聯合在一

---

[1] 朱自清：《中國文學系概況》，《清華週刊・嚮導專號》，第 514、515 期合刊，一九三一年。

起的。」[1]

楊振聲事後的回憶，因語境大變，也不免誇張。當時改造課程的原則是：「一方面注重研究我們自己的舊文學，一方面參考外國的新文學。」[2]所開設的課程舊的仍占多數，「新的只有當代比較文學、中國新文學研究、新文學習作三種。」[3]朱自清所說「當代比較文學」，應為楊振聲自一九二九年度所開設的選修課「當代比較小說」之誤。而參考外國文學的具體措施，是在必修課中增加由外國語文系教師開設的西洋文學概要和西洋文學專集研究兩科，並計劃增設第二外語。不過楊振聲、朱自清等人確有進行中外比較文學研究或教學的設想，據楊振聲《中國文學系的目的與課程的組織》，該系自一九二八年十月改訂課程後，目的就是要一方面注意研究中國各體文學，一方面注意於外國文學各體的研究，「對文學的各體都親炙了，再貫之以中國文學批評史。對於中外文學都造成相當的概念了，再證之以中外比較文學。對於某家或某體文學養成相當的傾向了，再繼之以文學專家研究」[4]。

一九三〇年暑假後，楊振聲就任青島大學校長，由朱自清代理清華大學中國文學系主任。一九三一年八月，朱自清休假游歐，由劉文典繼任。到一九三二年九月朱自清歸國，再正式擔任清華大學中國文學系主任。從時間上看，劉文典任內的對對子風波，應由朱自清來善後。目前找不到朱自清對於此事的直接表態，值得注意的是，一九

1　楊振聲：《為追悼朱自清先生講到中國文學系》，《文學雜誌》第三卷第五期，一九四八年一〇月。引自齊家瑩：《清華人文學科年譜》，第85-86頁。

2　一九二九至一九三〇年度《清華大學一覽‧大學本科學程一覽》，引自齊家瑩：《清華人文學科年譜》，第84頁。

3　朱自清：《中國文學系概況》，《清華週刊‧嚮導專號》，第514、515期合刊，一九三一年。

4　《清華週刊‧嚮導專號》，第514、515期合刊，一九三一年。

三二年十月三日,任教於清華中文系的浦江清來訪,談及兩大問題,「一、中國語言文字之特點,中國語乃孤立語,與暹羅、西藏同系,異於印歐之屈折語及日本、土耳其之黏著語,以位置定效用。又為分析的,非綜合的,乃語言之最進化者。中國字為象形,形一而聲可各從其鄉,所謂書同文,象形字不足用,幸有諧聲等五書輔之,乃可久存,見於記載,以省文故,另成一體與語言離,如今之拍電報然,又如數學公式然。故中國文開始即與語離。中國文學當以文言為正宗。至《尚書》之文難讀者,蓋雜白話分子多。又謂以後文體變易,大抵以雜入白話分子故。……二、比較文學史方法:中國中古文學多受印度影響,小說話與詩雜,繼乃移詩於前,話漸多。此種詩至宋變為大曲,又變為諸宮調,為戲曲之原。至唐七言詩則受波斯影響,日本、朝鮮則被中國影響。又謂人類學有所謂傳佈說,為文化大抵由傳佈,異地各自獨立發展同樣文化者,絕鮮其例。因思希臘無小說,印度無戲劇,至亞歷山大東征後乃相交易而有。故元曲實間接受希臘影響,其具悲劇味蓋非無因。」聞此朱自清嘆道:「浦君可謂能思想者,自愧弗如遠甚。」[1]其實浦江清此前擔任陳寅恪的助手,而陳那時對身邊人尚能坦言人事學問,因而浦江清所說,往往可見陳寅恪的影子。

　　浦江清的到訪及其所論,雖然不一定與對對子一事直接相關,但時間如此湊巧,話題又復切近,而且相關各人與此事多有關聯,多少反映了一些背景。是年底,清華中國文學系教授會通過《改定必修選修科目案》,除保留新文學課程和外文課程外,開始偏重於古典文學的研究,新開設「國學要籍」一類的課程,並將全部課程大致分為中國文學與中國語言文字兩類,以培養古典文學研究和中國語言文字學

---

[1] 朱喬森編:《朱自清全集・日記編》第九卷,第 163-164 頁。

研究的人才。[1]但這一變動並不影響朱自清對比較文學的重視。他於一九三四年寫的《中國文學系概況》，仍然堅持：「本系必修課程，以基本科目及足資比較研究之科目為限。……所謂足資比較研究之科目，指西洋文學概要及英文文字學入門兩科而言。比較研究不獨供給新方法，且可供給新眼光，使學者不致抱殘守缺，也不致侷促一隅。」[2]

三　影響研究與平行比較

針對中國文學系比較文學一類課程的批評，即使當事人主觀所指不包括外國語文系，實際影響也必然波及。較早將比較文學觀念引進中國、又任教於清華外文系的吳宓於一九三四年說：「其《與劉文典教授論國文試題書》及近作《四聲三問》一文，似為治中國文學者所不可不讀者也。」[3]而清華的外國文學系在選修他系文學科課程方面，認為「中國文學與西洋文學關係至密」，無論是創造中國的新文學、還是將中西文明精神及文藝思想互為傳播，中國文學史學之知識修養均不可不豐厚，因此特別「注重與中國文學系聯絡共濟」[4]。以吳宓的觀念，也應當在不可不讀陳寅恪文之列。

吳宓的學術傳承，可謂正規的比較文學科班出身，與半路出家者的參野狐禪不可同日而語。他留學哈佛大學時，在比較文學系師從法國文學及比較文學教授白璧德（I. Babbitt），修過後者講授的比較文學課程。從比較文學學術史的角度看，二十世紀前半葉是法國學派的影

---

[1] 齊家瑩編撰：《清華人文學科年譜》，第124頁。
[2] 《清華週刊》第588-589期合刊，一九三四年六月一日。
[3] 吳宓：《外國文學系課程編制大旨》，《國立清華大學校刊》第398號，一九三二年四月二十七日。
[4] 《吳宓詩集・空軒詩話》十二，引自吳學昭：《吳宓與陳寅恪》，第80頁。

響研究占據主導地位,後半葉才有美國的平行比較異軍突起。白璧德的正式課程講授,仍以影響研究為正鵠。一九一八至一九一九年度吳宓所選比較文學課程即為《盧梭及其影響》,他為該課程以及另一《近世文學批評》課合撰的論文,題為「Shelleyasa Disciple of Rousseau」,自譯為「論雪萊之生活及思想,所受盧梭之影響甚大」。一九一九至一九二〇年度選修的比較文學課程為白璧德的《十九世紀浪漫主義運動》、珀瑞(Bliss Perry)教授的《十八、十九世紀小說類型》,撰寫的論文則為《盧梭與羅拔士比》(Rousseauand Robespierre),吳宓自注為:「即是:盧梭對羅拔士比之影響」[1]。一九二〇年吳宓應同學力邀,撰寫《論新文化運動》投登《留美學生季報》,文中談及「文學之變遷,多由作者不摹此人而轉彼人,捨本國之作者,而取異國為模範,或捨近代而返求之於古代,於是異采新出,……近者比較文學興,取各國之文章,而研其每篇每章每字之來源,今古及並世作者互受之影響,考據日以精詳。」[2]由此可見其學術訓練之所在與治學方法之旨歸。

但這並不等於說白璧德和吳宓不用平行比較的觀念。照吳宓說,白璧德於「西洋古今各國文學而外,兼通政術哲理,又嫻梵文及巴利文,於佛學深造有得,雖未通漢文,然於吾國古籍之譯成西文者靡不讀。特留心吾國事,凡各國人所著書,涉及吾國者,亦莫不寓目。」其學說則主張「宜博採東西,並覽古今,然後折衷而歸一之。夫西方有柏拉圖、亞里士多德,東方有釋迦及孔子,皆最精於為人之正道,而

---

[1] 吳宓著、吳學昭整理:《吳宓自編年譜》,第 178-179 頁、197 頁。吳宓還選修過勃里斯・帕瑞的比較文學課程《抒情詩》(吳宓著、吳學昭整理註釋:《吳宓日記》第 2 冊,第 14 頁)。

[2] 引自《學衡》第四期,一九二二年四月。

其說又在在不謀而合。」[1]吳宓翻譯了白璧德一九二四年出版的《民治與領袖》一書的第五章《論歐亞兩洲文化》,「昔在新古學派盛行時代,著書立說者,每喜細究禮之一義。或且以東西兩大陸劃分界限,而曰歐洲人之有禮者(即足為歐洲人之表率者)如何如何,亞洲人之有禮者(即足為亞洲人之表率者)如何如何,以細較其異同焉。此類之說,驟觀之似若謬妄,而其實不然。蓋亞西亞人與歐羅巴人之性行,根本不同。其不同之處,不但可以審知,抑且可以言說而論定之也。惟所謂歐洲云云,非指歐洲之全體,乃指其一部分而言。而於亞洲亦然」。白璧德以釋迦牟尼、耶穌、孔子、亞里士多德為四聖,認為「西方之人文大師,以亞里士多德為最重要,孔子與亞里士多德立說在在不謀而合。」同時又指出:「亞里士多德與孔子,雖皆以中庸為教,然究其人生觀之全體,則截然不同,而足以顯示歐洲人與亞洲人習性之殊異焉。……西方有蘇格拉底,其專務道德,與孔子同,故舍亞里士多德,而取蘇格拉底與孔子比較,則不復見東西人習性之不同矣。」[2]白璧德的論斷當否姑且不論,其所用比較的觀念及方法,顯然不僅是以事實為依據的影響法,而類似以問題為中心的平行法。

　　吳宓本人學習比較文學時,也自覺或不自覺地使用平行法比較東西文化。一九二〇至一九二一年度他選修政治學課程《歐洲政治學說史》,寫了一篇長達四十頁的論文《孔子、孟子之政治思想與柏拉圖及亞里士多德比較論》,並在論文中提出要進行一項研究,即以孔子、孟子之全部思想、學說,與柏氏、亞氏之全部思想、學說作比較研究。[3]如果不拘泥於比較文學的範圍,而用陳寅恪的觀念看,此類比較,與

1　胡先驌譯:《白璧德中西人文教育說》吳宓附識之按語,《學衡》第三期,一九二二年三月。

2　吳宓譯:《白璧德論歐亞兩洲文化》,《學衡》第38期,一九二五年二月。

3　吳宓著、吳學昭整理:《吳宓自編年譜》,第207頁。

以荷馬比屈原、孔子比歌德，相去似也不太遠。吳宓歸國後據說是最早在中國開設比較文學課程之人，有學人譽之為中國比較文學之父，所講《中西詩之比較》，大體也並非影響法的路徑。[1]因此有人提出，「如今談比較文學，不僅要追溯到吳宓，而且有必要研究一下吳宓當年怎樣對中西文學進行過平行比較」[2]。

有學人以為，陳寅恪《與劉叔雅教授論國文試題書》表明，他「只認可有事實聯繫的影響研究的方法，而對無事實聯繫的平行研究頗不以為然」。「在今天看來，陳先生的這種觀點未免失之偏頗。注重實證的影響研究固然重要，必不可少；但如果比較文學只囿於此種研究方法，那麼比較文學的天地將大為縮小，因為能夠找到事實聯繫的國與國之間的文學影響畢竟是有限的。……如果陳先生能活到今天，相信他會愉快地修正自己的觀點的，事實上，在解放後寫的《論再生緣》等文章中，陳先生已開始運用平行研究的方法，以考察中西文學的異同。」[3]此論看似不無道理，與今人對中國比較文學發展史的看法大致吻合，但回到歷史現場，放眼於比較研究的全體以及陳寅恪對於比較研究的系統觀念，細究起來，則頗多可議。

從學術角度看，比較研究進入中國相當早，只是開始不一定與文學發生聯繫。與近代許多觀念一樣，比較研究出現於中國，與日本的影響關係甚大。或許由於學科本身的需要，法學體系內較早使用比較研究的概念。康有為一八九七年編就的《日本書目志》，在「法律門」的「外國憲法」項下列有辰已小二郎著的《萬國現行憲法比較》，在「法理學」項下列有松野貞一郎、伊藤悌治譯的《羅英佛蘇各國比較法

1　參見趙連元《吳宓——中國比較文學之父》，《四川大學學報》一九九〇年第二期。
2　馮至：《略說吳宓》，李繼凱、劉瑞春選編：《解析吳宓》，第5頁。
3　袁荻湧：《陳寅恪與比較文學》，張傑、楊豔麗選編：《解析陳寅恪》，第249頁。

理論》[1]。以日本學制為藍本編制的《奏定大學堂章程》，理學門科目有「比較法制史」，政治學門和法律學門科目均有「東西各國法制比較」[2]。此後這一精神一直貫徹，進入民國，北洋大學法律學門設有「比較法制史」，山西大學法律學門則有「比較法審判實習」[3]。

依據《奏定學堂章程》，中國史學門科目雖然沒有直接冠名為比較者，但在「中國史學研究法」一科所解釋的「研究史學之要義」中註明：要注意「外國史可證中國史之處」[4]。不過，與明治後日本教育的規章及實踐相比，《奏定學堂章程》的制定者顯然有所取捨。王國維對此提出尖銳批評，除要求合經學科於文學科大學中、增加哲學課程外，還規劃了各學科應設科目，其中史學科增設「比較言語學」和「比較神話學」。王國維與歐洲各國大學對照，批評《奏定學堂章程》「但襲日本大學之舊」[5]，但比較語言學早已在東京大學的規程之內，其言語學科及英、法、德等國文學科均設「羅孟斯語及綽托奴語比較文法」和「印度歐羅巴語比較文法」課程。[6]

王國維結合歐日的設想，要落實於中國的教育及學術，還有相當長的路要走。直到一九二〇年代初，北京大學開始研究國學，在鋼和泰等人的影響下，將比較言語學列為「與國學相關之各種科學」，要

1　姜義華編校：《康有為全集》第三卷，第781、783頁。此目錄的分類與編輯，至少不出自康有為一人之手。

2　朱有瓛主編：《中國近代學制史料》第二輯上冊，第775-781頁。

3　《北洋大學校週年概況報告》，《教育公報》第十一冊，一九一五年四月；《山西大學校報告五週年概況報告書》（1916年18月至1917年7月），《教育公報》第五年第四期，一九一八年四月。均見潘懋元、劉海峰編：《中國近代教育史資料彙編・高等教育》，第410、419頁。

4　朱有瓛主編：《中國近代學制史料》第二輯上冊，第775-781頁。

5　王國維：《奏定經學科大學文學科大學章程書後》，《東方雜誌》一九〇六年第六期。

6　關庚麟撰：《日本學校圖論》，王寶平主編、呂長順編著：《晚清中國人日本考察記集成・教育考察記》，第181-182頁。

「與以相當之地位」[1]。受此影響，一九二六年廈門大學國文系改革課程，選修他系科目中列有「比較語言學」[2]。而在北大，一九三一至一九三二年度文學院中國文學系有金九經開設的「中日韓字音沿革比較研究」，史學系有陳受頤開設的「近代中歐文化接觸研究」[3]。清華大學改制後，西洋哲學組課程設有「比較哲學思想」和「比較宗教」兩門。後來社會學系設有「比較宗教學」。

研究方面，無論中國學人還是外國來華學者，都不乏進行中外比較研究者。僅以與清華有關者為例，一九二四年三月，為紀念戴震誕辰二百週年，尉禮賢（R.Wilheim）到清華大學演講「中國之戴東原與德國之康德」[4]。一九二八年三月，吳宓應該校終南社之邀，演講《中國文學與西洋文學之比較》，要點為：「中國文學之優點有三。（一）以人為中心 Humantic。（二）有限的形式之完美 Limited Perfection of Form。（三）文字兼具形聲之美。中國文學之缺點亦有三。（一）無高遠之感情 No Religious，or Tragic Experience or Feeling。（二）無深邃之哲理。（三）無宏大之著作。」任教於清華外文系的溫特（winter）後在科學館演講《中畫與西畫之比較》[5]。

到一九三四年，馮友蘭在國際哲學會議上演講「現代中國哲學」，將現代中國哲學史的發展分為三期，首期為以舊說舊，即以老的思想方法闡述過去的哲理；二期為說明東西方哲理的差別；三期則「使用

1　《國立北京大學國學季刊編輯略例》，《國學季刊》第一卷第一號，一九二三年一月。
2　《國文系課程草案》，《廈大週刊》第157期，一九二六年十月二日。
3　《北京大學法、文、理學院各系課程大綱》，《北京大學日刊》第2682號，一九三一年九月十四日。
4　《要聞》，《清華週刊》第305期，一九二四年三月十四日。
5　吳宓著、吳學昭整理註釋：《吳宓日記》第四冊，第35、41頁。

類比的方法使東西方的哲理更為人所瞭解。最後一個時期的學者樂於對東西方哲理作相互解釋」，並以為「我們不久將會看到，中國的哲學思想將用歐洲的邏輯和明確的思維加以闡明」[1]。

抗戰以後，清華大學為促進文法各系同仁的研究工作，設立社區比較和文化比較等三個研究室，前者要將所得與其他國家中之社區比較，後者更著重於中西文化比較，自人文學科以至文化人類學，均可包括在內，具體計劃有潘光旦的「先秦及希臘哲學之比較研究」，政治、經濟、社會三系中教授思想史之諸同人的「西方思想與中國社會變遷之關係」等。次年又設立了社區比較研究、文化比較研究等委員會，分別由吳景超、馮友蘭任主席。[2]

晚清以降，「西學」由卑而尊，學貫中西變成中國學術的至高境界，溝通中西自然成為學人普遍追求的目標。而留學生尤為敏感。與吳宓一樣，留學國外的中國學人往往喜歡選擇中西比較的課題，或包含此項內容。清末蔡元培留學德國，在萊比錫大學世界文明史研究所研究比較文明史。[3] 馮友蘭留學期間，即有意將西方哲學史與中國哲學史相比較，並以經院學派、近代哲學、近代科學三期與中國對應，又作專文〈論「比較中西」（為談中西文化及民族論者進一解）〉，批評「空口談論文明及民族性之優劣」，其博士論文〈天人損益論〉（The Way of Decrease and Increase with Interpretations and Illustrations from the Philosophies of the East and the West），比較東西方哲學家關於天然與人為的觀念，照馮友蘭自己的看法，「這實際上是一種中西哲學史比較研究的工作」[4]，所以後來出版英文版時，乾脆改名為《人生理想之比

1　朱喬森編：《朱自清全集・日記編》第九卷，第 322-323 頁。
2　齊家瑩編撰：《清華人文學科年譜》，第 330-331、360 頁。
3　《傳略》，高平叔編：《蔡元培全集》第三卷，第 327 頁。
4　馮友蘭：《三松堂自序》，第 193 頁。

較研究》（A Comparative Study of Life Ideals）[1]。一九二二年許仕廉在美國愛荷華大學做博士論文〈孔孟政治哲理〉，其中第二部分為「孔孟政治哲理與西洋學者的政理比較的研究」[2]。陳受頤則於一九二八年在芝加哥大學以 The influence of China on English culture during the 18th century 一文獲得博士學位。[3]

戊戌尤其是五四新文化運動以來，思想文化日益以西為新，新派學人著書立說，鮮有不以西洋為參照者。只是做法各異，途則不一，簡單附會而外，或以本土資料填充外來框架，或以外來理論解釋固有知識，或做超越時空的系統對應，或探索接觸影響的脈絡變化。對近代新學的形成起過至關重要作用的梁啟超，一九○二年撰寫《論中國學術思想變遷之大勢》，就以專節比較先秦學派與希臘、印度學派。一九○四年編輯《子墨子學說》，又以專節比較中西宗教家哲學家之愛說。一九一九年出版的胡適《中國哲學史大綱》，聲明：「我所用的比較參證的材料，便是西洋的哲學。……故本書的主張，但以為我們若想貫通整理中國哲學史的史料，不可不借用別系的哲學，作一種解釋演述的工具。」蔡元培為之作序，也肯定「我們要編成系統，古人的著作沒有可依傍的，不能不依傍西洋人的哲學史。所以非研究過西洋哲學史的人不能構成適當的形式」[4]。

劉文典任教於北京大學期間，寫了〈怎樣叫做中西學術之溝通〉的長文，一面批評好以「古已有之」附會中西學說的所謂「溝通家」，

1　蔡仲德著：《馮友蘭先生年譜初編》，第37-55頁。
2　一九二二年六月七日許仕廉致胡適，杜春和、韓榮芳、耿來金編：《胡適論學往來書信選》上冊，第485頁。
3　袁同禮編：A Guide to Doctoral Dissertations by Chinese Studentsin America 1905-1960，p11。
4　歐陽哲生編：《胡適文集》六，第155、182頁。

一面肯定「各系文明的發達，時間上雖難免有些參差，那路徑卻都是一致的」，希望「有那好學深思之士，具有綜觀世界各系文明的眼光，去了這虛體面的客氣，曉得了近世科學的方法、性質、價值，明白了學術之歷史的發達路徑，把中西學術作個比較的研究，求兩系文明的化合，這倒是學界一種絕大的勝業。要照這樣的溝通，中國的玄學、心學、政治哲學、人生哲學，可以和西洋學術溝通的處所多著呢」。並對胡適《中國哲學史大綱》一書導言所表明的對待東西學術思想的識見與胸襟大加讚賞，勸胡適「再用幾年心力，做一部需要最切的、西洋學者都還想不到、做不出的《比較哲學史》，把世界各系的古文明，做個大大的比較研究」。而且斷言：「我以為除了這種研究之外，再沒有什麼中西學術的溝通了。」[1]

運用比較研究方法解釋、建立或重建中國的哲學體系，是胡適留學美國時已經確立的自覺。他在博士論文的導論中明確表示：「更重要的還是我希望因這種比較的研究可以使中國的哲學研究者能夠按照更現代的和更完全的發展成果批判那些前導的理論和方法，並瞭解古代的中國人為什麼沒有因而獲得現代人所獲得的偉大成果。」歸國途中他在輪船上重申：「我比過去的校勘者和訓釋者較為幸運，因為我從歐洲哲學史的研究中得到了許多有益的啟示。只有那些在比較研究中（例如在比較語言學中）有類似經驗的人，才能真正領會西方哲學在幫助我解釋中國古代思想體系時的價值。」[2]

胡適對於學院派的比較研究多少有所瞭解，留美期間，他參加過康乃爾大學基督教青年會組織的「宗教之比較研究」演講活動。[3]一九

---

[1] 《北京大學日刊》第 469、470、471 號，一九一九年十月二十五、二十七、二十八日。

[2] 歐陽哲生編：《胡適文集》六，第 4、12 頁。

[3] 曹伯言整理：《胡適日記全編》一，第 224-225 頁。

二二年,他撰文介紹用比較研究法研究歌謠的「母題」,頗為地道,表明他至少看過有關的西書。[1]在一九二三年發表的〈〈國學季刊〉發刊宣言〉中,胡適提出研究國學要注意「博採參考比較的材料」,「用比較的研究來幫助國學的材料的整理與解釋」,並批評「向來的學者誤認『國學』的『國』字是國界的表示,所以不承認『比較的研究』的功用。最淺陋的是用『附會』來代替『比較』,……附會是我們應該排斥的,但比較的研究是我們應該提倡的。有許多現象,孤立的說來說去,總說不通,總說不明白;一有了比較,竟不須解釋,自然明白了」。又舉了語言學、制度史、音韻學、哲學史、政治思想史、文學史的眾多實例,還附帶提及宗教、民俗、美術等研究,也須利用參考比較的材料。[2]因此這幾乎可以看成是一篇用比較法研究中國學問的宣言。

不過,胡適雖然摒棄簡單附會,所列舉的比較類型依然相當混雜。音韻學方面因為有鋼和泰等人的影響,用方言、藏文及日、朝、安南語為對象,合乎比較語言學的規則,但以西洋文法比文言詞性,以西洋議會制度史理解中國御史制度的性質與價值,以社會主義等西洋近世思想理解韓非、王莽、王安石等中國古代政治家的思想和政策,以柏拉圖的「法象論」比較易象,以亞里士多德的「類不變論」解釋荀子,其系統異同的可比性如何確定和把握,不無疑問。如胡適以為用印度因明學和歐洲哲學作參考,解讀《墨子・經上下》諸篇頗見成效,陳寅恪則認為整理國故者談墨學,仍是附會而非瞭解之同情,所著之中國哲學史,依其自身所遭際之時代,所居處之環境,所熏染之學說,以推測解釋古人之意志,即其今日自身之哲學史。[3]則胡

---

1 《歌謠的比較的研究法的一個例》,《努力週報》第 31 期,一九二二年十二月三日。
2 《國學季刊》第一期,一九二三年一月。
3 《馮友蘭中國哲學史上冊審查報告》,《陳寅恪史學論文選集》,第 507-508 頁。

適所謂「自然明白」，還是依據體驗直覺，因人而異，並非通則。

在中國比較研究的學術史上，陳寅恪占有重要位置。歸國之始，他在清華研究院擔任的指導學科，就包括古代碑誌與外族有關係者之比較研究、佛教經典各種文字譯本之比較研究。其運用比較語言學和比較宗教學的方法，研治中國文史所取得的多項重要成就，已經有目共睹。[1]尤其是發覆格義及合本子注，對於認識中國歷史上輸入融合外部文化的進程樣態，具有重要意義。〈與劉叔雅論國文試題書〉可謂陳寅恪關於比較研究的宣言。陳寅恪堅持「具有歷史演變及系統異同之觀念」，當是那時比較研究的正宗。所批評的種種現象，以今日的觀念看，似乎屬於平行研究的類型，而在陳寅恪本人，是否意味著完全否定平行研究的可能，則大有疑問。陳寅恪以理學為格義，而對理學的評價甚高，認為朱熹在中國，「猶西洋中世之 Thomas Aquinas（托馬斯・阿奎那斯，1225-1274，意大利神學家兼哲學家），其功至不可沒。」宋儒「皆深通佛教者。既喜其義理之高明詳盡，足以救中國之缺失，而又憂其用夷變夏也。乃求得兩全之法，避其名而居其實，取其珠而還其櫝。

採佛理之精粹，以之註解四書五經，名為闡明古學，實則吸收異教，聲言尊孔闢佛，實則佛之義理，已浸漬濡染，與儒教之宗傳，合而為一。此先儒愛國濟世之苦心，至可尊敬而曲諒之者也。」[2]由此對宋代學術文化高度重視。後來更加斷言：「真能於思想史上自成系統，有所創獲者，必須一方面吸收輸入外來之學說，一方面不忘本來民族之地位。此二種相反而適相成之態度，乃道教之真精神，新儒家之舊

---

1 參見錢文忠：《略論寅恪先生之比較觀及其在文學研究中之運用》，王永興編：《紀念陳寅恪先生百年誕辰學術論文集》，第 494 頁。

2 吳宓著、吳學昭整理註釋：《吳宓日記》第二冊，第 102-103 頁。

途徑，而二千年吾民族與他民族思想接觸史之所昭示者也。」¹一九四一年陳寅恪紀念許地山時稱：「寅恪昔年略治佛道二家之學，然於道教僅取以供史事之補證，於佛教亦止比較原文與諸譯本字句之異同，至其微言大義之所在，則未能言之也。後讀許地山先生所著佛道二教史論文，關於教義本體俱有精深之評述，心服之餘，彌用自愧，遂捐棄故伎，不敢復談此事矣。」²陳寅恪放棄宗教史的研究，另有原因，但至少顯示其在義理層面並不拘泥於影響研究。

陳寅恪總結王國維的治學內容及方法，舉三目以概括之，除地下之實物與紙上之遺文互相釋證外，異族之故書與吾國之舊籍互相補正、外來之觀念與固有之材料互相參證，均與比較研究關係密切。尤其是後一條，「凡屬於文藝批評及小說戲曲之作，如《紅樓夢評論》及《宋元戲曲考》、《唐宋大曲考》等是也」。照今人的眼光，王國維的《紅樓夢》評論，正在比較文學的先驅者之列。其所用方法，明顯不是影響研究。陳寅恪認為：「此三類之著作，其學術性質固有異同，所用方法亦不盡符會，要皆足以轉移一時之風氣，而示來者以軌則。吾國他日文史考據之學，範圍縱廣，途徑縱多，恐亦無以遠出三類之外。」³這同樣表明，陳寅恪並非絕對排斥平行比較一類的研究。

一九三三年四月，朱自清與浦江清談：「今日治中國學問皆用外國模型，此事無所謂優劣，惟如講中國文學史，必須用中國間架，不然則古人之苦心俱抹殺矣。」⁴這多少可以反映陳寅恪的看法。早在一九一九年陳寅恪與吳宓相識不久，就贈詩記吳宓「以西洋小說法程來

1　《馮友蘭中國哲學史下冊審查報告》，《陳寅恪史學論文選集》，第 512 頁。
2　《論許地山先生宗教史之學》，陳美延編：《陳寅恪集・金明館叢稿二編》，第 360 頁。
3　《王靜安先生遺書序》，陳美延編：《陳寅恪集・金明館叢稿二編》，第 247-248 頁。
4　朱喬森編：《朱自清全集・日記編》第九卷，第 213 頁。

衡量《紅樓夢》」[1]的《紅樓夢新談》，吳文被譽為繼王國維用美學哲學觀念分析解釋《紅樓夢》之後，用西方文學觀念評論《紅樓夢》的又一先驅之作。一九二三年，吳宓在《學衡》連載《希臘文學史》，用荷馬史詩比中國彈詞，並列舉十二個相似之處。[2]後來陳寅恪也以彈詞與印度希臘的史詩名著相比，《論再生緣》其事雖晚，機緣卻甚早。所謂「寅恪少喜讀小說，雖至鄙陋者亦取寓目。獨彈詞七字唱之體則略知其內容大意後，輒棄去不復觀覽，蓋厭惡其繁復冗長也。及長遊學四方，從師受天竺希臘之文，讀其史詩名著，始知所言宗教哲理，固有遠勝吾國彈詞七字唱者，然其構章遣詞，繁複冗長，實與彈詞七字唱無甚差異，絕不可以桐城古文義法及江西詩派句律繩之者，而少時厭惡此體小說之意，遂漸減損改易矣」[3]。只是陳寅恪推測彈詞與佛曲相關，果真如此，則仍然屬於影響研究的文類學範疇。在日常言談思考中，陳寅恪更加常用平行比較的觀念，觀察中外社會生活與精神文化的異同。留美期間，他與吳宓談法國大革命事，吳宓認為「與吾國之革命前後情形相類」。陳寅恪謂：「西洋各國中，以法人與吾國人，性習為最相近。其政治風俗之陳跡，亦多與我同者。美人則與吾國人，相去最遠，境勢歷史使然也。然西洋最與吾國相類似者，當首推古羅馬，其家族之制度尤同。稍讀歷史，則知古今東西，所有盛衰興亡之故，成敗利鈍之數，皆處處符合；同一因果，同一跡象，惟枝節瑣屑，有殊異耳。蓋天理人情，有一無二，有同無異。下至文章藝術，其中細微曲折之處，高下優劣、是非邪正之判，則吾國舊說與西儒之說，亦處處吻合而不相抵觸。」具體而言，則有「中國之哲學、美術，

1　吳學昭：《吳宓與陳寅恪》，第 4 頁。

2　參見（韓國）李泰俊：《吳宓與中國比較文學》，《紅岩》一九九八年第六期。

3　陳寅恪：《論再生緣》，《寒柳堂集》，第 1 頁。

遠不如希臘，不特科學為遜泰西也。但中國古人，素擅長政治及實踐倫理學，與羅馬人最相似。其言道德，惟重實用，不究虛理，其長處短處均在此」。「中國家族倫理之道德制度，發達最早。周公之典章制度，實中國上古文明之精華。至若周、秦諸子，實無足稱。老、莊思想尚高，然比之西國之哲學士，則淺陋之至。餘如管、商等之政學，尚足研究；外則不見有充實精粹之學說。」又以學術派分中外相較，將程朱、陸王之爭與西國賢哲相比擬。吳宓與之交往接談，覺得「中西實可古今而下，兩兩比例。中國之儒，即西國之希臘哲學。中國之佛，即西國之耶教⋯⋯中國史事，與西洋史事，可比較者尚多」。他在日記中記道：「自受學於巴師，飫聞梅、陳諸良友之緒論，更略識西國賢哲之學說，與吾國古聖之立教，以及師承庭訓之所得，比較參證，處處符合，於是所見乃略進。」[1]這些都是陳寅恪在「講宋學」的層面與平行比較暗合的例證。

四　具有統系與不涉傅會

　　雖然陳寅恪並不一概反對平行比較，其所批評的附會中西學說的種種表現，則確與平行比較相似，而所主張，又是當時居於正統地位的影響研究。其間的差異，雖有平行比較方法後來日趨完善的反襯，更重要的恐怕還是平行比較與影響研究相比，前者規則較寬泛，學人如果沒有建立在系統訓練基礎上高度自覺的嚴格自律，容易流於格義附會的歧途。正如陳寅恪評論清代經學極盛而史學不振的原因時所說，二者同為考據，號稱樸學，「所差異者，史學之材料大都完整而較備具，其解釋亦有所限制，非可人執一說，無從判決其當否也。經學

---

[1]　吳宓著、吳學昭整理註釋：《吳宓日記》第二冊，第58-59、68、100-102頁。

則不然,其材料往往殘闕而又寡少,其解釋尤不確定,以謹願之人,而治經學,則但能依據文句個別解釋,而不能綜合貫通,成一有系統之論述。以誇誕之人,而治經學,則不甘以片段之論述為滿足。因其材料殘闕寡少及解釋無定之故,轉可利用一二細微疑似之單證,以附會其廣泛難徵之結論。其論既出之後,故不能犂然有當於人心,而人亦不易標舉反證以相詰難。譬諸圖畫鬼物,苟形態略具,則能事已畢,其真狀之果肖似與否,畫者與觀者兩皆不知也。往昔經學盛時,為其學者,可不讀唐以後書,以求速效。聲譽既易致,而利祿亦隨之,於是一世才智之士,能為考據之學者,群捨史學而趨於經學之一途」。民國時期學人競言古史,「察其持論,間有類乎清季誇誕經學家之所為者」[1]。

影響研究與平行比較,在比較文學領域固然是兩大流派學術觀念的體現,但如清代的史學與經學,或光緒朝的公羊春秋與西北史地之學,一則規則與得失較易把握判斷,一則不易到達既能個別解釋,又能綜合貫通的高度,而誇誕者似是而非的附會則見效快得名易。今人多捨影響研究而群趨於平行比較,與清代及民國時期學人的動向大體同因。其實平行比較要見功力卓識而不踰矩,確係比較而非附會,其難度不在影響研究之下,其自覺或許要求更高。

以影響法治比較研究之學者,既要經過嚴格訓練掌握多種具有相關聯繫的語言文字工具[2],又需長期追尋搜索積累各種史料,並具有高超的推理判斷能力和綜合貫通的見識,未經訓練或不耐勞煩者自然難以下手。而此法又因有歷史演變及系統異同的蹤跡可尋,判斷其當否

---

1 《陳垣元西域人華化考序》,《陳寅恪史學論文選集》,第 505-506 頁。
2 據說歐洲傳統要求比較文學者掌握十種西、北歐語言(參見錢文忠:《略論寅恪先生之比較觀及其在文學研究中之運用》,王永興編:《紀念陳寅恪先生百年誕辰學術論文集》第 494 頁)。

反較容易。平行比較則不同,如果不是對所比較之人事有全面深入系統的瞭解認識,確定為普遍的天理人心,則格義附會,似是而非,主觀任意性極強。好弄中西比較文學的吳宓一九三一年遊學歐洲,尚未遍覽,便「深覺不到歐洲,不知西洋文學歷史之真切」[1]。則前此比較中西,雖然鄙視「競談『新文學』」的「國內人士」,以為「真能確實講述《西洋文學》之內容與實質者則絕少」,並自詡在《學衡》所撰各國文學史,「述說荷馬至近二萬言,亦當時作者空疏膚淺,僅能標舉古今大作者之姓名者所不能為者矣」[2],還是不免隔靴搔癢,不得要領。

自西學凌駕於中學,中國被動進入以歐洲為中心的世界體系,無論態度肯定與否,參照比附西學為中土學人的一大共性。即使不簡單附會,間架與術語也不得不用舶來品。一九三七年陸志韋在清華作《中國人類比的思想方法及其對科學之阻礙作用》的演講,認為中國人喜歡平行推理,「它既非演繹的亦非歸納的,而是類比的」。這是理解詩歌之最好方法,但對科學則大為不利。「為了取得科學精神,中國人必須擺脫這種思想方法。」[3]這種科學萬能或科學至上的觀念,並非放之四海而皆準的真理,卻是近代以來被拖入世界體系的人們所以為的公理。同時也顯示,科學在處理藝術與義理方面,的確有所侷限。

在比較研究範圍,陳寅恪雖然也同意或不得不接受這一現實,多少還是有所保留。一九三三年初陳寅恪審查馮友蘭的《中國哲學史》下冊,對其「取西洋哲學觀念,以闡明紫陽之學」,雖然詡為「宜其成系統而多新解」,實則認為漢魏晉一段中國哲學史難治,尤其需要用

1　吳宓著、吳學昭整理註釋:《吳宓日記》第五冊,第170頁。
2　吳宓著、吳學昭整理:《吳宓自編年譜》,第222頁。
3　朱喬森編:《朱自清全集·日記編》第九卷,第456-457頁。

影響研究法釐清儒釋道三教之淵源關係。[1]一九三七年陳寅恪與吳宓談及「熊十力之新唯識派，乃以 Bergson（亨利・柏格森）之創化論解佛學。歐陽竟無先生之唯識學，則以印度之煩瑣哲學解佛學，如歐洲中世耶教之有 Scholasticism（經院哲學），似覺勞而少功，然比之熊君所說尤為正途確解也」[2]。所以他雖有平行比較的眼光意識，著述卻謹守歷史演變與系統異同的規則。民國時期在比較研究方面真正有學術貢獻的，主要也由影響研究而來。後來以「打通」法深究古今中外的詩眼文心取得極高成就的錢鍾書，看似無拘無束，其實同樣經過影響研究的嚴格訓練，並且批評一般牽強附會者的所謂比較不是研究。

中西兩面皆博大精深，能通一面已至為不易，所謂學貫中西，當之無愧者鳳毛麟角。在輸入西學的同時要建立起合乎規矩的新學，對於近代讀西書乃至留西學的一般學人而言多少有些力不從心。然而，從思想史的角度考察，作為由中心而邊緣的後進國家，必須時時考慮如何在新的世界體系中求生存，則近代中國的思想先驅幾乎天生具有比較中西異同的本能和觀念。僅僅存在於東亞人觀念世界中的西方，儘管地位有所變化，一直是中國人心中的主要參照。無論是西學中源，還是中體西用，所用觀念，大體為平行類比，其中附會中西學說者比比皆是。最為典型的當屬新文化運動時的東西文化論戰，交戰雙方的認識大相逕庭，看問題的態度和方法卻如出一轍，都是將所謂東方與所謂西方平行類比，求其異同。陳獨秀提出：「世界民族多矣，以人種言，略分黃白；以地理言，略分東西兩洋。東西洋民族不同，而根本思想亦各成一系，若南北之不相併，水火之不相容也。」進而

---

[1] 《陳寅恪史學論文選集》，第 510-512 頁。浦江清也不滿於馮友蘭的《中國哲學史》時期劃分與西方哲學對應（朱喬森編：《朱自清全集・日記編》第 9 卷，第 330 頁）。

[2] 吳宓著、吳學昭整理註釋：《吳宓日記》第六冊，第 152-153 頁。

對比為西洋民族以戰爭、個人、法治、實力為本位，東洋則以安息、家族、感情、虛文為本位。[1]與陳獨秀觀念相反的杜亞泉，認為西洋為動，中國為靜，因而西洋重人為，生活向外，社會多團體，崇拜競爭之勝利，以戰爭為常態，和平為變態；中國重自然，生活向內，社會無團體，崇尚與世無爭，以和平為常態，戰爭為變態。[2]

兩年後李大釗的《東西文明根本之異點》，從「東洋文明主靜，西洋文明主動」的基本判斷出發，排列出一系列差異，「一為自然的，一為人為的；一為安息的，一為戰爭的；一為消極的，一為積極的；一為依賴的，一為獨立的；一為苟安的，一為突進的；一為因襲的，一為創造的；一為保守的，一為進步的；一為直覺的，一為理智的；一為空想的，一為體驗的；一為藝術的，一為科學的；一為精神的，一為物質的；一為靈的，一為肉的；一為向天的，一為立地的；一為自然支配人間的，一為人間征服自然的」[3]。稍後梁漱溟的《東西文化及其哲學》講演，雖然將東方分為中國與印度兩大支，還是在西方向前要求、中國自為調和持中、印度反身向後要求的概括下，比較三種文化的種種差異。

對於這類比較，多少瞭解一些比較研究基本規則的胡適指為「攏統」。他以為：「至於『此刻』的問題，更只有研究雙方文化的具體特點的問題，和用歷史的精神與方法尋求雙方文化接觸的時代如何選擇去取的問題，而不是東方文化能否翻身為世界文化的問題。」梁漱溟的分析辨別看似仔細精微，實則「想把每一大系的文化各包括在一個簡單的公式裡，這便是攏統之至。公式越整齊，越簡單，他的攏統性也

1　陳獨秀：《東西民族根本思想之差異》，《青年雜誌》第一卷第四號，一九一五年十二月。
2　傖父：《靜的文明與動的文明》，《東方雜誌》第十三卷第十號，一九一六年十月。
3　陳崧編：《五四前後東西文化問題論戰文選》，第57頁。

越大」。其所發明的「文化公式」,「只是閉眼的攏統話,全無『真知灼見』。他的根本缺陷只是有意要尋一個簡單公式,而不知簡單公式決不能籠罩一大系的文化」[1]。還在美國的馮友蘭也致函梁漱溟,認為「過於自恃直覺」,「抽象之論未足令人即信」[2]。

其實,簡單類比並非國人的專利,第一次世界大戰後,鑒於戰事的慘烈,建立在科學理性基礎上的歐洲中心論動搖,「一般學者頗厭棄西方物質文明,傾慕東方精神文明」[3],德國的斯本格勒(Oswald Spengler)著《西方的沒落》,以文化類型比較法對比東西,「最喜比較」,社會上轟動一時,但在學術界則評價甚低,認為「彼以體驗與認識等列,為不倫;以民族之相異極大,為非實故也」。歷史教授「皆謂Spengler不知歷史」。而中國留學生則認為其書中「好思想頗多」,對於當時在歐洲站在東方文化立場上到處演講、同樣好以東西對比的泰戈爾,反而覺得「皆吾輩所常談,新意絕寡。」[4]

東西文化論戰以後,融合中西文化一直是有志者的夢想,為此,比較二者的異同優劣以便取捨,始終不曾離開近代中國思想史的主線。這種功利性勢必影響到學術研究。清華設立文化比較研究室的目的,就是「對於中西文化之異同,當有所發現;對於中西文化之溝通,當有貢獻」[5]。而學人也一直試圖以比較研究所得影響社會,西化與否,便是斬不斷理還亂的重要情結。一九三〇年一月,因胡適在美國大學婦女聯合會的演講,英文的《中國評論週報》開始討論全盤

---

1 《讀梁漱溟先生的〈東西文化及其哲學〉》,《讀書雜誌》第八期,一九二三年四月一日。
2 蔡仲德著:《馮友蘭先生年譜初編》,第48頁。
3 王光祈:《旅歐雜感》,《少年中國》第二卷第八期,一九二一年二月一五日。
4 魏時珍:《旅德日記》,《少年中國》第三卷第四期,一九二一年十一月一日。
5 齊家瑩編撰:《清華人文科學年譜》,第331頁。

西化還是重新復活中華文明的問題。[1]這可以說是幾年後全盤西化以及本位文化大論戰的前奏，東西文化論戰的種種問題以新的形式再次被提出。同年胡適還寫了《東西文化之比較》一文，批評歐洲消極的學者和亞洲的東方文化誇耀者。[2]陳寅恪是否感覺到山雨欲來風滿樓的變化，不得而知，以往他談中西文化及社會的比較，很大程度上是針對盲人摸像似的將中外妄加比較誤導公眾遺患無窮的時勢而發。

此外，陳寅恪雖然文史兼治，仍以史學為重，而按照傅斯年的看法，史學便是史料學，「史料學便是比較方法之應用」。然而如何才算是以「科學的比較為手段」，又怎樣去處理不同的記載[3]，依然分歧不小。擔任清華歷史系主任的蔣廷黻即偏向於綜合史觀，反對一味考據，治史書而忽略歷史。一九三二年，他聘請雷海宗回校任教，陳寅恪對於後者以文化形態史觀為依據的國史初步綜合頗不以為然。後來雷海宗等人發起的戰國策派，用「文化統相法」和「形態歷史觀」，試圖在五四以來承受自歐西的「經驗事實」與「辯證革命」之外另闢蹊徑，雖然自稱「並不是主張回到中古的縹緲恍惚的『玄學』辦法」[4]，在學術範圍內，陳寅恪恐怕也很難認可。

古今中外的天理人情，雖然大同小異，但異同之代表性及其適用之範圍的界限游移不定，難以把握。五四新文化以後國人好比較中西文化，而異同之所在及優劣之評判，則謹願者亦不免見仁見智，誇誕者更是跡近圖畫鬼物。陳寅恪口頭上常常將中西社會文化作平行比較，因其對於中外各國社會文化的歷史演變及現實狀況有系統瞭解和

1　曹伯言整理：《胡適日記全編》五，第 613-631 頁。
2　歐陽哲生編：《胡適文集》十一，第 182-193 頁。
3　《史學方法導論》，岳玉璽、李泉、馬亮寬編選：《傅斯年選集》，第 193 頁。
4　林同濟：《形態歷史觀》，溫儒敏、丁曉萍編：《時代之波——戰國策派文化論著輯要》，第 6 頁。

深入體察，所見卻與時人大異。如他以為「救國經世，尤必以精神之學問（謂形而上之學）為根基」，而中國古人惟重實用，不究虛理，「今人誤謂中國過重虛理，專謀以功利機械之事輸入，而不圖精神之救藥，勢必至人慾橫流，道義淪喪，即求其輸誠愛國，且不能得」[1]。這與東西文化論戰各派的觀點均截然相反。胡適一派有英國通之稱的陳源，一九二二年在柏林第一次聽到陳寅恪的妙論，「說平常人把歐亞做東西民族性的分界，是一種很大的錯誤。歐洲人的注重精神方面，與印度比較的相近些，只有中國人是頂注重物質，最講究實際的民族」。當時覺得是「聞所未聞的奇論，可是近幾年的觀察，都可以證實他的議論，不得不叫人驚嘆他的見解的透澈了」[2]。

即使這樣的洞察，仍然只能體驗，不易徵實。無獨有偶，胡適也將朱熹比作阿奎那斯，看法卻與陳寅恪相去甚遠，認為朱熹集宋代新精神之大成，「不幸而後來朱學一尊，向之從疑古以求得光明的學者，後來皆被推崇到一個無人敢疑的高位！一線生機，幾乎因此斷絕。……故朱熹本可以作中國的培根、笛卡爾，而不幸竟成了中國的聖湯姆[3]！」

或以為影響研究範圍狹窄，單就文學而言，不無道理，放大到歷史文化領域，則不盡然。即以陳寅恪本人的研究範圍而論，中古以降民族文化史，大都涉及與外國、外族交接之事。尤其是唐代，因「與外國、外族之交接最為頻繁，不僅限於武力之征伐與宗教之傳播，唐代內政亦受外民族之決定性的影響。故須以現代國際觀念來看唐史」。近代史更不必言，按照陳寅恪的看法，「中國之內政與社會受外力影響

---

1 吳宓著、吳學昭整理註釋：《吳宓日記》第二冊，第101-102頁。
2 西瀅：《閒話》，《現代評論》第三卷第65期，一九二六年三月六日。
3 曹伯言整理：《胡適日記全編》四，第7頁。

之巨，近百年來尤為顯著」[1]。治近代史事，無論政治、經濟、軍事、思想、文化、學術、社會，不能溝通中外則幾乎無法下手，即使勉強下手，也難以得其要領。而若不在大量影響研究的基礎上再做平行比較，則明比固然穿鑿附會，怪誕百出，無所謂研究之可言，暗比也難免用自身所熏染之學說與經驗，以推測解釋，妄斷是非異同。就此而論，近代史研究的空間極廣，範圍極大，對學人訓練與智慧的要求也極高。[2]那種缺乏必要的基本訓練，中外兩面均一知半解，僅憑雞零狗碎的個人體驗和問題甚多的幾本譯書，望文生義，格義附會式的所謂比較研究，雖然可以反映時代思想的潮流動向，在人類知識與學術積累上，其實並無貢獻。臨淵羨魚，不如退而結網。立意縱高，也須循序漸進，否則，越是高明的方法，越是要求舉重若輕，旁觀以為胸有成竹，臨場必然弄巧成拙，不得其利，反受其害了。

　　近年有學人提出，法國的影響研究和美國的平行比較為比較研究的第一、第二階段，都是在同質文化中由學院發生，強調聯繫性，第三階段的比較研究則為異質文化的跨文化研究，重在多樣文化相互的理解、交流與溝通。只是參照中國比較研究的歷史，第三階段（如果成立的話）似出現於第二階段之前，而且各階段均不限於同質文化內部。就此而論，所謂第三階段，很可能不過是平行比較的前奏，因而無論在中國還是歐洲，其學術性都備受質疑。如果不能擺脫隔義附會與文化類型比較的隨意，建立起一套嚴謹的方法體系，其學術價值

1　石泉、李涵：《聽寅恪師唐史課筆記一則》，張傑、楊燕麗選編：《追憶陳寅恪》，第270頁。
2　近年來，日本京都大學人文科學研究所探討梁啟超如何通過明治日本吸收西方思想的共同研究表明，以往中國近代史在影響研究方面的工作極不充分，而所牽涉的問題對於理解近代中國人的精神世界、社會文化變遷乃至當代中國的走向，都相當關鍵。

能否得到肯定,仍是未知數。另一方面,以類比法作平行推理,不僅是中國人所習慣的思維方式,在藝術和義理的層面,還有為科學所不能解釋與範圍的功用,因而同樣具有普遍性。而要證明並且把握這一點,又必須擺脫以科學方法衡量一切的桎梏,並取信於思想方式各異的不同文化系統的人們。或許正如相信科學是因為教育文化被系統性改造,思維方式隨之變化的結果,而不一定是歐洲的思維方式高明的表徵,只有找出異質文化普遍具有類比推理的結構特徵,並且承認人本和科學之於人類的同等重要,希望多樣文化相互的理解、交流與溝通的第三階段比較才有可能得到普遍認同。在此過程中,有必要借鑑一九三一年陳寅恪在清華二十週年紀念時針對中國史料發見眾多提出的準則,「具有統系與不涉傅會之整理」[1],作為比較研究新階段的重要標的。

1　《吾國學術之現狀及清華之職責》,陳美延編:《陳寅恪集・金明館叢稿二編》,第361頁。

第九章

傅斯年「史學只是史料學」再析

　　自二十世紀二〇年代傅斯年提出「史學只是史料學」，雖然由此成就了歷史語言研究所，使得中國的史學研究在國際上獲得相當的地位，其本人亦被標舉為所謂「史料學派」的盟主，卻也因此惹來諸多爭議。圍繞這一觀念，各方學人議論紛紛，贊成與反對者的態度尖銳對立，迄今為止，還是聚訟紛紜的公案。檢視眾多相關論著，似乎剩義無多，一些後來者的意見即使沒有落入前人窠臼，也掉進傅斯年相當不以為然的「辯論」俗套。所以還能再析，原因有三，其一，近年來新見的相關史料漸多，為進一步解讀既有史料和史事，提供了必要的依據，可以發現一些前人誤讀錯解之處。其二，傅斯年「史學只是史料學」的主張本旨，究竟如何理解，與其史學思想的整體關係如何，似還有未盡之義。以時間為線索，探究事實聯繫，即用傅斯年的辦法來研究傅斯年的想法，有助於釐清一些關鍵問題。其三，「史學只是史料學」對於歷史研究的積極作用，還有在傅斯年的基礎上進一步擴展發揮的餘地。有鑒於此，再析不僅必要，而且可能。對於時下學術風氣的趨向，不無借鑑意義。

一　近代的歷史學只是史料學

　　傅斯年正式提出「史學只是史料學」的概念，始於一九二八年發表的《歷史語言研究所工作之旨趣》，原文為：「歷史學和語言學在歐洲都是很近才發達的。歷史學不是著史：著史每多多少少帶點古世近

世的意味，且每取倫理家的手段，作文章家的本事。近代的歷史學只是史料學，利用自然科學供給我們的一切工具，整理一切可逢著的史料，所以近代史學所達到的範域，自地質學以致目下新聞紙，而史學外的達爾文論正是歷史方法之大成。」[1]這一表達，傅斯年先後還使用過「便是」、「本是」、「即」等等，意思大同小異。[2]值得注意的是，傅斯年所認為「只是史料學」的歷史學，並非泛泛而言，而是指近代的歷史學。這種近代的歷史學不同於古典的史學，確切地說，是分科治學以後的史學。這樣的史學雖然以近代以來的歐洲為典範，在中國歷史上卻早已出現過。中國的歷史源遠流長，史學也發達較早。所以，所謂「近代的歷史學只是史料學」，絕不是故作大言，而是傅斯年對於中西史學歷史變遷的理解與把握的濃縮。

要想完整地理解「近代的歷史學只是史料學」，最重要的文本是《史學方法導論》。該書不僅是傅斯年系統闡述其史學觀念的主要體現，也是其一生教學講授的基本教材。可惜全本迄未得見，目前各家引述的只是殘篇。據傅斯年所擬目錄，這份講義共分七講，依次為：第一講，論史學非求結論之學問；論史學在「敘述科學」中之位置；論歷史的知識與藝術的手段。第二講，中國及歐洲歷代史學觀念演變之綱領。第三講，統計方法與史學。第四講，史料略論。第五講，古代史與近代史。第六講，史學的邏輯。第七講，所謂「史觀」[3]。臺灣聯經版的《傅斯年全集》出版時，編者說明這是傅斯年任教北京大學時的講義，僅存第四講。湖南教育出版社二〇〇三年版的《傅斯年全集》，照聯經版錄入。

1　歐陽哲生主編：《傅斯年全集》第三卷，第3頁。
2　參見侯雲灝《「史學便是史料學」——記著名史學家傅斯年》，《歷史教學》一九九九年第九期，第21頁。
3　歐陽哲生主編：《傅斯年全集》第二卷，第307頁。

儘管目前仍無法得窺《史學方法導論》的全貌，從新出史料還是可以更多地瞭解該書的內容，而這對於全面認識傅斯年的史學觀念，無疑相當重要。一九九五年十二月刊登於《中國文化》第十二期的未刊稿《中西史學觀點之變遷》，傅斯年從三方面加以討論，一、中國歷代對於史學觀點之變遷，二、西歐歷代對於史學觀點之變遷，三、近代數種史觀之解釋。與《史學方法導論》的擬目比較，至少應當就是第二講的內容，並涉及第七講的一部分。[1]而據一九三三年度《國立北京大學一覽》的《〈史學方法導論〉課程綱要》，傅斯年為北大歷史系所開的這門必修課，只有三方面的內容，即「一、中國及歐洲史學觀點之演進。二、自然科學與史學之關係。三、史料之整理辦法」[2]。這與傅斯年的擬目差距較大，至少表明截至一九三四年，《史學方法導論》的框架仍不完整。

從其他蛛絲馬跡看，傅斯年似未將該講義完整寫出，例如第三講的統計方法與史學，傅斯年曾經說：「統計學應該是一個 mathematical discipline，不該一節一段的亂猜。中國現在好幾本統計學，沒有一本說它是 probabilities 之應用的，這樣子的統計學不是科學……至於歷史與統計，更是笑話。歷史那裡有許多可供統計（科學的統計）的事實？我好引 Rifferplaton 的方法，『以字數統計證 Dialogue 之先後』。但這真是統計學的屑末而已。強謂統計與史學大有關係，亦幻想也。」顧頡剛指其「自謂算學很好，統計第一」，傅斯年以「名譽攸關，不得不辯」，還專門致函胡適，說是「此真笑話，我斷不至妄到這一步也」[3]。目前

---

[1] 湖南教育出版社版《傅斯年全集》的編者已經指出該文與《史學方法導論》第二講的關係。

[2] 歐陽哲生主編：《傅斯年全集》第五卷，第 29 頁。

[3] 一九四一年九月二十日致胡適，歐陽哲生主編：《傅斯年全集》第七卷，第 225-226 頁。

所見第四講《史料論略》一開始就說:「我們在上章討論中國及歐洲歷史學觀念演進的時候」,而據傅斯年的擬目,討論中國及歐洲歷史學觀念的演進應是第二講,按照北京大學一九三三年度《〈史學方法導論〉課程綱要》,則中間夾著一講「自然科學與史學之關係」,均不及統計方法與史學。

另外,同屬中研院的史語所與社會學所有明確分工,前者並不涉足由鴉片戰爭開始的近代史。[1]這恐怕不僅是職責的差異使然,即使到一九五〇年代,遷移到臺北的中研院籌建近代史所,史語所的一些先生仍持明確的反對態度。雖然那時傅斯年已經故去,多少還是反映了這些有著相同或相近學術理念的學人的長期共識。

由此可見,傅斯年《史學方法導論》的若干講,可能並未形成完整的文字,如第三、五等講。從上述情形判斷,傅斯年擬定的七講,應當不是平均用力,其中比較重要的是第一、二、四、七各講。除第一講外,其餘各講已經有了傅斯年本人所寫的較為系統的文本作為依據,而第一講的基本內容,從傅斯年的各種相關文字中,也可以窺見大體。這為理解傅斯年的史學思想的基本系統,特別是全面地解讀一些近乎口號式的概念,提供了較為堅實的基礎,能夠有效地避免斷章取義或隔義附會。

《中西史學觀點之變遷》,其主體也就是《史學方法導論》的第二講「中國及歐洲歷代史學觀念演變之綱領」,可以說是從中外史學發展進程的角度來理解「近代的歷史學只是史料學」的關鍵。按照傅斯年

---

[1] 中研院史語所藏傅斯年檔案一九四三年一月十五日傅斯年致朱家驊函:「原來在此〔北〕平時,弟感覺社會所之亦治史學也,曾與孟和商量,二人同意如下:近一百年史,即鴉片戰爭起,由社會所辦,其設備亦由社會所。明、清兩代經濟史,以其經濟方面,或比史之方面為重,歸社會所;明、清以前者,以其史學方面比經濟方面為重,歸史語所。」

的認識,「客觀史學方法,非歷史初年產物,而為後起之事。大概每一個民族歷史的發展,最初都是神話與古史不分,其次便是故事與史實的混合,經過此二階段後,歷史乃有單獨的發展」。這一通例,中外大體一律,只是中國文化發達甚早,史學的成熟也相對較早。《春秋》以下,已出現紀事編年系統。但《史記》並非客觀歷史,司馬遷非考訂家而是記錄家,將記事與記理融於一爐,寓褒貶於著述,加入主觀思想,有其特殊見解,成一家之言,為綜合史體。其長處在於:一、比較編年學之觀念之早現;二、八書即中國古代的文化史;三、紀傳體成立,與編年成史學兩派;四、史始自成一派。所以《史記》為承前啟後的一大部著作。

但自漢迄唐,史學競勝者只在文學與史法,到了宋代才風氣大變。宋代史學最發達,「最有貢獻而趨向於新史學方面進展者,《通鑑考異》、《集古錄跋尾》二書足以代表。前者所引之書,多至數百餘種,折衷於兩種不同材料而權衡之,後者可以代表利用新發現之材料以考訂古事,自此始脫去八代以來專究史法文學之窠臼而轉注於史料之蒐集、類比、剪裁,皆今日新史學之所有事也」。至於《資治通鑑》、《五代史》、《新唐書》等,雖然於《春秋》的正統思想有莫大的解放,仍不能廓清主觀成分。儘管如此,北宋史學已遠超前代,可惜南渡後無進展,元明時生息奄奄。清朝史學家為避文網,不敢作近代史料之蒐集編纂,而趨於考訂史料之一途,《廿二史劄記》、《十七史商榷》貢獻最大。「然而有清一代始終未出一真史家與真史書。現在中國史料由於地下之發掘與考古學之貢獻,日益加多,作史較易,加以近代西洋史學方法之運用與乎社會科學工具之完備,今後史學界定有長足的進展。」

這樣的觀點,在《歷史語言研究所工作之旨趣》中已經出現。傅斯年稱:司馬遷的《史記》傳信存疑以別史料,能作八書,排比列國

紀年,「若干觀念比十九世紀的大名家還近代些」。歐陽修的《五代史》不是客觀史學,而《集古錄》「下手研究直接材料,是近代史學的真工夫」。歐陽修的《五代史》、朱熹的《綱目》代表中世古世的思想,司馬光的《通鑑》則能利用無限的史料,考訂舊記。「宋朝晚年一切史料的利用,及考定辨疑的精審,有些很使人更驚異的。照這樣進化到明朝,應可以有當代歐洲的局面了。」不幸因為蒙元入侵,以及清朝政府最忌真史學發達,不僅不能開新進步,反而退步。[1]

傅斯年和陳寅恪都十分推崇宋代史學,但具體標誌,略有不同,《通鑑考異》是兩人共同標舉的代表作。《史學方法導論》稱:「在中國詳述比較史料的最早一部書,是《通鑑考異》。這裡邊可以看出史學方法的成熟和整理史料的標準。在西洋則這方法的成熟後了好幾百年,到十七八世紀,這方法才算有自覺的完成了。」[2]

傅斯年雖然認為中國史學發達甚早,並將宋代史學的諸多特徵指為新史學,實際上卻是以歐洲近代的新史學作為標準,來反證中國的史學發展程度。他說:「中國學問,自古比西洋繼續性大,但最近千年來,反不如西洋之有繼續性,此亦中國近代文化落後之一原因。」歐洲希臘以前的史學,只是文學的附庸。羅馬教會成立以後,未經外力掃蕩,只有內部改革,不如中國經永嘉、靖康兩次南渡,歷代史籍,傳少失多,專家之學,不得傳承,許多學問,多成絕學。所以奧古斯丁以整齊方法敘述史實,以歷史證明有系統之神學,文藝復興時期,更由於對希臘古學的興趣和探究,形成脫離宗教色彩的新文學新史學,只是仍不以史為談事之對象,而以史學為表現文學之工具。

近代歐洲史學的發展體現於兩方面,一是觀點變化,「近代史學

1　歐陽哲生主編:《傅斯年全集》第三卷,第 4 頁。
2　歐陽哲生主編:《傅斯年全集》第二卷,第 308-309 頁。

觀點,與其謂為出於思想之變化,毋寧謂為事實之影響」。由於新大陸的發現等事實,從前上下古今一貫的學說根本動搖,「對於異樣文明,發生新的觀念、新解釋的要求,換言之,即引起通史之觀念、通史之要求」。二是方法改進,歐洲中世紀以來,各種類型的史料增多,「近代歷史學之編輯,則根據此等史料,從此等史料之蒐集與整理中,發現近代史學之方法——排比、比較、考訂、編纂史料之方法——所以近代史學亦可說是史料編輯之學。此種史學,實超希臘羅馬以上,其編纂不僅在於記述,而且有特別鑑訂之工夫。……過去史學與其謂史學,毋寧謂文學;偏於技術多,偏於事實少;非事實的記載,而為見解的為何。史學界真正有價值之作品,方為近代之事」。「此二種風氣——一重文學,一重編輯史料——到後形成二大派別,一派代表文史學,一派代表近代化之新史學。」前者「不在史料本身之講求,而惟文學、主觀見解之是務」,相關作品對世界影響雖大,終以文學價值為多;後者則重視記載之確實性,因所見史料超過前人,記載也較前人更加確實。「此外史料來源問題,亦使新史學大放異彩。……由於史料之搜集、校訂、編輯工作,又引起許多新的學問。」尤其是考古學、語言學和東方學,近代均有大的發展。人們對於自身、世界以及其他文化歷史的認識大為擴張。

　　正是基於上述事實,傅斯年斷言:「綜之,近代史學,史料編輯之學也,雖工拙有異,同歸則一,因史料供給之豐富,遂生批評之方式,此種方式非抽象而來,實由事實之經驗。」[1]

　　周予同將現代中國史學大別為史料與史觀兩派的觀點影響深遠,而傅斯年在被視為史料派代表的同時,似乎被剝奪了對於史觀的發言

1　《中西史學觀點之變遷》(未刊稿),歐陽哲生主編:《傅斯年全集》第三卷,第149-156頁。

權。這一劃分後人大抵延續,且被不斷簡化和放大。實則儘管傅斯年對於史觀不能說毫無成見,卻的確下過功夫,加上長期留學歐洲的背景,瞭解的程度當在不少批評者之上,絕非一般不知不覺的偏見。目前《史學方法導論》的第七講「所謂史觀」雖不可見,但《中西史學觀點之變遷》的第三節「近代數種史觀之解釋」,還是提供了傅斯年關於史觀的系統意見。他認為:「因人類接觸,發生世界史要求,以解決新問題,同時一般哲學家以為歷史無非事實之記錄,事實之演變,必有某種動力驅之使然,如能尋著某種動力之所在,則複雜之歷史,不難明其究竟,因是而有史觀之發生。所謂史觀,即歷史動力之觀察,觀點不同,推論即異。」傅斯年選擇最有勢力的三種史觀加以概述,即進化史觀、物質史觀和唯物史觀。

　　一般關於進化論的描述,都說源於達爾文對生物學的考察,後來赫胥黎用於人類社會,形成社會達爾文主義。傅斯年的看法有所不同,他認為達爾文學說不出自生物學,而得自馬爾薩斯的人口論,將馬氏的生存競爭思想用於生物界,得出自然淘汰的觀念,優勝劣敗,適者生存的思想由此生出。這一思想盛極一時,深深影響了十九世紀下半葉的學術界,連人文科學、物質科學亦大受其影響。進化論的優點,「在將整個時間性把握住,於史學演進給一新的觀點,同時文化人類學、人種學之興起亦有幫助」,其流弊則文藝復興以來的學術思想自由發生斷裂,人道主義趨於淘汰,武力主義逐漸抬頭。

　　所謂物質史觀,主要是以地理環境解釋人類的種族與文化發展差異,以英國的博克爾(T. H. Buckle)為代表,所著《英國文化史》包羅萬象,在十九世紀前中期相當流行。後來雖然漸衰,實則許多思想已經演變為不言而喻的常識深入人心。二十世紀法國的人文地理學派承其衣缽,仍然盛行。該派認為,人類進化與天然影響成反比,其解釋對於歷史有幫助,但常有例外,馬克思對此曾有詳細的批評。

進化論和地理影響說曾經在近代中國發生過廣泛影響，在史學領域，夏曾佑的中學歷史教科書和梁啟超的一系列論著，可為代表。到了傅斯年的時代，這兩種觀念的影響已經內化為教科書的內容而趨於平淡，而唯物史觀逐漸興起並流行，尤其在青年學人和學生當中，漸成主導性思潮。傅斯年對此相當不以為然，他認為馬克思在史觀方面的貢獻一是剩餘價值論對於人文地理學派多所批評，二是共產主義宣言。其弊端則為：一、將整個世界進展視作直線進程，各個歷史階段只是將黑格爾的橫斷髮展變為縱斷發展。這種將歷史抽象化的做法，與天主教神學思想的一元論和普世化有關。二、根據工業革命前後的史料，以歷史片斷現象而欲概括通有之歷史現象，是誠不可能。

　　傅斯年對於史觀尤其是唯物史觀的態度，不說是偏見，至少有些成見。不過，他的看法確有學理和時勢兩方面的思考。從學理的角度，那一時期以歐洲為中心（並非地理上，而是思維方式上）的人類社會歷史認識，更傾向於整體上通盤解決，希望建立統一的系統，將各種文化排列其中。在進化論制導下，空間形態不同的文化被放置到同一時間序列中，而這樣的觀念被實踐進化論的西方列強用行動張開世界體系的大網，注入一切被網羅其中的其他文化系統承載者的精神世界，並反過來擴大和強化著觀念本身，認識幾乎等同於真理。可是，這種由歷史哲學發生出來的抽象化認識，並未得到歷史事實的充分支撐。甚至可以說是在罔顧或大量犧牲史實的前題下做出的推論。只是歐洲的歷史哲學與歷史學，有著學科分界和文化差異的糾葛，前者對後者的影響有限，或者說，史學專家比較能夠把握二者的分際。當李大釗將唯物史觀引進中國時，就把歷史理論與記述歷史分別，只承認前者是歷史科學。[1]後來被納入歷史學科的史學理論，也一般被認

---

[1] 李守常：《史學要論》，第22頁。

為與史學研究無關,因為既不能提供史學研究以利器,相關學人也往往不從事不擅長具體的史學研究。而將歷史哲學作為史學理論,很難說是得其所哉。時至今日,隨著研究的深入擴展和觀念的調整,建立在進化論基礎上的統一歷史觀及其發展階段的劃分,越來越受到挑戰。

就時勢而言,當時好講史觀者的確存在概念化教條化傾向,強事實以就我的情形相當普遍,令掌握史實較多而解讀史料能力較強的學人相當不以為然。一九四五年四月,金毓黻讀過由范文瀾主編、以中國歷史研究會名義出版的《中國通史簡編》,認為該書「實延安共產黨本部所編大學叢書之一也。綜觀編輯大旨,係主唯物史觀,以農夫、工人之能自食其力者為國家社會之中心,如君、相、士大夫、富商、豪民皆在排斥之列。如宋代之王小波、方臘、宋江、鐘相、楊麼,當時視為草澤群盜者,皆尊之為飢民團結反抗暴虐之政府。又如宋儒程頤、朱熹為前代君相所尊崇者,則譏為曲學阿世,供人利用,又摭舉其個人私德以為其品格尚有可議。似此力反昔賢之成說,而為摧毀無餘之論,毫無顧忌,又前此尚論諸家所未有也。范君本為北京大學同學,又同肄業於蘄春先生之門,往日持論尚能平實,今乃為此偏激之論,蓋為黨綱所範圍而分毫不能自主者」[1]。

直到一九四七年,安志敏評點翦伯贊的《中國史綱》第二冊,「對翦氏之治史精神固不勝欽佩,而於其內容,則覺錯誤纍纍,觸目皆是,不禁大失所望。……著者用力之劬,固令人佩服,惜依據資料太少,未能充分利用考古資料,兼以個人主見甚深,致歪曲事實頗多,對中外學者研究之結果既未充分利用,而個人之見解又多無所根據,遂致虛耗精力,徒費篇幅,此古人所以深戒『不知而作』歟」?儘管安氏聲明:「皆以客觀態度,純為學術上之檢討,想翦氏必能諒其直率

---

[1] 金毓黻著:《靜晤室日記》,第5869頁。

也」[1],如此毫不留情,體無完膚,即使在《燕京學報》第三十至三十二期銳氣十足的書評系列中,也顯得相當突出。

范、翦均為代表唯物史觀的「新史學」大家,但上述批評並非由於對唯物史觀心存偏見。金毓黻對於同樣以唯物史觀為統的周谷城的《中國通史》,其看法卻是:「然其最可取者,全書以經濟史觀為主眼,一貫而下,頗能自成家言。論其骨幹,實為絕去依傍,自抒所見,此亦難能可貴之一端。余讀此書有不忍釋手之徵象,則此價值高人一等又可知矣。」[2]

史料與史觀的對立衝突不僅在民國時期使得學人產生分歧,即使到了後來,還演變為史與論的糾葛,長期困擾著史學界。無論是以論帶史、論從史出還是史論結合等等,雖有高下當否之別,都不能恰當解決二者的關係,反而在一定程度上影響了史學研究的深入,有礙於史學研究的具體方法的探究。並不捲入史料與史觀之爭的陳垣曾批評專講史法者史學往往不好,雖然所謂史法是劉知幾、章學誠的編撰之法,並有暗射好講史學方法的胡適等人之意,不著邊際的史觀當也在其機鋒所向。

在內心深處,傅斯年認為將全人類置於同一系統的抽象化過於主觀,儘管史學能否客觀尚無定論,但史料中可得之客觀知識甚多,如果不能限制主觀任意性,則無法求得客觀知識。他認為:「歷史這個東西,不是抽象,不是空談。古來思想家無一定的目的,任憑他的理想成為一種思想的歷史——歷史哲學。歷史哲學可以當作很有趣的作品看待,因為沒有事實做根據,所以和史學是不同的。歷史的對象是史料,離開史料,也許成為很好的哲學和文學,究其實與歷史無關。」[3]

1　《燕京學報》第32期,一九四七年六月。

2　金毓黻著:《靜晤室日記》,第5039頁。

3　《考古學的新方法》,歐陽哲生主編:《傅斯年全集》第三卷,第88頁。

在〈〈殷歷譜〉序〉中又說:「今固不乏以綜合自許者,不觸類而引申,憑主觀以遐想,考其實在,類書耳,教條耳。類書昔無持論之詞,今有之矣。教條家苟工夫深邃,亦可有藝術文學之妙,若聖奧古斯丁及其弟子之論史是也。而今之教條家初於其辨證教條並未熟習,而強讀古史原料以為通論通史,一似《鏡花緣》中君子國之學究,讀『求之與抑與之與』竟成『永之興柳興之興』。是亦可以譁眾取寵於無知之人,亦正為學術進步之障耳。」[1]

這樣的見解傅斯年甚至放大到相關學科,他反駁有人指責凌純聲理論較弱時說:「彼不談『理論』,亦唯其如此,方有實學;所謂『理論』,自然總有一部分道理,然至徒子徒孫之手,則印版而已,非實學也。」[2] 等而下之者往往喜歡用總有道理來自我標榜,流弊匪淺。所以傅斯年在《史學方法導論》中聲稱:從中西史學發展歷程看,「一、史的觀念之進步,在於由主觀的哲學或倫理價值論變做客觀的史料學。二、著史的事業之進步,在於由人文的手段,變做如生物學地質學等一般的事業。三、史學的對象是史料,不是文詞,不是倫理,不是神學,並且不是社會學。史學的工作是整理史料,不是作藝術的建設,不是疏通的事業,不是去扶持或推倒這個運動,或那個主義」[3]。

二 近真與頭緒

後人批評傅斯年,多從史料以外入手,雖然言之有理,卻不一定能當傅斯年的本意。而在傅斯年的邏輯之內,也還有許多空間,若

---

[1] 歐陽哲生主編:《傅斯年全集》第三卷,第 343 頁。
[2] 一九四三年一月十五日傅斯年致朱家驊函,中研院史語所藏傅斯年檔案。
[3] 歐陽哲生主編:《傅斯年全集》第二卷,第 308 頁。

能善用，史料與史觀其實相互連通而非彼此衝突。在將史料與史觀對立的學人看來，史料不過是立說的基礎或憑藉，只有史料，或者只強調整理史料，至多是文籍史實的考訂與編撰，何來史學？殊不知傅斯年的所謂史學便是史料學，史學的工作是整理史料，並非一般的考訂排比，或者說，考訂與排比遠非一般所以為的那樣簡單，尤其不是批判者眼中的瑣碎餖飣末學。的確，傅斯年對於考證相當偏愛，他甚至說：「最近百多年來，文士的學問趨向於考證；誠然，考證只是一種方法而不是一種目的，但人類的工作，目的和方法是很不容易分別的。考證學發達的結果，小題大做，可成上品，大題小做，便不入流。」[1] 所以文史之學的文章的理想是精，而社會科學則是通。求通的社會科學在一定程度上還是不夠發達的緣故。

但是，傅斯年並不認為史學的目的與功能僅此而已。如前所述，傅斯年所謂近代史學為史料編輯之學，主要有兩層意思，其一，因史料供給之豐富，遂生批評之方式。其二，此種方式非抽象而來，實由事實之經驗。史料編輯之學，並非只是簡單地機械地將史料排列一起，史學便是史料學，最重要的是如何整理史料以及如何認識整理史料之於研究歷史的作用。具體而言，「史料學便是比較方法之應用」，而整理史料的方法，「第一是比較不同的史料，第二是比較不同的史料，第三還是比較不同的史料」。

比較研究在今日已成時髦，而大都不能遵守基本法則，陷於望文生義的隔義附會。實則文史比較研究正是近代歐洲與中國古代文史之學的大道正途。今人關注傅斯年的史料學，著重於他所提出的八對範疇，即直接對間接，官家對民間，本國對外國，近人對遠人，不經意對

---

[1]《國立臺灣大學法學院〈社會科學論叢〉發刊詞》，原載一九五〇年四月《臺大社會科學論叢》第一期。歐陽哲生主編：《傅斯年全集》第三卷，第368頁。

經意，本事對旁涉，直說與隱喻，口說對著文，其實這八對範疇可以概略為一對，也就是直接史料與間接史料，其餘均由此衍伸。而這樣的觀念，早在傅斯年任教於中山大學時已經形成並且實際講授，寫於那一時期的《中國古代文學史講義》稱：「史料可以大致分做兩類，一、直接的史料；二、間接的史料。凡是未經中間人手修改或省略或轉寫的，是直接的史料；凡是已經中間人手修改或省略或轉寫的，是間接的史料。」如《周書》、《世本》、《明史》為間接，毛公鼎、卜辭、明檔案為直接。「有些間接的材料和直接的差不多，例如《史記》所記秦刻石；有些便和直接的材料成極端的相反，例如《左傳》、《國語》中所載的那些語來語去。自然，直接的材料是比較最可信的，間接材料因轉手的緣故容易被人更改或加減，但有時某一種直接的材料也許是孤立的，是例外的，而有時間接的材料反是前人精密歸納直接材料而得的，這個都不能一概論斷，要隨時隨地的分別著看。整理史料是件很不容易的事，歷史學家本領之高低全在這一處上決定。後人想在前人工作上增高，第一，要能得到並且能利用的人不曾見或不曾用的材料；第二，要比前人有更細密更確切的分辨力。」王國維利用新材料兼能通用細密的綜合與分析，顧頡剛古史辨則專利用間接材料推陳出新。[1]

傅斯年強調整理史料的方法就是比較不同的史料，更重要的還在於以下兩點，即「歷史的事件雖然一件事只有一次，但一個事件既不盡止有一個記載，所以這個事件在或種情形下，可以比較而得其近真；好幾件的事情又每每有相關聯的地方，更可以比較而得其頭緒」。這段文字雖然間有引用者，並未給予足夠的重視。而這兩點既是「史學只是史料學」的兩個層次，又是比較不同史料所能達到的兩個目的，也可以概括為：一、近真；二、頭緒。此言揭示歷史記錄與歷史事實

---

[1] 歐陽哲生主編：《傅斯年全集》第二卷，第43頁。

的關係、以及如何尋求歷史事實的內在聯繫兩大命題，可謂深得史學研究之真味。儘管單一的近真取向不足以發揮其最大能量，但若達到這一境界，疏通或許反而多餘和無味。至於聯繫一層，更使得無數事實的關係得以無限延伸。

史學的本旨在於求真，這個本來天經地義的目標如今在不少人看來，是否存在，能否求得，大有疑問，甚至根本否認。因為什麼是真，如何證明，似乎仍不脫離主觀。其實求真的意思有兩層，首先，史實為曾經發生過的事實，如何發生，情形怎樣，均為實有，不會因為任何後來因素而改變；其次，後人的求真，由於種種條件的限制，永遠不會完全與事實重合，但是通過恰當的努力，可以逐漸接近。而作為史學，最主要的條件限制還在於史料，因為一個事件不止一個記載，將不同的記載加以比較，便可以接近事實的真相。為此，必須四面看山，避免以片面為整體，孤證不立無庸置疑，所謂無徵不信，實事求是，也是相對而言。

需要進一步探究的是，同一事件的不同記載如何發生，不同記載的主次輕重如何判別。傅斯年強調的是直接史料與間接史料的關係，講究的是包括真偽在內的材料的可信度問題。其實，史學雖以求真為要，但是真偽是否的問題，相對簡單。古史辨的層累疊加，為各民族上古史的普遍現象，只疑及後來，且以為故意，有失允當。而所謂直接史料與間接史料，或主料與輔料，又或者一手材料與二手材料等等分別，雖有價值差異，傅斯年還是不斷強調只能相對而言，因時制宜。不過相對而言之下，八對範疇的區分，仍有一是非真偽的基本判斷，或者說，對於史料的鑑別，仍然以相對於史實的是否真偽程度為標準。這樣的判斷一般而言固然不錯，可是比照材料與事實之間的複雜性，還嫌表面。所有當事人關於本事的記錄，由於各自利害有別，除了最簡單的真偽是否之外，如何才是真的問題相當複雜。梁啟超即

認為:「不能謂近代便多史料,不能謂愈近代之史料即愈近真。」並指出近代史料不易徵信近真的原因,一是「真跡放大」[1],二是記載錯誤。[2]

將材料分為直接與間接,相當程度上與時間性相關。而深一層考慮,所謂第一手資料的真與正,也是相對而言。歷史上所有當事人關於本事的記述,由於角度、關係、層面等客觀條件不同,以及利害有別等主觀因素,往往異同互見,千差萬別,橫看成嶺側成峰的原因,在於立足點的遠近高低各不同,羅生門的現象因而具有相當廣泛的普遍性。古史辨所謂以漢還漢,只能剔除後人的迭加,不能區分當時的異見。就此而論,所謂真至少有兩個層次,即史事的真與記述史事的真。史事的真只有一種,但人們必須根據各種相關記述來還原史事,而即使親歷者關於史事的記述也各不相同,甚至相互牴牾矛盾,間接材料的差異往往由此敷衍而來。當事人的記述無論由於客觀條件還是主觀因素的作用所產生的差異,間有放大或掩飾的故意,卻不一定是有意作偽,不僅所記大都是真(當然也有不同程度的失真),更重要的是,他們如此這般或那般記載這一史事,同樣是真。前者是他們的眼見為實,後者固然有部分隱晦,但他們如此記述,仍然是真實心境的寫照。研究歷史,一方面通過比較不同的記述逐漸接近史實,另一方面則要探究不同的當事人何以記述各異,尤其是為何會這樣而不是那樣記述。史事的真與相關人心路歷程的真相輔相成,只有更多地瞭解所有當事人記述的心路歷程,才有可能更加貼切地接近或瞭解所記事件的真實。

具體而言,既然當事人的記述各異,不可能與事實完全重合,則所謂第一手資料的權威性其實難以斷定,至少無法區分其中可信的程

---

1 《中國歷史研究法》,《飲冰室合集・專集》之七十三,第37、91頁。
2 《中國歷史研究法(補編)》,《飲冰室合集・專集》之九十九,第6頁。

度尤其是在哪些方面何種意義上較為可信。所謂第一手資料所能證明的問題，大體上只是時間、地點、相關人物、大體過程等等比較簡單的部分，至於更為複雜的人際關係以及相關作用的詳情究竟如何，一般很難以哪一位當事人的記述為準。所以，所有類型的資料都只能部分地反映真實，只有儘可能完整全面地掌握相關記述，並且四面看山似地比較不同的記述，即所謂俱舍宗式地前後左右把握語境，理解文本，或許可以逐漸接近並且認識事實的真相。

在此過程中，探究相關當事人何以如此記述與瞭解事實的真相相輔相成，史實永遠不可能完全還原，但是，隨著對相關史料的掌握逐漸增多以及瞭解各自記述差異的潛因逐漸深入，史實的真相可以多層面地逐漸呈現。

就此而論，所謂重建史實，迄今為止，仍然既是科學又是藝術，缺一不可。一再強調要將歷史學的研究自然科學化，尤其是生物學地質學化的傅斯年不得不承認：「凡事之不便直說，而作者偏又不能忘情不說者，則用隱喻以暗示後人。有時後人神經過敏，多想了許多，這是常見的事。或者古人有意設一迷陣，以欺後人，而惡作劇，也是可能的事。這真是史學中最危險的地域啊！」[1]正因為如此，高明的史家重建的史實，其實是重現歷史場景，所有歷史上的人時地再度復活，如演戲般重新表演一番，以便後來者領悟把握，只是再現的途徑是嚴謹的考證，以實證虛，而非文學的創想。對於好講理論者而言，比較不同史料的另一層次，即「好幾件的事情又每每有相關聯的地方，更可以比較而得其頭緒」，或許更有意思。頭緒實則史事的內在聯繫。批評傅斯年「史學只是史料學」口號者指責其否認史觀，無視規律，使得歷史研究只重個別史實。這樣的批評多少有些委屈了傅斯年。按照

---

[1] 《史學方法導論》，歐陽哲生主編：《傅斯年全集》第二卷，第341頁。

唯物辯證法，規律即事物發展的普遍聯繫，而所謂普遍聯繫，在自然科學的不同學科之間，在自然科學與社會科學之間，在社會科學與人文學科之間，以及在一般人文學科與史學之間，表現不一，不可一概而論。傅斯年於一九三五年所寫《閒談歷史教科書》，從編撰教科書的角度，對此有所闡述。他說：編歷史教科書與編算學、物理等教科書有絕不同之處，「算學與物理科學是可以拿大原則概括無限的引申事實的。這個憑藉，在地質、生物各種科學已難，在歷史幾不適用。……物質科學只和百來種元素辦交涉，社會科學乃須和無限數的元素辦交涉，算學家解決不了三體問題，難道治史學者能解決三十體？若史學家不安於此一個龐氏所謂『天命』（龐加賚，Henri Poincaré，認為可以重複出現的事實，如元素、種類，使科學得以發展），而以簡單公式概括古今史實，那麼是史論不是史學，是一家言不是客觀知識了。在一人著書時，作史論，成一家言，本無不可，然而寫起歷史教科書來，若這樣辦，卻是大罪過，因為這是以『我』替代史實了。物質科學中，設立一個命題，可以概括無限度的引申命題，……大約有三個領導的原則。第一項，列定概括命題，以包涵甚多引申的命題與無限的事實。第二項，據切近於讀者的例，以喻命題之意義。第三項，在應用上著想。這些情形，一想到歷史教科書上，幾乎全不適用。第一項固不必說，歷史學中沒有這東西。第二項也不相干，歷史上件件事都是單體的，本無所謂則與例。第三項，歷史知識之應用，也是和物質知識之應用全然不同的」。「沒有九等人品微分方程式和百行元素表，人物、行動只得一個個、一件件述說。沒有兩件相同的史事，因果是談不定的。因果二詞，既非近代物理學所用，亦不適用於任何客觀事實之解釋，其由來本自神學思想出。現在用此一名詞，只當作一個『方

便名詞』,述說先後關係而已,並無深意。」[1]

　　一般比較研究者,每每喜歡求同,落入隔義附會的俗套。而史學的比較研究,更加著重於見異。這並非排斥規律,歷史事實均為特殊、個別,不等於沒有聯繫,只是不能用自然科學或社會科學的原理來強求史料與史實的一律及聯貫。一九四二年十月十一日傅斯年覆函好用社會學方法研究中國歷史的吳景超:「歷史上事,無全同者,為瞭解之,須從其演化看去,史學之作用正在此。如以橫切面看之,何貴乎有史學?」[2]演化重在梳理事實聯繫,且有多種可能趨向。將史實每每相關聯的觀念無限延伸,可以說,人類歷史上沒有孤立的事件,所有的人事都是無限延續地普遍聯繫著,通過比較相互聯繫的史實,可以發現變化和發展。這種事實聯繫的比較,本來就是比較研究的正宗。不僅可見異文化傳通的聯繫與變異(如《趙氏孤兒》的西傳),也可探究同一文化系統內部不同區域和不同歷史時期的發展變化(如孟姜女等民間傳說的流變和政治制度的演化)。從普遍的聯繫中見異,由見異而梳理演化的脈絡,正是史學探究人類歷史規律的重要形態。

　　認識求真與近真的多重含義,對於理解史學的本質,避免淺學者的所謂無法求真、沒有本意等等,頗有意義。歷史上所有的真均為相對而言,後人的研究永遠不可能與史實完全重合,但不等於沒有真,無法求,求真的過程其實是對史家智慧能力的極大考驗,也是提高人類智力的重要途徑。注重事實聯繫,防止用後來外在觀念任意剪裁取捨解釋,這對於改變近代歷史研究的隔義附會的任意性極有效益。當然,限於史料和自身的能力,學人往往難以無限延伸地看到歷史事實

1　《教與學》第一卷第四期(1935年10月1日),歐陽哲生主編:《傅斯年全集》第五卷,第52-55頁。
2　歐陽哲生主編:《傅斯年全集》第七卷,第267頁。

之間的普遍聯繫，藉助於某些規則定理，實際上是想衝過不聯貫處的取巧做法。就此而論，治史猶如下棋，高手的段數差異，就在於所能預見的步數。看到的步數越多，能力則越強。只是治史要想看得遠，還須落在具體史事的實處，揭示實際的內在聯繫，而不能憑藉外力將事實牽扯到一起。事物的普遍聯繫即為規律，聯繫有不同層面，史家注意事實聯繫，所有人類歷史事實均可由無限延伸的聯繫紐帶相連接。這與一般套用定義以填充事實，或隔義附會以生拉硬拽的所謂規律大相逕庭。史學研究應於見異中探究事實聯繫的無限延伸，不宜脫離事實的聯繫隨意連接比附。

三 求實與證虛

誠然，史學只是史料學的說法亦有其侷限，有的前人已經反覆指出，有的雖經指摘，未必全是傅斯年的本意，有的則尚未道及。就本題應有之義而言，為害最大者，還是把一切文籍都當作材料。傅斯年明確宣稱：「總而言之，我們不是讀書的人，我們只是上窮碧落下黃泉，動手動腳找東西！」之所以如此，是因為「西洋人做學問不是去讀書，是動手動腳到處尋找新材料，隨時擴大舊範圍，所以這學問才有四方的發展，向上的增高」。這一說法對於讀過書或讀完書的學人而言，或是從反對主觀成見的角度立論，或許不無道理。陳寅恪即主張史語所以購新資料為急圖，基本書籍從緩。但是對於一般後學者，卻遺患甚巨。傅斯年也承認：「西洋人研究中國或牽連中國的事物，本來沒有很多的成績，因為他們讀中國書不能親切，認中國事實不能嚴辨，所以關於一切文字審求、文籍考訂、史事辨別等等，在他們永

遠一籌莫展。」只是「有些地方比我們範圍來的寬些」[1]。如果不讀書只找材料，首先，勢必使得中國人變成外國人，讀不懂中國書，只能用外國觀念來理解中國書；其次，將各種文獻統統當作史實的客觀記錄，則作者的主觀不可見，同樣影響對文獻的理解，尤其是無法探究作者的心路歷程。再次，視所有文獻為材料，勢必導致否定書籍與學問的連帶關係。

　　無論對傅斯年的評價如何，後來治史大都用其觀念而無其底蘊，結果所有的文獻在人們眼中只是史料。這雖然未必是傅斯年的本意，卻很難說不是其主張的流弊。其實，書應作為書看，報應當作報看，日記當作日記看，書信當作書信看，不能僅僅作為史料看。作書看須看作者本來的完整意思，作史料看則容易以己意從中摘取片斷，割裂作者原意，而組成另外的意思。此非原作者之本意，也不是歷史的本相，而是研究者心中的歷史。

　　作書看還要由書見人，如吳宓日記反映其情感的偏執，朱自清日記可見其內心深處的自卑。同是日記書信，不同的人有不同的寫法，不同的習慣，不同的目的。按照傅斯年的標準，日記、書信等無疑是第一手資料，尤其是當事人的相關日記書信，往往成為判斷的依據。但也不可一概而論。有的日記寫作時即為了給人看，或給皇帝看（李慈銘日記）、或給上司看（駐外使節呈交刊刻的日記）、或給後人看（胡適日記即是要留作史料）；也有的日記寫給自己看，多記私密性瑣事，公事大事要事反而疏於記錄；還有的日記怕人看，所以只記事不議論，或事後加以刪削。因此，要通過日記看清主人的風格習慣，有的不僅要看記什麼，更要留意不記什麼，為何不記。清季戊戌庚子間史料相對稀疏，日記尤為明顯，顯然因為清廷文網嚴密，朝野人士或

---

[1] 歐陽哲生主編：《傅斯年全集》第三卷，第6頁。

事先留空，或事後處理。胡適則於日記中不記於其不利之事（或事後刪削）。書信亦然。汪康年師友書札反映清季史事極多，但其人三教九流無所不交，給不同人寫信的態度各異，須將同一時期關於同一事件的不同信札前後左右看，才能把握汪康年本人的態度和作為。近代報刊多有黨派背景，還有編輯者的立場。檔案同樣如此，外交檔案涉及對方，常有誇張與掩飾，須將各方記錄比勘。凡涉及雙方或多方關係者，僅以一方記錄為準立論，相當危險。進而言之，檔案與其說是史料的一種類型，不如說是保存材料的一種方式。其中各類材料都有，官樣文章尤多。如果不能善用，反易為其所誤。

　　以此為鑑，所有的史料都具相對性，傅斯年的區分可以提供基本的判斷，當然他也一再強調相對而言。但若僅以史書為史料，雖然不受前人主觀影響，卻也不見前人心思所繫。如古史辨之於兩漢以上，打破所謂黃金時代的神話，不無道理，因此而不見經學對兩漢以下的作用，未免因噎廢食。傅斯年對《晉書》、《宋史》的評價頗具代表性，他說：「對於我們，每一書保存的原料越多越好，修理得越整齊越糟。反正二十四史都不合於近代史籍的要求的，我們要看的史料越生越好！然則此兩書保存的生材料最多，可謂最好。」這與一般史家詬病《晉書》、《宋史》的紊亂，眼界很不相同，而一般認為最能鍛鍊的《新五代史》、《明史》，在傅斯年看來，因材料原來面目被改變，反而糟了。[1] 如此，則《史記》難入高明，著述的例法等等，也完全不見其意義。這與中國無史論有著同樣的意思，都認為是有史料而無史書。著述當然不僅是客觀敘述事實，同時也表達其主觀意願或期望，這樣的主觀對於所欲記錄的事實或許不足為法，但是卻能展現那時人們對於此類事實的看法及態度。而且，學人著述，心中潛在對象常有若干層

---

[1] 歐陽哲生主編：《傅斯年全集》第二卷，第340頁。

面，究竟寫給誰看，哪些意思希望誰能理解，確有講究。不能體察，如何讀懂？

讀書與找材料不同，須既見事又見人，通過人的言行揭示或展現其性格作派思維，不僅可見這類言行屬於這一人物，而且可知這一人物才有這類言行。這在古代與晚近歷史的研究中尤其關鍵。因為古代史材料疏失較多，多重文化，晚近材料豐富，多重人事。今人所寫傳記，往往見事不見人，與只找材料不讀書不無關係。而人是歷史的中心，人的有意識活動與社會的有規律運動，構成歷史演化的內容。

讀書不僅可以瞭解作者，更可見「書中有學」。宋育仁和錢穆都批評用科學方法整理國故僅僅將書籍當作材料，而非學問的對象。「古學是書中有學，不是書就為學」，「學者有大義，有微言，施之於一身，則立身行道，施之於世，則澤眾教民。……今之人不揣其本，而齊其末，不過欲逞其自炫之能力，以成多徒，惑亂視聽。既無益於眾人，又無益於自己。凡盤旋於文字腳下者，適有如學道者之耽耽於法術，同是一蠱眾炫能的思想，烏足以言講學學道，適足以致未來世之愚盲子孫之無所適從耳」[1]。錢穆則指出不把書籍作學問的對象，其實是過於主觀自信的表現。虛心讀書，積累系統知識，才是向學的正道。

更有進者，人類社會不僅為科學，還包含義理與藝術，其中固然有可以用科學方法證明或征實的部分，也不乏難以驗證而須玄想的一面。錢基博《十年來之國學商兌》引裘匡廬《思辨廣錄》論東西學術的不同，對於以科學方法整理國學的批評，不無借鑑意義：

> 近人喜言以科學治學方法整理國學者，是殆未明吾東方固有之學術，其性質與今之所謂科學者迥別。研究科學及一切形質之學

---

[1] 問琴：《評胡適國學季刊宣言書》，《國學月刊》第十六期，一九二三年。

者,如積土為山,進一簣有一簣之功,作一日得一日之力,論其所得之高下淺深,可以計日課程而為之等第也。治心性義理之學者,如掘地覓泉,有掘數尺即得水者,有掘數丈始得水者,有掘百數十丈然後得水者,有掘百數十丈而終不得水者,有所掘深而得水多,亦有所掘深而得水反少者,有所掘淺而得水少,亦有所掘淺而得水反多者。而所得之水,又有清濁之分,甘苦之別,不能尅日計工,而衡其得水之多寡清濁也。其一旦得水也,固由於積日累功而成;然當其未及泉也,則無論用力如何勤苦,經營如何之久,若欲預計其成功之期,則固無人能言其明確之時日者也;所謂掘井九仞而不及泉,猶為棄井也。

治心性義理之學,亦猶是矣。當其體察鑽研,沈潛反覆,雖志壹氣凝,用力極其勤奮,苟未至於一旦豁然貫通之日,則無論用力如何勤苦,杳不知其成功之究在何時也。且此所謂一旦者,不能以日計,不能以月計,亦不能以年計;但由正知正見而入,至於用力之久,則終當有此一旦已耳。然亦有用力既勤且久,而終無此一旦者,亦正不鮮。就其大別言之,有得人一言之啟發而即大悟者,有積數年數十年之力學苦參而始悟者,有勤奮終身而仍未大悟者,有勤奮終身而終不悟者。蓋學之偏於實者,其程效可以計功計日。學之偏於虛者,苟非實有所悟,則決無漸臻高深之望。語其成功,不聞用力之多寡,為時之久暫也。

明陳白沙先生論學曰:「學有由積累而至者,有不由積累而至者。有可以言傳者,有不可以言傳者。」大抵由積累而至者,可以言傳也。不由積累而至者,不可以言傳也。東西學術之別視此矣。凡西哲之學問,莫不重系統,有階級,故其學皆由積累而至,皆可以言語文字傳授者。若吾東方之學術則異乎是。不特性命之根源,精微之義理,本非可以積累而至,可以言傳;即九

流末伎如醫卜星相之徒,苟語及精微之處,設於道一無所知,則終身亦決無自臻於高明之境。道如一大樹,聖賢得其根幹,方伎得其枝葉;此中道妙,父不能傳之於子,師不能授之於弟,亦不由積累而至,亦非可以言語傳授者也。聖賢相傳之道,非古聖能創作也,不能因其固有之道舉以告人耳。如黃山天臺之景,天下之奇觀也,然此境非吾曹所能創造,亦非吾曹所能建設;夫地間原有此境,欲知此境,只須親到親見;聖賢不過先到此境,先見此境而已。吾人苟能篤信古聖之所指示,孳孳日進,終必有實到此境,實見此境之一日。迨已到已見之後,方知此境本為古今人人之共有,既非先聖所能創作,亦非後聖所能改造。且如黃山天臺,天地間既實有此山,此山終古不改,則凡曾到此山者,其所見即無一不同。千萬年以前,曾見此山者,所說如是;千萬年以後,凡見此山者,所說亦必如是;決不能於實際增益分毫,亦決不能於實際減削分毫,以稍有增減,即與固有者本然者不合也。[1]

　　誠如張爾田等人所說,義理之學,不能專憑目驗,不能即時示人以證據。[2]而裘匡廬以聖賢所言為準則的辦法,亦很難讓傅斯年等人接受。正因為史料不完全,歷史還有義理與藝術的一面,所以僅用分析、比較、歸納各法尚有不足,還須領悟貫通,以免將天邊的浮雲誤認作樹林。而傅斯年在文學史的範疇,也承認不能只講事實,他說:「宋人談古代,每每於事實未彰之先,即動感情,這是不可以的;若十足的漢學家,把事實排比一下就算了事,也不是對付文學的手段,因

1　《光華大學半月刊》第三卷第九、十期合刊,一九三五年六月。
2　《與王靜安論今文學家書》,《學衡》第23期,一九二三年十一月,「文苑・文錄」第3-4頁。

為文學畢竟是藝術。必先尋事實之詳,然後成立說者與所說物事相化之情感,如此方能寡尤,方能遂性。」[1]此即以實證虛之意。

四　曲解與本意

在「史學只是史料學」這一宣言之下,傅斯年的一些相關主張多少有些口號式的意味,有時甚至故作驚人語,因而不免引起誤解,滋生流弊。批判較為深入者,可見錢穆的〈新亞學報發刊辭〉等論著。然而,全面理解傅斯年,不要以隻言片語立論,可見傅斯年的許多主張,主要是為了標舉史語所的學風,而不是針對一般史學的全體。除了發表〈旨趣〉,他還不斷宣稱:「研究所的宗旨,一、到處找新材料。二、用新方法(科學付給之工具)整理材料。」、「敝所設置之意,並非求繼續漢學之正統,乃欲以『擴充材料,擴充工具』為方術,而致中國歷史語言之學於自然科學之境界中。……拙著〈歷史語言研究所工作之旨趣〉一文,意在標舉此意,以求勿為正統漢學者誤為同調。」[2]儘管他認為如此才算得上是高深的研究,才能在世界學術之林爭勝,畢竟只是少數人「上達」而非「下學」[3]的事業。

傅斯年承認「近代史學,亦有其缺點,討論史料則有餘,編纂技術則不足。雖然不得謂文,但可謂之學,事實之記載則超前賢遠矣」[4]。而在歷史教育的層面,傅斯年認為意義有三,一、把歷史知

---

[1] 《中國古代文學史講義》,歐陽哲生主編:《傅斯年全集》第二卷,第15頁。
[2] 一九二九年十月六日致馮友蘭羅家倫楊振聲;一九三〇年九月十三日致王獻唐,歐陽哲生主編:《傅斯年全集》第七卷,第82、92頁。
[3] 錢穆:《發刊詞》,《新亞學報》第一卷第一期,一九五五年。
[4] 《中西史學觀點之變遷》(未刊稿),歐陽哲生主編:《傅斯年全集》第三卷,第155頁。

識當作人學,瞭解人類及人性。二、國民訓練,培養愛國心民族性。三、認識文化演進之階段和民族形態之述狀,中國史更應注重政治、社會、文物三事之相互影響。[1]如此看來,「史學只是史料學」,雖然可以說是傅斯年史學的主導思想,卻不能完整地表達其全部觀念,至少有流弊匪淺的四點,未必緣於傅斯年的本意:

其一,擴張史料與新舊史料的關係。史學為綜合的學問,須先識大體,由博返約,以約至精,由精而通,在整體下研究局部,才能貫通無礙。若由點及面,從局部看整體,甚至將局部放大為整體,則難免偏蔽,導致盲人摸象,以偏概全。傅斯年在《歷史語言研究所工作之旨趣》中突出強調擴張新材料和擴充新工具,擴大舊範圍,陳寅恪等人也主張以新材料治新學問的預流,影響了整個學界的風氣,不少後來者一味擴張人所不見的新材料而不讀基本書,引起有識之士的批評。賀昌群說:「大抵一時代有一時代的學風,一番新史料的發現,必有一番新學問的領域,能夠占在新學問的領域中利用這番新材料,就是學術上的前驅者,陳寅恪先生稱此為『入流』,反乎此而不聞不問,自以為坐井可以觀天者,謂之『未入流』。但我想入流與不入流,有時亦不在以能獲得新材料為目的。近來學術界因為爭取發表新材料的優先權,往往令人有玩物喪志之感。所以尤在要明了學術研究的新趨向,然後才知所努力,在思辨上有深澈的眼光,文字上有嚴密的組織,從習見的材料中提出大家所不注意的問題,所以學術思考上也有入流與不入流的問題。」[2]高明者應延續前賢未竟之業,即所謂接著做,若一味看前人未見史料,究前人未知問題,不僅細碎,所謂找罅縫,

---

[1] 《閒談歷史教科書》,《教與學》第一卷第四期(1935 年 10 月 1 日),歐陽哲生主編:《傅斯年全集》第五卷,第 55 頁。

[2] 《賀昌群文集》第一卷,第 180 頁。

尋破綻，覓間隙，更可悲的是所得或許不過前人唾餘。

其實，無論傅斯年還是陳寅恪，都並非主張一味擴張新材料，其著重強調擴張新材料的前提，是已經讀過書並掌握了基本材料，而不是針對未得門徑的初學者。《史學方法導論》明確指出：「必於舊史史料有工夫，然後可以運用新史料；必於新史料能瞭解，然後可以糾正舊史料。新史料之發見與應用，實是史學進步的最要條件；然而但持新材料，而與遺傳者接不上氣，亦每每是枉然。從此可知抱殘守缺，深固閉拒，不知擴充史料者，固是不可救藥之妄人；而一味平地造起，不知積薪之勢，相因然後可以居上者，亦難免於狂狷者之徒勞也。」[1]對此傅斯年很有心得。一九三一年二月十八日胡適在日記中記道：「孟真來談古史事，爾綱也參加。孟真原文說：『每每舊的材料本是死的，而一加直接所得可信材料之若干點，則登時變成活的。』此意最重要。爾綱此時尚不能承受此說。」[2]

陳寅恪教書也有類似主張。他說：「必須對舊材料很熟悉，才能利用新材料。因為新材料是零星發現的，是片斷的。舊材料熟，才能把新材料安置於適宜的地位。正像一幅已殘破的古畫，必須知道這幅畫的大概輪廓，才能將其一山一樹置於適當地位，以復舊觀。在今日能利用新材料的，上古史部分必對經（經史子集的經，也即上古史的舊材料）書很熟，中古以下必須史熟。」[3]不同研究領域的新舊材料還有所分別，如金石學：「自昔長於金石學者，必為深研經史之人，非通經無以釋金文，非治史無以證石刻。群經諸史，乃古史資料多數之所彙集，金文石刻則其少數脫離之片段，未有不瞭解多數彙集之資料，

1　歐陽哲生主編：《傅斯年全集》第 2 卷，第 335 頁。
2　曹伯言整理：《胡適日記全編》六，第 61 頁。
3　蔣天樞：《陳寅恪先生編年事輯（增訂本）》，第 96-97 頁。

而能考釋少數脫離之片段不誤者。」[1]文化史領域，只抄撮舊材料或只用舊材料而予以牽強附會的新解釋，均不可取，「以往研究文化史有二失：舊派失之滯。舊派所作中國文化史，……不過抄抄而已。其缺點是只有死材料而沒有解釋。讀後不能使人瞭解人民精神生活與社會制度的關係。新派失之誣。新派是留學生，所謂『以科學方法整理國故』者。新派書有解釋，看上去似很有條理，然甚危險。」[2]

識一字成活一片，至少也有兩層意境，第一，生材料得以連綴；第二，舊材料得以重組。前者因其片斷，無從聯繫解釋，後者雖有解釋，但加入主觀，與本事不能貼切。前者可以發現，後者更能進而發明。

其二，整理材料與聰明考證的關係。既然史料是對歷史事實的記錄，具有不完整性和片斷性，即使晚近史料繁多，對於事實的記載也不可能全面，不可能完整保存，不可能看法一致。因此，沒有貫通，則難以連綴成篇，取捨適宜，拿捏得當。實事往往無實證，而有實證者又多為羅生門式的各說各話，必須前後左右，虛實互證。傅斯年在〈歷史語言研究所工作之旨趣〉中所說：「我們只是要把材料整理好，則事實自然顯明了。一分材料出一分貨，十分材料出十分貨，沒有材料便不出貨。兩件事實之間，隔著一大段，把他們聯絡起來的一切涉想，自然有些多多少少也是容許的，但推論是危險的事，以假設可能為當然是不誠信的事。所以我們存而不補，這是我們對於材料的態度；我們證而不疏，這是我們處置材料的手段。材料之內使他發見無遺，材料之外我們一點也不越過去說。」[3]以及〈〈史料與史學〉發

---

1 《楊樹達〈積微居小學金史論叢續稿〉序》，陳美延編：《陳寅恪集・金明館叢稿二編》，第260頁。

2 卞僧慧：《懷念陳寅恪先生》，引自蔣天樞：《陳寅恪先生傳》，北京大學中國中古史研究中心編：《紀念陳寅恪先生誕辰百年學術論文集》，第4頁。

3 歐陽哲生主編：《傅斯年全集》第三卷，第10頁。

刊詞〉所稱該所治史學「不以空論為學問，亦不以『史觀』為急圖，乃純就史料以探史實也」，「史料有之，則可因鉤稽有此知識，史料所無，則不敢臆測，亦不敢比附成式」[1]，顯然有所侷限。陳寅恪也有類似表述，陳守實記：「師於史之見解，謂整理史料，隨人觀玩，史之能事已畢。」[2]那麼，單純整理材料，如何能夠「合於今日史學之真諦」[3]？

或者誤解，以為整理材料只是一般抄錄拼湊，實則傅斯年對此批評甚嚴。他所強調的，是「『做實在工夫，勿作無謂辨〔辯〕論』及『虛心整理事實，勿復盛氣馳騁己見』」[4]，但反對笨伯的考證，而主張聰明的考證。他說：「天地間的史事，可以直接證明者較少，而史學家的好事無窮，於是求證不能直接證明的，於是有聰明的考證，笨伯的考證。聰明的考證不必是，而是的考證必不是笨伯的。」[5]

抗戰期間傅斯年先後為中英庚款董事會和中華教育文化基金董事會審查歷史類的科學補助金，對於候選人的評議很能體現其史學觀念：如龍沅「雖送來三冊著作，然除緒論二葉外，皆抄撮成書，並無考辯。轉徙中能抄撮成篇，固為勤勉，然其著作之能力如何，無從懸揣。列為備取，置之最末，亦無不可。然此等情形，似永無補入之望，或亦徒然也」。盛朗西「《中國書院制度》一書，於抄撮常見書外，亦無所表見也」[6]。列為乙等的李俊，「著作只是抄集，李劍農先生介紹之詞，似言過其實。惟如此一長題目（《中國宰相制度》），縱二千年，精練之史學家決不敢為之。作者雖不了解此問題中各時代之細

1　歐陽哲生主編：《傅斯年全集》第三卷，第335頁。
2　陳守實：《學術日錄》一九二八年一月五日，《中國文化研究集刊》第一輯。
3　《〈元西域人華化考〉序》，《陳寅恪史學論文選集》，第506頁。
4　一九四〇年二月二十四日傅斯年致孫次舟〔抄件〕。
5　歐陽哲生主編：《傅斯年全集》第二卷，第341頁。
6　一九四〇年六月（？）傅斯年致管理中英庚款委員會。

點，但抄撮尚勤，亦頗扼要，在今日一般出版水準中，此書不算壞。以此書為例，則彼之計劃作『中國選士制度考』，其結果亦必是此類之書，此雖不足名為研究，卻可作為一般人參考之資也」[1]。可見傅斯年對於以抄撮代著述的做法極不以為然。所謂整理材料，決非抄撮拼湊那樣簡單。要讓材料出貨，能夠顯示史事，闕疑與推論之間，如何求證便是關鍵。

雖然傅斯年後來多用考證表示整理資料，其經典的表述還是比較，唯有善於比較才是聰明的考證。而陳寅恪可謂聰明考證的代表。卞僧慧稱：「寅恪師史學之所以精深，在對隱曲性史料的發掘與闡發，開拓史學園地。蓋史料向來有直筆、曲筆、隱筆之別，一般史家率多直筆史料的述證，限於蒐集、排比、綜合，雖能以量多見長，以著作等身自負，但因昧於史料的隱曲面，其實只見其表，未見其裡。有時難免隔靴搔癢之譏。惟寅恪師於人所常見之史料中，發覺其隱曲面，……遂使人對常見的史料，發生化臭腐為神奇之感，不僅提供新史料，亦且指點新方法，實為難能罕有之事。」[2]傅斯年對此當有同感。一九三〇年代初傅斯年聽陳寅恪「告以近中發見楊隋、李唐帝室之非漢姓，倘佯通衢，為之大快。弟自國難起後，心緒如焚，月餘之中，僅聞此事為之快意耳。弟當時最高興者，為聞兄找到證據之確切而又巧妙。歸來思之，此事關係極大，此一發明，就其所推類可及之範圍言，恐不僅是中國史上一大貢獻而已。吾等此日治史學誠不可定談世代之升沈，然時代之 Gestalt 確有不可忽略者。弟常自覺得，中國之國體一造於秦，二造於隋，三造於元。漢承秦緒、唐完隋業，宋又為唐之清白化，而明、清兩代，雖民族不同，其政體則皆是元代之遺耳。

---

[1] 一九四二年五月十九日傅斯年致中華教育文化基金董事會。
[2] 翁同文：《追念陳寅恪師》，《紀念陳寅恪先生百年誕辰學術論文集》，第 61-62 頁。

唐代為民族文化之大混合，亦為中國社會階級之大轉變，致此事件當非偶然」[1]。則聰明的考證不僅發覆事實，更能激發無窮的聯想。

按照嚴耕望的看法，證據之確切而又巧妙的考證已經不是簡單地整理史料：「論者每謂，陳寅恪先生考證史事，『能以小見大』。……此種方法似乎較為省力，但要有天分與極深學力，不是一般人都能運用，而且容易出毛病。」因而主張用人人都可以做到的「聚小為大」之法，即「聚集許多似乎不相干的瑣碎材料、瑣小事例，加以整理、組織，使其系統化，講出一個大問題，大結論。」[2]他還以陳垣、陳寅恪為例，談及考證學的述證與辯證兩類別、兩層次。「述證的論著只要歷舉具體史料，加以貫串，使史事真相適當的顯露出來。此法最重史料蒐集之詳贍，與史料比次之縝密，再加以精心組織，能於紛繁中見條理，得出前所未知的新結論。辯證的論著，重在運用史料，作曲折委蛇的辨析，以達成自己所透視所理解的新結論。此種論文較深刻，亦較難寫。考證方法雖有此兩類別、兩層次，但名家論著通常皆兼備此兩方面，惟亦各有所側重。寅恪先生的歷史考證側重後者，往往分析入微，證成新解，故其文勝處往往光輝粲然，令人嘆不可及。但亦往往不免有過分強調別解之病，學者只當取其意境，不可一意追摩仿學；淺學之士若一意追摩，更可能有走火入魔的危險。援庵先生長於前者，故最重視史料蒐集，至以『竭澤而漁』相比況。故往往能得世所罕見，無人用過的史料，做出輝煌的成績……前輩學人成績之無懈可擊，未有逾于先生者。其重要論著，不但都能給讀者增加若干嶄新的歷史知識，而且亦易於追摩仿學。」[3]

1　一九三一年底（？）傅斯年致陳寅恪〔抄件，殘〕。此事朱希祖等看法不同。
2　嚴耕望：《治史經驗談》，第94頁。
3　嚴耕望：《治史答問》，第85-86頁。

傅斯年對《資治通鑑》、《建炎以來繫年要錄》的評價與陳寅恪間有不同，多少體現了兩人史學觀念的差別。[1] 抗戰期間陳寅恪坐困香港，「蒼黃逃死之際，取一巾箱坊本《建炎以來繫年要錄》，抱持訟讀。其汴京圍困屈降諸卷，所述人事利害之迴環，國論是非之紛錯，殆極世態詭變之至奇。然其中頗復有不甚可解者，乃取當日身歷目睹之事，以相印證，則忽豁然心通意會。平生讀史凡四十年，從無似此親切有味之快感，而死亡飢餓之苦，遂亦置諸肚量之外矣。由今思之，儻非其書喜聚異同，取材詳備，曷足以臻是耶」[2]？如此讀史，與傅斯年的主張不無距離。而聰明的考證往往又能刺激豐富的聯想，傅斯年本人也難免情不自禁。只是連綴仍須以解讀史料為基礎，不能抽離材料的具體時空關係任意牽扯。

其三，科學的東方學之正統在中國與虜學、全漢的關係。傅斯年在〈歷史語言研究所工作之旨趣〉中提出「我們要科學的東方學之正統在中國」，儘管他同時指出著重四裔的漢學其實是「虜學」，其具體計劃的求新材料，除考古發掘外，主要還是向西向南，要脫離純中國材料的範圍，借重虜學，考四裔史事，向四方發展。他宣稱：「此研究所本不是一個國學院之類，理宜發達我國所能歐洲人所不能者（如文籍考訂之類），以歸光榮於中央研究院，同時亦須竭力設法將歐洲所能我國人今尚未能者而亦能之，然後國中之歷史學與語言學與時俱進。」[3] 為了婉拒一些人事請託要求，他還不斷強調史語所的不同路徑：「入所一事，一時恐無辦法。蓋第一組之範圍，一部分為史學，一部分為文籍學（經、子等），後者規定僅當前者三分之一，今乃過之，不復能加

---

[1] 陳寅恪與傅斯年關於宋代史學觀念的異同，另文詳論。
[2] 《陳述遼史補註序》，陳美延編：《陳寅恪集·金明館叢稿二編》，第264頁。
[3] 一九二八年五月五日致蔡元培楊杏佛，歐陽哲生主編：《傅斯年全集》第七卷，第61頁。

人矣,而前者之古史一門,本所不提倡文籍中之辨論,乃願以甲骨、金文、器物及考古學解決問題也,故近十年中,未曾增治古史者一人。一機關應有其學風,此即本所之學風也。」[1]這些都在相當長的時期內造成廣泛的錯覺,紛紛以向西洋人借來一切自然科學的工具,去做西洋的東方學者的拿手好戲為時趨。

不過,傅斯年骨子裡其實很有本位文化意識,他對中國文化西來說不以為然,夢想中國的東方必有異於西方之古代文化系,而強調文化內層的綱領。他在〈〈城子崖〉序〉中說:「一個人思想的路途,總受其環境之影響,而其成績正靠其特有之憑藉。請看西洋人治中國史,最注意的是漢籍中的中外關係,經幾部成經典的旅行記,其所發明者也多在這些『半漢』的事情上。我們承認這些工作之大重要性,我們深信這些工作成就之後,中國史的視影要改動的。不過同時我們也覺得中國史之重要問題更有些『全漢』的,而這些問題更大更多,更是建造中國史學知識之骨架。中國學人易於在這些問題上啟發,而把這些問題推闡出巨重的結果來,又是中國學人用其憑藉較易於辦到的。」[2]

這層意思不僅是傅斯年的理念,而且落實為他的工作計劃。

一九二九年九月九日,傅斯年寫信給陳寅恪,希望這位當時中國最有資格同時也正在研究東方學的學者改頭換面,將主攻方向轉移到宋代。函謂:「來函敬悉。此事兄有如許興趣,至可喜也。此事進行,有兩路:一、專此為聘一人,二、由兄領之。弟覺專聘一人,實難其選。此時修史,非留學生不可(朱遏先、陳援庵亦留學生也),粹然老

---

[1] 一九四四年八月十五日傅斯年致楊向奎〔抄件〕。

[2] 歐陽哲生主編:《傅斯年全集》第三卷,第235頁。原載一九三四年《國立中央研究院歷史語言研究所中國考古報告集》。

儒,乃真無能為役。然留學生之博聞,而又有志史學,而又有批評的意□在,鮮矣。算來算去,不過爾爾!故如吾兄領之而組織一隊,有四處尋書者,有埋頭看書者,有剪刀□者⋯⋯,則五、六年後,已可成一長篇之材料有餘矣。此時無論研究一個什麼樣的小問題,只要稍散漫,便須遍觀各書,何如舉而一齊看之乎?弟意,此一工作,當有不少之副產物,如全宋文(□詩詞)、全宋筆記、全宋藝文志(或即為新宋史之一部)等,實一快事!目下有三、四百元一月,便可動手。若後來有錢、有人,更可速進。如研究所地老天荒,仍可自己回家繼續也。且此時弄此題,實為事半功倍,蓋唐代史題每雜些外國東西,此時研究,非與洋人拖泥帶水不可;而明、清史料又浩如煙海。宋代史固是一個比較純粹中國學問,而材料又已淘汰得不甚多矣。此可於十年之內成大功效,五年之內成小功效,三年之內有文章出來者也。」[1]

人員雖然非留學生不可,方面卻不要與洋人拖泥帶水,而須治比較純粹的中國學問。在傅斯年看來,弄「半漢」之外國學人真正高明者屈指可數,且在整個西洋學術範圍內仍是旁支,以此為標的,難免等而下之。心高氣盛的傅斯年當然不會作繭自縛。只是心繫於宋史的傅、陳二人,終其一生,卻極少有宋史方面的專門論著,其中的蹊蹺,值得深入探究。

其四,考訂與大事的關係。傅斯年自求通貫,卻指示後來者謹守斷代,雖有專攻與博覽之分,畢竟高下有別。加上以考證代比較,很容易誤解為識小不識大,以考據為學問。近代學人從新漢學、史料派、考據學派等角度總結利弊得失,矛頭都指向傅斯年的口號。至少從傅斯年本人的學術實踐看,有失允當。他對以乾嘉樸學為代表的清代學術的主要批評,正是精研專題而忘卻整個立場,沒有大題目。他

---

[1] 一九二九年九月九日傅斯年致陳寅恪。

告訴王獻唐:「弟以為近千年來之實學,一炎於兩宋,一炎於明清之際。兩宋且不論,明中世後焦竑、朱謀垏、方密之實開實學之風氣。開風氣者能博不能精。⋯⋯若非有此諸君,亭林、西和諸人,亦焉能早歲便即從事樸學也?大約開風氣者,必有大力,必多誤謬,後人但執一件一件之事而評明賢,轉忘其整個的立場,所繫實大,斯後學者之過也。亭林、百詩謹嚴了許多,同時亦將範圍縮小了許多(亭林尚不如此。百詩死於一物不知,實則百詩比其朱、方諸人來見聞陋矣)。然此時問題仍是大問題,此時材料仍不分門戶也。至乾嘉而大成,亦至乾嘉而硬化,專題能精研之,而忘卻整個的立場。至於王、段諸人,而樸學觀止。此後如再開大路,非(一)有大批新材料使用不可;(二)或一返明清之際之風氣,擴大其範圍,認定大題目,能利用乾嘉樸學之精詣,而不從其作繭自縛之處。否則流為瑣碎,而不關弘旨;流為今文,而一往胡說。瑣碎固是樸學,今文亦是家法,然其末流竟如此無聊也。⋯⋯膽大的人,而能精細,思想馳騁的人,而能質實,誠可憑乾嘉之所至,一返明清之際所認識之大題目。」[1]這與一般人們所描述的傅斯年反差相當明顯。

要在精研專題與不忘整個立場之間求得統一,避免瑣碎與胡說,重要的原則就是陳寅恪所說既要具有統系又須不涉傅會,這也是整理史料與研究史學相一致的關鍵。[2]傅斯年的態度,可以從他為中英庚款董事會和中華教育文化基金董事會審查歷史類補助金申請窺見一二。對於早年在廈門大學做社會經濟史,後來到中山大學跟隨朱謙之鼓吹現代史學的陳嘯江,傅斯年很不以為然:「此君之所計劃,弟早已見

---

[1] 一九三一年四月二十日致王獻唐,歐陽哲生主編:《傅斯年全集》第七卷,第 100-101 頁。

[2] 《吾國學術之現狀及清華之職責》,陳美延編:《陳寅恪集・金明館叢稿二編》,第 361 頁。

到，並親聽其解釋。覺其空洞無當，且不知何者為史學研究問題，故擬此怪題。」對於李文治，則認為「在此次送交審查全部著作中，僅此君之《晚明流寇》一書可稱為『史學的研究』。此君史學之訓練尚非盡善，其中頗有可以改善之點。但就大體言之，確已抓到一『史學的問題』，而其處理之法，亦大致得當」[1]。其取捨標準，反對抄撮史料之外，問題把握的當否至為關鍵。

　　常言道：事實勝於雄辯。實際卻往往相反，即使在首重求真的史學領域，人們似乎也傾向於將理論與事實分離甚至對立，覺得事實不如雄辯有力，總希望用雄辯壓倒事實。而「史學只是史料學」，在一定意義上也是所謂「理論」，所以同樣遭遇總有部分道理，然至徒子徒孫之手，則印版而已的尷尬。不過流弊畢竟不同於本意，批評前人，同時也是對自己見識功力的檢驗。要想超越傅斯年，也須先因而後創。若是但憑己見，發橫通之議論，非但難以超越，很可能不及其思維的水準，甚至重蹈其批評的覆轍。評議前人或他人思想，須將其所有文字乃至言行全面瞭解，切勿以一篇文章一本書甚至隻言片語、個別口號立論，以免誤讀錯解。否則，暢所欲言變成胡言亂語，自曝其短、貽笑大方事小，誤導眾生可就罪孽深重了。

---

[1] 一九四二年五月傅斯年致中華教育文化基金董事會；一九四二年五月十九日傅斯年致中華教育文化基金董事會。

徵引文獻

一　檔案

中研院史語所藏傅斯年檔案

二　報刊

《北京大學國學門月刊》
《北京大學日刊》
《北京大學研究所國學門週刊》
《北平晨報》
《大公報》（天津）
《東方雜誌》
《讀書月刊》
《讀書雜誌》
《國粹學報》
《國風》
《國立第一中山大學語言歷史學研究所週刊》
《國立清華大學校刊》
《國立中山大學日報》
《國立中山大學文史學研究所月刊》
《國立中山大學語言歷史學研究所年報》
《國民日日報》

《國學萃編》
《國學叢刊》
《國學輯林》
《國學季刊》
《國學論衡》
《國學商兌》
《國學月報》
《國學月刊》（四川）
《國學專刊》
《教育公報》
《進步日報》
《華國》
《歷史科學》
《歷史語言研究所集刊》
《論語》
《努力週報》
《清華暑期週刊》
《清華學報》
《清華週刊》
《清議報》
《人民日報》
上海《民國日報・國學週刊》
上海《民國日報・覺悟》
《少年中國》
《時報》
《時事新報》

《申報》
《史學年報》
《史學消息》
《史地學報》
《史學雜誌》
《思想與時代》
《書人月刊》
《圖書展望》
The Chinese Socialand Poliyical Science Review
《文學雜誌》
《廈大週刊》
《廈門大學國學研究院週刊》
《現代評論》
《現代史學》
《新華日報》
《新青年》
《新史學通訊》
《新世界學報》
《新聞報》
《新亞學報》
《學燈》
《學衡》
《燕大月刊》
《燕京學報》
《益世報》
《譯書彙編》

《禹貢》
《宇宙風》
《雲南日報》
《制言》
《中國語文》
《中華新報》
《中山大學語言歷史學研究所週刊》
《中央日報》

三　一般文獻

艾爾曼著，趙剛譯：《經學、政治與宗族——中華帝國晚期常州今文學派研究》，南京，江蘇人民出版社，一九九八年。
白吉庵：《胡適傳》，北京，人民出版社，一九九三年。
北京大學中國中古史研究中心編：《紀念陳寅恪先生誕辰百年學術論文集》，北京大學出版社，一九八九年。
蔡尚思：《陳垣先生的學術貢獻》，《勵耘書屋問學記——史學家陳垣的治學》，北京，生活・讀書・新知三聯書店，一九八二年。
蔡仲德：《馮友蘭先生年譜初編》，鄭州，河南人民出版社，一九九四年。
長春市政協文史和學習委員會編、王慶祥、蕭文立校注、羅繼祖審定：《羅振玉王國維往來書信》，北京，東方出版社，二〇〇〇年。
曹伯韓：《國學常識》，北京，生活・讀書・新知三聯書店，二〇〇二年。
曹伯言整理：《胡適日記》，合肥，安徽教育出版社，二〇〇一年。
曹述敬：《錢玄同年譜》，濟南，齊魯書社，一九八六年。
陳德溥編：《陳黻宸集》，北京，中華書局，一九九五年。
陳力：《二十世紀中國史學學術編年》，羅志田主編：《二十世紀的中

國：學術與社會——史學卷（下）》，濟南，山東人民出版社，二〇〇一年。

陳平原：《中國現代學術之建立——以章太炎、胡適之為中心》，北京大學出版社，一九九八年。

陳平原、杜玲玲編：《追憶章太炎》，北京，中國廣播電視出版社，一九九七年。

陳平原、王楓編：《追憶王國維》，北京，中國廣播電視出版社，一九九七年。

陳守實：《學術日錄》，《中國文化研究集刊》第一輯，上海，復旦大學出版社，一九八四年。

陳崧編：《五四前後東西文化問題論戰文選》，北京，中國社會科學出版社，一九八五年。

陳嘯江：《西漢社會經濟研究》，新生命書局，一九三六年。

《陳寅恪史學論文選集》，上海古籍出版社，一九九二年。

陳衍：《石遺室詩話》，瀋陽，遼寧教育出版社，一九九八年。

陳以愛：《中國現代學術研究機構的興起——以北京大學研究所國學門為中心的探討（1922-1927）》，臺北，政治大學歷史系，1999年。

陳以愛：《胡適的「整理國故」在20-30年代學術界的反響》，《近代中國史研究通訊》第33期，二〇〇二年三月。

陳寅恪：《寒柳堂集》，上海古籍出版社，一九八〇年。

陳寅恪：《金明館叢稿二編》，上海古籍出版社，一九八〇年。

陳美延編：《陳寅恪集・金明館叢稿初編》，生活・讀書・新知三聯書店，二〇〇一年。

陳美延編：《陳寅恪集・金明館叢稿二編》，生活・讀書・新知三聯書店，二〇〇一年。

陳美延編：《陳寅恪集》，北京，生活・讀書・新知三聯書店，二〇

一年。

陳智超編註：《陳垣來往書信集》，上海古籍出版社，一九九〇年。

鄧偉志、林明崖著：《學派初探》，重慶出版社，一九八九年。

丁文江、趙豐田編：《梁啟超年譜長編》，上海人民出版社，一九八三年。

定生編：《治學的方法與材料及其它》，樸社，一九二九年。

杜春和、韓榮芳、耿來金編：《胡適論學往來書信選》，石家莊，河北人民出版社，一九九八年。

杜正勝：《無中生有的志業——傅斯年的史學革命與史語所的創立》，臺北，中研院歷史語言研究所編印：《中央研究院歷史語言研究所七十週年紀念文集：新學術之路》，一九九八年。

范希曾編：《書目答問補正》，南京，江蘇古籍出版社，二〇〇〇年。

費孝通：《師承・補課・治學》，北京，生活・讀書・新知三聯書店，二〇〇一年。

馮友蘭：《中國哲學史》，上海書店，一九九〇年影印。

馮友蘭：《三松堂自序》，北京，人民出版社，一九九八年。

馮紫梅著，曾越麟等譯校：《時代之子吳晗》，北京，中國社會科學出版社，一九九六年。

傅振倫：《傅振倫文錄類選》，北京，學苑出版社，一九九四年。

傅振倫編著：《七十年所見所聞》，上海，華東師範大學出版社，一九九八年。

高平叔編：《蔡元培全集》第3卷，北京，中華書局，一九八四年。

葛劍雄：《悠悠長水・譚其驤前傳》，上海，華東師範大學出版社，一九九七年。

耿雲志、歐陽哲生編：《胡適書信集》，北京大學出版社，一九九六年。

耿雲志、聞黎明編：《現代學術史上的胡適》，北京，生活・讀書・新知三聯書店，一九九三年。

龔繼民、方仁念：《郭沫若年譜》，天津人民出版社，一九九二年。
顧潮編著：《顧頡剛年譜》，北京，中國社會科學出版社，一九九三年。
顧潮：《歷劫終教志不灰——我的父親顧頡剛》，上海，華東師範大學出版社，一九九七年。
顧頡剛：《當代中國史學》，瀋陽，遼寧教育出版社，一九九八年。
顧頡剛等編著：《古史辨》一至七冊，上海古籍出版社，一九八二年。
《顧頡剛古史論文集》第1冊，北京，中華書局，一九八八年。
顧廷龍：《顧廷龍文集》，上海科學技術文獻出版社，二〇〇二年。
關庚麟撰：《日本學校圖論》，王寶平主編、呂長順編著：《晚清中國人日本考察記集成・教育考察記》，杭州大學出版社，一九九九年。
郭沫若：《中國古代社會研究》，石家莊，河北教育出版社，二〇〇〇年。
郭豫適：《從「十字法」到「四字法」——胡適的治學方法論及其他》，《胡適研究叢刊》第二輯，北京，中國青年出版社，一九九六年。
郭湛波：《近五十年來中國思想史》，濟南，山東人民出版社，一九九七年。
《國學論叢》刊行：《王靜安（國維）先生紀念號》，沈雲龍：《近代中國史料叢刊續編》第83輯。
吉川幸次郎：《留學時代》，《吉川幸次郎全集》第22卷，東京，築摩書房，一九七五年。
江藩等著：《漢學師承記（外二種）》，北京，生活・讀書・新知三聯書店，一九九八年。
《姜亮夫自傳》，晉陽學刊編輯部編：《中國現代社會科學家傳略》第一輯，太原，山西人民出版社，一九八二年。
姜義華、吳根樑編校：《康有為全集》第2集，上海古籍出版社，一九九〇年。

姜義華編校：《康有為全集》第 3 卷，上海古籍出版社，一九九二年。
蔣天樞：《陳寅恪先生編年事輯》增訂本，上海古籍出版社，一九九七年。
《蔣廷黻回憶錄》，長沙，岳麓書社，二〇〇三年。
金梁《瓜圃述異》，沈雲龍主編：《近代中國史料叢刊續編》第 24 輯之 238，臺北，文海出版社影印。
金毓黻：《中國史學史》，石家莊，河北教育出版社，二〇〇〇年。
金毓黻著，《金毓黻文集》編輯整理組校點：《靜晤室日記》，瀋陽，遼瀋書社，一九九三年。
《小島祐馬舊藏「對支文化事業」關係文書》，京都大學人文科學研究所：《人文》第 46 號，一九九九年十一月一八日。
傑弗里‧巴勒克拉夫著，楊豫譯：《當代史學主要趨勢》，上海譯文出版社，一九八七年。
璩鑫圭、童富勇編：《中國近代教育史資料彙編‧教育思想》，上海教育出版社，一九九七年。
何炳棣：《讀史閱世六十年》，商務印書館（香港）有限公司，二〇〇四年。
賀昌群：《賀昌群文集》第 1 卷，北京，商務印書館，二〇〇三年。
侯雲灝：《「史學便是史料學」——記著名史學家傅斯年》，《歷史教學》一九九九年第九期。
胡思敬：《國聞備乘》，榮孟源、章伯鋒主編：《近代稗海》第 1 輯，四川人民出版社一九八五年。
《胡適日記》，臺北，遠流出版事業股份有限公司，一九九〇年影印本。
胡頌平編著：《胡適之先生年譜長編初稿》校訂版，臺北，聯經出版事業公司，一九九〇年。
胡頌平編：《胡適之先生晚年談話錄》，北京，中國友誼出版公司，一

九九三年。

胡雲富、侯剛：《吳承仕傳略》，吳承仕同志誕生百周年紀念籌委會編：《吳承仕同志誕生百週年紀念文集》，北京師範大學出版社，一九八四年。

黃福慶：《近代日本在華文化及社會事業之研究》，臺北「中研院」近代史研究所專刊，一九八二年。

黃進興：《中國近代史學的雙重危機：試論『新史學』的誕生及其所面臨的困境》，《中國文化研究所學報》新第六期中國文化研究所三十週年紀念號，一九九七年。

《黃侃日記》，南京，江蘇教育出版社，二〇〇一年。

黃敏蘭：《梁啟超〈新史學〉的真實意義及歷史學的誤解》，《近代史研究》一九九四年第2期。

黃義祥：《中山大學史稿（1924-1949）》，廣州，中山大學出版社，一九九九年。

張傑、楊燕麗選編：《追憶陳寅恪》，北京，社會科學文獻出版社，一九九九年。

李季：《中國社會史論戰批判》，神州國光社，一九三四年。

李繼凱、劉瑞春選編：《追憶吳宓》，北京，社會科學文獻出版社，二〇〇〇年。

李繼凱、劉瑞春選編：《解析吳宓》，北京，社會科學文獻出版社，二〇〇一年。

李守常：《史學要論》，石家莊，河北教育出版社，二〇〇一年。

李泰俊：《吳宓與中國比較文學》，
《紅岩》一九九八年第6期。

李詳著、李稚甫編校：《李審言文集》，南京，江蘇古籍出版社，一九八九年。

李緒柏：《清代廣東樸學研究》，廣州，廣東省地圖出版社，二〇〇一年。
李勇、鄢可然：《〈史地學報〉對魯濱遜新史學的傳播》，《淮北煤炭師範學院學報（哲學社會科學版）》第 24 卷第 6 期，二〇〇三年十二月。
李勇、侯洪穎：《蔣廷黻與魯濱遜的新史學派》，《學術月刊》二〇〇二年第十二期。
李振聲編：《錢穆印象》，上海，學林出版社，一九九七年。
梁啟超：《飲冰室合集》，北京，中華書局，一九八九年。
梁啟超：《清代學術概論》，北京，東方出版社，一九九六年。
梁啟超：《中國近三百年學術史》，北京，東方出版社，一九九六年。
《量守廬學記——黃侃的生平和學術》，北京，生活・讀書・新知三聯書店，一九八五年。
林甘泉主編：《文壇史林風雨路——郭沫若交往的文化圈》，杭州，浙江人民出版社，一九九九年。
劉桂生、歐陽軍喜：《陳寅恪先生編年事輯補》，王永興編：《紀念陳寅恪先生百年誕辰學術論文集》，南昌，江西教育出版社，一九九四年。
劉乃和、周少川、王明澤、鄧瑞全著：《陳垣年譜配圖長編》，瀋陽，遼海出版社，二〇〇一年。
劉師培：《劉申叔遺書》，江蘇古籍出版社，一九九七年。
劉巍：《〈劉向歆父子年譜〉的學術背景與初始反響》，《歷史研究》二〇〇一年第 3 期。
劉巍：《抗戰期間錢穆所致力的「新史學」——以〈國史大綱〉為中心的探討》，中國社會科學院近代史研究所編：《中國社會科學院近代史研究所青年學術論壇二〇〇一年卷》，北京，社會科學文獻出版社，二〇〇二年。
劉寅生、謝巍、房鑫亮編校：《何炳松論文集》，北京，商務印書館，一九九〇年。

劉寅生、房鑫亮編：《何炳松文集》第2、3卷，北京，商務印書館，一九九七、一九九六年。

柳詒徵：《漢學與宋學》，東南大學南京高師國學研究會編輯：《國學研究會演講錄》第1集，商務印書館，一九二四年。

柳曾符、柳佳編：《劬堂學記》，上海書店出版社，二〇〇二年。

樓宇烈：《胡適的中古思想史研究述評》，耿雲志、聞黎明編：《現代學術史上的胡適》，北京，生活・讀書・新知三聯書店，一九九三年。

魯迅博物館藏：

《周作人日記》（影印本）下冊，鄭州，大象出版社一九九六年。

《魯迅書信集》上下卷，北京，人民文學出版社，一九七六年。

《魯迅全集》，北京，人民文學出版社，一九八一年。

逯耀東：《史學危機的呼聲》，臺北，聯經出版事業公司，一九八七年。

羅繼祖：《魯詩堂談往錄》，上海書店出版社，二〇〇一年。

羅振玉：《雪堂自述》，南京，江蘇人民出版社，一九九九年。

羅志田：《二十世紀的中國思想與學術掠影》，廣州，廣東教育出版社，二〇〇一年。

羅志田：《溫故可以知新：清季民初的「歷史眼光」》，《現代中國》第2輯，湖北教育出版社，二〇〇二年三月。

羅志田：《再造文明之夢——胡適傳》，成都，四川人民出版社，一九九五年。

馬金可、洪京陵：《中國近代史學發展敘論（1940-1949）》，北京，中國人民大學出版社，一九九四年。

冒懷蘇編著：《冒鶴亭先生年譜》，上海，學林出版社，一九九八年。

冒效魯：《冒鶴亭傳略》，晉陽學刊編輯部編：《中國現代社會科學家傳略》第5輯，山西人民出版社，一九八五年。

牟潤孫：《記所見之二十五年來史學著作》，杜維運、黃進興編：《中

國史學史論文選集》第 2 冊,臺北,華世出版社,一九七九年。
牟潤孫:《注史齋叢稿》,北京,中華書局,一九八七年。
歐陽哲生編:《胡適文集》,北京大學出版社,一九九八年。
歐陽哲生編:《傅斯年全集》,長沙,湖南教育出版社,二〇〇三年。
歐陽哲生選編:《追憶胡適》,北京,社會科學文獻出版社,二〇〇〇年。
歐陽哲生選編:《解析胡適》,北京,社會科學文獻出版社,二〇〇〇年。
潘光哲:《傅斯年與吳晗》,《「傅斯年與中國文化」國際學術討論會論文集》,二〇〇四年八月。
潘懋元、劉海峰編:《中國近代教育史資料彙編・高等教育》,上海教育出版社,一九九三年。
彭明輝:《歷史地理學與現代中國史學》,臺北,東大圖書公司一九九五年。
齊家瑩編撰,孫敦恆審校:《清華人文學科年譜》,北京,清華大學出版社,一九九九年。
齊思和:《近百年來中國史學的發展》,汪朝光主編:《二十世紀中華學術經典文庫・歷史學:中國近代史卷》,蘭州,蘭州大學出版社,二〇〇〇年。
錢大昕:《十駕齋養新錄》,南京,江蘇古籍出版社,二〇〇〇年。
錢穆:《八十憶雙親・師友雜憶》,北京,生活・讀書・新知三聯書店,一九九八年。
錢穆:《國史大綱》修訂本,北京,商務印書館,二〇〇二年。
錢穆:《中國近三百年學術史》,北京,商務印書館,一九九七年。
《錢玄同文集》,北京,中國人民大學出版社,二〇〇〇年。
錢文忠:《略論寅恪先生之比較觀及其在文學研究中之運用》,王永興編:《紀念陳寅恪先生百年誕辰學術論文集》,南昌,江西教育出版社,一九九四年。

饒宗頤：《中國史學上之正統論》，上海遠東出版社，一九九六年。

山根幸夫：《近代中日關係の研究——對華文化事業を中心として》，東京女子大學東洋史研究室，一九八〇年。

桑兵：《胡適與〈水經注〉案探源》，《近代史研究》一九九七年第五期。

桑兵：《胡適與國際漢學界》，《近代史研究》一九九九年第1期。

桑兵：《近代中國學術的地緣與流派》，《歷史研究》一九九九年第3期。

桑兵：《教學需求與學風轉變——近代大學是學教育的社會科學化》，《中國社會科學》二〇〇一年第4期。

沈兼士著、葛信益、啟功整理：《沈兼士學術論文集》，北京，中華書局，一九八六年。

沈松僑：《學衡派與五四時期的反新文化運動》，臺北，臺灣大學出版委員會，一九八四年。

沈永寶編：《錢玄同印象》，上海，學林出版社，一九九七年。

石川禎浩：《辛亥革命時期的種族主義與中國人類學的興起》，中國史學會編：《辛亥革命與二十世紀的中國》中冊，北京，中央文獻出版社二〇〇二年。

蘇雙碧、王宏志：《吳晗傳》，北京出版社，一九八四年。

蘇雙碧、王宏志：《吳晗學術活動編年簡譜》，夏鼐、蘇雙碧等：《吳晗的學術生涯》，杭州，浙江人民出版社，一九八四年。

孫敦恆：《清華國學院紀事》，葛兆光主編：《清華漢學研究》第1輯，北京，清華大學出版社，一九九四年。

孫江主編：《事件·記憶·敘述》，杭州，浙江人民出版社，二〇〇四年。

湯志鈞編：《章太炎政論選集》上下冊，北京，中華書局，一九七七年。

湯志鈞編：《章太炎年譜長編》上下冊，北京，中華書局，一九七九年。

唐德剛譯註：《胡適口述自傳》，上海，華東師範大學出版社，一九九三年。

唐德剛：《胡適雜憶》（增訂本），上海，華東師範大學出版社，一九九九年。
唐文權、羅福惠：《章太炎思想研究》，武漢，華中師範大學出版社，一九八六年。
陶希聖：《潮流與點滴》，臺北，傳記文學出版社，一九七九年。
《夏承燾集》，浙江古籍出版社、浙江教育出版社，一九九七年。
夏曉虹編：《追憶梁啟超》，北京，中國廣播電視出版社，一九九七年。
謝保成：《郭沫若評傳》，南昌，百花洲文藝出版社，一九九五年。
謝櫻寧：《章太炎年譜摭遺》，北京，中國社會科學出版社，一九八七年。
徐一士：《一士類稿》，榮孟源、章伯鋒主編：《近代稗海》第 2 輯，成都，四川人民出版社，一九八五年。
許冠三：《新史學九十年》，長沙，岳麓書社，二〇〇三年。
雪克編校：《胡樸安學術論著》，杭州，浙江人民出版社，一九九八年。
汪東：《新文學商榷》，《華國》第 1 卷第 2 期，一九二三年一〇月一五日。
汪榮祖：《陳寅恪評傳》，南昌，百花洲文藝出版社，一九九二年。
王寶平主編、呂長順編註：《晚清中國人日本考察記集成・教育考察記》，杭州，杭州大學出版社，一九九九年。
王法周：《中國哲學史大綱與中國現代學術》，耿雲志、聞黎明編：《現代學術史上的胡適》，北京，生活・讀書・新知三聯書店，一九九三年。
王汎森：《章太炎的思想——兼論其對儒學傳統的衝擊》，臺北，時報文化出版企業有限公司，一九八五年。
王汎森等整理：《史語所藏胡適與傅斯年來往函札》，《胡適研究叢刊》第 3 輯，北京，中國青年出版社，一九九八年。
王汎森：《中國近代思想與學術的系譜》，石家莊，河北教育出版社，

二〇〇一年。

王汎森:《中國近代思想文化史研究的若干思考》,《新史學》(臺北)第 14 卷 4 期,二〇〇三年。

《王國維遺書》,上海書店出版社,一九九六年。

王晴佳:《論二十世紀中國史學的方向性轉折》,《中華文史論叢》第 62 輯,上海古籍出版社,二〇〇〇年。

王煦華:《抗日戰爭期間的中國史學會》,上海圖書館歷史文獻研究所編:《歷史文獻》第 4 輯,上海科學技術文獻出版社,二〇〇一年。

王學典:《顧頡剛和他的弟子們》,濟南,山東畫報出版社,二〇〇〇年。

王學典:《近五十年的中國歷史學》,《歷史研究》二〇〇四年第 1 期。

王學珍、郭建榮主編:《北京大學史料》第 2 卷,北京大學出版社,二〇〇〇年。

王也揚:《梁啟超對中國傳統史學的認識》,《歷史教學》一九九四年第 9 期。

魏建功:《〈錢玄同先生與黎錦熙先生論「古無舌上、輕唇聲紐」問題書〉讀後記》,《中國語文》一九六一年 9 月號。

溫儒敏、丁曉萍編:《時代之波——戰國策派文化論著輯要》,北京,中國廣播電視出版社,一九九五年。

吳承仕同志誕生百周年紀念籌委會編:《吳承仕同志誕生百週年紀念文集》,北京師範大學出版社,一九八四年。

伍發明整理:《北大藏胡適來往書信選》,《胡適研究叢刊》第三輯,北京,中國青年出版社,1998 年。

吳宓著,吳學昭整理:《吳宓日記》1-10,北京,生活・讀書・新知三聯書店,一九九八年。

吳宓著、吳學昭整理:《吳宓自編年譜》,北京,生活・讀書・新知三聯書店,一九九五年。

吳其昌：《子馨文在》，沈雲龍編：《中國近代史料叢刊》續編第 81 輯之 808，臺北，文海出版社，一九八一年影印。

吳新雷、姚柯夫、梁淑安、陳傑編纂：《清暉山館友聲集》，南京，江蘇古籍出版社，二〇〇〇年。

吳學昭：《吳宓與陳寅恪》，北京，清華大學出版社，一九九六年。

吳澤主編：劉寅生、袁英光編：《王國維全集・書信》，中華書局，一九八四年。

吳澤主編、金自強、虞明英選編：《賀昌群史學論著選》，北京，中國社會科學出版社，一九八五年。

吳忠良：《南高史地學派與中國史學會》，《福建論壇》二〇〇五年第 2 期。

嚴耕望：《治史答問》，臺北，商務印書館，一九九五年。

嚴耕望：《治史經驗談》，臺北，商務印書館，一九九七年。

楊堃：《楊堃民族研究文集》，北京，民族出版社，一九九一年。

楊堃：《社會學與民俗學》，四川民族出版社，一九九七年。

楊思機：《朱謙之與「現代史學運動」》，中山大學未刊學士學位論文。

楊樹達：《積微居友朋書札》，長沙，湖南教育出版社，一九八六年。

楊樹達：《積微翁回憶錄》，上海古籍出版社，一九八六年。

姚奠中、董國炎：《章太炎學術年譜》，太原，山西古籍出版社，一九九六年。

姚柯夫編著：《陳中凡年譜》，北京，書目文獻出版社，一九八九年。

余英時：《中國史學的現階段：反省與展望》，杜維運、陳景忠編：《中國史學史論文選集》第 3 冊，華世出版社，一九八〇年。

余英時：《論士衡史》，上海文藝出版社，一九九九年。

俞旦初：《愛國主義與中國近代史學》，北京，中國社會科學出版社，一九九六年。

于沛主編：《二十世紀中華學術經典文庫・歷史學：史學理論卷》，蘭

州,蘭州大學出版社,二〇〇〇年。

袁荻湧:《陳寅恪與比較文學》,

《文史雜誌》一九九〇年第 1 期。袁同禮編:A Guideto Doctoral Dissertationsby Chinese Students in America 1905-1960,Published Under the Auspicesof the Sino-American Culture Society.Inc. Washington. D. C. 1961

袁英光、劉寅生:《王國維年譜長編》,天津人民出版社,一九九六年。

袁英光:《新史學的開山——王國維評傳》,上海人民出版社,一九九九年。

苑利主編:《二十世紀中國民俗學經典・學術史卷》,北京,社會科學文獻出版社,二〇〇二年。

樂黛雲著:《比較文學原理》,長沙,湖南文藝出版社,一九八八年。

樂黛雲主編:《中西比較文學教程》,北京,高等教育出版社,一九八八年。

岳玉璽、李泉、馬亮寬編選:《傅斯年選集》,天津人民出版社,一九九六年。

張傳璽:《翦伯贊傳》,北京大學出版社,一九九八年。

張國剛:《德國的漢學研究》,北京,中華書局,一九九四年。

張暉:《龍榆生先生年譜》,上海,學林出版社,二〇〇一年。

張劍平:《新中國史學五十年》,北京,學苑出版社,二〇〇三年。

張傑、楊豔麗選編:《解析陳寅恪》,北京,社會科學文獻出版社,一九九九年。

張傑、楊燕麗選編:《追憶陳寅恪》,北京,社會科學文獻出版社,一九九九年。

張其昀等著:《中國文學史論集》第 4 冊,現代國民基本知識叢書第 5 輯,臺北中華文化出版事業社,

一九五八年。

張書學：《中國現代史學思潮研究》，長沙，湖南教育出版社，一九九八年。

張樹年、張人鳳編：《張元濟書札》（增訂本）中冊，商務印書館，一九九七年。

張萬起編：《〈馬氏文通〉研究資料》，北京，中華書局，一九八七年。

章太炎：《救學弊論》，《華國》第1卷第12期，一九二四年八月一五日。

章太炎講演，曹聚仁記錄：《國學概論·小識》，成都，巴蜀書社一九八七年。

章太炎著，虞雲國標點整理：《菿漢三言·菿漢微言》，瀋陽，遼寧教育出版社，二〇〇〇年。

章太炎：《菿漢閒話》，《制言半月刊》第13期，一九三六年三月一六日。

章太炎：《對重慶學界演說》，《歷史知識》一九八四年第1期。

朱維錚編：《章太炎全集》第3冊，上海人民出版社，一九八四年。

本社編：《章太炎全集》第4冊，上海人民出版社，一九八四年。

章太炎：《教育的根本要從自國自心發出來》，璩鑫圭、童富勇編：《中國近代教育史資料彙編·教育思想》，上海教育出版社，一九九七年。

趙儷生：《論中國新史學的建設問題》，《新建設》第1卷第6期。

趙連元：《吳宓——中國比較文學之父》，《四川大學學報》一九九〇年第2期。

鄭師渠：《晚清國粹派——文化思想研究》，北京師範大學出版社，一九九七年。

周傳儒、吳其昌：《梁先生北海談話記》，丁卯初夏《清華學校研究院同學錄》。

周予同：《五十年來中國之新史學》，朱維錚編：《周予同經學史論著選集》增訂本，上海人民出版社，一九九六年。

周中明：《桐城派研究》，遼寧大學出版社一九九九年。

周作人：《苦茶——周作人回想錄》，蘭州，敦煌文藝出版社，一九九五年。

中國革命博物館整理，榮孟源審校：《吳虞日記》，成都，四川人民出版社，一九八六年。

中國社會科學院近代史研究所中華民國史組編：《胡適來往書信選》，北京，中華書局，一九七九年。

中國社會科學院近代史研究所民國史研究室編：《胡適的日記》，中華書局香港分局，一九八五年。

中國歷史博物館編、勞祖德整理：《鄭孝胥日記》，北京，中華書局，一九九三年。

中國史學會秘書處編：《中國史學會五十年》，北京，海燕出版社，二〇〇四年。

《朱謙之文集》，福州，福建教育出版社，二〇〇二年。

朱喬森編：《朱自清全集》第9、10卷，南京，江蘇教育出版社，一九九七年。

《朱希祖先生文集》，臺北，九思出版有限公司，一九七九年。

朱維錚主編：《馬相伯集》，上海，復旦大學出版社，一九九六年。

朱文華編：《自由之師——名人筆下的胡適胡適筆下的名人》，上海，東方出版中心，一九九八年。

朱有瓛主編：《中國近代學制史料》第2輯，上海，華東師範大學出版社，一九八七年。

諸祖耿：《太炎先生〈國學講演錄〉序》，《文教資料》一九八六年第4期。

索引

A

阿奎那斯（Thomas Aquinas） 349 359

阿麟 195

艾爾曼（B.A.Elman） 61 87 88 404

安維峻 194

安志敏 55 372

B

白璧德（I.Babbitt） 224 339 340 341

白眉初 154

白壽彝 178 183

柏格森（H.Bergson） 355

柏烈偉（S.A.Polevoy） 283

寶熙 197 208

卞僧慧 229 326 328 391 393

賓玉瓚 205

伯希和（Paul Pelliot） 190 191 287

博克爾（H.T.Buckle） 005 370

布羅代爾 060

C

蔡尚思 303 404

蔡元培　　009 011 086 129 130 131 225 235 271 278 291 301 302 322 345
　　　　　346 395 406
曹伯韓　　48 49 69 404
曹經沅　　197
曹元弼　　187 196 207
曹雲祥　　248
岑光樾　　209
岑家梧　　157
岑仲勉　　299
柴德賡　　142
常乃　　　085
辰己小二郎　342
陳安仁　　055 085 151 156 170 171 172 173 176
陳寶琛　　187 195 196 197 200
陳伯陶　　208
陳恥　　　206
陳澹然　　195
陳定璠　　151 157
陳東原　　168 171 172
陳獨秀　　199 287 355 356
陳黻宸　　104 105 404
陳恭祿　　055
陳果夫　　328
陳漢章（伯陶）　189 196 198 225 226 194 228
陳翰笙　　052 053 183
陳衡哲　　140 171 172

陳季皋　202

陳家康　178

陳敬　206

陳敬第　206

陳鉅前　206

陳均　142

陳禮江　168

陳立夫　165 170 171 174

陳瀏　205

陳平原　026 202 231 234 241 244 246 258 260 265 279 295 303 317 320 405

陳謙　206

陳慶年　189 196 200

陳去病　256

陳榮昌　190

陳三立　187 189 196 197 198 199 200 208

陳詩　197

陳世宜　209

陳守實　250 259 315 392 405

陳受頤　142 246 344 346

陳叔諒　170

陳述　070 178 273 395

陳田　194

陳嘯江　035 037 038 151 153 154 156 170 176 398 405

陳星爛　194

陳旭旦　328 332

陳雪屏　170 171 176

陳訓慈　021 136 137 139 170 171 172

陳衍　187 190 195 196 197 198 200 202 206 210 222 255 256 258 405

陳以愛　025 111 239 241 248 265 268 287 405

陳毅　187 196 208

陳翊湛　157

陳寅　195

陳寅恪　027 029 037 039 041 055 063 064 085 121 122 123 124 134 142 149 164 168 172 183 190 218 224 225 194 229 241 248 250 259 270 275 277 278 279 280 281 283 285 286 294 298 303 314 318 319 320 321 325 326 327 328 331 332 333 334 335 338 339 341 342 348 349 350 351 352 353 354 355 358 359 360 361 368 382 389 390 291 392 393 394 395 396 397 398 404

陳元愷　206

陳垣　27 40 50 85 126 140 148 149 154 178 179 182 183 187 190 205 210 214 241 245 249 252 300 303 318 319 253 394 404 406 410

陳源　108 284 359

陳曾矩　208

陳曾壽　197

陳曾則　206

陳兆奎　194

陳鐘凡（中凡）　114 178 181 256 257 416

陳柱　256 258

程炎震　209

程械林　194

儲皖峰　290

楚圖南　178

崔適　010

崔述　016 017 018 023 211 425

D

戴邦偉　142

戴密微（Paul Demieville）　383

戴錫章　188 206 228

戴裔煊　151 153 157

戴震　069 070 091 092 228 244 299 318 344

丁迪豪　032 033 035 036 143 144 146 146 150

丁福保　256

丁傳靖　195

丁山　171 172

丁文江　018 074 134 135 291 293 406

定信　195

鄧初民　049 178 179 183

鄧爾雅　258

鄧嗣禹　142

鄧彥遠　207

鄧以蟄　178

鄧之誠　142 205

董家遵　157

董康　187 196 199 206

杜聰明　188

杜鋼百　259

杜國庠（守素） 175
杜威（Dewey） 114 285
杜亞泉 356
端方 197
段祺瑞 232
段玉裁 228

F

樊增祥 195 197 198
范文瀾 049 051 052 053 085 175 178 179 183 372
范希曾 069 137 139 406
方東樹 070
方豪 170 171 172 252
方覺慧 170 171 172
方樹梅 206
方壯猷 134 203
房兆楹 300
費密 063 065
費孝通 115 116 117 119 406
馮家昇 142
馮煦 197
馮沅君 290
馮友蘭 030 037 055 064 121 218 225 267 278 279 280 281 282 283 293 294 297 310 311 312 323 344 345 346 348 350 354 355 357 388 404 406
馮振 256 258

弗雷澤（James Frazer） 116
浮田和民　005 007 102
福開森（Ferguson，John Calvin） 135 208
傅斯年　024 025 027 028 029 035 037 038 041 047 048 070 076 077 078 081 082 085 086 109 110 113 114 117 121 129 151 155 164 165 167 168 169 170 171 172 173 186 203 212 228 242 245 246 250 251 253 254 266 277 284 285 286 287 289 291 294 295 303 307 310 311 312 315 323 329 331 358 363 364 365 366 367 368 369 370 371 373 374 375 376 377 379 380 381 382 383 384 385 386 387 388 389 390 391 392 393 394 395 396 397 398 399 401 406
傅增湘　187 190 196 199 200 206 210 212
傅振倫　126 140 141 154 183 406

G

鋼和泰（Alexander Wilhelm Baron von Stael-Holstein） 208 249 343 348
岡崎文夫　026 320
高步瀛　200 202 209
高亨 259
高夢旦 204
高燮　256 258
高業茂　141
葛蘭言（Marcel Granet） 118 120
龔道耕　202 204
龔惕庵　206
龔元凱　195
辜鴻銘　208

谷霽光　149
古直　190 256 258 292
顧頡剛
顧實　017 171 255 256 257
顧炎武　069 228 272 318
關燕祥　157
郭立山　194
郭沫若　026 030 031 037 048 049 051 053 055 056 085 114 126 147 175
　　　　178 179 181 183 267 268 298 299 316 407 410 414
郭紹虞　093 258
郭湛波　030 031 282 407

H

韓非　348
韓樸存　194
韓壽萱　178
韓愈　063 064 065
何炳松　001 002 011 012 013 014 015 020 033 036 039 048 058 059 145
　　　　410 411
何定生　268 269
何梅生　206
何思敬　024
何藻翔　208 209
何振岱　188
賀昌群　029 171 172 389 408 416
賀麟　267

洪汝闿　209
洪業　142 155
侯堮　170 171
侯仁之　142
侯士綰　007
侯外廬　050 175 178 179 181 183
胡敦復　188
胡樸安　200 201 215 217 255 256 258 272 414
胡煥庸　168 171
胡近仁　291
胡適　009 010 011 012 013 014 015 016 017 018 019 020 021 022 024 033 037 085 092 106 107 108 109 113 114 130 142 144 148 149 155 164 165 166 167 168 172 186 187 189 190 191 192 193 198 199 200 202 203 204 211 212 214 217 218 219 225 226 227 229 230 233 235 238 241 245 246 247 248 249 253 254 255 259 260 262 263 265 266 267 268 269 270 271 272 273 274 275 276 277 278 279 280 281 283 284 285 286 287 288 289 290 291 292 293 294 295 296 297 298 299 300 301 302 303 304 305 306 307 308 310 311 312 313 314 315 316 317 318 319 320 321 322 323 324 326 328 346 347 348 356 357 358 359 365 373 383 384 385 390 404 405 406 407 408 411 412 413 414 415 419
胡漱唐　195
胡思敬　193 194 408
胡先驌　256 341
胡玉縉　188 200 207 228
胡祖蔭　194

華焯　194

華岡　178

華蘅芳　189

黃福鑾　157

黃節（晦聞）　209 222 249

黃侃　189 223 226 232 234 235 236 238 243 244 245 252 253 256 258 263 266 275 409 410

黃慶華　157

黃任恆　208

黃榮康　208

黃松　151 152

黃維翰　205

黃文弼　199 223

黃錫朋　194

黃孝覺　194

黃孝可　191

黃雲眉　258

黃仲元　066

黃宗羲　067 069 089

黃遵憲（公度）　199

惠棟　069 228

J

嵇文甫　178 183

賈恩紱　188 206

簡朝亮　190 198 200

翦伯贊　049 055 085 175 178 179 182 183 417
江藩　069 070 076 407
蔣廷黻　036 037 168 171 172 226 358 408 410
蔣維喬　258
焦循　228
今西龍　208
金葆楨　195
金粲然　178
金甸丞　206 207
金九經　344
金梁　208 408
金松岑（天翮）　222 258
金毓黻　038 039 040 047 055 126 139 168 169 170 171 172 176 177 182 183 197 198 203 207 221 225 226 372 373 408
金岳霖　279
金兆藩　196
金兆豐　206
金兆梓　181
景昌極　137

K

康選宜　157 158 160 162
康有為　074 099 198 342 343 407 408
柯劭忞　187 188 190 196 198 199 200 204 205 206 208 210 226 228 229
克羅齊（Benedetto Croce）　036 155
況蕙風　198

L

賴際熙　208

勞榦　055

雷鳳鼎　194

雷海宗　085 168 170 171 172 173 176 291 358

黎東方　151 157 168 169 170 171 172 174 176

黎錦熙　171 172 176 178 180 239 240 244 415

李慈銘　383

李大釗　031 085 356 371

李濟　046 086 149 170

李劍農　392

李經畬　205

李俊　392

李凱爾特（Heinrich Rickert）　020 145

李平心　181

李清馥　067 068

李瑞清　189 196

李孺　208

李石曾　154

李書華　154 190

李樹新　142

李蔚芬　202

李文治　399

李詳（審言）　065 066 197 200 202 257 409

　李宣龔　197

李宣倜　197
李亞農　181
李元綱　065
李苑之　206
李岳瑞　206
李則剛　178
李肇新　157
李哲明　206
李蒸　190
李植　202
李宗侗　109 117 118 154 190
連士升　160
梁方仲　149
梁鼎芬　197 206
梁廣照　195
梁鴻志　188
梁甌第　157
梁啟超　001 002 003 004 005 006 007 008 009 010 018 019 020 023 034 035 038 039 042 048 057 065 067 068 069 070 071 072 073 074 075 076 082 083 087 088 089 090 092 098 099 100 101 102 103 105 133 134 135 144 145 149 188 192 198 200 213 224 225 227 228 229 241 248 250 268 284 286 287 297 301 302 303 304 321 322 346 360 371 377 406 409 410 414 415
梁漱溟　292 356 357
梁思成　178
梁釗韜　157

梁志文　227 194
梁眾異　195
廖平　187 190 198 200 213
廖潤鴻　195
廖世承　171 176
廖振矩　194
林伯渠　051
林蒼　206
林鶴年　208
林紓　198
林思進　202 204
林雪舟　206
林孝穎　206
林翊　206
林玉堂　249
林損　245
凌純聲　374
劉伯明　205 309 316
劉承榦（翰怡）　197 198 207
劉澄如　194
劉崇鋐（壽民）　134 140
劉復（半農）　233 234 249 250
劉國鈞　170 171 176
劉雋　149
劉克莊　066
劉盼遂　245

劉培極　188

劉掞藜　137

劉慎諤　154

劉師培　007 008 079 103 105 189 198 200 206 226 235 410

劉世珩　198 199

劉廷琛　194

劉瀛　206

柳詒徵　064 107 138 139 172 189 198 256 275 309 310 411

龍學泰　194

龍榆生　204 417

龍沅　392

魯濱孫（J.H.Robinson）　011 012 015 020 021 036 045 131

魯迅　026 231 232 236 243 247 286 411

陸鼎恆　154

陸侃如　290

陸隴其　068

陸懋德　142 172

陸徵祥　135

陸志韋　354

陸宗達　245 253

逯耀東　179 298 411

路朝鑾　205

呂本中　066

呂思勉　155 168 258

呂振羽　048 049 175 178 179

羅常培　178 299

羅惇　195 196 198 206
羅爾綱　149 290
羅家倫（志希）　126 127 140 162 163 388
羅時憲　157
羅素（Bertrand Russell）　216 283 284
羅香林　157 170 171 172 173
羅玉東　149
羅振玉　187 192 196 197 198 207 208 242 247 250 404 411
羅志田　008 057 168 175 263 305 307 311 404 411
駱鴻凱　245 253
倫明　197 207 209 245

M
馬衡　126 130 135 140 154 178 183 190 249
馬建忠（眉叔）　273 274 276 277 311
馬廉　154
馬林諾斯基（B.Malinowski）　117
馬其昶　200 205
馬仁松　171
馬森・奧塞（Masson-oursel）　285
馬幼漁　232 233 234 245 249 258
馬宗霍　254 258
毛子水　041 108
冒廣生　195
冒鶴亭　195 411
梅光迪　308 310 316

梅貽琦　190

蒙思明　142

蒙文通　168 172

孟森　155 190 209 256 299 323

繆鳳林　005 006 139 169 170 171 172

繆金源　291

繆荃孫　198 200 205

繆鉞　214

N

那珂通世　008 016

聶崇岐　155

O

區大典　208

區大原　209

區宗華　157

歐陽漸（竟無）　355

歐陽修　368

P

潘承弼　258

潘重規　258

潘博　195

潘光旦　345

潘景鄭　244 249

潘應祺　208
龐石帚　202
裴文中　178 183
彭雲生　202
彭澤益　157
皮錫瑞　190 198
平遠　194
珀瑞（Bliss Perry）　340
浦江清　258 338 350 355
溥儒　197
溥忻　197

Q

齊家瑩　126 127 170 334 335 337 339 345 357 412
齊思和　031 048 049 055 141 142 412
齊燕銘　178
齊宗康　154
錢大昕　065 201 318 412
錢基博　213 256 385
錢穆　029 037 040 041 042 043 044 045 046 047 048 055 077 081 082 086 155 168 172 213 233 234 247 251 252 258 263 267 297 299 385 388 410 412
錢同壽　194
錢杏邨　178
錢玄同（夏）　016 017 107 140 189 193 217 232 233 234 235 238 239 240 242 243 244 247 249 252 261 291 301 302 404 412 413 415

錢仲聯　066 258
喬樹枏　194
橋川時雄　206 207
秦樹聲　205
慶珍　195
丘陶常　157
裘匡廬　385 387
瞿世英　280
全漢升　156
全祖望　067

R

饒叔光　194
饒宗頤　061 062 063 065 067 358 413
任鴻雋　202
任化遠　253
榮可民　197
容庚　142 313
容傑英　157
容肇祖　111 157 178 294
阮元　228 246
瑞恰慈（I.A.Richards）　334 335

S

薩本棟　212
單丕（不庵）　294 301

桑原騭藏　312

尚鉞　178

邵瑞彭　206 209 258

邵循正　178 183

邵章　209

沈剛伯　152 171 172

沈家本　189 196

沈兼士　047 140 154 187 190 232 233 246 249 413

沈覲冕　206

沈仁堅　245 253

沈延國　258 260

沈尹默　154 187 242 243 249 315

沈澤榮　208

沈曾植　189 196 197 200 206 318 319

沈宗畸　195

盛朗西　292

盛昱　197

師茂材　141

市村瓚次郎　101

奭良　206

司馬光　123 268

司馬遷　021 064 412 413

斯本格勒（Oswald Spengler）　403

松野貞一郎　342

宋恕　198

宋育仁　190 206 219 227 230 385

宋雲彬　178
狩野直喜　186
束世澂　137
蘇輿　194
孫德謙　187 196 198 199 206 207 210 220 221 222 223 256 258
孫楷第　241
孫人和　209
孫世揚　258
孫雄　195 200 210 258
孫詒讓　198 246
孫毓筠　189
孫毓棠　149

T

譚國誤　151 153
譚其驤　142 150 171 314 404
譚紹裳　194
譚嗣同　198
譚祖任　190 209 245
湯朝華　044 045
湯象龍　149
湯用彤　183 294
湯中　188
唐德剛　269 272 288 305 207 215 413 414
唐景崇　194
唐蘭　178

唐文治　202 210 220 255 258
唐晏　197
唐長孺　258
陶葆廉　206 208
陶孟和　010 140 183
陶希聖　030 031 094 142 144 155 160 162 414
陶湘　190 200 206 210
田波烈（H.Temperley）　157 158 159 160 161 162 163 167
童書業　053 054 055
屠寄　187 189 196 198 200

W

萬斯同　067 070
汪東　191 192 215 217 256 258 266 414
汪康年　384
汪榮寶　007 187 198
汪紹楹　245 253
汪申　154
汪應焜　195
汪兆銓　208
汪兆鏞　190 208
汪中　017 194
汪鐘霖　207
王安石　065 071 348
王秉恩　208
王伯祥　178

王乘六　258

王國華　026

王國維　002 025 026 027 030 038 039 040 062 085 086 118 134 135 148 187 192 196 197 199 199 206 207 208 218 222 223 225 247 250 251 262 267 299 318 319 320 323 343 350 351 376 404 405 415 416 417

王基磐　194

王季烈　208

王謇　258

王闓運　189 196 198 200 205 213

王克私（Philipe.de.Vargas）　141

王力　321

王聯曾　233

王露　189

王莽　348

王乃征　197

王念孫　228

王鵬運　199

王慶湘　206

王佺孫　195

王昇遠　195

王世傑（雪艇）　166

王式通　188 196 206

王樹翰　205

王樹枏　188 196 200 202 205 206 210 258

王桐齡　126 140 141 142

王先謙　197
王獻唐　388 398
王信忠　170
王興瑞　035 153 156 170 173 176
王迅中　171 172 173 176
王亞南　049
王冶秋　178
王伊同　142
王引之　274 326 327 328
王庸　137
王育伊　142
王雲五　206
王芸生　171 172
王在宣　195
王造時　245
王照　188
王鐘翰　142
王重民　178 289 300 321
衛聚賢　169 170 171 172 173
尉禮賢（Richard Wilhelm）　208 344
魏建功　022 023 107 111 233 244 249 299 415
魏元曠　194
溫肅　208
溫特（Winter）　344
聞宥　155 213 214 258
翁獨健　142 178 183

翁文灝　140 154 190 295
吳承仕　209 232 236 241 242 243 244 245 252 253 258 409 415
吳大澂　198
吳國鏞　194
吳晗　034 035 038 114 115 116 119 142 149 150 178 179 406 412 413
吳懷清　206
吳景超　345 381
吳俊升　168 172
吳闓生　190 202 203 206
吳康　151
吳梅　256 258
吳宓　064 210 218 219 223 224 251 259 277 282 329 334 335 339 340 341 342 345 349 350 351 352 354 355 359 383 409 415 416 418
吳佩孚　232
吳其昌　025 171 172 173 176 250 320 416 418
吳士鑑　197 205
吳廷燮　196 202 203 205 206
吳小如　326 327
吳炎南　206
吳燕紹　155
吳虞　213 251 291 292 302 316 323 419
吳玉章　052 053 178 179 183
吳澤　029 135 178 416
吳稚暉（敬恆）　154 168 171 172 212 313
吳仲　195
吳子修　206

吳宗慈　157

武田泰淳　147

X

席啟駉　209

席文（N.Sivin）　88

夏承燾　202 221 222 258 414

夏敬觀　199

夏鼐　155 149 413

夏仁虎　195

夏壽田　194

夏孫桐　206

夏曾佑　008 010 026 198 206 225 371

夏震午　194

向承周　202

向楚　202

向達　049 137 138 172 178 179 180 183

蕭瑜　154

蕭鳴籟　151 157

蕭參　202

蕭一山　140 168 169 172

小島佑馬　186

謝富禮　157

謝國楨　203 245

謝興堯　142

謝震孚　245 253

熊賜履　067 068
熊國璋　205
熊會貞　188 196
熊克武　302
熊羅宿　194
熊十力　355
熊希齡　245
徐炳昶　055 126 154 168 170 171 172 183
徐坊　194
徐鴻寶　209
徐家驥　157 170
徐乃昌　197 208 210
徐森玉　245
徐審義　188
徐文珊　170 171
許寶衡　206
許地山　155 350
許冠三　001 085 092 414
許汝棻　194
許仕廉　346
許守白　249
許同莘　206

Y

嚴復　189 198
嚴耕望　394 416

顏樹森　168
楊成志　170 157
楊東蓴　178
楊棟林　130 131 132
楊度　197
楊紹萱　178 179 181
楊守敬　189 196 198 200
楊樹達　123 209 210 212 213 226 232 236 237 245 252 253 258 391 416
楊萬里　066
楊文會　188
楊心如　190
楊昀谷　195
楊振聲　334 336 337 388
楊鐘羲　187 190 196 199 200 206 207 210 258
楊增犖　194
姚從吾　162 170 171 172 176
姚光　258
姚筠俊　208
姚賣猷　157
姚名達　014 133 134 135 136
姚永概　194
姚永樸　202 206
葉柏皋　206
葉昌熾　198
葉長青　220 221 222 255 256 258
葉崇聖（公超）　335

葉楚傖　169

葉大琛　206

葉德輝　187 192 196 206 247

葉丁易　178

葉爾愷　208

葉瀚　129 130 131 132

葉蠖生　178 183

葉心炯　206

伊藤悌治　342

易順鼎　197 198

殷孟倫　245 253

尹達　178

尹炎武　190 197 209 245

由雲龍　206

余嘉錫　178 228 245 252

余遜　141

余英時　230 269 270 272 286 310 416

余兆祥　178

俞陛雲　206

俞平伯　233 249 313

俞叔文　209

俞樾　234

袁嘉谷　190 202

袁勵准　206

袁欽緒　194

袁同禮　140 190 346 417

袁祖光　195
樂黛雲　334 335 417
樂均士　154
雲書　194

Z

翟孟生（R.D.Jamesan）　335
臧光恩　147
曾鯤化　007
曾習經　193
曾宇康　202
曾蟄庵　195
張伯楨　074
張道藩　165
張德昌　142
張爾田　142 187 196 198 199 202 205 206 207 212 214 220 221 222 223 250 256 387
張惠言（茗柯）　228
張繼　154 172
張嘉謀　206
張金鑑　170 171
張競生　018
張濂卿　228
張美翊　208
張其淦　210 258
張其昀　137 138 139 168 172 176 213 267 417

張聖獎　170

張書雲　206

張廷休　168

張維華　142

張慰慈　012 294

張聞天　175

張聞遠　194

張西堂　167 8 171 172

張星烺　126 127 140 141 142 155 190

張學良　232

張一麐　210 258

張頤　202

張蔭麟　002 005 029 043 044 045 071 258 267 272 280 281

張瑜　195

張元濟　212 293 294 418

張雲波　178

張之洞　069

張作霖　205

章炳麟（太炎）　007 008 013 014 015 016 032 038 039 069 070 076 079 103 105 106 117 118 186 188 189 202 203 222 223 231 232 233 234 235 236 237 238 239 240 241 242 243 244 245 246 247 248 249 250 251 252 253 254 255 256 257 258 259 260 261 262 263 264 265 266 270 272 273 275 284 301 303 304 305 313 314 348 405 413 414 416 418 419

章華　220 221

章梫　230 240

章士釗　345 346

章行嚴　231

章學誠（實齋）　014 058 229 306 373

章鈺　199 200 206 208

趙炳麟　194

趙藩　190

趙豐田　018 074 134 135 142 406

趙簡子　024

趙儷生　050 051 418

趙啟霖　203

趙世駿　206

趙世忠　202

趙式銘　206

趙熙　195 197 204

趙一清　299

鄭鶴聲　137 139 169 171

鄭家溉　194

鄭師許　157 170 173 176

鄭天挺　170 171 173 178

鄭孝胥　187 195 196 197 199 208 419

鄭沅　194

鄭裕孚　193

鄭振鐸　162 176 178 183

鄭祖庚　206

支偉成　076 198

周朝槐　208
周傳儒　134 250 418
周恩來　175
周復　245 253
周谷城　175 178 181 373
周景濤　194
周癸叔　202
周慕西（Dr.Moses Chiu）　135
周謙沖　157
周一良　142
周予同　005 008 010 026 030 031 037 046 083 084 085 086 087 143 178
　　　　181 268 282 369 418
周鐘岳　190 206 210
周祖謨　326 328
周作人　217 232 233 234 236 243 245 249 291 302 411 419
鄒魯　073 172
朱點衣　195
朱古微　198
朱家驊　169 366 374
朱家齊　245
朱傑勤　156
朱經農　012 013 291
朱孔彰　206
朱啟鈐　199
朱謙之　035 036 037 085 151 152 153 154 155 156 157 170 303 310 398
　　　　416 419

朱慶永　149

朱汝珍　209

朱師轍　200 202 206 209

朱士嘉　142

朱叔琦　190

朱希祖（遏先）　011 012 126 127 129 130 131 132 133 136 140 151 152 153 154 172 232 233 243 245 246 249 258 301 394 419

朱熹　065 070 349 359 368 372

朱湛卿　206

朱自清　055 056 280 334 336 337 338 339 345 350 354 355 383 419

朱祖謀　197 199 206 208

諸祖耿　258 260 261

祖沖之　326 327 328

祝同曾　202

左舜生　245

中華文化思想叢書・近現代中華文化思想叢刊 A0102020

晚清民國的學人與學術

作　者	桑　兵
責任編輯	吳華蓉
實習編輯	曾　韻　林佩萱　許雯芯
發 行 人	向永昌
總 經 理	梁錦興
總 編 輯	張晏瑞
編 輯 所	萬卷樓圖書股份有限公司
	臺北市羅斯福路二段 41 號 6 樓之 3
	電話 (02)23216565
	傳真 (02)23218698

出　　版	昌明文化有限公司
	桃園市龜山區中原街 32 號
	電話 (02)23216565
發　　行	萬卷樓圖書股份有限公司
	臺北市羅斯福路二段 41 號 6 樓之 3
	電話 (02)23216565
	傳真 (02)23218698
	電郵 SERVICE@WANJUAN.COM.TW

ISBN 978-986-496-607-3

2024 年 12 月初版

定價：新臺幣 680 元

本書為 110 學年度、113 學年度國立臺灣師範大學「出版實務產業實習」課程成果。部分編輯工作由課程學生參與實習。

如何購買本書：

1. 轉帳購書，請透過以下帳戶
   合作金庫銀行　古亭分行
   戶名：萬卷樓圖書股份有限公司
   帳號：0877717092596

2. 網路購書，請透過萬卷樓網站
   網址 WWW.WANJUAN.COM.TW

大量購書，請直接聯繫我們，將有專人為您服務。客服：(02)23216565 分機 610

如有缺頁、破損或裝訂錯誤，請寄回更換

版權所有・翻印必究

Copyright©2024 by WanJuanLou Books CO., Ltd. All Rights Reserved
Printed in Taiwan

國家圖書館出版品預行編目資料

晚清民國的學人與學術 / 桑兵著.-- 初版.--
桃園市：昌明文化有限公司出版；臺北市：
萬卷樓圖書股份有限公司發行, 2024.12
　　面；　　公分.--（中華文化思想叢書. 近現代中華文化思想叢刊；A0102020）

ISBN 978-986-496-607-3（平裝）

1.CST: 學術思想　2.CST: 思想史　3.CST: 清代

112.7　　　　　　　　　　　　　　　111001753

本著作物經廈門墨客知識產權代理有限公司代理，由四川人民出版社授權萬卷樓圖書股份有限公司（臺灣）出版、發行中文繁體字版版權。